3,30

Das Buch

In einer romantischen Bucht der Karibik wird die Leiche eines fünfzehnjährigen Jungen, der gefoltert und erstochen wurde, gefunden. Skelley, der Polizist, der mit dem Fall betraut ist, bittet den Ex-Geheimagenten Trent, der auf seiner Jacht Golden Girl in der Karibik unterwegs ist, um Hilfe. Bald entdecken sie, daß Drogenschmuggler hinter dem Mord stecken. Ein Flugzeug aus Kolumbien mit einer Ladung Kokain sollte in der Bucht landen und ist dort abgestürzt, weil es von der Lampe des dreizehnjährigen Fischers Jacket Bride bei der Landung in die Irre geführt wurde. Wahrscheinlich hat der Junge die Fracht des Flugzeugs, die einen Wert von etwa einer Million Dollar besitzt, an sich genommen.

Dem Jungen ist offensichtlich nicht klar, was für Trent und Skelley eine Selbstverständlichkeit ist: daß die Besitzer des Kokains alles daran setzen werden, um das Rauschgift zurückzubekommen. Eine hektische Suche beginnt, an der sich auch Jackets Lehrerin, Charity Johnston, beteiligt. Nur wenn Trent und sein Begleiter den Jungen vor den Drogenschmugglern finden, hat er eine Überlebenschance.

Die Autoren

Simon Gandolfi entstammt einer alten Adelsfamilie, er wurde in London geboren und wuchs in Südafrika auf. Heute lebt er in der Karibik und widmet sich hauptberuflich der Schriftstellerei. Er hat schon mehrere Stoffe von Alistair MacLean zu Romanen verarbeitet: *Golden Girl* (01/9687), *Goldenes Netz* (01/9854) und *Goldene Rache* (01/10027).

Alistair MacLean hat 30 Bücher veröffentlicht, von denen die meisten zu Bestsellern wurden. Titel wie *Die Kanonen von Navarone* (01/7983) oder *Agenten sterben einsam* (01/8828) brachten ihm Weltruhm. Er starb am 2. Februar 1987. Nach seinem Tod wurden bereits eine ganze Reihe seiner Original-Drehbücher zu erfolgreichen Romanen umgearbeitet.

SIMON GANDOLFI

ALISTAIR MACLEAN'S
WEISSER SAND

Roman

Aus dem Englischen
von Heiner Friedlich

Deutsche Erstausgabe

WILHELM HEYNE VERLAG
MÜNCHEN

HEYNE ALLGEMEINE REIHE
Nr. 01/10613

Titel der Originalausgabe
WHITE SANDS

Besuchen Sie uns im Internet:
http://www.heyne.de

Umwelthinweis:
Das Buch wurde auf chlor- und säurefreiem
Papier gedruckt.

Redaktion: Redaktionsbüro Dr. Andreas Gößling

Copyright © 1995 by Simon Gandolfi
Copyright © 1998 der deutschen Ausgabe by
Wilhelm Heyne Verlag GmbH & Co. KG, München
Printed in Denmark 1998
Umschlagillustration: BLACKSHEEP, London
Umschlaggestaltung: Atelier Ingrid Schütz, München
Satz: (3041) IBV Satz- und Datentechnik GmbH, Berlin
Druck und Bindung: Nørhaven, Viborg

ISBN 3-453-13685-3

Gewidmet Antony, Mark
Joshua und Jedediah

Danksagung

Dieser Roman spielt auf den Bahamas der Pindling-Regierung, also nicht in der Amtszeit der gegenwärtigen Regierung.

Zuallererst gilt mein Dank Clarissa, die mir eine unerläßliche Hilfe bei der Konzeption der Figuren Charity und Jacket war. Außerdem danke ich Patricia Glinton-Meicholas für ihr wunderbar humorvolles und genaues *Talkin' Bahamian* und Mark Firth von Roxton Bailey Robinson für seine Kenntnisse der Gewässer um Andros Island herum sowie für seine Gastfreundschaft in der Small Hope Bay Lodge.

Ich danke Seth Marshall von Sunseeker International, Poole, England, für seine Ratschläge in Seefahrtsfragen und der Vertretung von Sunseeker in Miami, deren Angestellte mich freundlicherweise zu einer Fahrt in einem Sunseeker Apache mit hinausnahmen – eine der spannendsten Erfahrungen meines Lebens.

Darüber hinaus gilt mein Dank den Mitarbeiterinnen und Mitarbeitern von American Airlines und American Eagle, speziell dem Personal am Flughafen von Miami, weil sie mich sicher und mit großer Höflichkeit durch die Region dirigiert und geleitet haben.

Am meisten danke ich der karibischen Bevölkerung, besonders den Menschen in dem Dorf Guayacannes, für ihre Gastfreundschaft, ihre Freundlichkeit, ihre Geduld und ihren großartigen Sinn für Humor.

Prolog

Der tote Junge lag auf dem Aluminiumtisch in der Leichenhalle des Prinzess-Margaret-Krankenhauses von Nassau. Möwen hatten einen Fischer auf ihn aufmerksam gemacht. Der Junge war kein schöner Anblick.

Noch hatte ihn der ältere Pathologe nicht untersucht. »Nach meiner ersten Schätzung hat er mindestens vierundzwanzig Stunden im Wasser gelegen«, sagte er.

»Was ist mit dem Kolumbianer?« fragte der Chief Superintendent der Royal Bahamian Constabulary.

»Die Beerdigung ist morgen früh. Maria Duncan vom Guten Hirten drüben auf Montrose kümmert sich darum«, erwiderte Dr. Jack. Er bezog sich auf das renommierteste Bestattungsunternehmen Nassaus. »Sie findet auf dem Old-Trail-Friedhof statt. Der Amerikaner von der DEA hat die Rechnung bezahlt.«

»O'Brien?«

»Der Dicke, Anderson. Scheint ein netter Mensch zu sein.«

Der Chief Superintendent antwortete nicht. Über einsneunzig groß und spindeldürr, war er überall auf den Bahamas unter dem Spitznamen ›Skelley‹ bekannt, weil er wie ein Skelett aussah. Das Neonlicht spiegelte sich auf seinem glattrasierten Kopf, so daß die gespannte schwarze Haut wie polierter Knochen wirkte. Seine Augen lagen tief im Schatten der Höhlen – ein Totenschädel auf einem Pfahl. Seit zwanzig Minuten stand er neben der Leiche, den größten Teil der Zeit, ohne sie zu beachten. Statt dessen nahm er den Tod des Jungen zum Anlaß, seine Gedanken kreisen zu lassen und zu versuchen, die Teile des Puzzles zusammenzusetzen. Er war zornig, sehr zornig – und fest entschlossen. Er würde sich mit O'Brian, dem örtlichen Leiter der DEA, wie die Abkürzung der amerikanischen Drogenbehörde Drug Enforcement Administration lautete, arrangieren müssen. Zuerst mit O'Brian, dann mit Trent.

Drogengelder hatten die Bahamas korrumpiert. Immerhin traute Skelley dem kleinen, rundlichen Pathologen soweit, wie er jedem anderen traute. »Mir wär's lieber, wenn man es für einen normalen Fall von Ertrinken hielte«, sagte er. In seinem akzentuierten britischen Englisch klangen weiche bahamische Untertöne durch. »Legen Sie ihn auf Eis. Wenn's dunkel ist, bringe ich einen Freund vorbei, der ihn sich mal ansieht.«

Für jeden normalen Wagen war Skelley zu groß. Bei formellen Anlässen benutzte er ein fünfzehn Jahre altes Londoner Taxi, das er nach einem Kursus an der Polizeischule in Hendon aus England importiert hatte. In seiner Freizeit fuhr er einen offenen amerikanischen Jeep aus dem Zweiten Weltkrieg. Ein Kopftuch mit dem Muster des Sternenbanners schützte seinen kahlrasierten Schädel vor der Sonne. Er hatte sich umgezogen und war in zerschlissene Baumwollhosen, die oberhalb der Waden endeten, und ein übergroßes T-Shirt geschlüpft. Zwar besaß das Hemd die richtige Länge, aber es war zehn Größen zu weit. Von den Espadrilles mit Kordelsohle hatte er die vordere Spitze abgeschnitten, so daß seine Zehen hinausragten.

Er lenkte den Jeep von der Hauptstraße auf eine Sandpiste, die zu einem kurzen, halbmondförmigen weißen Sandstrand führte. Aus dem Wasser ragten genügend scharfkantige Felsen, um die Touristen fernzuhalten. Im Schatten einer Doppelreihe von Kokosnußpalmen lag ein halbes Dutzend Fischerhütten. Zwischen den Bäumen vergnügte sich eine Gruppe von Jungen und Mädchen mit einem selbstgemachten Schläger und einem Ball, der älter war als sie selbst, beim Kricket. Zwei alte Männer, die Domino spielten, hatten sich seit Tagen nicht die Mühe gemacht, sich zu rasieren. Sie machten sich auch nicht die Mühe, zu dem Polizisten aufzusehen.

Zum Strand hin lag eine nach vorne offene Strohdachhütte. Der Besitzer verkaufte illegal kaltes Bier aus einer Eistruhe und frische Makrelen, die er draußen über den Kohlen eines Grills, der aus einem halben Ölfaß bestand, zubereitete. Als er den Jeep durch die Bäume kommen sah, tauchte er rasch nach einem Kalik in seine Kühltruhe. Skelley sagte ihm, daß er sich seine Kraft sparen solle.

Zweihundert Meter vor dem Strand, nahe den Wellenkämmen, die das Riff markierten, lag der wie eine Schaluppe getakelte Katamaran *Golden Girl* vor Anker. Die von SailCraft in England aus kaltgepreßtem Sperrholz zu einem MacAlpine-Downey-Design verarbeitete Jacht war eine hochseetüchtige Rennmaschine. Die hintere Wölbung ihrer beiden weißen Rümpfe verlieh ihr das Aussehen zweier im Sprung befindlicher Raubkatzen. Der Eigner war auf den Namen Patrick Mahoney getauft worden. Achtzehn Jahre lang hatte er in jener Abteilung des britischen Militärgeheimdienstes gearbeitet, die sich dem Kampf gegen den Terrorismus widmete. Sein Spezialgebiet waren die Infiltration und Eliminierung jener Feinde seiner Regierung gewesen, die eine zu große Gefahr darstellten, um sie auf freiem Fuß herumlaufen zu lassen. Häufig war er von seinem Führungsoffizier an CIA-Abteilungen in Langley ausgeliehen worden, um Aufgaben durchzuführen, die der Kongreß nicht genehmigt hatte – ›feuchte‹ Jobs, wie es die Amerikaner nannten. ›Feucht‹ wegen des Blutes. Jetzt kannte man ihn als Trent, ein Name, der in allen Dokumenten und Ausweispapieren stand. Er war der örtliche Leiter einer japanischen Gesellschaft, die sich auf Versicherungsbetrug spezialisiert hatte.

Trents Arbeitgeber, Tanaka Kazuko, war Hauptkommissar bei der Kriminalpolizei in Kyoto gewesen. Nachdem Politiker Druck auf ihn ausgeübt hatten, damit er ihre kriminellen Freunde in Ruhe ließ, hatte Tanaka seinen Rücktritt eingereicht. Sieben Jahre lang hatte er bei einem Privatlehrer Englischunterricht genommen und bei seinem ersten Besuch in England festgestellt, daß er mit breitem Liverpooler Akzent sprach. Um sein Gesicht zu wahren, gab er sich als Beatles-Fan aus. Er kannte die Songbooks der Beatles auswendig. Sein Apartment und sein Büro in Kyoto waren mit Erinnerungsstücken vollgestopft, und seiner Gesellschaft hatte er den Namen Abbey-Road-Ermittlungen gegeben. In seiner Freizeit hörte er vorzugsweise Bach, indische Ragas und die esoterischsten Vertreter des modernen Jazz.

Als Begründung dafür, daß er Trent beschäftigte, führte er an, Briten seien billig und er habe keinen anderen finden können, der dumm genug sei, sich den Kugeln in den Weg zu stellen. Trent war eine Art Eremit und ließ sich selten in seinem Büro in der Shirley Street in Nassau sehen. Offiziell arbeitete Lois, Skelleys ältere Schwester, als Trents Sekretärin, aber im Grunde genommen war sie die Managerin.

Trent war im Cockpit der *Golden Girl* zu sehen. Skelley kannte den Anglo-Iren zu gut, um sich die Mühe zu machen hinüberzuwinken. Voll bekleidet schritt er ins Meer und legte die letzten einhundert Meter zum Katamaran kraulend zurück.

Er näherte sich dem Heck der Jacht. Hinten in die Rümpfe waren Stufen mit Handläufen aus eloxiertem Aluminium eingelassen. Während er mit einer Hand einen Handlauf ergriff, wischte er sich mit der anderen das Wasser aus den Augen.

Ein Patio von der Größe des Cockpits der *Golden Girl* hätte die Miete eines Apartments in New York verdoppelt. Trent saß an dem mit Büchern und Papieren übersäten Tisch. Nachdem er bereits sieben Sprachen fließend beherrschte, lernte er im Augenblick Japanisch.

Sein Vollbart verbarg seine Züge, und so ließ sich sein Alter schwer schätzen. Unter einem zerbeulten Panamahut lugten die Kopfhörer eines Walkman hervor. Er trug ein leichtes graues Baumwollhemd mit kurzen Ärmeln und knielange Baumwollhosen, die in der Hüfte von einer Schnur gehalten wurden. An einem Strang aus Korallenperlen war unter den dunklen, dichten Locken in seinem Genick ein kleines Wurfmesser versteckt. Auf zehn Meter Entfernung traf er eine Spielkarte exakt in die Mitte. Skelley hatte ihn beim Üben beobachtet; Trent hatte kein einziges Mal danebengeworfen.

Skelley erklomm die Stufen und hockte sich auf den Rand des Cockpits, die Beine angezogen, so daß sich seine Knie neben seinen Ohren befanden. »Lois sagte mir, daß du hier bist. Ich soll dir ausrichten, daß im Büro alles ruhig ist.«

»Verzieh dich«, sagte Trent.

Die Bewegung, mit der Skelley seine knorrigen Schultern hob, verstärkte seine Ähnlichkeit mit einem schwarzen Reiher aus einem Comic-Heft für Kinder noch. »Ich will, daß du dir im Leichenschauhaus einen Jungen ansiehst.«

Eine leichte Anspannung in Trents Händen war das einzige Anzeichen dafür, daß er Skelleys Worte gehört hatte. Doch in seinen Augen wies nichts darauf hin, als er von seiner japanischen Grammatik aufsah. *Als hätte er sich in sich selbst zurückgezogen,* dachte Skelley. Weil er das vorausgesehen hatte, hatte er eigentlich nicht herkommen wollen. »Es gibt auf den Bahamas niemanden, der sich so gut mit so etwas auskennt wie du«, sagte er.

Trent starrte aufs Meer hinaus, aber dort fand sich nichts, was ihm geholfen hätte. »Ich reguliere Versicherungsfälle«, sagte er, ohne Skelley anzusehen.

»Es tut mir leid«, meinte Skelley.

Jetzt sah ihn Trent wieder an.

»Ich will dich nicht in irgendwas reinziehen«, fuhr Skelley fort. Das war eine glatte Lüge. Er wand sich, als hätte er einen Krampf, und streckte seine Beine ins Cockpit. »Du sollst nur einen Blick auf ihn werfen, Trent.«

Trent schob seinen Kopfhörer zurück und schloß das Buch. »Einen Blick?«

»Einen Blick.«

»Ist das alles?«

Skelley antwortete nicht.

Trent beobachtete eine Möwe, die am Riff entlangglitt. »Schlimm?« fragte er nach einer Weile.

»Sehr schlimm, wenn mich nicht alles täuscht.«

Skelley stellte den Jeep in der obersten Parketage des Prinzess-Margaret-Krankenhauses ab. Anschließend führte er Trent die Rampe hinunter und über den Hof zum Hintereingang der Leichenhalle. Neben der Tür türmten sich zu beiden Seiten schwarze Plastiksäcke auf, aus denen Abfälle quollen. Dr. Jack ließ sie ein. Er hatte dem Wachmann zehn Dollar gegeben und ihn gebeten, ihm bei Nancy's eine Pizza zu holen und sie zu ihm nach Hause zu bringen.

Als er Trent erkannte, seufzte er. »Dann ist es also wieder mal ein Fall der besonderen Art«, sagte er.

»Wir wollen nichts überstürzen«, entgegnete Skelley und folgte dem Pathologen in den kalten Raum. Trent hielt sich im Hintergrund.

Eigentlich wollte Trent nicht hier sein. Er hatte schon zu viele Tote gesehen. Die Kälte und der Geruch nach Formaldehyd waren ihm nur allzu vertraut.

»Sie haben ihn draußen auf dem Riff gefunden«, warnte Skelley, und Trent schlang die Arme um seinen Oberkörper, bevor der Pathologe die Gummifolie zurückzog. Es war schlimmer, als er erwartet hatte.

»Ich wollte, daß du ihn siehst, bevor sich Dr. Jack an die Arbeit macht«, sagte Skelley. »Seiner Schätzung nach war er mindestens vierundzwanzig Stunden im Wasser.«

Um denken zu können, mußte Trent in solchen Momenten immer das Entsetzen abschalten, aber er war aus der Übung. Er wandte sich ab und lief auf den Hinterausgang zu. Der Gestank aus den Abfallsäcken ließ ihn würgen, während er rasch über den Hof und die Rampe hinaufschritt.

»Die Tür bleibt offen. Nimm dir Zeit«, rief ihm Skelley hinterher.

Trent bog nach rechts auf die Shirley Street ab, dann wieder nach rechts in die Collins Avenue. Er zählte im stillen vor sich hin, während er die von Bäumen gesäumte Straße über den Hügel hinaufging, der das Zentrum Nassaus vom Rest der Hauptstadt der Bahamas trennt. Nachdem er zwei Häuserblocks weit gegangen war, erkannte er, daß er sich im Schatten bewegte. Früher war das selbstverständlich für ihn gewesen. Er wollte Skelley verfluchen, weil der ihn da hineingezogen hatte, aber er mochte ihn zu sehr, und Skelley tat es nicht zum Vergnügen.

Wäre der Junge im offenen Meer ertrunken, dann hätten ihn die großen Fische und die Haie erwischt, also mußte er entweder nahe der Küste oder auf dem Riff selbst umgekommen sein. Seinem zerfetzten Körper nach zu urteilen, war er von der Brandung über die Korallen hin und her geschleift worden. Seltsam, daß keine der größeren Knochen gebrochen waren – das hätte Trent bemerkt.

Überrascht stellte er fest, daß er sich inzwischen fast wieder am Leichenschauhaus befand. Jetzt hatte er sich unter Kontrolle und war bereit. Er ging die Rampe hinunter und drückte die Tür auf. Er wollte es hinter sich bringen. Den beiden Bahamern rasch zunickend, schritt er direkt auf den Tisch zu.

Zu Lebzeiten war der Junge ziemlich muskulös gewesen. Die Überreste einer Narbe auf den Hautfetzen seiner rechten Faust und einer anderen über seiner rechten Augenbraue legten nahe, daß er ein Draufgänger gewesen war. Jetzt, im Tod, wirkte er klein und sehr zerbrechlich.

»Wenn Sie fertig sind, drehe ich ihn um«, sagte Dr. Jack.

Der Rücken war gleichermaßen entstellt, aber es gab minimale Unterschiede. Trent hatte genug gesehen. Er kannte die Sorte Mensch, die für den Tod dieses Jungen verantwortlich war.

1
Jacket

In einer der vorangegangenen Nächte hatte der dreizehnjährige Jacket Bride seine Mutter wie so oft murmeln gehört, während sie sich im Schlaf umgedreht hatte. Ihr Bett bestand aus unebenen Holzplanken, und ständig hustete sie nachts und warf sich von einer Seite auf die andere. Jacket wußte, wann sie fest schlief, weil sie dann jedesmal, wenn sie sich herumrollte, einen kleinen Schnarcher von sich gab.

Er hatte geschaudert, als vom Hügel hinter ihrer Hütte der Schrei einer Eule erklungen war. Die Hütte der Brides lag auf einem quadratischen Grundstück, einhundert Meter landeinwärts von der Ortschaft Green Creek entfernt auf der Insel South Andros in den Bahamas. Sie bestand aus einem einzigen Raum von fünfzehn Quadratmetern Fläche, ruhte auf Pfählen und war aus denselben Treibholzplanken gebaut worden wie das Bett. Jacket schlief hinter einem Vorhang aus Reissäcken auf einem sechzig Zentimeter breiten Regal. Über einem unförmigen Tisch hing eine Kerosinlampe, darum herum standen drei Stühle und ein Schrank mit einem fleckigen, abblätternden Spiegel auf der Tür. Jackets Mutter kochte draußen auf einem offenen Feuer unter einer Palme, und in einer der entfernteren Ecken des Grundstücks befand sich eine Süßwasserquelle.

Jacket und seine Mutter lebten allein in der Hütte. Der Junge war fünf Jahre alt gewesen, als sein Vater sie verlassen hatte. Während der folgenden zwei Jahre hatte Jacket bei jedem Wetter die alte Baumwolljacke seines Vaters getragen. Schließlich war das Kleidungsstück in seine Bestandteile zerfallen, aber er hatte seinen Spitznamen ›Jacket‹, Jacke, gehabt.

Gerüchten zufolge war Jackets Vater der US-Army beigetreten, und deshalb sah sich Jacket jeden Kriegsfilm an, der in Mister Jacks Bar im Fernsehen lief. Er arbeitete die Handlungen in seine Fantasien ein, in denen sein Vater zwar manchmal auftauchte, die meiste Zeit aber als Colonel der Special Forces oder als Pilot, der eine geheime Mission hinter den feindlichen Linien flog, im Hintergrund blieb. In dieser Nacht war Jacket ein Kurier für den französischen Widerstand im Zweiten Weltkrieg.

Es dauerte bis nach Mitternacht, bis er davon überzeugt war, daß seine Mutter fest schlief. Wieder schrie die Eule – ein Warnruf des Ausgucks der Résistance. Jacket lauschte der deutschen Patrouille, deren Stiefel das Kopfsteinpflaster im Rhythmus seines Herzens bearbeiteten. In wenigen Minuten würden sie ausschwärmen, um das Dorf nach dem Sender zu durchsuchen. Es war seine Aufgabe, damit nach Bleak Cay zu entkommen.

Er fürchtete sich, während er aus dem Fenster kletterte und die Sandpiste durch das Dorf zum Strand hinunterschlich. In der Nacht lauerten überall Feinde, die sich in den tiefen Schatten zwischen den Palmen versteckten. Die schwarzen SS-Uniformen waren nur an den funkelnden Doppelblitzen zu erkennen. Von den Stahlhelmen und Gewehren tropfte nächtlicher Tau.

Ein Dutzend Skiffs lag an Festmachbojen vor dem Ufer. Stets band Jackets Freund Dummy die *Jezebel* an die äußerste Boje, so daß Jacket ungehört ins freie Wasser hinausrudern konnte.

Die *Jezebel* war eine typische bahamische Skiff, sechzehn Fuß lang und mit Teer bestrichen. Sie bestand vollständig aus Pinienholz, das an den Seiten zweieinhalb Zentimeter und unten vier Zentimeter dick war. Die Bodenplanken waren im Fischgrätenmuster angenagelt. Der massive Mast und der Baum, ebenfalls aus Pinienholz, lagen längs im Boot und ragten achtern und vorne unter die Sitzbänke. Das Segel war darumgerollt und mit der Takelage umwickelt. Eine eiserne Klammer hielt die große Laterne, die seitlich über die mittlere Querbank hinausragte. Der Gastank für die Lampe klemmte in einem unförmigen Ausschnitt der hinteren Bank. Es gab zwei Paar Ruder und einen kräftigen Landungshaken. Alles in allem wog das Skiff gut eine Vierteltonne.

Jacket war klein für seine dreizehn Jahre, deshalb ruderte er im Stehen, das Gesicht dem Bug zugewandt, so daß er sein ganzes Gewicht in jeden Schlag legen konnte. Sogar in einer leichten Brise hätte er die sechs Kilometer nach Bleak Cay mühelos zurückgelegt, aber er bevorzugte eine ruhige See, damit er die Langusten besser sehen konnte.

Eine halbe Meile die Küste hinauf tauchte Charity Johnston auf und warf ihre Tauchausrüstung auf das abgenutzte Surfbrett, das sie für den Transport ihrer Ausstattung umgebaut hatte. Sie war ausgebildete Meereszoologin und während der vergangenen sechs Monate an zwei Tagen und zwei Nächten pro Woche zu einem isolierten Korallenblock getaucht, um dessen Population zu untersuchen. Zwar verstieß es gegen die PADI-Regeln, allein zu tauchen, aber Charity respektierte wenige Regeln außer denen, die sie selbst in ihrem Klassenzimmer an der Green-Creek-Schule aufstellte. Ihre Geringschätzung für Regeln war besonders groß, wenn sie von Amerikanern aufgestellt worden waren, und PADI war eine amerikanische Organisation.

Sie drehte das Surfbrett nach Süden und bemerkte dabei den Schatten eines Skiffs, das sich gegen den Horizont abzeichnete. Als sie das Ufer erreichte und das Brett in den Schutz der Bäume zog, war das Skiff nicht mehr zu sehen.

Sie fragte sich, ob Jacket der nächtliche Ruderer war. Wiederholt hatte sie den Jungen davor gewarnt, nachts allein hinauszufahren, aber wie Charity war auch er ein Einzelgänger. Sie war versucht, den Strand entlangzugehen und zu überprüfen, ob die *Jezebel* an ihrer Boje lag, aber das hätte bedeutet, daß sie spionierte. Außerdem mußte sie noch ihren Eintrag ins Logbuch machen und am Morgen in die Schule.

Seit einem Jahr war sie Lehrerin an der Schule von Green Creek. Mittlerweile kannte sie die Begabungen und Unzulänglichkeiten der Kinder der Ortschaft genau. Sie hatte eine exakte Vorstellung davon, was einmal aus ihnen werden würde. Im Unterricht bemühte sie sich, niemanden zu bevorzugen. Aber Jacket war der einzige Schüler, der aus echtem Interesse las und lernte. Er war intelligent und besaß Fantasie – vielleicht mehr Fantasie, als ihm guttat. Außerdem besaß er eine Art von sturem Mut, den er benötigte, um sich gegen die Dorfrowdies zu wehren. Dieser Mut trieb ihn nachts hinaus, um nach Langusten zu fischen.

2
Steve

»Die werden uns umbringen«, sagte Steve etwa zur selben Zeit. Noch nie hatte er so viel Angst gehabt, nicht einmal als Kind. Die Furcht stieß von seinem Unterleib nach oben wie die Klinge eines Messers. Sein Bauch war eingefallen, und der saure Geschmack nach Galle verursachte ihm Brechreiz. Er verspürte den Wunsch, auf Bob zu schießen und ihn am Boden des Bootes verbluten zu sehen.

Das Boot war dreißig Fuß lang und besaß ein geneigtes Vordeck über einer Tageskabine, in der sich zwei Sitzkojen, eine Frischwasserdusche und eine Kombüsenzeile befanden. Die sogenannte Küche war zu klein, um darin richtig zu kochen. Das Cockpit mitschiffs war mit drei gepolsterten Sportsitzen ausgestattet. Das hintere Sonnendeck verbarg eine achthundert PS starke Mercruiser-V8-Maschine. Bei 5000 Umdrehungen schleuderte der große Außenborder das Boot mit sechzig Seemeilen pro Stunde über das Wasser – fünfzehn Meilen schneller als die Höchstgeschwindigkeit der bahamischen Küstenwachboote.

Steve und Bob hatten den Nachmittag im Bootshaus damit zugebracht, den weißen Rumpf mit schwarzem Band zu verkleben. Mit dieser Tarnung wären sie im Dunkeln nicht zu sehen. Außerdem hatten sie den Radarbogen hinter dem Platz des Steuermanns, die verchromten Relings und die metallene Bugkanzel abmontiert, um nicht vom Radar der Küstenwache erfaßt zu werden.

Wenigstens mit dem Wetter hatten sie Glück. Die abendliche Brise hatte sich gelegt, und das Meer glänzte wie ein schwarzer Ölteppich unter dem Halbmond. Die Luftfeuchtigkeit war hoch, die Luft erfüllt vom warmen Duft nach Salz und Jod. Über das stille Wasser drangen flackernde Lichter zu ihnen herüber: Zwei Leuchtfeuer im Osten markierten den Rand der Great Bahama Bank, Lobos Cay Light stand in der Mitte des Kanals zwischen den Bahamas und Kuba, Big Cay und Ram Cay im Westen, South Andros im Norden. Bleak Cay lag lediglich fünf Kilometer vor ihrem Bug in der Dunkelheit – fünf Kilometer, die den Unterschied zwischen Reichtum und Tod bedeuteten. Das Leuchtfeuer auf der nördlichen Spitze blinkte alle vier Sekunden, als verhöhnte es Steve in seiner Hilflosigkeit.

Steve stammte aus New York City. Er mochte das Meer nicht, außer wenn es sanft an den Strand von Hamptons brandete, und das einzige Boot, dem er traute, war die Fähre nach Staten Island hinüber. Bob war der Matrose. Angeblich ein hervorragender Mechaniker, hatte er während der vergangenen Stunde an dem großen Mercruiser-Motor gearbeitet. Unterdessen hatte Steve nichts anderes tun können, als ihn, den Motor und all die Hurensöhne, die ihn in diese mißliche Situation gebracht hatten, zu verfluchen.

Ganz oben auf seiner Liste standen die kolumbianischen De-Fonterra-Brüder Xavier und José. Zum ersten Mal hatte er sie auf der Vorbereitungsschule in Connecticut getroffen. Steve hatte ein Stipendium für die Schule erhalten und sich angeschickt, den Abschluß in Wirtschaft an der New York University zu machen. Als er sie zum zweiten Mal getroffen hatte, war er ein Senkrechtstarter in einer Bank an der Wall Street gewesen. Ein paarmal hatten sie im Hudson River Club zusammen zu Mittag gegessen und auch ein paar Abende miteinander verbracht, aber Steve hatte niemals ein Wochenende für sie geopfert. Er hatte ein bißchen Geld für sie gewaschen, zwanzig Riesen, manchmal fünfzig – nebensächliche Jobs, die ihm nicht wichtig erschienen waren, so daß er seine Spuren nicht verwischt hatte.

»He, kommen Sie«, hatte er erregt gesagt, nachdem ihn der stellvertretende Direktor in sein Büro bestellt hatte, damit er sich einer Befragung durch den Finanzverwalter der Bank unterzöge. »Diese Typen waren mit mir in der Schule, Xavier war sogar in Oxford. Ihr Vater ist ein gottverdammter Richter. Er züchtet Pferde, zum Teufel. Die Rasse, die seitlich Berge hinaufgeht.«

»Pasofinos«, kommentierte der graue Mann in dem grauen Konfektionsanzug. Er benötigte nicht einmal eine Akte; alles befand sich in seinem Kopf.

»Ja, genau«, bestätigte Steve keck.

Die Bank hatte ihn nicht entlassen. Nicht zu diesem Zeitpunkt. Statt dessen war er in die Aktienabteilung versetzt worden, was zunächst nach einer natürlichen Maßnahme ausgesehen hatte. Sechs Monate später entpuppte sie sich als gut geplante Aktion, als sie ihn im Zuge einer Rationalisierung zusammen mit drei anderen Kollegen an die Luft setzten.

Ein halbes Jahr verschwendete er auf der Suche nach einem Job. Bei den Vorstellungsgesprächen war man stets freundlich zu ihm, und er hatte nicht glauben wollen, daß er auf einer schwarzen Liste stand. Schließlich versuchte er es bei einem Vetter, der die Vermögensverwaltung einer kleinen Bank in Philadelphia leitete. Steve und der Vetter waren nicht besonders gut befreundet. Sein Cousin konnte seine Gedanken nur schwer verbergen. Beschämt rollte er einen blauen Waterman-Füller auf einer Platte aus marokkanischem Leder hin und her, während er etwas davon murmelte, wie angespannt die wirtschaftliche Lage sei. Am Ende rückte er damit heraus. »Sieh mal, Steve«, sagte er, »vielleicht solltest du etwas anderes probieren, weißt du? Stell was Eigenes auf die Beine. Wenn ich dir irgendwie helfen kann . . .«

Der selbstzufriedene Mistkerl – Universitätsclub, blonde Frau mit guten sozialen Kontakten, zwei Kinder, Haus im Kolonialstil mit Säulen und vier Schlafzimmern, BMW 320i mit gepflegten 30000 Kilometern auf dem Tacho, zwei Jahre alter Volvo-Combi und ein Kabota-Rasentraktor. Steve hätte ihn am liebsten umgebracht.

Aber was hätte er tun sollen? Er mußte irgendwo günstig leben, während er etwas ausheckte. Von seinem Apartment mußte er sich trennen. Falls er es schnell verkaufte, würde er Geld verlieren. Also übergab er es einer Immobilienmaklerin, mit der er einige Jahre zuvor für ein paar Monate gegangen war, und flog in die Dominikanische Republik hinunter. Fünfundzwanzig Kilometer außerhalb der Hauptstadt bei Boca Chica mietete er ein Atelier, das ein paar Häuserblocks vom Strand entfernt lag. Vormittags arbeitete er an seinem Spanisch, nachmittags an seiner Sonnenbräune. Die Nächte waren wie in einer Fledermaushöhle. Alle Frauen der Stadt kamen auf die Straße. Zusammen mit einem Deutschen, den er zufällig getroffen hatte, fuhr er spazieren, winkte die Frauen heran, als handelte es sich um Schafe auf einem Markt, sagte ihnen, daß sie zu alt oder zu häßlich seien, oder befahl ihnen einzusteigen. Das ganze verdammte Land war ein einziger Puff. Natürlich gab es in der Hauptstadt auch Familien, die anders waren, aber an sie heranzukommen war schwieriger, als in Fort Knox einzubrechen. Alle anderen waren Prostituierte. Zehn Dollar für die schnelle Erleichterung auf dem Rücksitz des Wagens, fünfzehn für ein paar Stunden in einem Motel, während auf dem Videogerät ein Sexfilm lief und das Mädchen tat, was er von ihm verlangte. Nach zwei Monaten war sein Selbstvertrauen wieder hergestellt und das Apartment verkauft.

Er traf eine Gruppe von Kolumbianern, die Ferien machten und sich sehr beeindruckt von seiner Behauptung zeigten, mit der De-Fonterra-Familie befreundet zu sein. Die Kolumbianer erzählten ihm Geschichten über riesige Häuser, die die de Fonterras besäßen, über Pferde, Polospiele und Haziendas von der Größe eines ganzen Landes. Na und? Was waren sie schon? Nichts weiter als ein paar Hispano-Kerle, die sein Leben ruiniert hatten. Zum Teufel mit ihnen, sie schuldeten ihm etwas.

Steve traute American Airlines nicht. Die Sicherheitskontrollen waren zu gründlich, und er vermutete, daß er auf irgendeiner Liste stand, durch die ein DEA-Agent mit Zugang zu den Reservierungen bei AA hätte aufmerksam werden können. Also nahm er für vierhundertfünfzig Dollar einen Charterflug einschließlich eine Woche Hotel in Bogotá. Von seiner Unterkunft aus rief er die Brüder an, und sie schickten ihm einen Chauffeur. Der nette alte Mann mit grauem Haar-

kranz, der unter der Schirmmütze hervorsah, trug einen gut
gebügelten Anzug, war sehr respektvoll, machte aber keine
Konversation. Steve hatte erwartet, zu einem Haus oder einem Apartment gefahren zu werden, um dort mit silbernem
Besteck zu Abend zu speisen, bedient von mindestens einem halben Dutzend Angestellten. Statt dessen hielt der
Wagen an einer Ecke in einem der hochgelegenen Vorstadt-
viertel, und der ältere der Brüder, Xavier, glitt neben ihn in
den Fond. Er ließ die Glasrennwand zur Fahrerkabine hoch
und drehte die Lautstärke des Radios auf, bevor er sich in
den Sitz zurücklehnte.

Der Kolumbianer war einen Meter fünfundsiebzig groß,
schlank, durchtrainiert und frisch rasiert. Er trug eine dun-
kelgraue Flanellhose mit drei Zentimeter hohen Aufschlä-
gen und ein einfach geschlitztes Tweedjacket, aus dessen
Brusttasche die Ecke eines Paisley-Taschentuchs ragte. Un-
verzierte, aber schwere goldene Manschettenknöpfe hielten
die Doppelmanschetten des hellblauen Oxford-Hemdes aus
Baumwolle zusammen. Eine Paisley-Krawatte und spie-
gelblankpolierte braune Slippers rundeten die Erscheinung
ab. Es war das typische Styling der englischen Oberklasse,
das sich nur wenige Mitglieder der englischen Oberklasse
leisten konnten, seit sie von den Dieben und Dilettanten auf
dem Lloyds-Versicherungsmarkt übers Ohr gehauen worden waren. Der Stil war schwer zu imitieren, aber Xavier traf
ihn auf den Punkt. Sogar die leichte Verlegenheit aufgrund
seiner gesellschaftlichen Überlegenheit paßte.

Sorgfältig zog Xavier seine Hose glatt. »Ich werde nicht so
tun, als würde ich mich freuen, dich zu sehen, Steve«, sagte
er. »Du hast uns einige Unannehmlichkeiten bereitet.«

Steve verbarg seine Empörung. »Du warst doch derjenige
mit dem Koksgeld.«

»Koks?« Xavier seufzte leise. »Ihr Nordamerikaner ver-
steht die Welt nur auf der Grundlage eurer Gier. Lateinamerika, der Mittlere Osten, der Ferne Osten – Drogen, Öl und
schmerzlose Wege zur geistigen Erleuchtung ...«

Steve wollte ihn unterbrechen, aber Xavier hieß ihn mit einer Handbewegung schweigen. »Du willst etwas von mir,

also hör dieses eine Mal zu. Nur wenige von euch haben auch nur andeutungsweise einen Begriff von der Geschichte. Die de Fonterras besitzen hier seit dreihundert Jahren dasselbe Land. Wir denken in Generationen. Einige von uns haben sich sozial engagiert, aber wir sind weder dumm noch selbstlos. Angesichts der Probleme unseres Landes und in Anbetracht der unsicheren politischen Situation bringen wir wohlweislich jedes Jahr einen Teil unseres Einkommens in Sicherheit. Wir haben dich damit beauftragt, weil wir zusammen zur Schule gingen. Du warst unvorsichtig, Steve, und deshalb wurdest du gefeuert. Angestellte deiner Botschaft haben bei uns herumgeschnüffelt, und José und ich mußten uns einer Leibesvisitation unterziehen, als wir über den Kennedy-Flughafen in dein Land einreisen wollten. Das war sehr entwürdigend ...«

Er pflückte einen Faden von seiner Flanellhose und legte ihn sorgfältig in den sauberen Aschenbecher. Dann sah er Steve wieder an. »Ich werde dir die Telefonnummer eines Mannes geben, der eine unserer Kaffeeplantagen in der Nähe von Medellin leitete, bevor eure Drogengelder die Wirtschaft unseres Landes korrumpierten. Er ist für seine absolute Zuverlässigkeit bekannt und benötigt Kapital. Wenn du schon dachtest, daß du Drogengelder für uns gewaschen hast, Steve, dann bist du hier möglicherweise an der richtigen Adresse. Ob du ihn anrufst oder nicht, ist deine Entscheidung.«

Er lehnte sich nach vorne und klopfte an die Trennscheibe. Der Chauffeur steuerte den großen Wagen an den Bordstein. »Ruf mich nie wieder an, niemals ...« sagte Xavier.

Steve mußte fast zwei Kilometer laufen, bevor er ein Taxi fand. Die ganze Zeit über dachte er daran, wie er sich eines Tages an dem Bastard revanchieren würde. Er würde ihn umbringen. Langsam und qualvoll würde er ihn umbringen und ihm dabei in sein gottverdammtes Gesicht lachen.

Aber er tätigte den Anruf.

Das Treffen fand dreißig Kilometer von der Hauptstadt entfernt in einem Café bei einer Texaco-Tankstelle statt. Steve hatte bei Budget einen Ford gemietet, mit dem er die gewundene Straße in die Berge hinauffuhr. Während der ersten Kilometer lagen zu beiden Seiten der Straße noch Baracken, die wie achtlos weggeworfener Abfall wirkten, aber plötzlich waren statt des Elends der Dritten Welt nur noch Bäume zu sehen. Lastwagen stellten hier eine tödliche Gefahr dar. Entweder funktionierten die Bremsen nicht, oder den Fahrern war es egal, auf welcher Straßenseite sie fuhren.

Steve war instruiert worden, an einem Tisch unter dem auffälligen Baum zu warten, der Schatten über die Terrasse aus festgestampfter Erde vor dem Café warf. Vier Kolumbianer fuhren in einem kleinen Mitsubishi-Pick-up mit Allradantrieb vor. Sie trugen saubere Khaki-Chinos, Baumwollhemden mit zuknöpfbaren Taschen und Stiefel, an denen dicke Lehmklumpen hingen. Drei von ihnen hatten Zwölf-mm-Pumpguns bei sich. Sie sahen wie Mestizenfarmer aus, die von einem Jagdausflug zurückkehrten. Oberflächlich betrachtet wirkte alles sehr normal, aber der Fahrer ließ den Motor laufen, blieb am Wagen und behielt mit wachen Augen die Straße im Blick. Die Türen des kleinen Pick-up standen offen, um die kühle Luft einzulassen. Der zweite der Männer schlenderte zum Büro der Tankstelle hinüber und lehnte sich dort an die Wand, so daß er eventuell einfahrende Kunden im Auge behalten konnte. Der dritte Mann bestellte Kaffee, während er durch das Café nach hinten ging, um die Toilette zu überprüfen. Als letzter kam der Boß.

Er war ein kantiger Mann Mitte Vierzig mit einem dicken Bauch, der über seinen Gürtel fiel. Sein Gesicht wirkte wie ein gespaltener Betonblock. Mit der Fußspitze zog er einen Stuhl vom Tisch zurück und gab der Kellnerin einen Wink, ihm Kaffee zu bringen.

»Wenn ich richtig informiert bin, haben Sie etwas Geld, das Sie vermehren wollen, Señor?«

»Das wäre nicht schlecht«, erwiderte Steve.

»Und Sie haben keine Erfahrung ...«

»Nun ...«

»Und Sie waren in der Vergangenheit bereits einmal unvorsichtig.« Der Kolumbianer hob die Schultern. »Eine Lektion, Señor. In Zukunft werden Sie besser aufpassen.«

Er rutschte in seinem Stuhl einen Zentimeter zur Seite, als ein schwarzer Lincoln heranfuhr, um zu tanken. Die Fahrerin war eine Frau Mitte Fünfzig. Als sie den Bewaffneten an der Wand zum Büro lehnen sah, änderte sie auf halbem Weg zu den Zapfsäulen ihre Absicht und fuhr sehr langsam auf die Straße nach Bogotá zurück. Eine kleine, stämmige indianische Kellnerin mit hängenden Brüsten brachte den Kaffee für den Boß in einer kleinen Tasse, an der sich, ein Drittel unterhalb des Randes, eine blaue Linie befand. Mit stumpfem Zeigefinger drehte der Mestize die Tasse, bis ihm die Position des Henkels zusagte. Er roch an dem Kaffee, bevor er ein wenig davon trank. Offenbar sagte das Getränk seinem Geschmack nicht zu, denn er spuckte es in den Staub zwischen seinen Stiefeln und setzte die Tasse genau in der Mitte der Untertasse wieder ab. Jede Bewegung war von der gleichen, schmerzlich langsamen, methodischen Genauigkeit geprägt – ein echter Bauerntölpel. Steve stellte sich vor, wie er versuchte, in New York die Straße zu überqueren.

Der Kolumbianer behielt die Landstraße im Auge. »Sie werden ein Haus auf den Bahamas brauchen, Señor, ein ruhiges Haus auf einer der weniger bewohnten Inseln. Und ein schnelles Boot mit einem weißen Rumpf, den man verkleiden kann. Sie sind jung, also sollten Sie arbeiten, sonst werden Sie Verdacht wecken ...« Sie benötigten Steve als Deckung – er würde die Ladung entgegennehmen. Dann würden sie ihn achtundvierzig Stunden lang beobachten, bevor sie die Lieferung von ihm übernähmen. Er hatte 50000 Dollar in die Ladung zu investieren, die er bei Erfolg der Mission im Verhältnis 10:1 zurückerhielte.

Die Mittagshitze und die Feuchtigkeit waren einschläfernd. Die Stimme des Kolumbianers brummte weiter. Emotionslos kamen die Instruktionen, präzise und detailliert. Für einen Moment schloß Steve die Augen.

Wie eine Schlange stieß der Kolumbianer zu und packte Steves Hand, die auf dem Tisch lag. Er hielt sie fest. »Hier geht es um ein ernsthaftes Geschäft, Señor. Sie sollten mich dabei ansehen.« Seine Augen waren gütig, beinahe väterlich, sein Lächeln sanft. »Machen Sie keinen Fehler, Señor«, sagte

er und tätschelte Steve leicht auf die Wange. »Sie sind sehr gebildet. Vergessen Sie nicht, daß Sie die ganze Zeit über denken müssen.« Er nickte wie für sich selbst. »Die ganze Zeit«,
wiederholte er. »Das verlange ich von Ihnen: daß Sie denken
und ehrlich mit mir sind, Señor. Sie sollten in sich gehen und
entscheiden, ob das möglich ist.« Plötzlich grub er einen Fingernagel hart und tief in Steves Handrücken. »Verstehen Sie
mich?«

»Ja, natürlich«, antwortete Steve. Ein weiterer Mann, den es
zu hassen galt.

Aber er hatte noch in dem Café eingewilligt, und jetzt war
der ganze verdammte Deal schiefgelaufen. Erneut sprang ihn
die Angst an, diesmal so heftig, daß er sich würgend über den
seitlichen Bootsrand beugte. Dann fluchte er und schlug mit
der Faust auf die Türschwelle aus Fiberglas.

»He, nur die Ruhe«, sagte Bob gedehnt, ohne aufzusehen.
»Geräusche breiten sich übers Wasser kilometerweit aus.«

Wen, zum Teufel, kümmert das? dachte Steve. »Wenn wir nicht
rechtzeitig in Bleak Cay sind, um das Flugzeug in Empfang zu
nehmen«, sagte er, »werden sie uns verdammt noch mal die
Kehlen durchschneiden.«

3

Vincente

Vincente fürchtete sich vor dem, was zu tun er versprochen
hatte – nicht wegen der erforderlichen Professionalität, sondern weil er Angst hatte, daß er seine Seele verlieren würde,
wenn er die Mission flog.

Der schlanke Achtundzwanzigjährige besaß feine Gesichtszüge. Sein Haar bestand aus einem ungebändigten
Wust dunkler Locken von derselben Farbe wie seine Augen.
Er stammte aus den Engreidos, wie man im Kolumbianischen sagte – Familien, die ihr Blut niemals mit dem der
Indios vermischt hatten. Dazu zählten die Großgrundbesitzer, die sich im 17. Jahrhundert im Land angesiedelt hatten,

unter ihnen die de Fonterras, die Casasnuevas und die Valleras are Chinis, die Bankiers Cabreras und Tur del Montes und andere, die wie Vincentes Familie in der zweiten Hälfte des 19. Jahrhunderts nach Kolumbien ausgewandert waren. Man war stolz auf seine Rechtschaffenheit und produzierte einen großen Teil des Nachwuchses für die Berufsstände der Ärzte, Lehrer und Buchhalter. Vincente allerdings war ein hochqualifizierter Wasserflugzeugpilot.

Während der vergangenen drei Jahre hatte er indirekt im Dienst der Vereinigten Staaten gestanden und von seinem Flugzeug aus Kokainplantagen mit Entlaubungsmitteln besprüht. Seine Start- und Landebahnen waren Bergseen, die zweitausend Meter und höher über dem Meeresspiegel lagen. An diesen Seen traten immer wieder heftige Fallböen auf, die ohne Vorwarnung aus den Bergen hereinbrachen, so daß jeder Start und jede Landung ein potentiell tödliches Abenteuer waren.

Auch das Besprühen der auf kleinen Lichtungen im Dschungel verborgenen Plantagen war gefährlich. Vincente mußte häufig in wenigen Metern Höhe über die Baumwipfel fliegen, um die Verbreitung der Chemikalien zu kontrollieren. Dabei war das Flugzeug ständig Luftlöchern und Thermiken ausgesetzt. Die DEA hatte zeitweise ihre eigenen Piloten und mächtige Hubschrauber eingesetzt, aber die Kosten und die Gefahr waren zu groß gewesen. Niemand in den Staaten kümmerte sich darum, wenn Kolumbianer starben, aber falls amerikanische Bürger ihr Leben verlören, wäre das gesamte Programm gefährdet.

Vincentes Verlobte hatte die ständige Angst nicht mehr ausgehalten und sich geweigert, einem Termin für ihre Hochzeit zuzustimmen. Außerdem wollte sie nicht, daß er für die DEA oder irgendeine andere Behörde der US-Regierung arbeitete. Sie hatte an der Cartagena-Universität Geschichte studiert und besaß ein jugendlich-enthusiastisches gesellschaftliches Bewußtsein. Mit Genugtuung zählte sie jedes Verbrechen auf, das die Vereinigten Staaten je in Lateinamerika begangen hatten, angefangen von der Plünderung und Annexion New Mexicos und des südlichen Texas bis hin zur Unterstützung der Briten im Krieg um die Falkland-Inseln. Niemals würde sie einen Diener dieser Menschen heiraten. »Sie zahlen dir die Hälfte des Lohns, den sie ihren eigenen Piloten bezahlen, weil sie dich für minderwertig halten«, hatte sie gesagt. »Du läßt dich demütigen, Vincente, indem du das akzeptierst ...«

Dem bulligen Mestizen, der kürzlich mit Vincente Kontakt aufgenommen hatte, waren die Ansichten von dessen Freundin sehr wohl bekannt gewesen. Er hatte seinen Annäherungsversuch in dem Straßencafé neben der Pension gestartet, in der Vincente wohnte, während er sprühte. Golden hatte die Morgendämmerung von den weißen Wänden und den hellen Wellblechdächern der Häuser in der kleinen Stadt reflektiert und die umliegenden Berge getönt. Der Mestize hatte sich an den Nachbartisch auf dem Bürgersteig gesetzt, den Rücken zur Wand. Er war ein Landarbeiter in mittleren Jahren mit schwieligen Händen, die jahrelang die Erde bearbeitet hatten – eine Erde, die dieselbe braune Farbe besaß wie sein schlechtsitzender Anzug. Er strahlte die typische äußere Ruhe der Indios aus und sprach mit leiser, monotoner Stimme, so daß Vincente zunächst dachte, er redete mit sich selbst.

»Der Pilot, der für die Nordamerikaner von den Seen aus fliegt, ist ein junger Mann mit großen Fähigkeiten«, sagte er. »Das jedenfalls behaupten die Leute. Sogar die Nordamerikaner sprechen mit Bewunderung von seinen Leistungen, aber es gibt Menschen in seinem eigenen Volk, die ihn für einen Verräter halten. Ob sie recht haben?« Die sanfte Traurigkeit in seiner Stimme erinnerte an einen Lehrer; er klang enttäuscht, aber philosophisch.

»Die Campesinos klagen, daß der Pilot ihre Einkommen vernichtet und ihre Böden vergiftet«, brummte die Stimme des Mestizen weiter. »Sie sagen, daß ihre Kinder von den Chemikalien, die er versprüht, krank werden und daß ihre Babys mißgebildet zur Welt kommen. Daß es gefährlich ist, die Milch ihrer Tiere zu trinken. Daß die Blätter von den Bäumen fallen und die Bäume sterben. So spricht die Stimme seines Volkes.« Er nickte scheinbar für sich selbst und spitzte für einen Moment die Lippen, als wunderte er sich über seine eigenen Worte. »Sogar einige der Menschen, die ihm am nächsten stehen, sagen das ... Sie sagen, daß das Flugzeug zwar ihm gehört, aber die Bank einen Teil davon besitzt. Dabei ist dieser Teil nicht so groß, daß er unbedingt weiterhin ein Sklave der Nordamerikaner bleiben müßte. Es ist wahr, daß er der Bank sein Wort gegeben hat, weiter mit den Nordamerikanern zu arbeiten, bis seine Schulden abbezahlt sind, weil er befürchtet, daß die Bank sonst das Haus seiner Eltern pfänden könnte. Manche Menschen bringen ihm Sympathie entgegen, weil er an seine Eltern denkt. Sie sagen, daß ein einflußreicher Mann mit der Bank reden sollte, damit der Pilot von solchen Sorgen befreit würde.« Wieder nickte er.

»Andere sagen, daß der junge Mann bezahlen sollte, was er der Bank schuldet, denn nur dadurch würde er von seinen Sorgen befreit werden. Sie sagen, daß es andere Nutzungsmöglichkeiten für sein Flugzeug gibt. Möglichkeiten, die seinem Volk zugute kommen, nicht seinen Unterdrückern. Sie sagen sogar, daß er seine Schulden mit einem einzigen Flug bezahlen könnte – einem gefahrlosen Flug, für jemanden mit seinen Fähigkeiten. Er müßte nicht in die Vereinigten Staaten fliegen, denn das ist immer gefährlich, sondern zu den Inseln vor Kuba ...«

So wie Vincente stets Bewegungen in den Bäumen oder das Kräuseln auf dem Wasser wahrnahm, die ihn vor einer Böe warnten, sah er, wie der Mestize einen Finger leicht hob. Dem Wink folgend, bemerkte er einen Campesino, der an einer Straßenlaterne der nahegelegenen Kreuzung lehnte. Ein zweiter Mann stand dösend auf die Fahrerkabine eines Mitsubishi-Pick-up gestützt auf der anderen Seite der Straße.

Vincentes Nerven waren zum Zerreißen gespannt, als der Mestize weitersprach. »Man sagt, daß sein Flugzeug über die Bank versichert ist. Würde das Flugzeug beschädigt, bekäme die Bank ihr Geld. Aber würde sie dem Piloten einen Kredit für ein neues Flugzeug gewähren? Würde die Versicherungsgesellschaft ein zweites Mal für ihn aufkommen?«

Nun bog langsam ein rotes Camaro-Cabriolet um die Ecke;

im Autoradio lief Salsa. Der junge Mann am Steuer war ein Absolvent der gleichen Fliegerschule wie Vincente. Er wohnte in Bogotá, und es gab keinen ersichtlichen Grund, weshalb er sich bei Tagesanbruch in dieser Kleinstadt hätte aufhalten sollen. Als er Vincente sah, winkte er. Dann beschleunigte er und überholte einen alten Lastwagen, der mit Jutesäcken voller Kaffeebohnen beladen war.

»Spielzeuge«, tadelte der Mestize, als das Cabriolet um die nächste Ecke bog. »Ein Mann sollte wichtigere Interessen haben. Land, ein ansehnliches Haus, eine gute Ausbildung für seine Kinder ...«

Vincente glaubte nicht an Zufälle. In der Vergangenheit hatte er einige Angebote erhalten, aber sie waren stets von Leuten gekommen, die seinen Kreisen entstammten. Außerdem waren sie ihm meistens lachend unterbreitet worden, so daß er selbst hatte entscheiden können, ob er sie ernst nehmen oder als Witz betrachten wollte. Die langsam, leise und methodisch aufgebaute Mischung aus Drohung und Verheißung des Mestizen unterschied sich deutlich davon.

Vincente beobachtete einen Indio in einem graubraunen Poncho mit einem schweißgetränkten Strohhut, der eine Herde beladener Esel die Straße entlangtrieb. Die Esel trippelten vorsichtig auf dem Kopfsteinpflaster, und ein Hund – halb deutscher Schäferhund, halb undefinierbar – schlich hinter dem Indio her.

Eine Fliege setzte sich auf den Rand der Tasse des Mestizen. Er seufzte und schob einen Fünf-Peso-Schein unter die Untertasse. Nachdem er sich aus dem Stuhl gestemmt hatte, streckte er sich, um seine steifen Schultern zu lockern, dann trottete er schwerfällig über die Straße zu dem Mitsubishi. Ein zweiter Mann kam aus dem Café und folgte ihm. Insgesamt waren sie jetzt zu viert, alle von gleich stämmiger Statur.

Vincente beglich seine Rechnung und holte seinen alten Jeep aus der Hütte hinter der Pension. Der See lag knapp zwanzig Kilometer von der kleinen Stadt entfernt. Auf der unbefestigten Piste, die das enge Tal emporführte, fuhr es sich wie auf einem Acker. Einer der Amerikaner von der Basis kam ihm entgegen und stoppte ihn.

»Mein Gott, es tut mir leid, Vin«, sagte er. »Aber irgendein Mistkerl hat dein Flugzeug angezündet.«

Vincente folgte dem Amerikaner zum See. Bis sie die DEA-Basis erreichten, hatte er sich wieder in der Gewalt. Das kleine Lager bestand aus sechs Fertighütten, die zu drei Seiten einer Waldlichtung am Seeufer errichtet worden waren. Es hatte leicht zu regnen begonnen. Der Regen preßte den Geruch nach vermodernden Blättern aus dem Boden und verdarb die kühle Bergluft. Von den Bäumen tropfte das Wasser gegen die Seiten von zwei Airstream-Anhängern, die von den DEA-Agenten benutzt wurden. Es sammelte sich in Pfützen auf den Teerleinwänden, unter denen auf einer Seite des Lagers Benzinfässer gestapelt lagen, und auf den Fässern mit Entlaubungsmittel, die hinter einem Stapel angespitzter Eisenpfähle standen. Die Pfähle waren mit roter Rostschutzfarbe angestrichen.

In einhundert Metern Entfernung vom Ufer ragten die Spitzen von zwei Schwimmern aus dem vom Regen gesprenkelten Wasser – die Schwimmerspitzen und eine rote Festmachboje, sonst nichts.

Wie Trauergäste bei einem Begräbnis standen ein Dutzend Kolumbianer und die beiden Amerikaner in der Nässe herum. Vincente setzte sich auf den kleinen Strand und beobachtete die Böen, die über den See fegten. Der Wind kräuselte das dunkle Gewässer, fuhr durch die Baumwipfel die steile Flanke des Berges am gegenüberliegenden Ufer hinauf und zerrte am Rand der schweren grauen Wolkendecke, die unter dem Gipfel hing.

Nach einer Weile ließen die anderen Vincente allein. Die Schwimmerspitzen erinnerten ihn an Delphine. Es war einfacher, nicht die eigenen Landsleute – den Mestizen und seine Kumpane – für den Verlust seines Flugzeugs verantwortlich zu machen. Statt dessen dachte er an den Regen, der die Chemikalien von den Bäumen wusch, und an die Bäche, die sich vereinigten und in Ströme und Flüsse mündeten. Dasselbe hatten die Streitkräfte der USA in Vietnam getan. Eine Nation von Zigeunern, die ihren Dreck zurückließen, wo er hinfiel, und weiterzogen.

Über den Pfad von der Hütte, die als Verwaltungsgebäude diente, kamen knirschende Stiefelschritte herunter. Es war der ältere der beiden Amerikaner, ein stämmiger Mann mit rotem Gesicht, der allmählich fett wurde und ständig schwitzte. Er hatte mehrere Vornamen, aber alle nannten ihn Anderson. Zu viele Jahre hatte er im Busch verbracht und deshalb sämtliche Wurzeln verloren, die er je besessen hatte. Liebe suchte er in billigen Bordells. Er war ein einfacher Mann, der keine langen Ansprachen hielt – noch nie hatte ihn Vincente ein Buch lesen sehen –, und er haßte Papierkram. Trotzdem hatte er mit zwei Fingern einen Bericht für die Versicherungsgesellschaft getippt. Er ließ sich neben Vincente auf dem nassen Sand nieder und zog die Füße an, so daß sein Bierbauch auf den Oberschenkeln ruhte. Sein Schweiß vermischte sich mit den Regentropfen.

Ein Specht mit grauen Flügeln glitt tief über das Wasser. Hinter ihnen bellte ein Hund.

»Es tut mir wirklich leid, Vin«, sagte Anderson und reichte Vincente den Umschlag.

Vincente hob die Schultern. »Sie mögen das Sprühen nicht.«

»Ja . . .« Anderson warf einen Stein in Richtung der Schwimmerspitzen. Er kam höchstens zwanzig Meter weit. Die beiden Männer beobachteten, wie sich die Ringe über die kleinen Kreise, die der Regen verursachte, ausbreiteten. Als der erste Ring das Ufer erreichte, grunzte der Amerikaner, vielleicht, weil er zufrieden war. Es war schwer zu beurteilen. »Verdammter Mist«, sagte er, und fügte nach einer Weile hinzu: »Aber es ist nur ein Job, Vin.«

Obwohl sie wenig gemeinsam hatten, mochte ihn Vincente. Anderson war seinen Männern gegenüber loyal – zu loyal, um seine eigene Karriere voranzutreiben. Das war bei im Ausland lebenden Nordamerikanern häufig der Fall.

Vincente fuhr zu seiner Pension zurück und packte seine Ausrüstung zusammen. Dann ging er ins Telefonbüro hinüber und rief die Versicherungsgesellschaft und die Bank an. Er besaß weder die Energie, um nach Bogotá hineinzufahren, noch war er bereit, seinen Eltern oder seiner Verlobten gegenüberzutreten. Statt dessen setzte er sich auf die Terrasse des

Cafés auf dem Bürgersteig und wartete. Um fünf Uhr kam einer der Männer des Mestizen und parkte den Mitsubishi-Pick-up auf der anderen Seite der Straße.

Eine halbe Stunde später näherte sich Anderson im Chero-kee der DEA. Er schwang sich aus dem Jeep und ergriff Vincente bei der Hand. »Verdammt, Vin«, sagte er, »ich hatte befürchtet, daß du schon fort wärst. Einer von der Agency in Miami rief mich über Funk an. Er wollte wissen, ob ich jemanden im Team hätte, der für ein Beaver-Wasserflugzeug bieten würde, das morgen früh bei der Zollversteigerung zum Gebot kommt. Er sagte, daß es in sehr gutem Zustand ist.«

Anderson war aufgeregt wie ein Kind bei der eigenen Geburtstagsfeier. Der Stuhl knirschte, als er sich neben den Piloten fallen ließ. »Meine Güte, ich brauche ein Bier. Die gottverdammte Piste bringt mich um.« Durch die Tür rief er nach zwei Flaschen Castellos. »*Bien fria, señorita.*«

Er wandte sich wieder Vincente zu und war plötzlich verlegen. »Vin, ich hab' ihm gesagt, daß er bis 20000 gehen soll. Soviel habe ich gespart. Du kannst es mir zurückzahlen, wenn du den Kram mit der Versicherung erledigt hast.« Er hatte alles auf einen Zettel geschrieben. Dankbarkeit jagte ihm Angst ein, und er stürzte sein Bier in ein paar großen Schlucken hinunter. »Ich muß zurück. Paß auf dich auf.«

Vincente wußte, daß Anderson nicht zu den typischen Nordamerikanern gehörte, und fühlte sich miserabel. Er machte niemandem Vorwürfe. Es ging einfach um zuviel Geld. Als der Cherokee außer Sicht war, überquerte er die Straße und stieg in den Mitsubishi.

Jetzt, einen Monat später, zahlte Vincente die Zeche.

Die de Havilland Beaver war ein großartiges Flugzeug, und die fast windstille Nacht mit ausgezeichneter Sicht über die Karibik eignete sich hervorragend zum Fliegen. Nachdem er Kolumbien verlassen hatte, war er in 6000 Metern Höhe über Port au Prince, dann nach Westen entlang der kubanischen Südküste und am US-Marinestützpunkt in der Guantanamo-Bucht vorbei geflogen. Das kleine Leuchtfeuer von Bleak Cay lag direkt vor ihm. Jeden Moment müßte das Empfangskomitee die Lampe anzünden, die den Anfang der Landezone markieren würde.

4
Jacket

Jacket war in den zurückliegenden drei Monaten neunzehnmal nach Bleak Cay hinausgerudert. Noch eine gute Nacht und er hatte genug Geld gespart, um das Geburtstagsgeschenk für seine Mutter zu kaufen. Seit sein Vater in die Vereinigten Staaten abgehauen war, hatte sie kein Geschenk mehr erhalten – zumindest keines, von dem Jacket gewußt hätte.

Die Dünen verbargen das Leuchtfeuer auf der südlichen Spitze von Bleak Cay, aber er konnte den Schein sehen. Das Leuchtfeuer markierte das Ende eines zerklüfteten Riffs, das bei Ebbe an der Oberfläche lag. Beim kleinsten Windhauch brachen sich die Wellen oberhalb des Riffs, und die Langusten blieben in ihren Löchern. In windstillen Nächten kamen sie aus den Korallen hervor und jagten im Sand der Lagune nach kleinen Muscheltieren. Bei Ebbe war die Lagune nur vier Meter tief, und im Schein der Gaslampe ließen sich die Tiere gut ausmachen. In manchen Nächten formten sie regelrechte Ketten und krochen alle in dieselbe Richtung. In einer solchen Nacht hatte Jacket einmal innerhalb einer Stunde dreißig Stück gefangen, keine weniger als anderthalb Pfund schwer. Dummy hatte sie zu der Hotelanlage Emerald Palms in der Nähe von Congo Town gebracht.

Jacket ruderte mit kurzen Schlägen in dem Rhythmus, den ihm Dummy beigebracht hatte. Er brauchte anderthalb Stunden zum Riff. Der einzige Kanal, der durch die Korallen in die Lagune hineinführte, bestand aus einem Alptraum von Windungen und Kurven und war zu flach für ein Skiff mit dem Gewicht von zwei ausgewachsenen Männern darin. Jacket kannte den Weg im Schlaf. Nachdem er in der Lagune angekommen war, wandte er sich nach Süden und ruderte am Riff entlang, bis er zu einem Ableger gelangte, an dem mehrere Korallenblöcke wie große Trittsteine nach innen auf den Strand zuliefen.

Jacket ließ sein Boot ein paar Meter von dem Ausläufer forttreiben, bevor er den Stein, der dem Skiff als Anker diente, über Bord warf. Das Wasser wirkte dunkel und unheimlich, aber die Ungeheuer, die in der Tiefe lauerten, waren seine eigene Erfindung. Sie dienten dazu, die Geschichten zu bevölkern, die er mit seinen Händen für Dummy spielte, wenn sie zum Fischen hinausfuhren. Stets brachten sie den alten Mann zum Lachen, und dann nickte er und produzierte jene hohen quietschenden Laute in seiner Kehle, die ihm die Sprache ersetzten.

Vergangene Weihnachten hatte Dummy zehn Pfund Bleireste geschmolzen, um Jacket daraus ein Gewicht mit einem Handgriff zu machen. Der Junge balancierte das Gewicht auf dem Bootsrand und rollte sieben Meter leichte Schnur darauf zusammen. Er spuckte in seine Tauchermaske, wusch das Glas im Meer, damit es nicht beschlug, und zog das Band über seinen Kopf. Es war eine alte Maske, und der poröse Gummi ließ Wasser hindurch, aber seine Mutter hätte Verdacht geschöpft, wenn er sich eine neue gekauft hätte.

Er trocknete seine Hände an der Hose ab, öffnete das Ventil des Gastanks und hielt sein Feuerzeug unter den Lampenschirm. Im Licht der Lampe konnte er die Kante des Korallenriffs und den Sand, der sich unter dem Boot erstreckte, erkennen. Eine Languste erstarrte mitten in der Bewegung direkt unter ihm.

Jacket zog sich eine alte Socke über die rechte Hand und rollte sie einmal zurück, um ein dickeres Polster zu haben. Dann glitt er seitlich aus dem Boot, zog die Maske vor die Augen und griff nach dem Gewicht. Er tauchte, indem er die Füße senkrecht in die Höhe streckte und sich von dem Blei nach unten ziehen ließ. Als er die Languste hinter dem Kopf gepackt hatte, ließ er das Gewicht los und tauchte auf. Der Fang wanderte in die Reuse unter dem mittleren Sitz. Dann zog Jacket das Gewicht wieder herauf und stemmte es auf den Bootsrand.

Weil sich keine weiteren Tiere im Lichtschein befanden, hob

35

er den Ankerstein ein kurzes Stück vom Grund ab und ließ das Skiff treiben. Er war ungefähr fünfzig Meter von den Korallenblöcken entfernt, als er die Prozession entdeckte. Vierzig oder fünfzig Langusten krabbelten Kopf an Schwanz den Sand entlang. So viele auf einmal hatte Jacket nie zuvor gesehen. In seiner Aufregung schluckte er Wasser.

Da hörte er in einiger Entfernung das leise Motorengeräusch eines kleinen Flugzeugs.

Steve hörte das Flugzeug weit entfernt im Süden. »Verdammt noch mal, tu was!« rief er gedämpft.

Bob sah auf. »Ich bin dabei«, sagte er. »Ich repariere den Motor. Hättest du auf mich gehört und mir Zeit gegeben, um den Motor zu überprüfen, dann hätte ich dir gesagt, daß die Ventile hinüber sind. Dann hätten wir was anderes kaufen können.«

Er war ein großer Mann in Steves Alter. Sie hatten sich an einem Sonntag in Hamptons getroffen, als an Steves Jaguar-Cabriolet eine Zylinderkopfdichtung kaputtgegangen war und ihn seine damalige Freundin verlassen hatte. Keiner der anderen Männer, mit denen sich Steve in jenem Sommer das Strandhaus geteilt hatte, war besonders an seiner Freundin interessiert gewesen, aber einer von ihnen hatte gesagt, daß Bob unten im Jachthafen ein großartiger Mechaniker und ein netter Mensch sei, immer bereit zu helfen. Jeder hielt Bob für einen netten Menschen. Aber er arbeitete entsetzlich langsam. Den Job im Jachthafen hatte er schließlich verloren, weil seine Stunden mehr kosteten, als die Verwaltung den Kunden für seine Arbeit berechnen konnte.

Von da an hatte er als Freiberufler gearbeitet, aber mit seiner Nettigkeit hatte er sich stets Ärger eingehandelt. Einmal hatte ihn ein Mann, dessen Chauffeur krank geworden war, dafür bezahlt, mit einem großen Mercedes zum Kennedy-Flughafen zu fahren, um dort einen deutschen Geschäftspartner, der aus Europa einflog, abzuholen.

»Es ist wichtig, Bob«, hatte der Besitzer des Mercedes gesagt. »Seien Sie anderthalb Stunden vor Ankunft der Maschine dort, und tragen Sie einen Anzug.«

Bob war rechtzeitig losgefahren, aber von einer älteren Frau, die mit ihrem Ford eine Panne gehabt hatte, aufgehalten worden. Sie besaß kein Geld für eine Werkstatt, also verbrachte Bob drei Stunden unter der Motorhaube und reparierte den Wagen. Mit einer Stunde Verspätung kam er am Kennedy-Flughafen an. Sowohl er als auch der Fahrersitz des Mercedes waren mit Schmieröl überzogen gewesen. So war Bob. Und er rauchte eine Menge Gras.

Wegen des Grases hatte ihn Steve angesprochen. Er kannte sich mit Booten und Motoren aus und wirkte wie ein Einheimischer. Jetzt mußte sich Steve mit beiden Händen an der Schwelle zur Luke festhalten, um sich nicht gehenzulassen und Bob ins Gesicht zu schlagen.

»Das verdammte Flugzeug kommt. Was, zum Teufel, sollen wir tun?«

»Vielleicht sollten wir Blinkzeichen geben oder so was«, antwortete Bob. »Dann weiß er, daß wir gleich rüberkommen. Ich muß nur den Zylinderkopf aufschrauben und die Verbindungen wieder anschließen. Alles in allem dreißig Minuten.«

Bobs dreißig Minuten waren berüchtigt.

»Was, zum Teufel, soll der Pilot so lange tun? Im Kreis fliegen?« Steve ging nach vorne ins Cockpit und drehte den großen Scheinwerfer um, so daß er nach Süden zeigte. Er wüßte es sofort, wenn es sich um das richtige Flugzeug handelte. Es flog ohne Lichter.

»Die Lagune ist glatt wie ein Milchsee«, hatte der Mestize zu Vincente gesagt. »Vierhundert Meter nördlich des Leuchtfeuers befindet sich eine Reihe von Korallenblöcken. Unser Mann wird mitten auf den Blöcken eine Lampe anzünden. Der Nachtwind kommt von Süden, so daß die Lampe den Anfang der Landezone markiert. Man muß tief reinkommen und so dicht bei der Lampe aufsetzen wie möglich. Je näher man bei der Lampe landet, desto mehr Platz hat man.«

Sie hatten ihn aufgrund seiner Fähigkeiten erpreßt. Jetzt würde ihnen Vincente zeigen, welche Fähigkeiten er besaß. Seine Hände lagen locker auf dem Steuer, als er die de Havilland Beaver in eine leichte Kurve neigte. Von Norden blinkte ihn ein starker Scheinwerfer an, vielleicht die Küstenwache. Man hatte ihm gesagt, daß der Eingang zur Lagune zu flach für die Boote der Küstenwache sei, deshalb machte er sich keine Sorgen. Was geschah, nachdem er die Ladung abgesetzt hatte, war ihre Sache.

Steve blinkte mit dem Scheinwerfer und hörte, wie das Flugzeug abdrehte. Das Motorengeräusch änderte sich. »Er landet«, meinte Bob.

Bob war in einem Jahr von mehr Menschen verflucht worden als manch andere in einem ganzen Leben; trotzdem war er optimistisch geblieben. Das war eine der Eigenschaften, weshalb ihn die Menschen nett fanden. »Sie werden ihm die Peilung gegeben haben, und außerdem scheint der Mond«, sagte er. Das Leuchtfeuer auf der Südspitze von Bleak Cay blinkte sie an. Zwischen ihnen und der Lagune lag die Insel, so daß sie Jackets Lampe nicht sehen konnten.

Es war die beste Nacht, die Jacket je gehabt hatte. Jedes Tier, das er in das Skiff fallen ließ, rechnete er sogleich in Bahama-Dollar um und verglich die Gesamtsumme mit den Kosten des Geschenkes für seine Mutter. Das Geschenk beherrschte seine Gedanken seit mehr als einem Jahr. Jetzt, den Erfolg so dicht vor Augen, fühlte er sich seltsam leer und beinahe enttäuscht.

Bleak Cay war ein dunkler Fleck im Mondlicht. Die Lampe des Empfangskomitees leuchtete hellweiß auf den Korallenblöcken. Vincente orientierte sich an der Lampe mit dem Leuchtfeuer und kam in sieben Meter Höhe herein. Er trug eine beschichtete Ray-Ban-Sonnenbrille und zog die Augen zu Schlitzen zusammen, um sich das Sehvermögen in der Nacht zu bewahren. Zentimetergenau konnte er den Abstand zwischen der Unterkante seiner Schwimmer und der Lampe einschätzen. Als er an die Männer im Boot dachte, lächelte er. Er stellte sich vor, wie sie sich vor dem großen Propeller flach auf den Bauch warfen. Vor Angst würden sie sich in die Hosen machen ...

5

Jacket tauchte auf, direkt in das Dröhnen eines riesigen Monsters hinein, das aus dem Mond auf ihn hinabstieß. Seine Blase entleerte sich, und von seinen Lippen perlten Gebete. Dann zerriß ein ohrenbetäubendes Krachen die Luft, als das Monster in die Korallenblöcke einschlug.

Das Ungeheuer kippte nach vorn, und Jacket erkannte die Umrisse eines Flugzeughecks im Schein des Leuchtfeuers von Bleak Cay. Er klammerte sich an das Skiff, während der Flugzeugschwanz versank; sein ganzer Körper zitterte im Schock. Obwohl alles in Wirklichkeit nicht lange gedauert haben konnte, kam es ihm wie eine Ewigkeit vor. Scham überwältigte ihn. Mindestens ein Mensch hatte sich in dem Flugzeug befunden. Jacket stellte einen Fuß in die Schlinge der Ankerleine und stemmte sich über den Bootsrand in das Skiff hinein. Es kam auf jede Sekunde an, aber er war vorsichtig. Sorgfältig rollte er die Leine auf, als er den Ankerstein hochzog.

Mit seinem ganzen Gewicht stemmte er sich in die ersten Ruderbewegungen. Nachdem das Boot einmal in Fahrt war, wurde es leichter. Um sich zu beruhigen, zählte er die Schläge. Es war eine Gewohnheit, die er im Laufe der einsamen Jahre nach dem Verschwinden seines Vaters angenommen hatte. Schon zweimal war er unter Segeln mit seinem Skiff umgekippt, daher wußte er, daß sich in dem Flugzeug Luft befinden würde. Vielleicht reichte sie für den Piloten und eventuelle Passagiere aus; trotzdem bereiteten ihm die silbrigen Blasen, die an der Oberfläche zerplatzten, Sorgen. In seiner Eile streifte er mit dem Skiff seitlich einen Korallenblock.

Er mußte über das Flugzeug gelangen, um seine Lampe in Position zu bringen. Der schlimmste Moment war, als er die Blasen überquerte und fühlte, wie der Kiel des Skiffs knirschend über das Flugzeug rieb. Als sein Boot wieder frei war, stieß er den Ankerstein über Bord.

Er nahm das Stemmeisen, das Dummy im Skiff aufbewahrte, und sprang über den Bootsrand ins Wasser. Seiner

Nervosität wegen beschlug die Maske, und er mußte sie auswaschen. Das Flugzeug lag auf dem Rücken. Die Schwimmer waren aufgeschlitzt worden, das gesamte Fahrwerk abgerissen. Auch ein Flügel war fortgerissen worden, der andere in Richtung der Oberfläche geknickt wie eine Flosse. Der Propeller hing zerbrochen an dem losgerissenen Motor. Die Kabine sah intakt aus.

Jacket ergriff die Flügelspitze und zog sich Hand über Hand nach unten. In der jetzigen oberen Hälfte der Kabine war Luft eingeschlossen. Der Pilot befand sich allein im Flugzeug. Er hing kopfüber in seinen Gurten, Kopf und Schultern steckten im Wasser. Jacket zog am Türgriff, aber der Wasserdruck von außen war zu groß. Nur mit Mühe gelang es ihm, ruhig zu bleiben. Er rammte das Brecheisen seitlich in das Fenster und hebelte es nach außen. Wasser brach in die Kabine, aber Jacket konnte nicht warten, bis der Druck nachließ. Schon brannten seine Lungen.

Keuchend holte er an der Oberfläche Luft und tauchte wieder nach unten. Als die Kabine halb vollgelaufen war, gelang es ihm, die Fensterklappe anzuheben. Er zwängte seinen Kopf und die Schultern hindurch und packte das Gurtzeug des Piloten. Zunächst verstand er nicht, wie die Verschlüsse funktionierten, aber dann sprangen sie auf, und der Pilot glitt nach unten. Jackets Lunge war kurz davor zu explodieren, und seine Tränen erschwerten ihm die Sicht, als er den Piloten an den Schultern ergriff. Er zerrte ihn herum und versuchte, seinen Kopf in die Luftblase zu bringen. Es gelang ihm nicht.

Wieder an der Oberfläche, paddelte er für einen Augenblick und rang nach Luft. Eigentlich hätte er lieber oben bleiben sollen, doch andererseits mußte er unbedingt wieder nach unten. Die Scham schüttelte ihn, als er realisierte, daß er im Flugzeug hätte atmen können. Er hob seine Maske an, um das Wasser hinauszulassen, rückte sie wieder gerade und tauchte an den Flügel hinunter. Nachdem er das Stemmeisen wieder an sich genommen hatte, hangelte er sich auf die andere Seite des Flugzeugs und brach das andere Fenster auf. Er fürchtet sich davor, eingeschlossen zu werden, und mußte sich dazu zwingen, in die Kabine zu klettern. Drinnen gelang es ihm

40

endlich, seine Arme um die Schultern des Piloten zu legen. Er hielt ihn in die Luftblase. Ein tiefer Schnitt, der quer über die Stirn des Piloten verlief, blutete nicht. Sein Kopf baumelte auf der Brust. Jacket hob den Kopf an, aber er fiel schlaff zur Seite. Die Augen des Piloten standen weit offen, der Blick war leer.

Jacket wollte den Piloten ins Gesicht schlagen, ihn anschreien, bis er sich bereit erklärte zu leben. Es war nicht fair, und er schluchzte, während er den Mann in seinen Armen hielt, dessen Kopf von einer Seite zur anderen schwang wie der eines Huhnes mit gebrochenem Hals.

Im Geiste verwechselte Jacket den Piloten mit dem Vater seiner Tagträume. Er weinte aus Schuldgefühlen, weil er sich den Tod seines Vaters Tausende von Malen vorgestellt hatte. Er hatte ihn sterben lassen, weil der Tod für heldenhaft gehalten werden konnte. Im Stich gelassen zu werden dagegen hätte bedeutet, daß ihn sein Vater nicht oder nicht genug geliebt hatte.

Jacket konnte den Piloten nicht im Stich lassen.

Er drehte ihn auf die Seite und manövrierte seinen Kopf und die Schultern durch die Tür nach draußen. Das gelbe Hufeisen um seinen Hals war eine Schwimmweste. Jacket zog an der Reißleine. Plötzlich zischte die Weste und blies sich auf. Erschreckt ließ Jacket den Piloten los, der wie eine Boje an die Oberfläche schoß.

Jacket folgte ihm und verlor Zeit mit dem Versuch, den Mann über das Dollbord in das Skiff zu heben. Schließlich gab er es auf und schwamm mit dem leblosen Körper zum Ufer, wo er ihn bis über die Gezeitenmarke hinaus auf den Strand rollte. Er kniete sich neben ihn, ohne zu wissen, was er tun sollte. Aber er mußte etwas tun.

Er schwamm nach draußen zurück und tauchte an die Kabine hinab. Einer jener kleinen schwarzen Aktenkoffer, die Mormonenmissionare auf ihren Fahrrädern mit sich führten, schwamm unter der Seite, die jetzt das Dach war. Im Passagierraum hinter dem Pilotensitz waren zwei Reihen von Metallkisten festgebunden. Jacket brachte erst einmal den Aktenkoffer an die Oberfläche und ließ ihn in sein Skiff fallen.

Im Schein der Lampe, die lauter zischte als die Brandung über dem Riff, hing er am Bootsrand. Nach dem Stand des Mondes zu urteilen, war seit dem Absturz eine halbe Stunde vergangen. Er mußte wieder zu Hause sein, bevor seine Mutter erwachte.

Wahrscheinlich waren die Metallkisten wertvoll. Sie gehörten dem Piloten – dessen Frau und dessen Sohn. Jacket dachte an seine Mutter und schämte sich ihrer Armut. Sie empfing noch nicht einmal Gäste in ihrer Hütte.

Er tauchte und schnitt die Kisten los. Sie waren identisch, dreißig mal dreißig Zentimeter lang und breit und vierzig Zentimeter hoch. Die Verschlüsse waren mit breitem Klebeband versiegelt. Er brachte eine Kiste an die Einstiegstür und versuchte, damit zum Skiff zu schwimmen, aber sie war zu schwer. Nachdem er wieder aufgetaucht war, löste er die Leine von seinem Tauchgewicht, dann schwamm er wieder hinunter und schlang sie zweimal um die Kiste, mit einem Knoten, den ihm Dummy beigebracht hatte. Ein englischer Jachtbesitzer hatte ihm einmal erklärt, daß es sich um einen Webeleinsteg handelte.

Alles in allem waren es zwanzig Kisten, und Jacket benötigte eine weitere halbe Stunde, um sie in das Skiff zu laden. Als er damit fertig war, schloß er den Gashahn der Lampe. Durch das zusätzliche Gewicht der Kisten war die Passage durch das Riff unmöglich geworden, deshalb ruderte er ans Ufer und stellte sie nacheinander am Strand ab. Doch am Morgen würde ihre silbrige Farbe in der Sonne reflektieren, und man könnte sie sehen.

Jacket war total erschöpft. Vor ihm lag die lange Ruderstrecke nach Hause, und er hatte wenig Zeit. Er bemühte sich, den Piloten nicht anzusehen, aber es gelang ihm nicht. Den Strand entlanggehend, suchte er nach einem Versteck.

Bleak Cay war ein flacher, wasserloser Hügel von einem Kilometer Länge und einhundert Meter Breite. Aus der sandigen Erde zwischen den toten Korallen sprossen ein paar Büschel rauhes Gras und Dornengestrüpp. Am leichtesten wäre es, die Kisten im Meer zu versenken, deshalb wäre Jacket beinahe umgekehrt. Aber falls jemand durch die Lagune führe, sähe er sie auf dem Sandboden. Schließlich stolperte er am Fuß einer Düne in ein Loch, in dem Ausflügler ein Feuer entfacht hatten. Er schob die Asche zur Seite und grub im Sand. Dann holte er die erste Kiste.

Seit das Flugzeug gelandet war, hatte Steve im Cockpit des Bootes gestanden, seitlich hinausgelehnt. Als hätte er den Piloten dadurch überwachen können, daß er Bleak Cay ein Stückchen näher war. Während der vergangenen Stunde war von Süden her eine Brise aufgekommen, und jetzt rollte durch das seichte Wasser der Great Bahama Bank eine sanfte Dünung heran. Ein Kielboot oder ein Katamaran hätten sich kaum bewegt, aber die schnelle Ausflugsjacht hatte weder einen Kielbalken noch ein Gewicht unter Wasser, um sie ruhig zu halten. Sie rollte um zwanzig Grad mit der Dünung. Es war eine langsame, träge Bewegung, die jedesmal in einem leichten Anstieg des Hecks kulminierte, kurz bevor eine der langgezogenen Wellen nach Norden davonglitt.

Wegen der Anspannung der vergangenen drei Stunden hatte sich Steves Magen zusammengekrampft. Bevor sie hinausgefahren waren, hatten sie gebackene Makrelen mit Pommes frites gegessen, und jetzt meldeten sich das Öl und der Fischgeschmack mit jedem Anheben des Bootes in seiner Kehle. Im Stehen hielt er mit den Händen den Cockpitrand umklammert und knirschte alle paar Sekunden mit den Zähnen. Dabei verfluchte er im stillen abwechselnd Bob und den Piloten. Hauptsächlich den Piloten. *Dich bring' ich um, verdammter Hurensohn. Heb wieder ab, und ich bring' dich um, zum Teufel.*

Jedes noch so geringe Geräusch, das über das Wasser zu ihnen drang, versetzte Steve in Panik. Von der Anstrengung, die ihm das Starren in die Dunkelheit bereitete, waren seine Augen feucht. In seiner rechten Schläfe drehte eine unsichtbare Hand ein Messer.

Bob stand auf. »Ich bin fertig«, sagte er.

Als sie das Bootshaus verlassen hatten, hatte Bob ein einfarbiges schwarzes T-Shirt getragen. Bevor er angefangen hatte, an dem Motor zu arbeiten, hatte er es ausgezogen. Sorgfältig

wischte er sich jetzt die Hände daran ab, bevor er die Motor-
abdeckung verschloß. Die meisten Menschen hätten die Maschine zuerst ausprobiert, aber Bob war der Meinung, daß
ein Mann seinen Beruf verfehlt hatte, wenn er nicht wußte,
wann etwas korrekt erledigt war. Das Mondlicht war hell,
und Steve bemerkte, daß er lächelte. Das war Bob. Die Kolumbianer würden sie umbringen, aber Bob war glücklich über
seine fachmännische Arbeit.

Steve rang seinen Haß nieder. Das Boot fiel in das Wellental zu Steuerbord, und der Bug hob sich. Dann richtete es sich
wieder aus, rollte langsam nach Backbord. Wieder hob sich
das Heck und mit ihm das Makrelenfilet, die Pommes frites
und das Öl. Fast unmerklich erzitterte das Boot, als die Dünung darunter hindurchglitt.

Das Heck sackte nach unten, und Steve übergab sich.

Jede Kiste wog ungefähr sieben Kilo. Das Metall war schlüpf-
rig, und es gab keine Griffe. Jacket trug sie einzeln, indem er
die Arme darum schlang und sie gegen seine Brust drückte.
Die Entfernung zu dem Loch betrug 122 Schritte. Im Dunkeln stolperte er auf dem unebenen Boden und feuerte sich
selbst mit dem Versprechen an, daß er es schaffen würde. Alles käme in Ordnung. Er wußte nicht, was in Ordnung käme,
aber jedenfalls etwas Wichtiges – sogar wichtiger als das Geschenk für seine Mutter. Es hatte etwas mit dem Piloten zu
tun.

Jacket fühlte die Gegenwart des Mannes, der dort auf dem
Strand lag, als wartete er, bis die Arbeit getan wäre, damit er
wieder davonfliegen konnte. Er war groß und schwarz und
sehr mutig. So nahe am Feind hatte er das Flugzeug im Dunkeln gelandet. Die Kisten mußten unbedingt versteckt werden, bevor er wieder abhob. Wegen seines gebrochenen Bei-
nes konnte er nicht mithelfen, sie zu tragen. Kein Wort an
Jacket kam über seine Lippen, weder über die Kisten noch
über seine Schmerzen. Er war still, bat um nichts.

»Es geht schon, Daddy. Laß mich nur machen«, erklärte
Jacket. Er sah ihn nicht an, weil er nicht wollte, daß sein Vater
seine Tränen sah.

Weit hinter dem entfernten Ende der kleinen Insel hustete und spuckte ein Motor, bevor er in ein beständiges Trommeln überging. Tausende von Jachten kreuzten durch die Bahamas, viele davon Sportboote oder Rennmaschinen, und Jacket kannte sich mit dem Klang von Motoren aus. Er war beinahe sicher, daß es sich um einen V8 handelte.

Steve spülte sich den Mund mit Wasser aus der Plastikflasche. Er spuckte es seitlich über Bord und wischte sich die Lippen ab. Die Steuerung der elektrischen Winsch befand sich auf der Backbordseite des Lenkrades. Nachdem Bob die Ankerleine hochgewunden hatte, ging er nach vorne und stand breitbeinig auf dem Bug, während er die drei Meter lange Kette und den Anker vorsichtig ins Boot hob.

Weil sie die Relings abmontiert hatten, konnte man sich nirgendwo an Deck festhalten. Vorsichtig kam Bob zum Cockpit zurück. Ihn dazu zu bewegen, schneller zu gehen, wäre ähnlich unmöglich gewesen, wie einen Schwergewichtsboxer zu schwängern, und Steve versuchte es erst gar nicht. Sie hätten um ein Uhr am Treffpunkt sein sollen. Jetzt waren sie zwei Stunden zu spät dran.

Ein dumpfer Ruck im Getriebe war zu spüren, als Bob vorsichtig Gas gab. Die Schraube schlug phosphoreszierenden Schaum, dann hob sich der Bug, und das Boot tanzte auf dem Heck wie ein Hundewelpe, der im nächsten Moment umzufallen drohte.

Bob lauschte dem Motor. Dann nickte er zufrieden und gab mehr Gas. Die Schraube hob das Heck in die Höhe, brachte das Boot in die Waagerechte, und der Bug fiel nach vorne. Nur das hintere Drittel des Rumpfes berührte die Wasseroberfläche, während das Sportboot in großem Bogen in Richtung der nördlichen Spitze von Bleak Cay raste.

Steve tauchte kurz in der Kabine unter, um anschließend mit einer Ruger-45er-Magnum wieder hervorzukommen. Eine einzige Kugel aus der großen Handfeuerwaffe reichte aus, um ein Nashorn von den Beinen zu holen. Steve wußte nicht, was ihn erwartete, aber er würde kein Risiko eingehen.

Durch seine Tränen hindurch sah Jacket das weiße V der Bugwelle, als das Patrouillenboot die Insel umrundete. Die Besatzung bestand aus kleinen, schlitzäugigen Männern in abgetragenen Khaki-Tropenuniformen. Sie trugen ihre lustigen Kappen. Ein Korporal kauerte hinter der Bordkanone auf dem Vordeck. Zwei Matrosen zu Steuerbord und Backbord der offenen Brücke besetzten schwere Maschinengewehre. Achtern befanden sich Wasserbomben und eine zweite Bordkanone. Der Sergeant stand am Steuer, während der Captain den Strand mit einem Fernglas absuchte.

Die letzte Kiste in den Armen, erstarrte Jacket, aber sein Daddy kicherte leise. »Keine Panik, Junge. Wir haben natürliche Tarnung. Am besten versteckst du das Skiff. Bring es auf die gegenüberliegende Seite von der Stelle, wo du das Dynamit aufbewahrst ...«

»Zum Teufel, ich sehe nichts«, knurrte Steve ärgerlich.

Bob hatte die Drehzahl der Maschine verringert, als sie um die Spitze bogen. Ein unterbrochener weißer Wellenkamm markierte das Riff. Wie eine riesige Qualle lag Bleak Cay in der stillen Schwärze der Lagune. Das Flugzeug mußte irgendwo sein. Vielleicht hatten es die verdammten Latinos schwarz getarnt, so wie Bob und er das Boot verkleidet hatten. Steve wollte den Scheinwerfer einschalten, aber die Befehle lauteten, daß kein Licht angezündet werden dürfe, nachdem das Flugzeug gelandet war.

»Wahrscheinlich ist der Trottel auf der anderen Seite des Leuchtfeuers gelandet«, sagte er.

Bob antwortete nicht.

Bob war auf einer Farm von seinem Vater erzogen worden, der sich hervorragend darauf verstanden hatte, einen Befehl nach dem anderen zu erteilen. Damals hatte Bob immer alles gleichzeitig tun wollen und wurde verflucht, wenn er etwas nur halb erledigte. Jetzt erledigte er eine Aufgabe nach der anderen, in der ihm eigenen Geschwindigkeit. Immer noch wurde er verflucht, aber wenigstens war er mit sich selbst im reinen. Momentan steuerte er das Boot. In der Waagerechten reagierte es auf die kleinste Berührung; trotzdem war es jetzt, als sie langsam nach Süden auf das Leuchtfeuer zufuhren, schwer auf Kurs zu halten.

Bob war kein Flieger, aber er kannte sich mit Booten und Navigation aus. Daher fiel es ihm nicht schwer, sich vorzustellen, wie es für den Piloten gewesen sein mußte. Die ganze Strecke war er geflogen, um dann ein Ende der Landezone unmarkiert vorzufinden. An Stelle des Piloten hätte Bob eine Runde gedreht und wäre dann über das Leuchtfeuer hereingekommen. Auf diese Weise wäre er bereits langsam gewesen, wenn der Platz eng wurde.

»Um so weit zu kommen, kann er nicht ganz blöd gewesen sein«, überlegte Bob laut. »Vielleicht hat er irgendwo auf dem Strand geparkt und macht ein Nickerchen.«

Er hatte die schwachen Schatten bemerkt, die der tiefstehende Mond über die Wirbel rings um die Korallenblöcke in der Lagune warf. Nachdem er den Anker geworfen hatte, rammte er ihn mit einem kurzen Motorstoß in den Grund, dann stellte er die Maschine ab und ließ das Schlauchboot zu Wasser.

Das Patrouillenboot war wenig mehr als einhundertfünfzig Meter entfernt, als Jacket Kettenrasseln und das Platschen des Ankers hörte, gefolgt vom Schnurren des Seils, das durch das Klüsenrohr rollte. Er hatte nur noch eine Kiste zu tragen, dann war er fertig. Das Gewicht verursachte ihm Schmerzen in den Schultern und in den Armen.

Hinter ihm sprach wieder sein Vater. »Sie werden ein Landungskommando aussetzen.«

Sie waren auf der Jagd nach seinem Vater und nach den Kisten. Die Green Berets brauchten die Kisten, um den Damm sprengen zu können. Sie hatten Jackets Vater für die Mission ausgewählt, weil er der Beste war. Jetzt hing alles an Jacket. Seine Gedanken funktionierten glasklar, während er in die Grube taumelte.

Nachdem er die Kiste abgelegt hatte, schaufelte er wie ein Hund rückwärts durch die Beine Sand darauf. Das Geräusch von Ruderblättern warnte ihn vor dem Landungskommando.

Sie waren über das Riff hereingekommen und ruderten durch die Lagune auf das Leuchtfeuer zu. Sie sprachen Englisch, also war der Verräter bei ihnen.

Während sie Bleak Cay umrundet hatten, war Steve beinahe ruhig gewesen. Jetzt hatte ihn die Panik wieder erfaßt. Er kniete vorne im Schlauchboot, während Bob ruderte. Das Licht des Leuchtfeuers blinkte sie an. Sie erreichten das südliche Ende der Insel, ohne eine Spur von dem Wasserflugzeug zu finden.

»Wo, zum Teufel, ist er?« zischte Steve.

Bob drehte das Schlauchboot um ein Paddel herum und ruderte wieder zurück. Er wußte, was passiert war. Steve hatte gesagt, daß der Pilot ein echter Profi sei. Für Bob war nur rätselhaft, warum er von Norden aus gelandet war. Das Wasserflugzeug mußte um die einhundertdreißig Stundenkilometer schnell geflogen sein. Er fragte sich, ob der Pilot das Korallenriff gesehen hatte, bevor er darauf aufgeschlagen war.

Vorne im Boot fluchte Steve. Bob mochte keine Waffen und wünschte sich, daß Steve die Ruger wegstecken würde. Statt dessen zog Steve seine wasserdichte Taschenlampe aus dem Gürtel und stieß ihn damit in den Rücken. »Sieh mal nach. Aber halt die Lampe unter Wasser, damit niemand das Licht bemerkt.«

Auf den Knien hockend, sah Jacket aufs Meer hinaus und beobachtete einen blaßgelben Schein im Wasser. Er befand sich sehr nahe bei dem Flugzeug. Sobald sie herausgefunden hatten, daß die Kisten fehlten, würden sie ihn jagen. Er hatte sie mit einer fünfzehn Zentimeter dicken Schicht Sand bedeckt.

»Sieh nach, ob's genug ist«, sagte sein Vater.

Als er über die Grube ging, trat Jacket fest auf. An einigen Stellen konnte er die Kisten fühlen.

»Du wiegst viel weniger als ein erwachsener Mann«, warnte sein Vater.

Die Tränen zurückhaltend, kniete Jacket erneut nieder und scharrte mehr Sand vom luvwärts gelegenen Rand des Loches auf die Kisten hinunter.

Als sie das Flugzeug fanden, war Steves instinktive Reaktion Erleichterung. Weil der Pilot tot war, würde er den Kolumbianern nicht erzählen können, daß Bob und er versagt hatten. Der Latino mußte bei dem Absturz aufgeschlitzt worden sein. Auf dem Wasser schwamm Blut.

»Du tauchst nach unten und siehst nach«, befahl er Bob.

Bob legte bereits die Maske an. Im Wasser bewegte er sich wie ein Fisch, außerdem war er zu dumm, um sich zu fürchten. Er tauchte und blieb lange unten, wie es Steve schien. Schließlich kam er wieder an die Oberfläche und klammerte sich an den Rand des Schlauchbootes. Er schüttelte den Kopf.

»Was, zum Teufel, soll das heißen?« fragte Steve.

»Das Flugzeug ist leer.«

Steve glaubte ihm nicht. Er ließ sich selbst ins Wasser hinab und entriß Bob die Taschenlampe.

Bob gab ihm die Maske. »Du kannst dich am Flügel nach unten ziehen.«

Es war viel schwieriger, als Bob gesagt hatte, außerdem wimmelte es dort unten von Haien und anderen Fleischfressern. Steve packte die offene Tür und schob den Kopf hinein. Der Lichtkegel glitt über die Sitze und die durchtrennten Bänder.

Strampelnd kam Steve nach oben. Er griff nach dem Schlauchboot, rollte sich hinein und blieb, vor Wut und Anstrengung keuchend, am Boden liegen. »Der Dreckskerl hat uns übers Ohr gehauen.«

Bob war sich dessen nicht so sicher, hielt wegen Steves Wut aber vorsichtshalber den Mund.

Steve resümierte die Fakten. Da das Flugzeug vollständig zerstört war, mußte der Pilot abgestürzt sein. Absichtlich hatte er das bestimmt nicht getan, also war der Raub nicht geplant gewesen. Er war mit Koks für eine Million Dollar an Bord abgestürzt. Dann hatte er sich aus dem Wrack befreien können, war eine Weile herumgeschwommen und hatte auf das Empfangskomitee gewartet. Schließlich mußte ihm der Gedanke gekommen sein: He, Mann, ich bin reich!

Wahrscheinlich hatte sich an Bord des Flugzeugs ein Schlauchboot oder ein Rettungsfloß befunden, mit dem er die Fracht entladen hatte. Ohne Motor würde er nicht weit kommen, und mit Sicherheit würde er nicht bei Tageslicht mit einer halben Tonne Kokain an Bord angetroffen werden wollen.

»Er versteckt sich auf der Insel«, sagte Steve und wog die Ruger in Hand. »Garantiert hat er Spuren hinterlassen. Wenn er nur einen Muckser macht, bringe ich ihn um, den Schweinehund.«

6

Klein und ohne väterlichen Schutz, war Jacket für Schlägertypen an der Schule eine willkommene Zielscheibe. Inzwischen hatte er gelernt, wie er sich vor ihnen in den Piniendünen verstecken konnte. Er warf die Asche und die Holzkohle in die Mitte der Bodensenke zurück, verstreute einige Handvoll trockenes Gras in der Gegend und verwischte seine Spuren zum Strand mit seinen Shorts. Der Feind war bereits im Anmarsch. Also setzte er zum Lauf auf die andere Seite der Insel an.

Die Augen geschlossen, den Kopf unnatürlich verdreht, lag der Pilot auf dem Rücken. Die tiefe Wunde auf seiner Stirn war an den Rändern weiß geworden.

»Jemand muß ihn rausgeholt haben«, meinte Bob.

»Der Künstler, der uns beklaut hat«, erklärte Steve. Er trat gegen die Leiche, untersuchte den Strand und fand landeinwärts Jackets Spuren im weichen Sand.

»Komm schon«, herrschte er Bob an und folgte der Spur, die am Ufer entlang über die Dünen auf die andere Seite der Insel führte. Die Abdrücke waren in dem feuchten Sand deutlich zu erkennen. Steve wollte seinen Augen nicht trauen. Den Finger am Abzug der Ruger, fluchte er: »Verdammt! Es ist ein gottverdammtes Kind! Du nimmst die andere Richtung.« Er ließ Bob stehen und lief den Strand entlang, um das Boot des Kindes aufzuspüren. Wenn kein Boot zu finden wäre, bedeu-

tete das, daß sich das Kind entweder noch in der Lagune aufhielt oder bereits den Rückweg nach Hause angetreten hatte.
Green Creek war die nächste Siedlung. Achtzehn Kilometer
davon entfernt lag Congo Town.

Jacket wußte genau, was er zu tun hatte. Es kam ihm vor,
als sähe er sich selbst in einem Film. Das Messer griffbe-
reit, rannte er über den Strand auf das Schlauchboot des
Landungskommandos zu. Nachdem er beide Seiten aufgeschlitzt hatte, lief er zu seinem Skiff. Zum Verwischen der
Fußabdrücke blieb keine Zeit mehr. Er holte das Boot hinter den Felsen hervor, machte es startklar und schlang sich die
vordere Leine um die Taille. Wenn er erst einmal das Riff erreicht hatte, würden die Wellen das Eintauchen seiner Ruder
übertönen. Aber zunächst mußte er dorthin gelangen. Das
Gesicht dem Meer zugewandt, schwamm er vorsichtig hinaus und versuchte, dabei kein Geräusch zu verursachen. Er
hatte erst die halbe Strecke zum Riff zurückgelegt, als er den
Schrei hörte.

Der Bug des schweren Skiffs hatte ein V im Sand hinterlassen, und die nackten Füße des Kindes hatten sich beim Absto-
ßen des Bootes tief in den Sand gegraben. Die Spuren wirkten noch frisch. Steve schirmte mit beiden Händen die Augen
ab und spähte in die Lagune hinaus. Am Horizont stand eine
dünne Mondsichel. Außer der blassen Brandung über dem
Riff war nichts zu erkennen.
    Als Steve noch in der Bank gearbeitet hatte, hatte er an
Werktagen abends immer ein paar Kilometer im Central
Park gejoggt und war an den Wochenenden Fahrrad gefahren. Er besaß noch immer eine gute Kondition, und als er
zu Bob zurücklief, blieb sein Atem ruhig. Im Sand konnte er
die Fußabdrücke des Kindes sehen, die bei weitem nicht so
tief, doch doppelt so häufig wie seine eigenen waren. Die Polizei hätte jetzt sicherlich die Größe und das Gewicht des
Jungen berechnet, aber Steve konnte nur grob schätzen. Zumindest schien klar zu sein, daß es sich um ein männliches
Kind gehandelt hatte. Aber der Junge mußte entweder sehr

klein sein, möglicherweise im frühen Teenageralter, oder ein ziemlicher Winzling.

Bob hatte sich hingekniet. Mit einem dämlichen Grinsen im Gesicht, beinahe stolz, zeigte er Steve das aufgeschlitzte Schlauchboot. »Ein ausgekochter Bengel«, sagte er.

Steves Magen rebellierte erneut, als er auf die Wellen hinaussah. Er mußte nachdenken. »Das Boot war im Schatten eines Felsens versteckt«, sagte er halblaut. »Sieht nach einem flachen Boden aus. Schwer ...«

»Ein Skiff«, vermutete Bob. »Das haben hier die meisten.«

Steve versuchte, sich eine Vorstellung zu machen. Der Junge mußte mit der Insel sehr vertraut sein, sonst hätte er es nicht geschafft, sein Boot durch das Riff zu steuern. Er wohnte vermutlich ganz in der Nähe, höchstwahrscheinlich in Green Creek, war klein, ein Einzelgänger ... Mutig mußte er sein, um sich nachts so weit hinauszuwagen. Außerdem gab es einen triftigen Grund für diese Art von Ausflug. Außen vor dem Riff lohnte sich das Fischen wesentlich mehr. Wahrscheinlich ging es ihm um Langusten. Und jetzt hatte er ein Vermögen in Form von Kokain gefunden.

»Das Riff haben wir schon abgesucht«, sagte Steve. »Mit einer schweren Ladung an Bord wäre er nicht wieder nach draußen gekommen. Also muß das Koks hier irgendwo sein.«

»Wahrscheinlich vergraben«, meinte Bob.

»Vielleicht ...« Der Junge hatte Zeit gehabt. Steve blickte mit zusammengekniffenen Augen über das Riff. Er stellte sich die Siedlung Green Creek vor: dreißig mit Schindeln gedeckte Häuser zu beiden Seiten einer unbefestigten Straße, dahinter einige Hütten. Ein Stück die Hauptstraße hinunter lag wahrscheinlich die Zweizimmerbehausung des Constables aus Schlackenstein mit einem Fahnenmast im Vorgarten. Für die Adventistengemeinde gab es eine Kapelle mit Blechdach, und am Ortsausgang befand sich vermutlich eine Schule mit angrenzenden Wohnräumen für die Lehrer. Im einzigen Laden des Nestes konnte man mit großer Sicherheit alles kaufen, einschließlich Benzin, das über eine Handpumpe aus einer Tonne gezapft wurde – selbstverständlich zu einem Preis, der den Besitzer des Geschäfts zu einem reichen Mann machte. So stellte sich Steve Green Creek vor. Ein kleines Kind, das nachts Langusten fischte, mußte dort leicht zu finden sein.

Steve fragte sich, ob der Kleine sein Geheimnis für sich behalten konnte. Jedenfalls würde er nach Bleak Cay zurückkehren, soviel stand fest. Ob er allein oder in Begleitung kam – Steve würde auf ihn warten.

»Bob, du mußt das Boot zurückbringen, bevor die Sonne aufgeht. Dreh einige Runden um die Insel. Wenn du ihn nicht aufstöbern kannst, fahr zurück. Mach das Klebeband ab und die Reling wieder dran, aber beeil dich. Morgen nacht kommst du wieder zurück.«

»Was soll ich sagen, wenn die Kolumbianer anrufen?«

Steve war nicht in der Stimmung, um über die Kolumbianer nachzudenken. Zuerst wollte er den Stoff finden. »So blöd sind die nicht.«

»Hoffentlich hast du recht.« Obwohl Bob langsam war, war er praktisch veranlagt. Deshalb hatte er auch ein paar Flaschen Wasser und einige Sandwiches für den Piloten mitgebracht. »Vergrab die Reste vom Schlauchboot«, warnte er. »Es wird heiß werden. Am besten suchst du dir ein schattiges Plätzchen. Und trink nicht zu schnell.«

Steve sah zu, wie der große Mann mit festen Schritten ins Meer hinauswatete. Allein der Gedanke, über das Riff hinausschwimmen zu müssen, jagte ihm einen Schauer über den Rücken.

Jacket knotete einen neuen Tritt in die Leine und versuchte, sich in das Skiff hochzuziehen. Doch seine Arme waren kraftlos, und er fiel wieder zurück. Das Aufklatschen jagte ihm Angst ein. Er konnte fühlen, wie sie draußen auf dem Patrouillenboot lauschten. Mit unterdrücktem Schluchzen stellte er seinen Fuß in die Schlinge und griff nach dem Dollbord. Einen Augenblick lang konnte er sich halten, dann glitten seine Finger an dem weichen, nassen Holz ab. Keuchend hing er an der Leine, das Salzwasser brannte in seinen Augen. Der Wellengang trieb das Skiff wieder ans Ufer zurück. »O Gott, bitte ...« flehte er laut, damit ihn Gott auch hören könnte.

»Du schaffst es«, hörte er seinen Vater sagen.

Jacket wischte sich das Gesicht mit der Rückseite des Arms ab und stellte den Fuß erneut in die Schlaufe. Sich mit einer Hand an der Leine festhaltend, streckte er das Bein hoch. Als es ihm gelang, seinen freien Arm über das Dollbord zu werfen, griff er mit der anderen Hand sofort nach. Dann hing er, nach Luft schnappend, seitlich am Boot.

»Laß dir Zeit«, flüsterte sein Vater. »Warte auf eine Welle.«

Beinahe hätte er den Halt verloren, als sich der Bug hob. Die Welle rollte unter dem Skiff hindurch, hob das Heck an und ließ den Bug wieder nach unten tauchen.

»Jetzt«, rief sein Vater.

Jacket sammelte seine letzte Kraft in den Armen und in dem Bein, das in der Schlaufe stand. Er konnte den Kopf über das Dollbord heben, dann schob er den Oberkörper nach. Als er seinen freien Fuß über die Seitenplanke ins Boot schwingen wollte, schnitt ihm das Holz in den Unterleib. Seine Ferse fand Halt an der Innenseite. In einer letzten Anstrengung wälzte er sich über den Bootsrand und rollte keuchend auf den Boden des Skiffs. Die nächste Welle kam heran.

»Steh auf«, befahl sein Vater.

Mit Mühe erhob Jacket sich auf die Knie. Er ließ die Ruder hinausgleiten und richtete mit einem raschen ersten Schlag das Skiff aus. Noch etwas mehr Kraft auf Steuerbord, dann setzte er das Boot mit mehreren Schlägen in Bewegung. Jeder Schlag war eine Qual. Er mußte sein ganzes Gewicht gegen die Ruder stemmen. Seine Arme kreisten langsam: Ruder anheben, zurücklehnen, Ruder fallen lassen und mit aller Kraft durchs Wasser drücken.

In die Lagune hineinzugelangen, als er die Brandung im Rücken gehabt hatte, war vergleichsweise einfach gewesen. Aber jetzt, durch die Windungen auf dem Weg nach draußen, hatte er gegen das unruhige Meer anzukämpfen. Jedesmal mußte er das Skiff so drehen, daß es in die sich brechenden Wellen hineinglitt, um es dann, nachdem die schäumenden Wassermassen links und rechts von ihm aufgeschlagen waren, wieder auf Kurs zu bringen. Höchstens fünfzig Meter waren zurückzulegen, aber wenn er das Meer falsch einschätzte, würde eine Sturzwelle sein Skiff mit einer Breitseite erfassen und auf das rasiermesserscharfe Korallenriff schleudern. Plötzlich verließ ihn die Kraft, mit der er das Boot in Bewegung gehalten hatte. Die nächste Welle würde das Skiff zum Kentern bringen, eine Seite zerschmettern und ihn über Bord spülen. Solange er die Tauchermaske um den Hals trug und noch etwas sehen würde, hatte er eine Überlebenschance. Ansonsten würde nicht mehr viel von ihm übrigbleiben.

In gleichmäßigen Zügen schwamm Bob den Wellenkämmen entgegen. Vor dem Korallenriff hatte er keine Angst. Damit mußte man genauso umgehen wie mit den Kolumbianern. Ein Hindernis, das es zu überwinden galt.

Es kam ihm gar nicht in den Sinn, daß das Überqueren bei Tageslicht ungefährlicher gewesen wäre, und er dachte auch nicht daran, daß er den schwierigeren Teil der Aufgabe zu erfüllen hatte. Steves Geld und Verbindungen hatten zu dem Handel geführt, und Steve hatte ihn angeheuert, weil Bob sich mit Booten und Maschinen auskannte und mit dem Meer vertraut war. Mit diesem Job würde er mehr Geld verdienen, als jemals in einem ganzen Jahr. Es würde für ein Schiff reichen, und ein Schiff war Bobs sehnlichster Wunsch. Dennoch änderte die Höhe des Betrages nichts an seiner Rolle oder Haltung. Nach wie vor war er ein Lohnempfänger.

Er versuchte, ein Muster im Wellengang auszumachen, in der Hoffnung, einen Weg durch das Riff zu finden. Bei Nacht war das natürlich nicht einfach. Die Gefahr bestand darin, an einer flachen Stelle von einer Welle überspült zu werden, die ihn mit ihrem Gewicht gegen die Korallen pressen würde. Während er sich über das Riff hangelte, hielt er sich gerade und stemmte sich mit eingezogenem Kopf den mächtigen Wogen entgegen. Zwischen den Wellen tastete er mit seinen behandschuhten Händen das vor ihm liegende Riff ab, um die Stacheln von Seeigeln oder andere Gefahren auszumachen, erst dann bewegte er sich jeweils einen Meter weiter. Zweimal geriet er in eine Sackgasse und mußte umkehren, aber schließlich hatte er es geschafft und konnte auf das Schiff zuschwimmen.

Beim ersten Mal umkreiste er die Insel im Abstand von etwa einhundert Metern zum Riff. Das Sportboot machte schon bei siebenhundert Umdrehungen fünf Knoten. Von dem großen Mercruiser waren nur die Auspuffgeräusche zu vernehmen, und er fuhr ohne Licht. Nach seinen Berechnungen hatte er genügend Zeit und Benzin, um die Insel dreimal zu umrunden, bevor er zur Basis zurückkehren mußte. Der Junge konnte nicht weit gekommen sein. Mit dem Suchscheinwerfer hätte er ihn binnen weniger Minuten gefunden und eingeholt. Aber bei nahezu vollkommener Dunkelheit, nachdem auch der dünne Mond bereits untergegangen war, standen die Chancen schlecht. Trotzdem gab er die Hoffnung nicht auf. Angestrengt spähte er durch die Windschutzscheibe vor sich auf die See.

Jacket hörte das sanfte Blubbern des Auspuffs. Er hatte seine letzten Kräfte mobilisiert, um das offene Meer zu erreichen. Jetzt lag er auf den Bodenplanken. Es gab keinen Ort, an dem er sich hätte verstecken können.

»Vergiß nicht, daß wir eine natürliche Tarnung haben«, sagte sein Vater.

Rasch holte Jacket das Segel vom Mast und verstaute es im Boot. Seine Hose war schmutzig, weil er damit seine Spuren im Sand verwischt hatte, trotzdem war sie immer noch weitaus heller als seine Haut. Er zog sie aus und legte sich flach auf das Segel. Das kratzende Geräusch der Langusten im Fischbehälter und im Netz war nicht zu überhören, ebenso wenig das Klatschen der Wellen gegen das Skiff. Die Auspuffgeräusche kamen immer näher. Das Sportboot fuhr langsam. Jedesmal, wenn der Bug eine Welle zerschnitt, war ein lautes Zischen zu vernehmen. Es war höchstens noch fünfzig Meter entfernt.

Regungslos saß der schwarze Ritter auf seinem schwarzen Streitroß im Schatten am Rande des Wäldchens. Ein kleiner Fluß zog sich durch das unter ihm liegende Tal. Vor einer Hundertschaft seiner gefährlichsten Soldaten näherte sich der weiße Baron der Furt. Aber der schwarze Ritter war unverzagt. Eines nicht mehr fernen Tages würde er angreifen, doch noch standen die Aussichten zu schlecht. Unten hörte er die Pferde schnauben und das Aneinanderreiben von Stahl ... Das sanfte Plätschern des Flusses, wo er an seichten Stellen auf Felsen stieß ...

»Ruhig, alter Junge«, besänftigte er sein Streitroß flüsternd, als es das Gewicht verlagerte. »Ganz ruhig.«

In einer Stunde würde der Tag anbrechen. Das Boot hatte die Insel dreimal umkreist. Jetzt hörte Jacket, wie es nach Norden abdrehte. Auf Knien richtete er den Mast wieder auf und zog das Segel hoch. Erst jetzt bemerkte er den kleinen Koffer, der unter der hinteren Sitzbank lag. Sein erster Impuls war, ihn über Bord zu werfen, aber es handelte sich nicht um sein Eigentum, sondern um das des Piloten. Allmählich kam die morgendliche Brise auf. Er konnte das tiefe Wasser der Tongue of the Ocean fühlen, der Zunge des Ozeans, das frischer, kühler und nicht so würzig wie das der Great Bahama Bank roch.

Seine Mutter stand stets mit der ersten frischen Brise auf. Dann machte sie sich fertig und begab sich auf den Weg zur Arbeit, der an der Südspitze der Insel vorbeiführte. Sie arbeitete als Haushälterin für einen Amerikaner. Ursprünglich hätte sie gern eine Stelle in einem Hotel in Congo Town angetreten, aber es hatte Probleme mit dem stellvertretenden Geschäftsführer gegeben. Mit stark geröteten, angeschwollenen Augen war sie nach Hause gekommen – ein sicheres Zeichen dafür, daß sie heftig geweint hatte. Dabei war sie alles andere als eine Heulsuse. Nicht einmal nachdem sich sein Vater aus dem Staub gemacht hatte, hatte sie eine Träne vergossen.

»Du mußt die Dokumente in Sicherheit bringen«, mahnte sein Vater.

Die schwarzen Umrisse des Koffers waren kaum zu erkennen. Darin befanden sich die Pläne. Als Jacket ein Ruder in die U-förmige Halterung am Bootsrand steckte, waren seine Gedanken beim General. Die ganze Nacht hatte der General darauf gewartet, daß das Flugzeug von seinem Ausflug hinter die feindlichen Linien zurückkehrte. Jackets Vater hatte sein Leben geopfert, und er würde ihn nicht enttäuschen.

Sanft wehte die Brise über das Meer. Sie streifte den Rand des Segels, und ein zweiter Windhauch brachte bereits etwas Bewegung in das leichte, baumwollene Segeltuch. Ein dritter Windstoß wehte heran, das Segel blähte sich einen Moment lang auf, fiel wieder in sich zusammen und wölbte sich dann erneut. Jacket fing die Brise in dem Tuch, sperrte sie in das dünne Sackleinen, so daß das Segel hochgeweht, dann leicht gespannt wurde. Noch war die Brise nicht stark genug, um das Flattern des Segelsaumes zu verhindern. Aber das Geräusch des Wassers am Schiffsrumpf klang jetzt anders, und das Skiff zitterte leicht. Jacket zog das Ruder ein wenig hinein, um den Bug näher an den Wind zu bringen, dann ließ er rasch wieder los, bevor das Segel zusammenfallen konnte. Der Bug knarrte, und eine Wellen klatschte dagegen, als sich das Skiff in stumpfem Winkel schräg auf sie legte. Jacket spürte den Wind hinter seinen Ohren, als er sein Gewicht luvwärts verlagerte. Allmählich stabilisierte sich das Skiff und glitt sanft aufs Meer hinaus.

7

Jacket war nicht zu Hause. Seine Mutter zog den Vorhang vor sein Regalbett. Sie wußte, daß er zum Fischen gegangen war. Rasch schritt sie zur Tür. In den Wipfeln der Pinien fing sich ein leichter Windhauch.

Es hatte Zeiten gegeben, in denen sie nächtelang wachgelegen und sich Sorgen gemacht hatte, wenn er aufs Meer hinausgefahren war. Aber mittlerweile dachte sie, daß es besser für ihn war, möglichst früh zu lernen, auf eigenen Beinen zu stehen. Schließlich wuchs er ohne Vater auf. Sie hatte ihm nie erzählt, daß sie von seinen nächtlichen Ausflügen wußte. Manchmal fragte sie sich, was er wohl mit dem verdienten Geld anfing. Für ihr Empfinden lebte er zu sehr in seiner Fantasiewelt und verbrachte zuviel Zeit mit Kriegsfilmen, die er sich unten in der Bar ansah. Gerüchten zufolge diente sein Vater in der US-Armee. Andere munkelten, daß sein Vater im

Gefängnis sitze, was ihr viel glaubhafter erschien. Ein nutzloser Kerl, der immer Anlaß zu neuem Gerede gab.

Sie seufzte, als sie in ihre Sandalen schlüpfte und sich aufrichtete. Die Fußmärsche taten ihr gut. Jeden Tag legte sie zehn Kilometer zurück, Tag für Tag, auch am Sonntag und sogar an Weihnachten. Obwohl Mister Winterton sie nicht jeden Tag brauchte und auch nicht erwartete, daß sie täglich kam, ging sie doch jeden Morgen zur Arbeit, denn es war die einzige Stelle, die sie hatte auftreiben können. Sie hatte nicht vor, Mister Winterton auch nur den geringsten Grund oder Vorwand für ihre Entlassung zu bieten. In den sieben Jahren, die sie jetzt in seinem Haushalt tätig war, hatte sie nie um eine Lohnerhöhung gebeten.

Mister Winterton brüstete sich damit, daß er sein Haus jederzeit Freunden überlassen könne, wenn er auf Reisen sei, so makellos sauber werde es gehalten. Auch derzeit wohnten dort zwei Gäste, die jedoch, verglichen mit anderen, ungewöhnlich waren, weil sie in getrennten Zimmern schliefen. Der kleinere von beiden, Mister Steve, hielt sich schon seit zwei Monaten dort auf. Er hatte ihr erzählt, daß er ein Fachbuch über die Politik der Auslandsinvestitionen schreibe. Mister Bob, sein Freund, war erst vor kurzem mit einem schnellen Motorboot angereist. Beide hatten vor, weitere sechs Wochen zu bleiben.

Sie suchte in ihrer Tasche und fand darin einen Bleistiftstummel und eine alte Einkaufsliste. Auf die Rückseite des Zettels schrieb sie in sorgfältigen Großbuchstaben: KOMM NICHT ZU SPÄT ZUR SCHULE!

Die Fischer bereiteten sich darauf vor hinauszufahren, als Jacket Green Creek im Morgengrauen erreichte. Dummy zählte meistens zu den Frühaufstehern. Am Strand konnte Jacket die breitschultrige Gestalt des Mannes mit dem großen Hut erkennen, der ihm zuwinkte. Jacket ließ sein Skiff im flachen Uferwasser auflaufen, anstatt das Boot an den Bojen zu vertäuen. Dummy watete auf ihn zu und grinste aufgeregt, als er den Fang der Nacht sah. Er stieß seltsame, quiekende Laute aus hinterster Kehle aus.

Dummy war schon über sechzig. Als er den verblichenen roten Filzhut, den er vor vielen Jahren von einer jungen Amerikanerin geschenkt bekommen hatte, mit einem Finger in den Nacken schob, wurde sein ergrauter, lockiger Haarkranz sichtbar. Zwar war der Hut verschlissen, aber er tat immer noch seinen Dienst. Dasselbe hätte man auch von Dummy behaupten können, dessen schokoladenbraunes, zerfurchtes Gesicht meistens zu einem Grinsen verzogen war, das drei gelbe Zähne entblößte. Er hatte eine muskulöse Brust und O-Beine, und seine Zehen waren im Laufe der Jahre flach und breit geworden, weil er damit die Maschen der Fischernetze straff hielt, wenn er die Löcher flickte.

Jacket fiel dem alten Mann beinahe in die Arme. Noch während Dummy im Wasser stand, umfaßte Jacket seine Taille und lehnte den Kopf an seine Schulter. Mehr denn je wünschte er sich in diesem Augenblick, daß Dummy hören könnte. Bei Tagesanbruch hatte sich seine Fantasiewelt in Luft aufgelöst, und er verspürte das Bedürfnis, Dummy alles zu erzählen. Am liebsten wäre er die ganze Geschichte losgeworden, auch die Verantwortung für die Entscheidungen, die er getroffen hatte, mochten sie richtig oder falsch gewesen sein. Der Constable mußte unbedingt vom Tod des Piloten und von den Metallkisten unterrichtet werden.

Aber am Montag hatte seine Mutter Geburtstag. Jacket war fest entschlossen, nach Nassau zu fahren, um dort ein Geschenk für sie zu kaufen. Daran würde ihn der Constable vermutlich hindern. Er war fast unerträglich behäbig und schwer von Begriff. Weil er mehr an seinem Buch mit den vielen Verordnungen als an seiner Frau interessiert war, war er zum allgemeinen Gespött der Leute geworden.

Dann gab es da noch Jackets Lehrerin, Miß Charity. Wenn er wartete, bis sie das Schulgebäude betreten hatte, konnte er den Aktenkoffer mit einer Notiz auf ihrer Veranda deponieren. Sicherlich würde sie den Constable informieren, aber bis dahin wäre er längst außer Reichweite. Zuvor müßte er jedoch eine Nachricht für seine Mutter schreiben, sie sollte wissen, daß er unterwegs nach Nassau war.

Jacket ließ Dummy los, deutete auf seine Hütte und gab ihm

durch Gesten zu verstehen, daß er sich umziehen wolle. Dann zeigte er die Küste entlang in Richtung Congo Town und beschrieb mit beiden Händen ein großes Viereck, das das Touristenhotel darstellen sollte.

Zunächst nickte Dummy zustimmend, dann aber runzelte er die Stirn, als Jacket den Koffer aus dem Skiff nahm. Mit fragender Geste verlangte der alte Mann zu wissen, wo Jacket ihn gefunden und was es damit auf sich habe. Jacket wollte seinen Freund weder beleidigen noch in die Angelegenheit hineinziehen, deshalb wandte er sich rasch ab und trottete den Strand hinauf.

Er hatte die Baumreihen durchquert und fast die Hauptstraße erreicht, als Vic ihn einholte und herumwirbelte. Vic war der Anführer der Dorfbande. Er war zwei Jahre älter als Jacket, groß und breitschultrig. Jedes Jahr nahm er an den Boxmeisterschaften der Inselgruppe teil und hatte bereits dreimal hintereinander den Pokal in seiner Gewichts- und Altersklasse errungen.

Jacket versuchte zwar, sich loszureißen, aber Vic packte ihn am Ohr und drückte sein Gesicht fest in den Sand, so daß er nicht einmal um Hilfe schreien konnte. Sich auf ihn setzend, schnappte sich Vic den Koffer.

»Was is'n das?« wollte Vic wissen.

Jacket hatte noch gar nicht daran gedacht, die Schlösser auszuprobieren. Sie waren aus Messing und wirkten sehr stabil. Er versuchte, den Kopf zu schütteln, aber Vic drückte ihn wieder mit dem Mund in den Sand.

»Woher hast du den?«

»Hab' ich gefunden«, brachte Jacket keuchend hervor. Unter keinen Umständen wollte er den Piloten verraten. Wieder drehte Vic an Jackets Ohr, und ein furchtbarer Schmerz schoß hindurch. Jacket war müde, unendlich müde. Nur mühsam konnte er die aufsteigenden Tränen zurückhalten. »Bleak Cay«, hörte er sich sagen. Am liebsten wäre er vor Scham gestorben, als er, das Gesicht in den Sand gedrückt, gestand, daß über dem Korallenriff ein Flugzeug abgestürzt war. Dann vernahm er ein ärgerliches Grunzen, als Dummy, mit einem Stock bewaffnet, zwischen den Bäumen hervorsprang.

Vic rannte mit dem Koffer davon.

Dummy schrie seinen Zorn auf seine Art hinaus, half Jacket dann auf die Beine und stützte ihn. Jacket wußte, daß sich Vic an dem alten Mann rächen würde. Der Anführer und seine Bande waren dafür bekannt, daß sie Steine nach Dummy warfen und auf ihn lauerten, um ihn zu stoßen. Jacket fühlte sich unendlich schuldig. Alles war schief gelaufen. Er war noch nie in Nassau gewesen und wußte nicht, an welchen Tagen und zu welchen Zeiten die Geschäfte geöffnet waren. Er hatte auch keine Ahnung, wie er das richtige Geschäft finden sollte und ob das Hotel in Congo Town Zahlungen direkt leisten würde – Jackets gesamte Ersparnisse waren über den Geschäftsführer des Hotels auf eine Bank eingezahlt worden. Wie dumm von ihm zu denken, daß er es schaffen konnte.

Dummy streichelte ihm über den Kopf und wiegte ihn sanft. Der Alte ließ ein ermutigendes Quietschen verlauten, zeigte zuerst auf Jackets Zuhause, dann auf das Skiff und schließlich nach Congo Town. Er gab Jacket einen Klaps, quietschte nochmals und grinste nickend, so daß die Krempe seines Hutes wackelte.

Bleak Cay glich einem Backofen. Die Sonne hatte alle Konturen verloren und überzog den gesamten Himmel mit ihrem gleißenden Licht. Bob hatte Steve geraten, im Schatten zu bleiben, aber auf der Insel gab es keinen einzigen Baum. Nachdem er das Schlauchboot vergraben und den Piloten in den Dünen versteckt hatte, hatte Steve versucht, sich im Meer abzukühlen, aber die Sonne hatte ihm Gesicht und Arme verbrannt, so daß er wieder an den Strand zurückgegangen war. Später hatte er sich neben die Leiche gesetzt und ihr das Hemd ausgezogen, um es als Kopfbedeckung zu benutzen. Die Sonne brannte weiter erbarmungslos herunter, und mit zunehmender Hitze bekam es Steve immer mehr mit der Angst zu tun, bis er nahezu in Panik geriet. Schon immer hatte er körperliche Schmerzen gefürchtet. Jetzt stellte er sich vor, was die Kolumbianer mit ihm anstellen würden. Seine einzige Chance bestand darin, das Kokain zu finden, bevor sie kamen.

Er hatte die Suche bei dem Felsen begonnen, hinter dem

Jacket das Skiff versteckt hatte. Dreißig Schritte rechts und links einer Linie quer über die Insel hatte er den Sand mit Hilfe eines Stocks abgesucht. Anschließend markierte er den Flutpegel, ging fünfzig große Schritte nach Süden und zog eine neue Linie quer über die Insel, um auch zu beiden Seiten davon im Sand herumzustochern. Noch nicht einmal ein Viertel der Inselfläche hatte er geschafft, als er sich wegen der Hitze geschlagen geben mußte.

Seiner festen Überzeugung nach befand sich das Kokain noch auf der Insel. Es mußte einfach da sein. Er spähte unter dem Hemd des Piloten hervor, aber der Sand reflektierte das Sonnenlicht, und sein Gesicht begann zu glühen. Wimmernd zog er sich das Hemd noch tiefer ins Gesicht. Eine Seemöwe kreischte. Er hörte ihre Flügel auf das verdorrte Gras schlagen, als sie herangeflogen kam, landete und auf den Piloten zuhüpfte. Wieder schlug sie mit den Flügeln, und eine zweite und eine dritte Möwe ließen sich nieder. Ihre Krallen scharrten auf der dünnen Sandkruste, die sich durch den Tau gebildet hatte. Steve befürchtete, daß die Vögel Aufmerksamkeit erregen könnten, daher verscheuchte er sie mit Flüchen und indem er Sand nach ihnen warf, immer darauf bedacht, sich mit der Kopfbedeckung gegen die Sonne zu schützen. Eine der Möwen stieß erregte Schreie aus.

Steves Gesicht und Unterarme brannten wie Feuer. Er dachte an Bob, der wahrscheinlich zu Hause schlief. Bob hatte ihn in diese mißliche Lage gebracht, weil er drei Stunden zum Reparieren des Motors gebraucht hatte. Und natürlich war das Kind schuld.

Vielleicht hatte der Junge jemandem in Green Creek von dem Flugzeugabsturz erzählt. Möglicherweise wußte bereits das ganze Dorf von der Geschichte. Steve zog das Hemd einen Spalt weit auf, um über das Meer blicken zu können. Das einzige Boot, das er sah, lag in etwa zwei Kilometer Entfernung. Ein Zweimaster mit weißem Rumpf, dessen Segel schlaff wie Wäsche in einem Hinterhof herunterhingen. Die Mannschaft hatte ein Sonnensegel über das Cockpit gespannt, wahrscheinlich tranken sie Cuba Libre. Verflucht, das Gehirn sollte ihnen austrocknen.

Als er eine Düne hinaufkroch, um auf der anderen Seite der Insel einen Blick auf die See zu werfen, verbrannte er sich die Knie und Knöchel im Sand. Die Hitze verwandelte das Wasser in wellenförmige Spiegel. Ein Schnellboot raste auf die Spitze von Andros zu, und ein vereinzeltes Skiff trieb am Riff vorbei hinaus. Das verdammte Kind, er würde es ihm zeigen.

Wieder kreischte eine Seemöwe, und als er umkehrte, sah er, wie einige Möwen den Piloten umkreisten. Ihre Köpfe glänzten schwarz, und ihre Flügelenden waren mit einem deutlichen weißen Rand gekennzeichnet. Ebensogut hätte er eine Flagge hissen können. Er stolperte über einen Felsbrocken, das Hemd rutschte ihm vom Kopf, und die Sonne brannte im direkt ins Gesicht. Seine Haut glich der eines knusprigen Brathuhns. Zum Teufel mit der Sonne, den gottverdammten Vögeln, Bob und dem Kind!

Vor Wut liefen ihm Tränen über das Gesicht, während er wie eine Krabbe die Düne zum Piloten hinunterkroch. Die Leiche war bereits aufgedunsen, und der Gestank, der von ihr ausging, ekelhafter als der von den Fleischmarktbuden in der Dominikanischen Republik. Er mußte unbedingt die Vögel von dem Toten fernhalten. Aber er war sterbensmüde und vollkommen ausgelaugt, und auch der Schmerz ließ nicht nach. Mit den Fingerspitzen berührte er sein Gesicht und fühlte die Brandblasen, die straff und trocken seine Wangen und seine Stirn bedeckten. Das Wasser, das Bob ihm dagelassen hatte, schien zu kochen. Es brannte wie Säure auf seinen aufgeplatzten Lippen. Als eingefleischter New Yorker war Steve an überfüllte und hektische Straßen gewöhnt, die Stille und Abgeschiedenheit zehrten zusätzlich an seinen Nerven. Wieder fluchte er, fluchte und wimmerte.

»Du drehst durch, reiß dich zusammen«, murmelte er. Dann beschimpfte er den Piloten. »Verdammter Hurensohn.« Aber der Pilot konnte nichts dafür. Dem Niggerkind hatte er sein Elend zu verdanken. »Ich bringe den Winzling um«, schwor er sich.

Auf jeden Fall mußte er die Vögel vertreiben. Weil lebende Menschen sie abschreckten, legte er sich neben den Piloten. Immer noch mit dem Hemd bedeckt, konnte er die Leiche zwar nicht sehen, aber immerhin hatte er Gesellschaft – und nach einer Weile nahm er den Gestank nicht mehr wahr.

»Wieviel sie dir auch bezahlt haben, es war nicht genug«, sagte er zu dem Toten.

Wahrscheinlich saßen die Kolumbianer schon in einem Flugzeug nach Nassau.

»Der stämmige Mestize, der Boß«, sagte Steve zu dem toten Piloten. »Ich mach' mir seinetwegen in die Hosen, weißt du? Er gehört zu den Menschen, die dir lächelnd versichern, daß sie nichts gegen dich persönlich haben, und dir dabei den Arm brechen. Wie, zum Teufel, konnte ich nur in diese Sache geraten? Das gottverdammte Kind …«

Als Steve in der Dunkelheit aufwachte, stellte er fest, daß er im Schlaf seinen rechten Arm über den Oberkörper des Piloten gelegt hatte. Auf allen vieren kroch er davon und übergab sich, teils aus Scham, teils wegen des furchtbaren Gestanks. Sein Gesicht und seine Arme brannten wie Feuer, aber die kühle Brise, die vom Ozean herüberwehte, wirkte wie Eis. Zitternd starrte er durch die Dunkelheit auf die Brandung hinaus, die eben noch hinter der Schwärze der Lagune zu erkennen war. Seine Uhr zeigte neun an. Er hatte sechs Stunden geschlafen.

Bob würde bis eine Stunde nach Mitternacht warten, bevor er die Fahrt riskierte. Steve trank die Hälfte des Wassers, das ihm verblieben war. Auch ein Sandwich war noch übrig, aber allein der Gedanke daran verursachte ihm Brechreiz. Mit dem Stock in der Hand tastete er sich zum Strand hinunter und fand dort seine letzte Markierung. Nachdem er seine dritte Inselüberquerung beendet hatte, hörte er draußen auf dem Korallenriff die Geräusche eines Bootes.

Zwischen einigen hohen Grasbüscheln ging er in die Knie. Die Riemen des Bootes quietschten in ihren hölzernen Aufhängungen, und er konnte glitzerndes Wasser sehen, das von den Ruderblättern perlte. Das Boot steuerte den Strand an, es würde nur wenige Meter rechts von seinem Versteck auflaufen. Rasch bewegte er sich seitwärts, ohne das von den Rudern spritzende Wasser aus den Augen zu lassen. Seine

Nerven waren zum Zerreißen gespannt, und alle Sinnesein-
drücke wirkten stark intensiviert: Die Sterne strahlten wie
Straßenlaternen, vom Wasserrand stieg der Gestank nach ver-
faulendem Seetang auf, der Dornenstrauch roch klebrig, und
das Gras verströmte einen trockenen, sommerlichen Duft,
der Steve an die Hamptons erinnerte.

Der Bug grub sich in den Sand. Auf den Knien und tief geduckt, beobachtete Steve, wie der Junge ins Wasser sprang
und das Boot an Land zog.

Steves Muskeln waren steif, und möglicherweise war der
Junge ein guter Läufer. Er beschloß zu warten. Leicht wie ein
Zauberstab lag die Ruger in seiner Hand, als er aufstand. Nur
zwei Schritte. Wie einen Knüppel wollte er dem Jungen den
Kolben auf die Schulter schlagen, aber der Kleine bewegte
sich, und die Waffe traf ihn mit voller Wucht seitlich am Kopf.
Stöhnend brach der Junge zusammen.

Falls er ihn umgebracht hatte, wäre Steve wieder am Anfang angelangt. Panisch tastete er am Hals des Jungen nach
einem Puls, gleichzeitig verfluchte er ihn dafür, daß er sich
bewegt hatte.

Der Junge war größer, als Steve gedacht hatte. Von seinem
Kopf tropfte Blut, und das Schlüsselbein war anscheinend ge-
brochen, dennoch hatte er einen kräftigen, regelmäßigen Puls.
Steve riß das Hemd des Piloten in Streifen und fesselte dem
Jungen damit Hände und Füße. Danach trank er das restliche
Wasser und füllte die Flasche mit Meerwasser. Er träufelte es
dem Jungen in die Augen.

Vor genau einem Jahr hatte Steve in Aspen eine Party ge-
feiert und zusammen mit einigen Freunden den Tag auf dem
Aspen Mountain verbracht. Damals betrug sein Jahresgehalt
knapp 140000 Dollar, summierte sich sein Bonus zu einem
fünfstelligen Betrag. Den Jaguar tauschte er gegen einen Porsche 911 ein, und ein Freund schenkte ihm eine Flasche mit
einer grünlichen Flüssigkeit aus Asien, die den Blätterschim-
mel in seinem Terrassengarten ausrottete. Das Ergebnis seines Bluttests war negativ gewesen. Neben gelegentlichen Zu-
fallsbekanntschaften unterhielt er zwei dauerhafte Beziehun-
gen zu Frauen außerhalb von New York und praktizierte seit

über einem Jahr safer Sex. Mit Sicherheit beneideten ihn einige Menschen, aber er hatte keinen wirklichen Feind. Nur selten plagten ihn Sorgen, es aufgrund seines Lebenswandels nicht bis an die Spitze zu schaffen. Dann traten die Brüder de Fonterra in sein Leben und ruinierten es. Seitdem wurde er von jedem wie ein Stück Dreck behandelt. Jetzt wollte er allen eine Lektion erteilen, jedem einzelnen und dem Jungen zuerst. Steve wußte, wie. Stundenlang hatte er an nichts anderes gedacht.

Der Junge wimmerte. Als er sich aufsetzen wollte, spürte er einen bohrenden Schmerz in der Schulter. Sein Gesicht, das zuvor noch schwarz ausgesehen hatte, war aschfahl geworden. Steve griff nach seinem Taschenmesser und klappte die kurze Klinge heraus.

Um kurz nach eins warf Bob den Anker und schwamm auf die Küste zu. Am Strand traf er auf Steve, dessen Gesicht und Unterarme mit Blasen überzogen und dessen Lippen aufgesprungen waren. Dennoch rieb er sich freudig die Hände. Bob kannte diese Art der Erregung von Männern, für die er im Jachthafen gearbeitet hatte. So wirkten sie, wenn sie ein unerwartet gutes Geschäft abgeschlossen oder eine Frau, hinter der sie monatelang hergewesen waren, endlich ins Bett gelockt hatten.

Zuerst glaubte er, Steve fantasiere im Fieber. Dann sah er das Kind weiter oben auf dem Strand liegen. Bob traute seinen Augen nicht. Er versuchte sich einzureden, daß er sich dies alles nur einbilde, aber der Anblick änderte sich nicht. Er fiel neben dem Jungen auf die Knie. Gefühle wie damals, als er noch zur Schule gegangen und Prügel von einem größeren Kind bezogen hatte, kamen in ihm auf. Der Größere hatte ihn mit aller Kraft in den Unterleib getreten.

Als Farmer hatte Bob häufig Fährten gelesen. Die Füße des Jungen waren viel zu groß für die Spuren, die sie vergangene Nacht gefunden hatten.

Bob blickte zu Steve auf, der sich immer noch die Hände rieb.

»Du bist krank«, sagte Bob. »Einfach krank.«

Bob war im Begriff aufzustehen, aber Steve hatte aufgehört, sich die Hände zu reiben, und statt dessen die Ruger aus dem Gürtel gezogen. Die Öffnung am Ende des Laufs wirkte wie ein Tunnel der New Yorker U-Bahn.

»Nenn mich nie wieder krank«, drohte Steve. »Ich bin der Boß, das solltest du nicht vergessen. Du tust, was ich dir sage. Außerdem solltest du noch etwas in deinem dämlichen Schädel behalten ...« Er zeigte auf den Jungen. »Du steckst bis über beide Ohren mit drin. Wenn sie mich kriegen, bist du auch dran, also mach keine Dummheiten!«

Ein Teil von Bob wollte sterben.

»Das ist nicht der Junge, den wir suchen«, murmelte er.

Steve grinste. »Ich weiß, aber er hat mir gesagt, wer es ist. Jacket, der Sohn von Mama Bride. Den hier werden wir besser draußen im Riff los.«

8

Der Pathologe führte Chief Superintendent Skelley und Trent aus dem Leichenschauhaus, und die beiden Männer gingen zu Skelleys Jeep aus dem Zweiten Weltkrieg hinüber. Der bahamische Polizist fuhr schweigend zu dem Strand zurück, an dem er Trent abgeholt hatte. Dieselben alten Männer spielten Domino, möglicherweise noch dasselbe Spiel. Vor der Bar brutzelte Fisch auf dem Holzkohlengrill. Skelley schob Skimp, dem Besitzer, Geld für zwei kalte Biere hin und bestellte zwei Portionen Rote Schnapper. »Die frischesten, die du hast«, mahnte er.

Trent brach einen Zweig von einem Oleanderbusch ab und wanderte am Stand entlang, bis er an eine umgestürzte Palme gelangte. Von dort aus konnte er seinen Katamaran, die *Golden Girl*, sehen.

Skelley setzte sich neben ihn und reichte ihm ein Bier. »Skimp legt zwei Fische für uns auf den Grill.«

Trent hatte keinen Appetit. »Jemand muß den Jungen mit einer kleinen Klinge bearbeitet haben. Die Schnitte auf der Vorderseite unterscheiden sich von denen hinten, auch wenn's nicht sofort ins Auge fällt. Falls es zu einer Gerichtsverhandlung kommt, brauchst du einwandfreie Fotos sowohl von der Vorder- als auch von der Rückseite der Leiche, außerdem einen glaubwürdigen Sachverständigen.«

Trent rollte den Oleanderzweig zwischen Daumen und Zeigefinger. Die Rinde löste sich, und er zog sie äußerst sorgfältig von dem Zweig ab. Wenn er seine Hände mit etwas beschäftigen konnte, wurde er meistens ruhiger.

»Es gab zwei Leichen«, sagte Skelley. Er nahm Trent den Zweig aus der Hand und zeichnete eine Raute in den Sand. Dann zog er einen Kreis um die Raute und fügte eine Reihe von Punkten hinzu, die die Korallenblöcke in der Lagune darstellen sollten. »Das ist Bleak Cay. Es liegt etwa acht Kilometer von Green Creek auf South Andros entfernt. In der Nacht zum Dienstag kam ein Wasserflugzeug aus Kolumbien. Der Pilot stürzte auf das Korallenriff und brach sich dabei das Genick. Das Flugzeug ist gesunken. Am Donnerstag morgen entdeckte ein Fischer einen Schwarm Seemöwen auf dem Riff und auf der Insel. Weil ein Junge aus dem Dorf vermißt wurde, ruderte er hin und fand die Leiche zwischen den Korallen. Der Pilot war offensichtlich an Land gezogen und ins Gras gelegt worden. Jemand hatte sein Hemd mitgenommen. Es war ein Pilot, der im Auftrag der DEA Chemikalien versprühte, was alles noch komplizierter macht.«

Trent kannte den örtlichen Leiter der DEA. »O'Brien?« fragte er.

Skelley nickte. »Der Projektleiter des Piloten ist heute morgen aus Bogotá angekommen. Er legt die Hand für seinen Flieger ins Feuer und will sogar das Begräbnis aus eigener Tasche bezahlen.«

Skelley wollte Trent den Zweig zurückgeben, doch der nahm ihn nicht. Also stellte ihn Skelley auf den Boden, gegen den Oberschenkel des Anlgo-Iren gelehnt.

Vom Riff rollten ihnen die sanften Wogen der Brandung entgegen. Auf der Hauptstraße raste ein Auto vorbei. »Verdammte Angeber«, knurrte Skelley, hob einen Kieselstein auf und rollte ihn zwischen Daumen und Zeigefinger. Da hör-

69

ten sie den zischenden Schrei einer hispanischen Schleiereule. »Sie haben den Jungen getötet.«

Trent versuchte, nicht daran zu denken. Er wollte sich den Tod des Jungen nicht vorstellen, weil er sich zu gut mit so etwas auskannte. Die Einzelheiten würden ihm wieder einfallen, und die Alpträume, die ihn gegen Ende seiner Laufbahn beim militärischen Geheimdienst verfolgt hatten, kämen zurück. Dagegen brachte ihn der Flugzeugabsturz nicht aus der Fassung, er war weniger grauenerregend. Es war, als ginge er seine auf CD-ROM gespeicherten Dienstberichte erneut durch und sähe die Bilder und Statistiken auf dem Bildschirm vorbeihuschen: Die vielen Male, die er aus Urwäldern oder Wüstengebieten abgeholt oder von U-Booten aus dem Meer gefischt worden war. An die Abholmanöver dachte er verhältnismäßig gern, weil sie stets das Ende einer Mission bedeutet hatten. Mit den Anfängen wollte er sich dagegen nicht beschäftigen, mit der Furcht und all den Unannehmlichkeiten, die noch vor ihm gelegen hatten. Er wollte nicht wieder damit konfrontiert werden.

»Ich sollte ihn mir doch nur ansehen, Skelley.«

»Das Leben verläuft nun mal anders, als man will«, meinte Skelley. »Du bist der Experte. Ich brauche dich.«

»Die *Golden Girl* ist meine Wohnung. Du hättest ins Büro kommen können.«

»Dort bist du nie anzutreffen«, entgegnete Skelley geduldig. »Hätte ich eine andere Wahl, würde ich dich nicht um deine Hilfe bitten. Green Creek ist ein Inseldorf. Du weißt doch, wie es ist. Dort herrscht die Verschwiegenheit eines Trappistenklosters. Das Gesetz wird durch einen Constable vertreten, der die meiste Zeit des Tages fischt und Augen und Ohren verschließt, weil die Inselbewohner sonst abends nicht mit ihm Domino spielen. Wenn ich einen Detektiv beauftrage, dann wird er erkannt, noch bevor er aus dem Flugzeug oder dem Boot steigt ...«

Skelley bemühte sich nicht, seine Verbitterung zu verbergen, als er fortfuhr. »Außerdem geht es um Drogen, Trent. Wem könnte ich vertrauen? Ich hab' genug davon. Unten auf St. John's von den Virgin Islands suchen sie einen Chef für die Sicherheitsabteilung der neuen Hotelanlage. Sie wollen einen von außerhalb und sind der Auffassung, daß sich ein britischer Akzent gut machen würde. Die Bezahlung ist gut, akzeptables Haus, Sozialleistungen okay, Weiterbildung, Dienstwagen ...«

»Die Fläche von St. John's beträgt weniger als fünfundzwanzig Quadratkilometer. Wo kann man da schon rumfahren?« fragte Trent.

»Ich meine es ernst«, beharrte Skelley. »Wenn die Kerle auf meinem Fleckchen Erde sogar damit davonkommen, Kinder zu foltern und zu ermorden, dann geb' ich auf. Du kannst mich besuchen kommen. Ich besorg' dir einen Sondertarif für den Jachthafen.«

Trent verabscheute Jachthäfen. Für einen verantwortungsbewußten Polizisten war die Sicherheitsabteilung eines Hotels ungefähr so erstrebenswert wie eine Kastration. Er nahm den Oleanderzweig und zeigte auf die Korallenblöcke im Sand. »Auf welcher Seite befand sich das Flugzeug?«

»Südlich, etwa fünfzig Meter. An der Südspitze der Lagune ist ein Leuchtfeuer.«

Trent zog eine Verbindungslinie zwischen den Korallenblöcken und dem Leuchtfeuer.

»Ungefähr vierhundert Meter«, erklärte Skelley. »Das Flugzeug war eine de Havilland Beaver«.

»Nehmen wir mal an, daß der, der's getan hat, Informationen haben wollte. Der Junge hätte ihm binnen weniger Minuten seine ganze Lebensgeschichte erzählt. Also haben wir es hier mit einem Mann zu tun, der entweder die Beherrschung verlor oder zuviel Gefallen an seinem Tun fand, so daß er nicht damit aufhören konnte. Die erste Annahme halte ich für wahrscheinlicher.« Trent rief sich noch einmal den Anblick der Leiche ins Gedächtnis – keine Knochenbrüche, und nur der vordere Teil des Körpers war mit Schnitten von einem kurzen Messer übersät. »Der Kerl hatte panische Angst und war außer sich vor Wut«, sagte er.

»Der Mörder?«

Trent nickte. Die Tat lief wie ein Film vor seinem geistigen Auge ab. Der Mörder stand dem Jungen gegenüber und stach auf ihn ein, bis er schließlich zum letzten und tödlichen Stoß ausholte. »Dr. Jack soll die genaue Todesursache herausfinden«. Trent schauderte, aber er konnte sich dem Bild nicht entziehen. »Wenn ich mich nicht täusche, wird er wieder töten, also stehen wir unter Zeitdruck. Weitere Informationen über den Piloten wären äußerst hilfreich. Wie heißt der Mann von der DEA? Anderson? Heute nacht setze ich Segel, aber ich will zuerst mit ihm reden.«

Trent stand eine lange Nacht bevor, und er würde seine ganze Kraft brauchen. Also sagte er: »Wir sollten jetzt essen.«

Es war kurz nach dreiundzwanzig Uhr, und der Verkehr hatte sich gelegt. Skelley lenkte den Jeep auf den Parkplatz für die Angestellten hinter dem Hotel auf Paradise Island. Der Chief Superintendent nickte dem Sicherheitsbeamten zu, als er ihn und Trent durch den Diensteingang einließ. Andersons Zimmer lag auf der dritten Etage. Erst nach gut einer Minute öffnete er ihnen die Tür.

»Er ruft O'Brien an«, hatte Skelley vermutet.

Anderson trug einen Morgenrock über einem rosafarbenen gestreiften Pyjama, den nur ein Junggeselle tragen konnte. Seine Füße steckten in Filzpantoffeln, die so ausgetreten waren, daß er auf seinem Weg in die Mitte des Zimmers zurück schlurfte.

Das Zimmer war mit einigen Sesseln, einem Schreibtisch mit dazugehörigem Bürostuhl und einem riesigen Doppelbett möbliert. Obwohl Anderson die Bettdecke straffgezogen hatte, war das zerwühlte Laken darunter zu sehen. In dem Zimmer herrschte ein chaotisches Durcheinander. Anscheinend hatte der Amerikaner den Inhalt seiner Koffer einfach ausgekippt, denn auf jedem freien Fleck im Zimmer lagen seine Habseligkeiten verstreut. Ein dunkelbrauner Anzug, ein weißes Hemd und eine schwarze Krawatte hingen auf einem Kleiderbügel an der geöffneten Badezimmertür, offensichtlich die Kleidungsstücke, die er beim Begräbnis des Piloten zu tragen gedachte. Trent fragte sich, ob Anderson vielleicht nach einem Kragen- oder Manschettenknopf gesucht hatte. Das Fernsehgerät war auf CNN eingestellt und

lief ohne Ton. Auf dem Nachttisch stand neben einem halb-
vollen Wasserglas eine geöffnete Flasche Jack Daniels. Die
Eiswürfel waren geschmolzen – entweder war Anderson
beim Trinken eingeschlafen oder ein langsamer Genießer.

»Mister Anderson, Trent ist ein Freund, der Ihrer Behörde
schon bei einigen Gelegenheiten behilflich war«, sagte Skelley. »Er interessiert sich für Ihren jungen Piloten.«

»Setzen Sie sich doch erst mal«, erwiderte Anderson. Da
er von Natur aus eine rötliche Gesichtsfarbe hatte, war es
schwierig zu beurteilen, ob er errötete. Seine Bewegungen
wirkten unbeholfen, sein Gang schleppend, und ständig
kratzte er sich verlegen am Hinterkopf wie ein Junge, dem
im Klassenzimmer befohlen worden war aufzustehen. »Ich
bin hier nur Gast«, erklärte er. »Damit will ich sagen, daß Mister O'Brien der örtliche Leiter der DEA ist. Eigentlich sollten
Sie mit ihm sprechen.«

»Ich habe mit O'Brien zusammengearbeitet«, begann Trent.
Der Amerikaner war ihm auf Anhieb sympathisch. Er kannte
diese Art von Männern. Er gehörte zu den Guten. Als Trent
noch im Dienst gewesen und für die CIA gearbeitet hatte,
hatte sein Leben von solchen Männern abgehangen. Wenn sie
ihr Wort gaben, hielten sie es auch, sogar wenn sie dafür ihr
Leben aufs Spiel setzen mußten. Weder ein Ausschuß noch
ein höherer Angestellter, der in Washington am Schreibtisch
arbeitete, konnte sie aufhalten. »Haben Sie O'Brien angerufen?« fragte Trent.

Anderson zuckte die Schultern. »Er wird in fünfzehn Minuten hier sein.« Anscheinend war er von dem Gedanken nicht
gerade begeistert. Er sah zu Skelley hinüber. »Es ist so: Vincente und ich waren Freunde, und jetzt ist der Junge tot. Vielleicht besteht irgendeine Verbindung. Zwar würde ich Ihnen
gerne helfen, aber ich habe Anweisung, den Mund zu halten.«

Skelley ging zum Fenster, stützte sich mit den Fingerspitzen
auf die Fensterbank und sah über den Garten hinweg auf das
Meer. Trent konnte beobachten, wie sich unter dem dünnen
T-Shirt des Polizisten die Muskeln zwischen Schulterblättern
und Hals spannten.

»Wir sind auf den Bahamas, Mister Anderson«, sagte Skelley.

»Vielleicht gibt es hier einen Zimmerservice«, unterbrach Trent hastig. »O'Brien dürfte bald hier sein, Skelley. Trink solange ein Bier.«

Anderson griff über das Bett zum Telefon und stieß es dabei versehentlich vom Nachttisch. Mit einem dumpfen Schlag fiel der Apparat auf den Teppich. Das Geräusch klang beinahe, als wäre in der Ferne eine Bombe detoniert. Anderson fluchte verlegen und kletterte mühsam über das Bett. Er bestellte vier Bier, legte den Hörer auf die Gabel und sah zu Skelley hinüber, der immer noch am Fenster stand.

Trent erkannte, daß der Amerikaner einen Kampf mit sich ausfocht, bevor die Worte nur so aus ihm hervorsprudelten.

»Wegen dieser Sache stecke ich ganz schön im Dreck, Chief Superintendent, aber Sie können mir glauben, daß ich auf Ihrer Seite bin. Wie Trent bereits sagte, wird O'Brien in wenigen Minuten hier sein. Nicht, daß ich keinen Respekt hätte, aber ich habe jahrelang nicht in den Staaten gelebt. Um die Wahrheit zu sagen, ich passe da nicht hin.« Anderson suchte bei Trent nach Zustimmung. »Verstehen Sie, was ich meine?« Wieder zuckte er die Schultern. Als er sich auf das Bett zurückfallen ließ, wirkte sein Körper abstoßend häßlich. Sein Gesicht war rot angelaufen, und er sah deprimiert aus. Dennoch erweckte er den Eindruck von Zielstrebigkeit und Aufrichtigkeit. »Hören Sie, ich habe das Geld für dieses verdammte Flugzeug ausgelegt, das Vincente geflogen hat. Um Himmels willen, ich mochte den Jungen. Vielleicht ist alles meine Schuld.«

Skelley drehte sich um und sah den Amerikaner an. Sein Kopf reichte fast bis an die Zimmerdecke, und auf seinem kahlrasierten Schädel spiegelte sich das Licht. Wegen der Anspannung wirkte er noch dünner als sonst. Seine Konturen verschwammen im Schatten des Fensters. Er wirkte wie eine Schlange, die darauf lauerte zuzustoßen – unheilvoll wie ein rachedurstiges Skelett aus einem billigen Horrorstreifen. Dann entspannten sich seine Muskeln, und er lächelte den übergewichtigen Amerikaner an. »Sie sind ein netter Mensch,

Mister Anderson«, sagte er mit ruhiger Stimme. »Ich danke Ihnen und nehme das Bier gern an.«

Anderson sah keineswegs erleichtert aus, sondern eher wie ein geprügelter Hund. »Es kommt noch schlimmer«, fuhr er fort. »Zuerst wurde Vincentes Flugzeug in Brand gesetzt, und dann rief am selben Tag ein Mann von der DEA-Vertretung in Miami an und sagte, daß diese de Havilland Beaver versteigert werden solle.« Hilflos zuckte er die Schultern. »Sie wissen ja, wie es ist. Die Agency hat die Hosen voll. Sie wollen eine absolute Informationssperre, damit der Skandal nicht an die Öffentlichkeit dringt.«

»Politik«, meinte Skelley und seufzte.

»Darin war ich noch nie besonders gut«, gestand Anderson.

O'Brien war klein, stämmig und für einen Mann Mitte Fünfzig ziemlich muskulös. Sein Gesicht wirkte zäh, aber ausdruckslos. Der altmodische, blaugestreifte Seersuckeranzug und sein ausgeblichenes blaues Baumwollhemd hatten schon bessere Tage gesehen. Die schweren, sorgfältig geputzten Schuhe waren an den Sohlen und Absätzen mit Eisenbeschlägen verstärkt. Er trug eine Stahluhr und einen abgewetzten Ehering. Seine veraltete lederne Aktentasche hätte einem gescheiterten Bürokraten gehören können, die solche Taschen während ihrer letzten Dienstjahre oft zu nichts anderem benutzten, als unauffällig ihr Mittagessen darin zu transportieren. Ohne weiteres wäre er als schlecht verdienender Handlungsreisender durchgegangen, der in der Karibik uninteressante Produkte wie große Maschinen oder industrielle Chemikalien verkaufte – nur seine kalten, hellblauen Augen verrieten den vorsichtigen und äußerst wachsamen Beobachter.

Er wirkte nicht überrascht, als er Trent bemerkte. Skelley zunickend, ließ er seine geöffnete Tasche auf den Schreibtisch fallen und zog den Bürostuhl so zu sich heran, daß er mit dem Rücken zur Wand sitzen konnte. Während er Platz nahm, sah er Anderson abwartend an.

Andersons Bewegungen offenbarten Unbehagen. »Ich habe den beiden erzählt, daß ich das Flugzeug bezahlt habe.«

»Stimmt das?« O'Briens Augen wanderten zu Skelley hinüber. »Sie hätten mich anrufen sollen.« Er wollte nicht unhöflich sein, sondern legte die Situation nur so aus, wie sie sich ihm darstellte.

Nur mühsam konnte sich Skelley beherrschen. »Ich untersuche den gewaltsamen Tod eines Jungen, Mister O'Brien«, stieß er hervor.

»Tatsächlich?«

»Er wurde vor seinem Tod gefoltert«, fügte Trent hinzu.

O'Brien nickte vor sich hin. Sein Akzent ließ kaum Rückschlüsse auf seine Herkunft zu. Er sprach in der typischen Art des Expatriierten, der sich sein Leben lang bemüht hatte, nicht anzuecken. Sorgfältig wählte er seine Worte. »Chief Superintendent, ich habe mich in der Vergangenheit öfter Mister Trents bedient. Wir wissen beide, wer und was er ist. Bevor wir fortfahren, sollten wir klarstellen, ob er als offizieller Vertreter Ihrer Regierung hier ist. In Washington gilt er als eine Art unbefestigte Magnetmine. Das soll keine Beleidigung sein«, sagte er zu Trent. »Dies hier ist eine Angelegenheit der DEA, und niemand wird es mir danken, wenn ich Sie da mit hineinziehe.«

»Es war ein besonders hinterhältiger Mord, Mister O'Brien«, fuhr Skelley unbeirrt fort. »Bis jetzt haben Sie und ich meistens dieselben Ziele verfolgt. Diesmal verhält es sich anders. Sie untersuchen ein Drogendelikt, das die Vereinigten Staaten betrifft. Für mich geht es um die Folter und den Mord an einem kleinen bahamischen Jungen. Es ist mein Fall, dies ist mein Land, und ich werde nicht zulassen, daß Sie mir in die Quere kommen.«

Vergeblich suchte Skelley in O'Briens Gesicht nach einem Anzeichen von Verständnis. Seufzend hob er die Schultern. »So sehr ich es bedaure, Mister O'Brien, aber ich traue Ihnen nicht. Damit meine ich nicht Sie persönlich, sondern die Behörde, für die Sie arbeiten. In Ihrer Truppe befinden sich schwarze Schafe, und wenn Sie Mister Anderson eine ehrliche Meinung gestatten, dann wird er mir sicherlich zustimmen. Allein das Flugzeug draußen auf Bleak Cay beweist es. Wenn ich so in die Vereinigten Staaten ginge, wie Sie hier auftauchen, würde ich mit einem Fußtritt hinausbefördert. Sie können mich zwar übergehen, Mister O'Brien, aber wir wissen beide, daß zu viele große Häuser und zu viele Luxusautos unrechtmäßig von Leuten erworben wurden, die einen höheren Rang bekleiden als ich. Daher würden Sie damit, zumindest langfristig gesehen, nichts gewinnen. Außerdem würden Sie meine Freundschaft verlieren, Mister O'Brien, und meine zukünftige Kooperation.«

»Ehrliche Worte.« O'Brien lächelte, wobei sich seine Mundwinkel nur um einige Millimeter nach oben verzogen. »Es wäre schön, wenn alles so einfach wäre. Wir werden Ihnen helfen, soweit es uns möglich ist, aber es gibt bestimmte Bereiche, in denen wir uns die Kompetenzen nicht durch Sie streitig machen lassen.«

»Ich brauche Ihre Hilfe nicht«, bemerkte Skelley. Sein Blick suchte nach Trents Bestätigung.

Eine beabsichtigte Provokation und die Reaktion darauf – Trent kam sich vor wie in einem Theaterstück. Aber Anderson und er waren ein zu kleines Publikum. Deshalb befand sich in O'Briens offener Aktentasche höchstwahrscheinlich ein Kassettenrecorder.

Skelley wandte sich wieder O'Brien zu. »Außer uns hier weiß niemand, daß der Junge umgebracht wurde. Man glaubt, daß er ertrunken sei. Wir sind auch die einzigen, die wissen, daß ich unseren Freund Trent um Mithilfe gebeten habe. Es würde mich empfindlich stören, wenn diese Informationen nach außen drängen. Noch empfindlicher stören würde es mich, wenn ich erfahren müßte, daß sie in einem von Ihnen oder Mister Anderson verfaßten Bericht auftauchen. Darüber sollten Sie sich im klaren sein, Mister O'Brien.«

Skelley starrte O'Brien aus seinen pechschwarzen Augen an. »Die Mörder werden sich vor einem hiesigen Gericht verantworten. Man wird sie zum Tod durch den Strang verurteilten. Falls es sich um amerikanische Staatsbürger handelt und Ihr Präsident ein Gnadengesuch stellt, dann reiche ich bei meiner Regierung meinen Rücktritt ein.«

O'Brien sah beinahe traurig aus. »Leider funktioniert es so nicht, Skelley. Wer auch immer dahintersteckt, gehört einem geheimen Ring an, der Betäubungsmittel in die Vereinigten Staaten schmuggelt. Also ist es unsere Rechtsangelegenheit.

Meine Anweisung lautet, die verantwortlichen Personen dem US-Bundesgericht in Miami zu überstellen. Das kann zwar teuer werden, aber ich werde es dennoch tun.«

Trent fühlte sich an die dramatischen Vorbereitungen eines Hundekampfes erinnert. Man ließ die gefährlichen Tiere einander steifbeinig umkreisen, sich beschnuppern und suchte nach psychologischen Schwächen des Gegners oder Geländevorteilen. Der schwarze und ungewöhnlich große Skelley gegen den kleinen, stämmigen weißen O'Brien: der Kampf zwischen einem Windhund und einem Bullterrier, dachte Trent amüsiert.

Das Hotel war amerikanisch, die Einrichtung war amerikanisch, und die Luft, die sie atmeten, wurde durch einen amerikanischen Ventilator gekühlt. Skelley wandte sich dem Fenster zu, um etwas frische Nachtluft hereinströmen zu lassen, mußte jedoch vor den amerikanischen Schnappriegeln kapitulieren. Plötzlich wirbelte er wie von einer Feder angetrieben herum. Trent dachte, er würde explodieren, aber er bekam sich sofort wieder unter Kontrolle. Mit dem Rücken ans Fenster gelehnt, stützte er sich mit einer Hand auf das Fensterbrett und sprach mit ruhiger Stimme.

»Nach Ihrer Darstellungsweise sind die Lateinamerikaner und die Inselbewohner für Ihre Drogenmisere verantwortlich. Sie und ich wissen, daß das eine Erfindung der US-Politik ist, nichts weiter als der Versuch, eine bequeme Lösung zu konstruieren. Ihre Nation begreift die Marktwirtschaft als moralischen Imperativ, und durch Ihren bedeutenden Markt nehmen Sie Einfluß auf die Wirtschaft der Nachbarländer. Ihre Misere ist auf Ihren eigenen Reichtum zurückzuführen. Ich könnte ausgiebig über die mangelnde Selbstdisziplin in Ihrer Gesellschaft referieren, Mister O'Brien, und Sie würden mir wahrscheinlich zustimmen müssen, aber darum geht es hier nicht. Momentan haben wir es mit einem Mord zu tun, der allem Anschein nach im Zusammenhang mit Drogenkriminalität begangen wurde.«

Skelley zögerte kurz, vielleich weil er sich des Kassettenrecorders in der Mappe bewußt wurde, vielleicht aber auch nur, um erneut Kraft aus seinem Zorn zu schöpfen. Er schien sich zu sammeln wie ein Athlet vor einem Dreisprung. »Mister O'Brien, persönlich schätze ich Sie sehr«, hob er vorsichtig wieder an. »Ich schätze auch viele Amerikaner. Aber ich habe keinerlei Achtung vor den Mächten, die Ihr Land regieren, nicht die geringste. Das habe ich Ihnen gegenüber noch nie erwähnt, aber bisher hatte der Abschaum, den Ihr Land hervorbringt, auch noch keinen kleinen Jungen getötet, der unter meinem Schutz stand.«

Jetzt bebte Skelleys Stimme leicht. »Ich werde das nicht hinnehmen, Mister O'Brien. Wir sind ein kleines Land, wir erhalten wenig Unterstützung, und unsere Einwohner haben auch ihre menschlichen Schwächen. Ihre Regierung schließt Hilfs- und Handelsabkommen ab, um unsere Politik zu beeinflussen, Ihre Geldinstitute lenken unsere Banken, und Ihre kriminellen Vereinigungen behandeln unsere Gesetze wie eine Ware. Zuckerbrot und Peitsche, Mister O'Brien, aber in diesem Fall weigere ich mich, den Esel zu spielen.«

Er richtete sich kerzengerade auf und sprach wieder ruhiger. »Wir haben beide in der Vergangenheit mit Mister Trent zusammengearbeitet. Wir wissen, daß er auf bestimmten Gebieten hochqualifiziert ist. Ich beabsichtige, ihm freie Hand zu lassen. Er wird nach seinem eigenen Zeitplan und nach eigenem Ermessen handeln. Ich ersuche Sie dringend, Andros und Bleak Cay erst zu besichtigen, wenn Mister Trent seine Ermittlungen dort abgeschlossen hat.«

Trent hatte O'Brien beobachtet. Der örtlicher Leiter der DEA wirkte plötzlich erschöpft. »Sie begehen einen Fehler, Skelley«, sagte er.

»Bis der Fall abgeschlossen ist, bin ich für Sie Chief Superintendent der Royal Bahamian Constabulary, nicht Skelley, Mister O'Brien«, antwortete Skelley. »Ich möchte Mister Anderson befragen, daher bitte ich Sie nun zu gehen. Sie können freiwillig gehen, ansonsten werde ich Sie entfernen lassen – und zwar durch den Haupteingang. Das würde einen Skandal bedeuten, Mister O'Brien, den Sie sicherlich vermeiden möchten.«

O'Brien sah zu Anderson hinüber, der auf dem Bett in sich zusammengesunken war.

»Die Miami-Verbindung?«

Anderson nickte.

O'Brien seufzte. Er stellte den Bürostuhl an seinen Platz zurück, bevor er die Aktentasche aufnahm. An der Tür drehte er sich noch einmal um, eine kleine untersetzte Gestalt, die sowohl aus sich selbst heraus als auch durch die Autorität ihres Amtes Macht ausstrahlte. »Sie hätten die Stelle auf den Virgin Islands annehmen sollen, solange sie noch zu haben war, Chief Superintendent. Jetzt haben Sie sich auf sehr dünnes Eis gewagt. Nehmen Sie's nicht persönlich.«

»Meine Karriere ist ruiniert«, klagte Anderson, als O'Briens Schritte auf dem Flur verklungen waren. Die Hände zwischen die Knie geschoben, saß er auf dem Bett, während ihn Skelley zu dem Brandanschlag auf Vincentes erstes Flugzeug und zu der Finanzierung der de Havilland Beaver befragte.

»War er ein guter Flieger?«

Anfangs hatte Anderson mit ausdrucksloser, fast erstickter Stimme gesprochen. Aber als er über den Kolumbianer zu reden begann, kehrte das Leben in ihn zurück. »Viele Amerikaner, die in Übersee arbeiten, halten sich für überlegen. Aber soviel steht fest, Vincente gehörte zu den besten Piloten, die ich je kannte. Er war ein wahrer Könner auf seinem Gebiet und dennoch vorsichtig. Diese Kombination findet man selten. Er hob ab, kalkulierte jeden Windstoß ein, bevor er von anderen überhaupt bemerkt wurde, und versprühte die Chemikalien nach einem millimetergenauen Muster. Oft wäre ich vor Angst beinahe umgekommen. Und bei allem, was er tat, bewahrte er sich seinen Stolz. Er war weder überheblich noch ein Macho, aber die Art, wie er es uns zeigte ...« Anderson suchte nach den richtigen Worten. »Er hatte es nicht nötig, uns etwas zu beweisen. Aber wenn man ihm zusah, mußte man ihn einfach respektieren.«

Er sah Skelley an. »Genau, das war es, Chief Superintendent, er verschaffte sich Respekt. In Bogotá hatte er eine Verlobte, die ihm das Leben schwer machte, weil er für uns arbeitete. Von wegen Gringos und so weiter ...«

Aufmerksam betrachtete er seine Handflächen, die gezeichneten Finger eines körperlich arbeitenden Menschen, Narben – einige Fingernägel waren mit Furchen durchzogen. Traurig zuckte er die Schultern. »Ich lese nicht sehr viel, Chief Superintendent, und mein Spanisch ist nicht besonders gut, wissen Sie. Ich habe es in den abgelegenen Nestern aufgeschnappt, in denen ich fünfzehn Jahre verbracht habe. Dagegen hatte sie die Schule in Cartagena besucht. Diese verdammt vornehme Aussprache, so daß die Indianer kein Wort verstehen konnten. Sie hielt wohl nicht allzuviel von mir.« Er wandte sich ab und dem schwarzen Viereck des Fensters zu, starrte darauf wie auf eine Kinoleinwand, mit der gebannten Intensität eines Kindes, das darauf wartet, daß der Film anfängt. »Vielleicht habe ich deshalb das Geld vorgestreckt. Um ihr zu beweisen, daß mir nicht alles egal war.« Verlegen wand er sich. »Mein Gott! Vielleicht denken Sie, daß ich schwul bin und scharf auf den Jungen war, aber so war's nicht. Ich habe einfach viele Jahre in Lateinamerika verbracht und gesehen, daß wir dort nicht sehr beliebt sind. Es gibt auch keinen Grund, weshalb das anders sein sollte. Deshalb wollte ich was tun.«

Auf dem Weg zum Flughafen hatte er Vincentes Eltern aufgesucht. »Ich sagte ihnen, daß ich die Überfahrt zum Begräbnis für sie bezahlen würde. Die Verlobte war auch da. Sie sagte zu mir, ich solle mich zum Teufel scheren. ›Dinero‹, sie sprach es aus wie ein Schimpfwort. ›Das ist alles, woran ihr Gringos denkt.‹«

Anderson jammerte nicht. Aber er wollte Skelley und Trent veranschaulichen, wie es gewesen war. »Ich habe keine Familie«, sagte er. »Fünfzehn Jahre da draußen, davor Afghanistan, da gibt man nicht viel aus. Also habe ich gespart, und der Typ auf den Cayman Islands hat bisher nur Gutes damit angestellt. Trotzdem bin ich nicht John D. Rockefeller, verdammt noch mal.«

In sich gesunken starrte er auf die imaginäre Leinwand, auf der Vincentes Leben ablief. Er fühlte sich, als hätte er den jungen Mann im Stich gelassen, weil er nicht genügend Voraussicht gezeigt hatte. »Die Drogenkartelle besitzen zuviel Macht«, klagte er. »Wenn sie es darauf anlegen, jemanden fertigzumachen, dann schaffen sie's auch. Sein Konto wird geschlossen, seine Hypothek und sein Versicherungsvertrag werden gekündigt – daran hätte ich denken müssen. Mit dem Verbrennen seines Flugzeugs fing es erst an, und er wollte mir nichts schuldig bleiben.«

Andersons Stimme schien jetzt aus großer Entfernung zu kommen. »Drogen hätte er jederzeit transportieren können, wenn er gewollt hätte. Aber er war einfach nicht der Typ dazu. Genau das verstehen die Leute in den Vereinigten Staaten nicht. Sie entnehmen den Zeitungen und Nachrichten nur, daß jeder Kolumbianer Koks nach Florida schmuggelt. Auf die Idee, daß es hier genauso wie bei ihnen zu Hause Ärzte, Chemiker, Lehrer – Leute mit ganz normalen Jobs – gibt, kommen sie nicht. In dieser Hinsicht sind wir Amerikaner wirklich ignorant. Außerhalb der Staaten reisen wir nicht viel, abgesehen von den Rucksacktouristen, die meistens selbst Stoff nehmen. Sie kommen in die entsprechenden Kreise und berichten zu Hause davon, als wäre es alltäglich. Dabei würden die meisten Kolumbianer sie nicht mal in ihr Haus lassen.«

Mit einem resignierten Achselzucken wandte er den Blick vom Fenster ab. »Nach meiner Pensionierung wollte ich mich auf eine kleine *finca* zurückziehen. Ich komme mit den Einheimischen wirklich gut zurecht.«

Er stand auf und trat vor die Badezimmertür. Sorgfältig strich er über die schwarze Krawatte, die über dem Anzug auf dem Bügel hing. »Sieht ganz so aus, als würde ich über das Wochenende hierbleiben, bis die DEA weiß, was sie als nächstes unternehmen will.« Er hob ein Paar schwarzer Socken vom Boden auf und legte sie auf den Schreibtisch. Dann nahm er sie erneut und warf sie auf den Kleiderstoß in seinem offenen Koffer. »Rufen Sie mich an, wenn Sie sonst noch was brauchen ...«

Trent wollte die abgestürzte de Havilland untersuchen.

Vor Sonnenaufgang würde kein Wind gehen, das wußte Trent, als er den Himmel durch die Palmenwipfel über Skelleys Jeep beobachtete. Die Blätter bewegten sich kaum, und

82

um den Mond herum lag ein dünner Dunstschleier. Die *Golden Girl* besaß ein sechs Meter langes aufblasbares Beiboot, ein Zodiac mit einem fünfzig PS starken Yamaha-Außenbordmotor. Bleak Cay lag knapp zweihundert Kilometer südsüdwestlich von New Providence, eine beachtliche Strecke für ein offenes Boot, aber das Zodiac war die einzige Möglichkeit, wenn Trent das abgestürzte Flugzeug bei Tagesanbruch erreichen und, ohne Aufmerksamkeit zu erregen, untersuchen wollte. Skelley war schon oft mit ihm gesegelt, er wußte mit dem großen Katamaran umzugehen, wenn er ihm langsamer folgte.

9

Über dem Riff kräuselte sich nur ein leichter Wellengang. In einer halben Stunde würde die Sonne aufgehen. Das kalte, klare Licht verlieh dem jadegrünen Wasser in der Lagune einen silbrigen Schimmer.

Trent ließ sich ausgestreckt an der Wasseroberfläche treiben. An seinem Tauchergürtel hingen sechs Pfund Blei, und er trug er eine Maske mit Schnorchel, Taucherflossen und Handschuhe. Im Schatten des Flugzeugwracks hielt sich ein Schwarm kleiner, kupferfarbener Fische auf. Der Sand unter den Fischen war mit kleinen Furchen durchzogen, und unter dem Wrack ragte ein dünner Zweig mit heller Spitze hervor. Ein Plattfisch verriet sich durch den Sand, den er aufwirbelte.

Trent zog die Füße an, bis er fast seine Zehen berühren konnte, dann ließ er die Beine aus dem Wasser schnellen, und glitt unter ihrem Gewicht, das durch das Blei noch verstärkt wurde, langsam nach unten an den senkrecht aufragenden Flügel. Während er zu der kleinen Pilotenkabine weitertauchte, glich er den Druck in den Ohren aus. Sowohl die Fenster als auch die Türen standen offen. Der Sicherheitsgurt des Piloten baumelte vom Sitz herunter. Trent zählte die ausgefransten kurzen, weißen Stränge, die rechts und links von der Kabine im Wasser trieben.

Ruhig und bedächtig ließ er sich nach unten sinken. Mit den großen Taucherflossen manövrierte er sich an die Tür des Wracks, bis er mit einer Hand die Türklinke fassen konnte. Die Dornen des Zweiges, der unter dem Flugzeug hervorlugte, waren deutlich zu erkennen. Zentimeterweise arbeitete er sich mit der freien Hand bis an den Rand des Daches vor, dann griff er zu. Die Languste schlug gegen sein Handgelenk, aber er hielt sie fest in der Hand.

Wieder an der Wasseroberfläche, schwamm er zum Zodiac zurück und ließ die Languste auf die Bodenplanken gleiten. Dann drehte er um und schwamm in gerader Linie durch die Korallenblöcke auf das Leuchtfeuer zu. Zwei Papageienfische knabberten an den Rändern des Loches, das die Schwimmer des Wasserflugzeugs in die Korallen gerissen hatten. Trent hoffte, am entfernten Ende des Riffs Ankerspuren zu finden, aber seit dem Absturz war der Sand durch fünf Fluten geglättet worden. Er schwamm wieder zum Zodiac zurück und entledigte sich seines Bleigürtels. Dann stemmte er sich aus dem Wasser und schwang sich über den runden Wulst ins Boot.

Für eine Weile saß er auf der hinteren Bank und starrte auf die mit Gestrüpp bewachsene Sandbank Bleak Cay. Die Languste kratzte an den versiegelten Holzplanken, während die Sonne über den Horizont kletterte und die silbrige Oberfläche der Lagune in warmes Gold tauchte. Trents Gedanken wanderten zu dem Jungen zurück. Der überwältigende Anblick des Sonnenaufgangs ließ den Tod des Kindes noch entsetzlicher erscheinen. Und jetzt hatte der Mörder eine zweite Zielscheibe, wahrscheinlich wieder einen Jungen. Er mußte ihn aufhalten. Einen Tag hatten sie schon verloren. Er mußte ruhig bleiben und nachdenken. Entspannt und regelmäßig atmend, zählte er mit geschlossenen Augen langsam bis hundert. Dann startete er den Yamaha-Motor und steuerte das Zodiac auf das Riff zu. Als er über die Korallen kroch, mußte er die Schraube fast vollständig aus dem Wasser kippen. Nachdem er das Riff hinter sich gelassen hatte, gab er Vollgas und brachte das Schlauchboot in die Waagerechte. Dann nahm er etwas Gas zurück und lauschte dem veränderten Motorengeräusch, als der High-Speed-Wasserstrahl austrat.

Andros maß von Norden nach Süden etwa zweihundert, von Osten nach Westen ungefähr sechzig Kilometer. Entlang der Ostküste verlief das zweitlängste Barrier Riff der nördlichen Hemisphäre – das längste lag zwischen Yucatan und Belize. Jenseits des Riffs, zweihundert bis dreihundert Meter von der Küste entfernt, schob sich eine Senke namens Tongue of the Ocean von Norden vor die Insel. Die Klippen fielen steil ab bis in eine Tiefe von 2000 Metern.

Östlich von Trent stand der Horizont in Flammen. Auf den Vorderseiten der Wellen, die sich gegen das Korallenriff erhoben, zeichneten sich tiefschwarze, linienförmige Schatten ab. Das flache Wasser vor ihm reflektierte goldenes Licht. Westlich ging die Küste von glitzerndem Sand in Mangrovenbäume über. Dann folgten mit Palmen bewachsene Strände und schließlich Mangrovensümpfe, deren Schlick zu funkeln begann, während er von der einsetzenden Flut überspült wurde. Im Hinterland der Insel ragte eine dichte Reihe von Pinien auf.

Das ruhige Brummen des Motors ließ seine Stärke nicht ahnen. Schon bei normaler Drehzahl trieb er das leichte Zodiac mit dreißig Knoten über die Wasseroberfläche. Überall waren Fischer in ihren Skiffs unterwegs, und Trent fuhr in weitem Bogen um ihre Netze. Weiter draußen war eine große Cris-Craft zu sehen, ihr heller Rumpf wirkte gegen den Sonnenaufgang nahezu schwarz; wie ein beutehungriger Seevogel schwebte sie über dem Wasser. Dann erspähte er den ersten Touristen, der von einem Bostoner Walfänger in Küstennähe seine Angel nach Großfischen auswarf. Ein Taucherboot fuhr von Kemps Bay aufs Meer hinaus; zwei dieser Boote lagen bereits vor dem Riff bei Congo Town.

Als Trent Driggs Hill umrundete, entfernte sich eine Hatteras von Southern Bight. Auf der Brücke stand, in tadelloses Weiß gekleidet, ein bahamischer Skipper. In den Halterungen der am Cockpit befestigen Stühle glitzerten Bierdosen. Zwei Amerikaner, deren Köpfe mit Geschwaderkappen geschützt waren, überprüften soeben ihre Angeln und Ausrüstungen, richteten sich jedoch auf, um Trent zuzuwinken, der quer durch ihr Kielwasser raste.

85

Middle Bight trennte South Andros von North Andros. Auf einem Walfänger, der im Schatten der Mangroven ankerte, zeigte ein würdevoller Bahame einem hageren Weißen, wie er seinen Köder auszuwerfen hatte. Dann tauchte fast aus dem Nichts das große, geblähte Spinnaker der *Golden Girl* vor ihm auf. Um den Wind bei der kaum zu spürenden Brise nicht aus dem Tyrelen-Ballon entkommen zu lassen, bedurfte es in der Tat eines wahren Meisters, und Trent hob anerkennend den Daumen, als er an Skelley vorbeischoß. Er wendete das Zodiac und steuerte auf das Heck des Katamarans zu.

Skelley warf ihm eine Leine zu, und er befestigte das Beiboot damit. Dann schwang er sich ins Cockpit, ging nach vorne und rollte das Segel ein. Unverzüglich verstaute er es achtern in einem abschließbaren Kasten des Backbordrumpfes. Er sprang wieder in das Zodiac zurück und befestigte die Leine des Backborddavits am Haltegriff des Motors. Dann löste er die Schrauben, hob ihn hoch und hielt ihn fest, während Skelley ihn ausrichtete. Als der Motor an der kippbaren Halterung aus Aluminium hinter dem Cockpit hing, verband Trent die Benzinschläuche der *Golden Girl* und die Anschlußklemmen der Batterie damit. Schließlich ließ er die Schraube ins Wasser. Unter Antrieb glitt die *Golden Girl* mit fünfzehn Knoten über das ruhige, seichte Wasser. Die Buge teilten das Wasser, das an den schlanken Rümpfen entlangzischte. Zwischen den beiden dunklen Linien des Kielwassers hinterließ die Schraube eine lange weiße Spur.

Seit Skelley das Spinnaker gesetzt hatte, hatte er das Ruder nicht mehr verlassen. Trent ließ sich in die Kombüse auf der Backbordseite hinunter und füllte einen Topf mit Seewasser. Er legte die Languste hinein und stellte ihn auf den Herd. Dann röstete er Kaffeebohnen im Backofen und schälte eine Knoblauchzehe. Nachdem die Languste gekocht hatte, brach er die Schale auf und schnitt das Fleisch in dünne Streifen. Er zerließ Butter in einem Wok und fügte die zerdrückte Knoblauchzehe, das Langustenfleisch und vier locker geschlagene Eier hinzu. Die gefüllten Teller in der Hand, balancierte er eben die Treppe zum Cockpit hinauf, als ein zehn Meter langes Sportboot aus südlicher Richtung herangerast kam.

Bob drosselte den Motor, um weniger Kielwasser zu verursachen, als er an dem großen Katamaran mit den weißen Rümpfen vorbeizog, der Kurs auf Süden hielt. Auf der Treppe, die vom Cockpit aus unter Deck führte, konnte Bob einen bärtigen Mann erkennen, der zum Dank einen Teller hob. Bob winkte ihm zu.

Bevor Bob das Haus verlassen hatte, hatte er Steve eine Schlaftablette verabreicht und Mrs. Bride angewiesen, ihn nicht zu stören.

Steves kolumbianische Geschäftspartner gingen sehr umsichtig vor. Steve war aufgetragen worden, nach der Übergabe bei Bleak Cay achtundvierzig Stunden zu warten. Danach sollte er mit seinem Boot an der Siedlung Congo Town vorbeifahren. Wenn alles glattgegangen wäre, hätte er einen weißen Badeanzug an der vorderen Reling flattern lassen müssen, wäre etwas schiefgelaufen, sollte der Badeanzug schwarz sein.

Er sollte vor dem Chickcharnie-Hotel festmachen, auf der Gartenterrasse ein Bier trinken, dann an Moxey Town vorbei bis nach Behring Point hinauffahren, durch die Northern Bight zur Westküste von Andros hinüberwechseln, bei Yellow Cay dreißig Minuten vor Anker gehen, anschließend durch die Middle Bight wieder an die Ostküste der Insel und schließlich nach Green Creek zurückkehren.

In der Mittagshitze bissen die Großfische nicht, daher waren nur vereinzelte Skiffs und Dorys im flachen Wasser vor den Mangrovenbäumen zu sehen. Auf jedem dieser Boote konnte sich ein von den Kolumbianern geschickter Handlanger befinden, der beauftragt war zu überprüfen, ob jemand Bob folgte. Der passierte unterdessen die engen, gewundenen Kanäle, die den nördlichen Teil der Insel Andros vom südlichen trennten. Das Boot schreckte Sumpfhühner aus dem Morast auf und störte Seeschwalbenkolonien und Austernfischer.

Schließlich lag Bob bei Yellow Cay vor Anker. Auf die Sonnenmatratzen hinter dem Cockpit ausgestreckt, stellte er sein Fernglas auf die Küste ein. Bevor er den Flug nach Süden mit dem Ziel Fort Lauderdale angetreten hatte, hatte er sich in einem New Yorker Secondhandladen eine gebundene Ausgabe von *Vögel der Westindischen Inseln* besorgt. Er war kein Fanatiker, der die seltenen Vögel des Landes nur aufspürte, um sie auf einer Liste abzuhaken; er empfand schlichte Freude dabei, die Vögel zu beobachten. Gelegentlich blätterte er durch das Buch, um sich Bilder anzusehen oder einem Vogelruf auf den Grund zu gehen.

Bobs Lebenstraum war es, Tiere und Pflanzen in der Natur zu beobachten, zu fischen und Motoren zu reparieren. Und jetzt war er zum Komplizen bei dem Mord an einem Jungen geworden. Er wußte nicht mehr aus noch ein.

Bisher hatten sich seine Gesetzesübertretungen auf ein paar Strafmandate wegen Überschreiten der Parkzeit beschränkt. Dabei hatte er alle Protokolle dem Umstand zu verdanken gehabt, daß er für seine Arbeit nie genügend Zeit einkalkulierte.

Natürlich rauchte er Gras, aber Bob sah in seinem Marihuanakonsum kein Verbrechen. In den Staaten, in denen die Strafen dafür sehr hoch angesetzt waren, unterließ er es eben. Und jetzt ein Mord!

Das Schreckgespenst des Todes war ihm noch aus Kindestagen vertraut. Er erinnerte sich an eine Taube mit gebrochenem Flügel, die von einer Katze erwischt worden war, bevor er sie wieder hatte freilassen können; das Hausschwein, das sein Vater geschlachtet hatte, und die Hündin, ein Spaniel, die an Krebs gestorben war. Und natürlich seine Mutter. Er hatte schon als kleines Kind gelernt, daß es gefährlich war, seine Gefühle an jemanden zu verschenken.

Bob vermied es, an seine Mutter zu denken. Ihr Tod hatte sich über so lange Zeit hingezogen, daß er manchmal kurz davor gewesen war, ein Kissen zu nehmen, um sie damit zu ersticken und von ihrem Todeskampf zu erlösen. Krebs, wie bei der Hündin – Lungenkrebs, obwohl sie nicht geraucht hatte. Vielleicht wegen der Insektizide, die auf der Farm versprüht worden waren. Aber wahrscheinlich hatte sie einfach nur Pech gehabt.

Glück war mehr oder weniger die einzige Lebensphilosophie, die sich Bob zurechtgezimmert hatte. Er konnte keinen Sinn darin erkennen, was den Menschen widerfuhr. Glück und Unglück – man hatte nur die Möglichkeit, bei allem, was man tat, sein Bestes zu geben. Und wenn alles schiefging, dann lag es nicht an einem selbst – nicht, wenn man sein Möglichstes getan hatte. Jetzt raste er mit ausgeschaltetem Motor, ohne Bremsen und ohne Lenkung einen Abhang hinunter, der zusehends steiler wurde. Mit der Ankunft der Kolumbianer würde es zum großen Knall kommen. Steve jagte ihm eine Heidenangst ein.

Seit dem Sandwich auf Bleak Cay hatte Steve nichts mehr in den Magen bekommen, abgesehen von einer Tasse dünner Hühnerbrühe, die Mrs. Bride, Jackets Mutter, für ihn zubereitet hatte. Allein der Gedanke an Essen verursachte ihm Brechreiz. Er blinzelte ins Sonnenlicht, das wie ein Scheinwerferkegel durch eine Spalte in den Holzjalousien fiel, die Mister Wintertons größtes Gästeschlafzimmer abschirmten.

Damals, als Homosexualität noch als Laster und nicht als natürlicher Ausdruck menschlicher Sexualität betrachtet worden war, war das Haus von Mister Winterton auf Fire Island einmal von der Polizei durchsucht worden. Dieses Erlebnis hatte Mister Winterton einen Schock versetzt, aus dem sich seine späteren Verfolgungsängste entwickelt hatten. Er hatte beschlossen, seine Intimsphäre künftig auch während des Urlaubs zu schützen, und daher das Grundstück auf South Andros erworben. Zu diesem Landsitz führte keine Zufahrtsstraße, außerdem gab es einen kleinen Strand, an dem sich seine Gäste amüsieren konnten, ohne dabei neugierigen Blicken ausgesetzt zu sein. Zumindest war es so gewesen, bevor der Drogenhandel die Inseln wirtschaftlich durchgerüttelt hatte, als ein Arbeiter noch dreißig Dollar pro Woche verdient hatte und seinem Arbeitgeber dankbar und ergeben gewesen war.

Entworfen hatte das Haus ein attraktiver junger Schüler der Bauhausbewegung. Wie den meisten Architekten war es dem Mann weniger darum gegangen, dem Auftraggeber ein schönes Heim zu schaffen, als sich selbst und seinen Fähigkeiten ein Denkmal zu setzen. Von weitem betrachtet sah das Haus wie eine riesige Treppe aus. Die erste Stufe beinhaltete ein Bootshaus, von dem aus Schienen ins Meer liefen, eine Werkstatt und einen schalldichten Maschinenraum für den Elf-kW-Dieselgenerator. Die nächste Stufe enthielt vier Schlafzimmer, jedes mit eigenem Bad ausgestatte. Dann folgte ein großer, offener Wohnbereich, von dem aus man über eine beeindruckende Treppe zum Privatbereich von Mister Winterton emporstieg. Zu dessen Gemächern gehörten ein Schlafzimmer, ein Ankleideraum, eine Bibliothek und ein Badezimmer, das mit mehr Messing und Marmor ausgestattet war als die Präsidentensuite eines Chicagoer Freudenhauses für die Neureichen des späten 19. Jahrhunderts.

Auf Fotos machte sich das Haus überaus gut, und es war bereits in den Zeitschriften *House & Garden* und *Architectural Revue* abgebildet worden. Die Artikel wirkten wie unwiderstehliche Köder auf junge Gäste, die zum Winterurlaub verführt werden wollten, und Mister Winterton war mit dem Ergebnis sehr zufrieden. Er sammelte alle Arten von Kitsch, den er vor abstrakten Bildern oder neben Möbeln im formalistischen Stil aufstellte – ein äußerst herber Kontrast. Aber sein größter Stolz war ein Bett, das er eines Tages in Nassau entdeckt hatte. Es war ein wahrer Alptraum aus poliertem Messing, dessen verspiegeltes Kopfteil in der Mitte ein rotes Samtherz zierte.

In diesem Bett lag, auf Kissen gestützt, Steve. Trotz der vielen Ratschläge in Reisemagazinen und der Warnungen, die von Reiseleitern und Tauchlehrern immer wieder ausgesprochen wurden, zählten Sonnenbrände weiterhin zu den häufigsten Beschwerden, an denen Urlauber auf den Bahamas litten. Daher waren jeder Arzt und jede Krankenschwester Experten in der Behandlung dieses Leidens. Steves Gesicht und Unterarme waren mit dünnen, in Brandsalbe getränkten Mullbinden umwickelt. Gestern morgen hatte Bob die Verbände und Arzneien mit dem Boot im Krankenhaus in Oakley Town geholt.

Mit Syndol versorgt, hatte Steve gut geschlafen. Dennoch befürchtete er jetzt, daß die geringste Bewegung die Schmerzen zurückbringen könnte. Er lag in dem großen Bett und lauschte auf Jackets Mutter, Mrs. Bride, die im Wohnzimmer saubermachte. Sie bemühte sich, das Privatleben von Mister Winterton nicht zu stören, und hatte sich deshalb einen Gang angewöhnt, bei dem die festen Absätze ihrer Hausschuhe auf den Bodenfliesen hallten. Somit war leicht festzustellen, wo sie sich gerade aufhielt. Am Vortag hatte Steve im Fieber gedöst, und Bob hatte sie aus dem Schlafzimmer ferngehalten. Jetzt hatte Steve Durst.

Ein halbvoller Krug Limonensaft stand auf dem Nachttisch, daneben ein Glas mit einem geknickten Strohhalm. Um an das Glas zu kommen, mußte sich Steve auf die Seite rollen. Er betrachtete seine Arme. Wie Beulen zeichneten sich die Brandblasen unter den Verbänden ab. Als er an den Jungen auf Bleak Cay dachte, überkam ihn plötzlich Furcht, und in seine Augenwinkel traten Tränen. Aber er empfand kein Mitleid mit dem Toten, sondern mit sich selbst.

Es war einfach nicht gerecht. Er wünschte sich, daß jemand alles für ihn rückgängig gemacht hätte, so daß er noch einmal von vorn hätte anfangen können. Es sollte so sein wie früher, bevor die Brüder de Fonterra in sein Leben getreten waren. Er träumte davon, in seiner Wohnung aufzuwachen und ein Glas frischen Orangensaft zu trinken. Im Bademantel würde er auf die Terrasse schlendern, seine Pflanzen gießen und von den welken Blättern befreien. Danach würde er eine Dusche nehmen, einen sauberen Anzug und ein von Chin's Champion Laundry gereinigtes und gestärktes Hemd anziehen und den Leitartikel im *Wall Street Journal* lesen, während er im Fond eines Taxis auf dem Weg zur Bank war. Er würde die Schwankungen des Geldmarktes auf seinem Bildschirm verfolgen, seine Post lesen, telefonieren und in der Mittagspause bei Denny's essen ...

Mit geschlossenen Augen malte er sich alles detailliert aus, den soliden Lebenswandel, die Sicherheit, den Erfolg und das Gefühl, zu den Privilegierten zu gehören. Er besäße noch die Platinkarte von American Express und eine Mitgliedschaft im American Airways Admiral's Club. Der Gedanke, das alles verloren zu haben, war unerträglich, und plötzlich überkam ihn eine heiße, unbändige Wut. Außer der Erinnerung war ihm nichts mehr geblieben, und deshalb ließ er seiner Wut freien Lauf. Das überschäumende Gefühl durchströmte seinen Körper, stieg ihm von den Füßen bis in den Kopf und beruhigte ihn. Endlich hatte er genug neue Energie gewonnen, um wieder einen klaren Gedanken zu fassen. Zur Hölle mit ihnen, dachte er. Sie sollten sich alle zum Teufel scheren. Er war noch längst nicht am Ende, nicht einmal kurz davor.

Er zog an der Klingelschnur, die vom Kopfteil des Bettes herabhing, und lauschte den Schritten von Mrs. Bride, die die Treppe heraufkam. Sie klopfte, und Steve, dessen Mund inzwischen vollkommen ausgetrocknet war, forderte sie krächzend auf einzutreten.

Jackets Mutter war eine sehr dunkelhäutige kleine, kräftige Frau Mitte Dreißig. Unter ihrem groben Baumwollkleid verbargen sich feste, spitze Brüste, eine schlanke Taille und ein runder Hintern. Sorgen, Armut und harte Arbeit hatten ihr Gesicht vorzeitig altern lassen. In ihren Emotionen glich sie Steve – sie war mit Angst und Bitterkeit erfüllt, zornig und rachsüchtig. Vor ihrem Arbeitgeber, dessen Gästen und Mietern verbarg sie ihre Gefühle hinter einer starren Maske, damit man sie für eine sanftmütige Dummköpfin hielt. Ihre Rechnung ging auf. Seinen Freunden gegenüber bezeichnete Mister Winterton sie oft als Arbeitstier für jede Gelegenheit. »Und so loyal«, brüstete er sich dann. »Das kann man sich gar nicht vorstellen. Sieben Tage die Woche kommt sie rüber, um die Pflanzen zu gießen, sogar wenn das Haus leersteht. Und jeden Abend betet sie für mich ...«

Das stimmte.

Mrs. Bride glaubte fest an die Heilige Schrift. Dabei störte es sie nicht, daß das Wort Gottes zunächst vom Hebräischen ins Griechische, dann vom Griechischen ins Lateinische des 18. Jahrhunderts und schließlich in die modernen Sprachen übersetzt worden war. Daß die Wortwahl letztlich von der jeweiligen persönlichen Einstellung des Übersetzers abgehangen hatte, so daß niemand mehr in der Lage war, das Original – das ohnehin nicht mehr existierte – in den modernen Fassungen der Bibel wiederzuerkennen, kam ihr nicht in den Sinn. Ihr Urteil über Mister Winterton und seine Freunde war schlicht und stand fest: Sie lebten, aber sie waren dazu verdammt, auf ewig in der Hölle zu schmoren.

Dennoch war Mrs. Bride für ihre Stelle dankbar. Jede Nacht betete sie und bat Gott, Mister Winterton noch eine Weile vor dem himmlischen Zorn zu verschonen.

Anfänglich hatte sie Steve gemocht. Er besaß eine charmante Art, und den ersten Monat hatte er vorwiegend in Mister Wintertons Bibliothek damit verbracht, seine Abhandlung über die Unsicherheiten der Währungsspekulation in sein Notebook einzugeben. Aber als Mister Bob mit dem Boot gekommen war, hatte er angefangen, seine Arbeit zu vernachlässigen. Seitdem fuhren die beiden Männer jeden Tag hinaus, um zu fischen, und manchmal rasten sie mit dem Boot um die Insel oder nach Nassau und zurück. Sie benahmen sich wie alle anderen reichen Ausländer. Nach Mrs. Brides Ansicht durfte man das Leben nicht auf die leichte Schulter nehmen. Steve war bei ihr in Ungnade gefallen. Daran änderten auch die Fische nichts, die er ihr schenkte.

Ihr anfängliches Wohlwollen hatte sie Steve ebensowenig gezeigt, wie sie sich jetzt anmerken ließ, daß sie ihn für einen Narren hielt. Wie sonst hätte er sich diesen Sonnenbrand zuziehen können? Ohne eine Miene zu verziehen, reichte sie ihm das Glas, das sie zuvor mit Limonensaft gefüllt hatte. Sollte er sich tatsächlich als der Narr herausstellen, für den sie ihn hielt, dann würde sie ihn nach Kräften ausnehmen. Mister Winterton, die Dorfbewohner und sogar Jacket gingen davon aus, daß sie lediglich den kargen Lohn verdiente, mit dem sie ihre sämtlichen Ausgaben bestritt. Aber daneben verfügte sie über weiteres Geld, zusammengespart aus Geschenken und Trinkgeldern. Sie hortete es in einer Blechdose, die unter dem härtesten Stück Erde, das sie auf dem Nachhauseweg hatte finden können, vergraben lag.

Der Inhalt der Blechdose verlieh ihr ein Gefühl der Macht, und ebenso ihr ständig zunehmendes Wissen über den Wert von Dingen. Wie stets ging sie im Verborgenen vor. In diesem Fall war Jacket ihre Quelle. An den Wochenenden und während der Schulferien nahm sie ihn mit zu Mister Winterton, wo er die Fremden über die Preise ihrer Besitztümer ausfragte.

Wären diese Fragen von einem Erwachsenen gestellt worden, so hätte man sie als verdächtig oder unhöflich empfunden. Aber aus dem Munde eines Kindes klangen sie so reizend, daß die Ausländer gern die Gelegenheit wahrnahmen, sich ihres Reichtums zu rühmen. Später mußten sie ihn dann natürlich durch ihre Großzügigkeit unter Beweis stellen. Zwar förderte die Tatsache, daß er ein Junge war, ihren Plan, aber sie behielt ihn wachsam im Auge. Einmal war er oben auf dem großen Bett herumgehüpft, und Mister Winterton hatte ihn dabei beobachtet. Sie schalt ihn nicht sofort, aber auf dem Nachhauseweg verpaßte sie ihm eine Tracht Prügel.

In fünf Jahren würde sie genügend gespart und dazugelernt haben, um in Congo Town eine Pfandleihe zu eröffnen. Es ging ihr um die Macht. Die Menschen, die sich einst über sie lustig gemacht hatten, sollten als Bittsteller zu ihr kommen.

Grummelnd bedankte sich Steve, als ihm Mrs. Bride das Glas Limonensaft reichte. Er wies auf die Packung Penabol und schluckte zwei davon. Anschließend wühlte er sich aus dem Bett und schlurfte zu Mister Wintertons Badezimmer. Umständlich wusch er in der muschelförmigen Wanne die unbedeckten Stellen seines Körpers mit einem Schwamm. Dann tupfte er sich trocken. Vor dem riesigen Spiegel über dem marmornen Waschbecken bestrich er sich die Lippen mit Salbe.

Bob war mit dem Boot nach Middle Bight hinaufgefahren, um die fehlgeschlagene Übergabe zu signalisieren. Danach hatte er sich nach Nassau aufgemacht, um in der Faxzentrale nach neuen Nachrichten zu fragen. Der Mestize hatte darauf bestanden, daß sie achtundvierzig Stunden warteten, bevor sie Kontakt aufnahmen. Gerne hätte Steve gewußt, ob die Kolumbianer schon auf den Bahamas waren oder sich noch auf der Hinreise befanden. Automatisch stellte er sich vor, was sie mit seinem verbrannten Gesicht und den lädierten Armen anstellen würden. Er erschrak vor seinem eigenen Spiegelbild: Die Augen lagen tief in ihren Höhlen, die Lippen waren gespalten und die Verbände mit der gelblichen Salbe durch-

94

tränkt. In der Schule hatte er oft Krankheiten vorgetäuscht, und jetzt lud ihn das große Bett förmlich dazu ein. Vielleicht könnte er auf diese Weise das Mitleid der Kolumbianer erregen, aber sicherlich würde das nicht so einfach werden, wie seine Mutter zu täuschen. Einen Tag hatte er bereits verloren, und es galt, keine weitere Zeit zu verschwenden. Zuerst mußte er den Jungen finden. Der Gedanke, daß Jacket, ein kleiner schwarzer Bastard, es geschafft hatte, seine Pläne zu durchkreuzen, war ihm unerträglich. Wieder stieg die Wut in ihm auf. Dabei war Jackets Mutter unten, ganz in der Nähe. Er mußte sie bearbeiten.

Er zog eine leichte Baumwollhose an und nahm ein weites, langärmeliges Hemd mit hinunter ins Wohnzimmer.

»Sie sind eine wunderbare Frau«, schmeichelte er Mrs. Bride, als sie die Verbände wechselte.

Er hatte gehofft, ihr ein Lächeln zu entlocken, aber sie war offenbar nicht dazu in der Stimmung. Wenigstens behandelt sie mich sanft, dachte er, während sie die frischen Mullbinden aus dem Kühlschrank um seine Unterarme rollte. »Jacket kann sich glücklich schätzen, eine solche Mutter zu haben«, fügte er hinzu. Die Salbe hatte seine Lippen geschmeidig gemacht, und so brachte wenigstens er ein Lächeln zustande. »Er war schon eine ganze Weile nicht mehr hier.«

Jackets Mutter hatte die Verbände sehr vorsichtig gewechselt. Natürlich ebneten ihre sanften Hände ihr den Weg, aber sie wußte nicht, wie sie das Thema anschneiden sollte, ohne mit der Tür ins Haus zu fallen. Jetzt bot sich ihr die Gelegenheit, und sie wollte sie beim Schopf ergreifen. »Jacket ist in Nassau, Mister Steve«, begann sie vorsichtig.

Offensichtlich war Steve überrascht.

»Sie haben recht«, bestätigte sie. »Jacket ist ein guter Junge, Mister Steve. Er spart das Geld, das er mit dem Fischen verdient, für mein Geburtstagsgeschenk. Sst ...« Sie ließ sich durch seine Bewegungen nicht unterbrechen. »Sie müssen stillhalten, Mister Steve, bis ich den Verband gewechselt habe.«

Sie neigte seinen Kopf zurück und legte ein Stück Verband

auf seine Wange. »Ja, Mister Steve, er ist in Nassau. Auf Andros hat er nichts gefunden, das gut genug wäre.« Sie nickte vor sich hin. »Am Montag ist mein Geburtstag, bis dahin wird er wieder zurück sein.«

Vier Tage! Steve hätte sie umbringen können. Statt dessen ging er in Mister Wintertons Bibliothek und steckte einhundert Dollar in einen Umschlag. Als er wieder an der Treppe war, hörte er das Boot um die Landspitze rasen. Bis jetzt hatte ihn noch niemand geizig genannt, deshalb ging er in die Bibliothek zurück. In seiner Brieftasche befanden sich nur Einhundert-Dollar-Scheine. Als Chef mußte er großzügiger sein, oder er verlor sein Gesicht – also zwei von ihm und einen von Bob. Auf beide Umschläge schrieb er Mrs. Brides Namen und legte sie auf den Eßzimmertisch. Dann ging er zum Boot hinunter.

Bob kam an Land. Man sah ihm an, daß er diesen Ort gerne gegen jeden anderen auf der Welt eingetauscht hätte. Erschöpft sah er Steve an. »Du hast das Bett also verlassen.«

»Wie du siehst.« Unter keinen Umständen wollte sich Steve von Bob dummes Gerede anhören. »Also, was gibt's Neues?« Er griff nach den Zeitungen, dem *Nassau Guardian* und der *Tribune*, die Bob mitgebracht hatte.

Auf beiden Titelblättern prangte ein Leitartikel zu der Geschichte auf Bleak Cay. Zwar nannte keines der Blätter den Namen des toten Piloten, aber im *Nassau Guardian* war ein Foto des Jungen abgebildet. Die Polizei stellte lediglich Vermutungen an. Möglicherweise habe der Junge den Flugzeugabsturz gehört und Gegenstände aus dem Wrack bergen wollen, als sein Skiff auf dem Riff kenterte. Die *Tribune* berichtete von den Siegen, die der Junge im Boxen errungen hatte, und erwähnte seine Schwierigkeiten in der Schule. Erleichtert seufzte Steve.

»Dein Onkel Pete sitzt im Flugzeug und wird bald hier eintreffen«, sagte Bob und drückte ihm ein Fax in die Hand. »Er will, daß ihr euch im Haus seiner Schwester trefft.«

Pete war der Kolumbianer, das Haus seiner Schwester der vereinbarte Treffpunkt.

»Verdammter Mist«, fluchte Steve. »Der kleine Bastard ist in Nassau, um ein Geburtstagsgeschenk für seine Mutter zu kaufen.«

Es war unmöglich, den Jungen zu finden, bevor er die Kolumbianer treffen würde. Fieberhaft arbeitete sein Gehirn. Bob hatte es durch die Stunden, die er zum Reparieren des Motors gebraucht hatte, vermasselt, und er war nicht länger vertrauenswürdig. Außerdem brauchte er ihn nicht mehr. Steve stellte sich bereits auf das neue Szenario ein. Die größte Gefahr ging von dem Mestizen aus. Als er an das Treffen an der Texaco-Tankstelle zurückdachte, zuckte Steve unwillkürlich zusammen. Ihm war eingefallen, wie ihm der Mestize den Fingernagel in den Handrücken gebohrt hatte. Der miese Hurensohn. Steve hatte sich geschworen, an dem verfluchten Bauerntölpel Rache zu üben.

Als Kopf einer dreiköpfigen Handelsdelegation getarnt, war der Mestize an diesem Morgen auf dem internationalen Flughafen von Nassau angekommen. Sie reisten mit kolumbianischen Reisepässen, der Leiter unter dem Namen Frederico Perez. Er trug einen akkurat geschnittenen Anzug aus Gabardine und feste Schuhe, die ländlichen Wohlstand vermittelten. Die schwarze Krawatte und die Anstecknadel im Revers verstärkten den Eindruck: Dieser Mann war seriös, er trug Verantwortung. In einer abgenutzten Samsonite-Aktentasche führte er Dokumente und Preislisten der landwirtschaftlichen Genossenschaft von San Cristobal mit sich. Der zweite Mann, Mitte Fünfzig, war ebenso stämmig und wirkte gleichermaßen zäh. Der dritte war jünger, etwa Ende Zwanzig, hatte offensichtlich spanisches Blut in den Adern und war außerordentlich dünn. Der vorzeitig schwindende Haaransatz, die Brille mit Metallgestell und der gut gebügelte, aber abgetragene Anzug mit dazu passendem Hemd ließen in ihm einen Büromenschen vermuten.

Am Einreiseschalter wurden die drei Kolumbianer von einem Vertreter des Bahamischen Hotelbesitzerverbandes empfangen. Der jüngere Mann stellte Señor Perez und seinen Kollegen Señor Roig vor. Er selbst nannte sich Jesus

Antonio Valverde. Unschlüssig und unterwürfig rieb er sich dauernd die Hände. Sein Englisch hatte einen nordamerikanischen Akzent, und er lispelte leicht. Schnell und genau übersetzte er, als über Prozentzahlen von Hotelbelegungen gesprochen wurde, während sie die zwanzig Kilometer nach Nassau hinein zurücklegten. Für diesen Tag waren zwei Konferenzen angesetzt, die erste mit einem Großlieferanten für Hotellerielebensmittel, die zweite mit vier Hotelmanagern.

10

Trent hatte die Ruderpinne mit einem Gummiseil festgezurrt, um die *Golden Girl* sich selbst überlassen zu können, während sie aßen. In einer Ecke des Cockpits saß Skelley, schwarz und groß, gegenüber Trent, der stets mit einem Auge das vor ihnen wogende Wasser beobachtete. Sie nahmen ihre Mahlzeit schweigend ein. Skelley spürte den Unmut seines Freundes, der sich zusammenriß. Seit er das Flugzeugwrack gesehen hatte, ging er die Einzelheiten des Absturzes im Geiste immer wieder durch. Dabei versuchte er, sich auf die nackten Tatsachen zu konzentrieren, so wie früher, als er noch mit Terroristenanschlägen zu tun gehabt hatte und Einzelheiten wie Blut und abgerissene Gliedmaßen außer acht zu lassen waren, damit der Verstand klar blieb.

Wieder in der Kombüse, mahlte er Kaffeebohnen. Dann spülte er die Teller ab, während der Wasserdampf durch den Einsatz in der Mokkakanne nach oben stieg.

Schließlich öffnete er den Gashahn am Yamaha-Motor ein Stück weiter und setzte sich auf die hintere Bank des Cockpits, gegen die Ruderpinne gelehnt. Seine Gedanken waren jetzt geordnet. Hin und wieder warf er einen Blick auf Skelley, während er seine Argumente vorbrachte.

»Zunächst mal ging es hier um einen größeren Deal«, begann er. »Den durchschnittenen Bändern nach zu urteilen eher um Kokain als um Marihuana. Zwanzig Kisten mit einem Umfang von grob gerechnet je einem Meter. Die

Empfänger der Ladung hätten eine Lichtquelle auf den Korallenblöcken in der Lagune angebracht. Der Pilot war ein Könner und beherrschte sein Flugzeug. Hätte es die erforderliche Lichtquelle nicht gegeben, dann wäre er sicherlich aus der Richtung des Leuchtfeuers eingeflogen. Also gab es ein Licht, aber am falschen Platz – sagen wir, fünfzig bis hundert Meter weiter nördlich. Ich habe im Sand nach Ankerspuren gesucht, aber die Flut hatte alles geglättet.«

Er strich über seinen Bart. »Natürlich ist es möglich, daß der Unfall provoziert wurde«, fuhr er fort. »Entweder von den Empfängern der Ladung oder von Dieben, die es auf die Fracht abgesehen hatten. Das wäre nicht weiter ungewöhnlich, ergibt aber keine Erklärung für den toten Jungen. Ich tippe darauf, daß das Empfangskomitee zu spät eintraf und der Pilot irrtümlich das Licht eines Fischers für die Markierung hielt. Ein Zufall, zugegeben, aber so was ist schon öfter vorgekommen, und es paßt.«

Skelley nickte. Spontan fielen ihm ein Dutzend derartiger Fälle ein, bei denen es sich meistens um die Lichter parkender Autos gehandelt hatte. Das vermutete Empfangskomitee hatte sich im Nachhinein als Liebespärchen entpuppt.

»Die Männer auf der hiesigen Seite müssen ein Boot gehabt haben«, erklärte Trent weiter. »Eines mit nicht zuviel Tiefgang, wahrscheinlich ein Schlauchboot, sonst wären sie nicht über's Riff gekommen. Der Fischer hört sie kommen und versteckt sich auf der Insel. Sie müssen zwei- bis dreimal hin- und hergefahren sein, um die Fracht zu einem Mutterboot zu bringen. Auf dem Hinweg Koks, auf dem Rückweg Benzin. Vielleicht haben sie es zeitlich nicht mehr geschafft und mußten einen Teil der Ladung auf der Insel verstecken. Der Fischer, der alles beobachtet hat, könnte den Stoff an sich genommen haben. In der darauffolgenden Nacht kehren sie zurück, und das Koks ist verschwunden. Dann taucht der Junge auf ... Aber das ist nur einer von vielen möglichen Abläufen.«

Trent überlegte einen Augenblick, bevor er fortfuhr. »Es könnte sich auch folgendermaßen abgespielt haben: Der Fischer versucht, den Piloten zu retten, muß jedoch feststellen, daß er tot ist, und birgt die Ladung Koks. Falls er hier aus der Gegend stammt, war er sicherlich mit einem Skiff unterwegs, die sind nicht zu schwer, um damit in die Lagune zu gelangen ...«

»Der Junge«, sagte Skelley.

Trent zuckte die Achseln. »Höchstwahrscheinlich war es ein Junge. Aber wer auch immer es war, mit einem so schwer beladenen Skiff konnte er nicht wieder nach draußen gelangen. Also sind wir wieder bei der Erklärung, daß das Kokain auf der Insel bleibt. Das Empfangskomitee findet das abgestürzte Flugzeug und muß feststellen, daß der Stoff verschwunden ist. Sie stellen dieselben Überlegungen an wie wir jetzt und suchen auf der Insel nach dem Zeug. Weil sie es nicht finden, warten sie, bis der Fischer wieder auftaucht.«

Bislang hatte sich die Geschichte wie eine einfache Rechenaufgabe dargestellt – es galt lediglich, zwei und zwei zusammenzuzählen. Trent mußte wieder an den toten Jungen denken. Nachdenklich starrte er auf das Meer vor ihnen und hielt Ausschau nach dunkelbraunen Flecken, die auf Korallen dicht unter der Wasseroberfläche hindeuteten. Vom offenen Meer aus wehte eine kühle Brise herüber, während sie über das Wasser glitten. Draußen, gut anderthalb Kilometer vor dem Riff, hatte eine Schaluppe genügend Wind gefunden, um ihre Segel zu füllen. Die *Golden Girl* sauste mit fünfzehn Knoten wie auf Schienen dahin. In weniger als vier Stunden würden sie ankommen. Und dann? Beinahe wäre seine Wut doch noch durchgebrochen, deshalb schluckte er und zählte langsam. Die Szene in Andersons Hotelzimmer kam ihm wieder in Erinnerung: O'Brien und Skelley, die für O'Briens versteckten Kassettenrecorder einen verbalen Kampf fochten. Er wollte es vergessen, nur der Junge zählte. Nicht der tote Junge, sondern das nächste potentielle Opfer des Mörders.

»Der Mörder war zu spät am Treffpunkt«, sagte er ruhig. »Er ist für den Tod des Piloten verantwortlich und dafür, daß die Fracht zumindest teilweise verschwunden ist. Seine Auftraggeber dürften mehr als verärgert sein, also ist er in Panik. Der Junge taucht auf. Nach einem Blick auf das Messer hätte der Kleine dem Kerl sofort verraten, wo sich das Kokain befindet. Möglicherweise wäre er dennoch getötet worden, aber der Mörder hätte es schnell erledigt, um anschließend das Kokain zu suchen. Aber so war es nicht, also hat er den falschen Jungen erwischt. Vielleicht einen Freund.«

Der ermordete Junge war kräftig und ein guter Läufer gewesen, daher hatte ihn der Mörder zuerst gefesselt. Der Junge mußte etwas gewußt haben, sonst wäre er nicht gekommen, aber offenbar nicht genug. Die panische Angst des Mörders steigerte sich in unbezähmbare Wut ... Trent konnte sich in den Killer hineinversetzen, in seine Wut darüber, daß er in der Falle saß, und in seine Frustration, weil der Junge nicht genug wußte. Zweifellos hatte er das Wesentliche bereits nach ein paar Sekunden herausgefunden: die Quelle der wenigen Informationen, die der Junge besaß. Aber warum hatte er ihn dann nicht getötet und die Insel sofort verlassen? Hatte er kein Boot zur Verfügung gehabt? Wahrscheinlich hatte er gewartet. Vielleicht hatte er schon den ganzen Tag gewartet.

»Es waren mindestens zwei an der Operation beteiligt«, folgerte Trent. »Einer von beiden brachte das Boot zurück, damit es nicht bemerkt wurde, der andere blieb auf der Insel. Er steckte in Schwierigkeiten. Außerdem machten ihm die Hitze und die Einsamkeit zu schaffen. Zuletzt drehte er durch. Und mittlerweile suchte er fieberhaft nach dem anderen Jungen. Vielleicht hat er ihn schon gefunden.«

Er sah auf. »Geh auf Nummer Sicher, Skelley. Gib eine Funkmeldung durch. Du brauchst hundert Männer auf Bleak Cay. Wenn sie das Koks erst einmal gefunden haben, ist der Junge in Sicherheit. Das hättest du schon gestern tun sollen, statt mich zu holen und diese Charade in der Leichenhalle und später im Hotel zu veranstalten.«

»Ich war mir nicht sicher.« Skelley wirkte knochig und kahl. Er hielt die angezogenen Beine umklammert, die dunklen Augen in der Sonne zu Schlitzen verengt. »Wir unterscheiden uns, Trent. Du siehst einen toten Jungen, untersuchst das Terrain und weißt genau, was passiert ist. Das hast du früher bei deinen Antiterroreinsätzen auch getan, und wenn du kein As in deinem Job gewesen wärst, hättest du's nicht überlebt. Ich

101

hatte nur einen mutmaßlichen Mord, ein abgestürztes Flugzeug und einen Drogendeal.«

Trent sah zu ihm hinüber. Es nutzte nichts, wenn er die Beherrschung verlor. Er respektierte Skelley, und er mochte ihn sehr. Trent besaß nicht eben viele Freunde, und Skelleys Freundschaft wollte er in keinem Fall verlieren. Aber der Junge ... Die Gefahr, in der er schwebte, nagte wie ein Krebsgeschwür an ihm.

»Erzähl mir den Rest«, forderte er Skelley auf.

»Den Rest?« fragte Skelley und setzte eine Unschuldsmiene auf. Aber er war ein zu aufrichtiger Mensch, um sich erfolgreich verstellen zu können.

»Komm schon«, drängte Trent. »O'Brien?«

»Einige Etagen höher.« Skelley streckte die Beine aus und lehnte sich zurück, als wollte er eine Last von seinen Schultern werfen. Es gelang ihm nicht, und er beugte sich wieder nach vorne. Die Hände fest verschränkt, betrachtete er seine Fingernägel. »Wie Anderson ganz richtig sagte, haben die Leute von der DEA die Hosen voll. In den Staaten wird das Drogenproblem zur Zeit neu diskutiert. Einige Stimmen argumentieren, daß zu große Summen im Spiel seien, um die Drogengeschäfte in den Griff zu bekommen. Deshalb soll es den exorbitanten Gewinnen der Drogenhändler durch eine Form der Legalisierung an den Kragen gehen.«

Skelley zuckte die Schultern und vermied es, Trent anzusehen. »Du siehst ja selbst, was passiert. Ein Skandal innerhalb der DEA würde den Streit zusätzlich anfachen. Es stehen viele Karrieren auf dem Spiel, außerdem große Investitionen – Überwachungsanlagen, Flugzeuge, Schiffe, Radar. Jetzt, nachdem der Kalte Krieg endgültig vorbei ist, wollen die Hersteller nicht noch einen Markt verlieren. Deshalb wird von allen Seiten Druck ausgeübt, damit dieser Fall nicht an die Öffentlichkeit dringt.«

»Aber der Junge ...«

»Ein schwarzer Junge auf den Bahamas ...« Plötzlich brach die Bitternis ungezügelt durch. »Was zählt der schon für die hohen Tiere in Washington?« Jetzt starrte Skelley Trent an. »Ich will den Mörder.«

102

Finde ihn für mich! Immer wieder hatte Trent diesen Befehl damals von seinem Führungsoffizier erhalten, ohne daß Zweifel darüber aufgekommen wären, was wirklich mit der Zielperson zu geschehen hatte. Das war typisch Skelley. Bei ihrer zweiten Begegnung hatte er zu ihm gesagt: »Gleich nachdem ich Ihre Akte sah, hätte ich Sie von den Inseln verbannen sollen.«

Trent war für O'Brien tätig gewesen und hatte einen kubanischen Admiral aufspüren sollen, der tief in Heroingeschäften steckte. Nur zu gut erinnerte er sich an Skelleys Gesichtsausdruck, als er gesagt hatte: »Ich hätte nie zulassen dürfen, daß O'Brien eine Operation von den Bahamas aus startet, die einen Mann wie Sie erfordert.«

»Sie meinen einen Killer«, hatte Trent erwidert. Dieser Ruf war ihm vorausgeeilt, möglicherweise aufgrund der großen Nachfrage in einem unterbesetzten Beruf mit hoher Sterblichkeitsrate.

Er veränderte die Rudereinstellung des Katamarans um einen Strich und nahm Kurs auf Mars Bay. Dann sah er zu Skelley hinüber. Diesmal gab es kein Ausweichen mehr.

»Wenn ich etwas für dich tun soll«, sagte er, »dann sei bitte präzise. Keine Umschreibungen, die kenne ich zur Genüge. Die Tour zieht nicht mehr.«

»So habe ich das nicht gemeint«, entgegnete Skelley.

Seit Urzeiten war es immer wieder derselbe Vorwand, den die Verantwortlichen benutzten, um sich von den Sünden reinzuwaschen, die ihre Bediensteten begingen. So einfach würde Trent es ihm nicht machen.

»Dann drücke ich mich anders aus, Chief Superintendent. Was *hoffst* du, werde ich für dich tun?«

Skelleys Schultern waren vor Zorn steif. »Warum sollten sie damit durchkommen?« rief er aufs Meer hinaus. Mit ›sie‹ meinte er erst in zweiter Linie die Mörder, vor allem meinte er die hohen Tiere in Washington – den weißen Präsidenten, die weißen Banker, die weißen Beamten. Trent roch den Rassenkonflikt, der dem Bahamer zu schaffen machte.

»Mensch, Skelley, wie konntest du dich so von ihnen drankriegen lassen?« fragte er. »Zuerst sind wir Freunde und dann plötzlich weiß und schwarz mit all dem Blödsinn von den zwei Polen, die niemals zusammenkommen können.«

»Du weißt nicht, wie das ist«, war Skelleys Antwort.

Es konnte nicht schlimmer sein, als wie ein handzahmer Killer behandelt zu werden, dachte Trent.

»Ich will, daß sie gefaßt werden und hängen«, sagte Skelley. Dann wandte er sich Trent ruckartig zu. »Und du weißt, daß nichts dergleichen geschehen wird.«

»Du jagst schon zu lange Verbrecher«, meinte Trent. Den Frieden zu wahren war die Aufgabe eines Schutzmannes. Echte Polizisten besaßen ein wohlerworbenes Recht am Verbrechen. Sie brauchten Axtmörder, die sie fassen konnten, um sich eine Beförderung zu verdienen.

»Du hättest auch fragen können, wie wir den Jungen retten.« Skelley ließ seinen Zorn jetzt ebenfalls hinaus. »Denn genau das habe ich vor, falls er noch am Leben ist. Ich habe keine Karriere zu verlieren, und auf Washington pfeife ich. Wenn dir das Kopfzerbrechen bereitet, dann solltest du besser aus dem Weg gehen. Vielleicht kannst du ja damit leben. Hoffentlich nicht ...«

Skelley schwang seine langen Beine aus dem Cockpit und kroch nach vorn. Er setzte sich auf das Nylonnetz, das vor der Hauptkabine zwischen die beiden Rümpfe gespannt war und als Sonnendeck diente.

Ein Tauchboot kreuzte ihren Kurs. Die fünfzehn Urlauber an Bord kehrten vom Riff zurück und rieben sich eben die Gesichter mit Sonnencreme ein. Offensichtlich waren sie noch immer von ihrem Tauchgang erregt; übermütig winkten sie den zwei Männern auf dem Katamaran mit ihren Bierflaschen und Coladosen zu. Die bahamische Schiffsmannschaft, die Skelley erkannte, verhielt sich zurückhaltender. Als die *Golden Girl* durch das Kielwasser des Tauchboots fuhr, wurde die Schraube des Yamaha für einen Moment aus dem Wasser gehoben, und der Motor heulte auf.

»Es tut mir leid«, sagte Skelley im selben Augenblick. Er wiederholte die Entschuldigung. Dann sammelte er die leeren Kaffeetassen ein, kletterte in die Kombüse hinunter, wo die Mokkakanne stand, und kam mit vollen Tassen zurück.

»Danke«, sagte Trent.

Skelley setzte sich neben ihn auf den Bootsrand aus Teakholz am hinteren Ende des Cockpits und grübelte eine Zeitlang. »Du hast recht«, sagte er dann. »Wenn sie dich erwischen, dann haben sie gewonnen.« Er sagte es nicht nur zu Trent, sondern auch zu sich selbst. »Ich bin alt und erfahren genug, um es besser zu wissen . . .«

Er blickte nach vorn auf die Landspitze, in deren Schutz Green Creek lag. »Wo fangen wir an?«

Zuerst der tote Junge. Sie mußten etwas über seine Gewohnheiten herausfinden, darüber, wer seine Freunde waren. Bis sie in Green Creek ankerten, würde die Schule aus sein. »Die Lehrerin des Jungen«, schlug Trent vor.

Im Dorf war sie als Miß Charity bekannt. Einige Dorfbewohner sahen in ihr etwas Besonderes. Mit Sicherheit war sie anders. Sie war kinderlos, unverheiratet und hatte – soweit bekannt – keine sexuellen Affären. Außerdem hatte sie Meereszoologie an der Universität von Jamaika studiert und war dort politisch aktiv geworden.

Die wenigen offenen Stellen auf den Bahamas waren den Einflußreichen vorbehalten. Angesichts ihrer politischen Einstellung wirkte es beinahe wie eine Ironie des Schicksals, daß sie von der falschen Familie abstammte. Ihr Vater war den weißen Bahamern gegenüber loyal gewesen und hatte für sie als Buchhalter in einem Rechtsanwaltsbüro gearbeitet. Jahrelang versuchte Miß Charity es an den Tauchschulen. Zwar genoß sie das Tauchen, doch dafür haßte sie die aufdringlichen Blicke der Kunden und fühlte sich von deren ständigen Versuchen, sie ins Bett zu locken, abgestoßen. Die Tauchlehrer waren nicht besser, aber wenigstens schwarz. Allerdings kamen die Bücher und Fischtafeln, die sie verwendeten, aus den Vereinigten Staaten.

Seit drei Jahren stellte sie Materialien für ein eigenes Buch zusammen. Es sollte nur die lateinischen Namen und die auf der Insel gebräuchlichen Bezeichnungen der Fische und Krustentiere enthalten. Zudem sollten die Tiere nach ihren Lebensräumen und nicht nach Gattungen aufgeführt werden, dadurch wüßten auch Anfänger, die draußen am Riff tauchten, wo sie nachzuschlagen hatten. Neben dem Buch schrieb sie noch an einer Arbeit über den einzelnen Korallenblock, die ihr ein Master-Diplom einbringen sollte. Die Lehrerinnenstelle an der Schule in Green Creek interessierte sonst niemanden, aber immerhin finanzierte sie damit die Zeit, die sie im Wasser verbrachte, und die Materialien, die sie für das Fotografieren brauchte.

An den meisten Wochenenden brachte Dummy sie ans Riff oder an andere Stellen, die zum Tauchen geeignet waren. Er wußte genau, was sie wollte, und belästigte sie nicht mit überflüssigem Geschwätz. Manchmal begleitete Jacket die beiden. Der Junge war ein fleißiger Schüler, daher hatte es sie überrascht, daß er die letzten beiden Tage nicht in der Schule gewesen war. Auch von Dummy fehlte jede Spur.

Vic, ein hervorragender Schwimmer, war draußen am Riff bei Bleak Cay ertrunken. Außerdem hatte sich dort ein Flugzeugabsturz ereignet, bei dem der Pilot ums Leben gekommen war. Obwohl der Constable nichts verlauten ließ, vermuteten die Bewohner Drogengeschäfte dahinter. Wahrscheinlich hatte Vic das Flugzeug gehört und war in der folgenden Nacht hinausgefahren. Er war ein harter Bursche gewesen, ein Schlägertyp, der mehr als einmal in Schwierigkeiten gesteckt hatte.

Für Miß Charity bestand kein Zusammenhang zwischen den Vorkommnissen auf Bleak Cay, Jackets Fehlen in der Schule und der Tatsache, daß Dummy nicht am Strand aufgetaucht war. Nach Vics Tod war sie lediglich beunruhigt gewesen. Aber statt sich weiter Sorgen zu machen, beschloß sie, Jackets Mutter, Mrs. Bride, aufzusuchen.

Siebenmal wöchentlich überquerte Mrs. Bride morgens die Landspitze, um zum Haus des homosexuellen Amerikaners zu gehen und dort zu putzen und zu kochen. Vor drei Uhr nachmittags kam sie nie zurück. Mrs. Bride war, genau wie sie, eine Einzelgängerin und zeigte sich Besuchern gegenüber wenig aufgeschlossen. Deshalb beschloß Miß Charity, sie auf ihrem Rückweg von Mister Wintertons Haus abzupassen.

Von Norden her war eine Brise aufgekommen. Trent setzte das Großsegel des Katamarans und die Fock, ein Vorsegel aus leichtem Tuch, das zwar flacher als der ballonförmige Spinnaker, aber fast ebenso groß war. Ein zehn Meter langes, von einem Außenborder angetriebenes Sportboot entfernte sich mit hoher Geschwindigkeit von einem kleinen Strand, während Trent mit der *Golden Girl* die Landspitze umsegelte und Kurs auf Green Creek nahm. Schon am Morgen hatten sie den Weg desselben Bootes gekreuzt, und vor einer halben Stunde waren sie ihm wieder begegnet, als das Sportboot sie auf dem Weg nach Süden überholt hatte. Im Cockpit befanden sich jetzt zwei Männer, einer trug ein langärmeliges Hemd und einen breitkrempigen Sonnenhut, der andere ein schwarzes T-Shirt. Der Mann im T-Shirt winkte, und Trent erwiderte den Gruß, indem er eine Hand hob.

»Schönes Anwesen«, meinte Skelley und deutete mit dem Kopf auf das große, weiße Haus, das sich stufenförmig über den Strand erhob. »Es gehört Mister Winterton, einem sogenannten Rechtsberater für Unternehmen. Er hat es vor vielen Jahren gebaut, früher kam er vier- bis fünfmal im Jahr hierher, aber inzwischen sind daraus zwei Wochen an Weihnachten und eine Woche zu Ostern geworden. Die übrige Zeit steht es leer, sofern er es nicht seinen Freunden überläßt. Er behauptet, er habe zuviel Arbeit.« Skelley zuckte die Schultern. »So eine Verschwendung. Er hat noch nicht mal Kinder ...«

Für Trents Geschmack war das Haus zu groß. »Wie sieht's denn drinnen aus?«

»Es ist für Besucher eingerichtet. Große Gemälde, die nichts aussagen.« Skelley zeigte auf die dunkelbraune, zerklüftete Korallenlinie, die sich zwei Kilometer vor dem Strand von Green Creek entlangzog. »Der beste Zugang ist südlich herum.«

Im Schutz der Korallen waren fünfzehn bis zwanzig Skiffs an Bojen vertäut; die grauen oder schwarzen Rümpfe hoben sich deutlich vom türkisfarbenen Wasser ab. Der Strand leuchtete wie immer in gelbem Gold. Hinter einer Doppelreihe von Kokospalmen versteckt lag das Dorf. Trent erblickte den spitzen Turm einer Kapelle. Hinter dem Dorf waren Pinien zu erkennen. Vereinzelt schlugen Krähen mit den Flügeln, ein Pärchen wartete auf eine leichte Beute. Nah am Wasser hatte jemand ein großes schwarzes Schwein mit einem Seil an einen Eisenpfahl gebunden. Der Pfahl steckte im üblichen Müll der Dritten Welt, entstanden aus dem Abfall der Ersten Welt.

Die Hälfte der Dorfbewohner hatte sich am Strand versammelt, um einen Blick auf die *Golden Girl* zu werfen. Wer sich darauf gefreut hatte, einen Ausländer auf das Riff auflaufen zu sehen, sah sich enttäuscht. Mit angehobenen Kielschwertern hatte der große Kat lediglich einen Tiefgang von fünfundsechzig Zentimetern. Skelley ging nach vorne, um die Fock zu bergen. Als sie noch etwa einhundert Meter von der Küste entfernt langsam zwischen Riff und Strand trieben, signalisierte ihm Trent, den Anker zu werfen. Er zog den Danforth-Anker tief in den Sand und gab gut sechzig Meter Leine frei. Dann drehte er in den Wind und ließ das Großsegel fallen.

Sie befestigten den Außenborder am Beiboot, und Skelley fuhr damit zum Strand. Unterdessen zog sich Trent Flossen und Maske an und schwamm mit einer kleinen weißen Boje an einer dünnen Leine zum Anker. Die Blätter lagen im drei Meter tiefen Wasser vollständig im Sand vergraben. Er tauchte hinab und führte das Seil durch den Ankerring, so daß er den Anker problemlos freiheben konnte, falls er nachrutschte und sich unter Korallen verfing. Zurück im Cockpit, nahm er ein fünfzehn Kilogramm schweres Bleigewicht aus dem Heckschrank und ließ es an einer kleinen Schlinge bis in die Mitte der Ankerleine hinaus. Wenn Wind aufkam, würde das Blei als Gegengewicht wirken, das eine Böe zuerst aus dem Wasser ziehen müßte, bevor die volle Last des Katamarans am Anker zerrte.

Anschließend widmete er sich den Segeln. Er breitete das Focksegel vor der mittleren Kabine aus und rollte es sorgfältig zu einer langen Wurst. Dann zurrte er es mit Baumwollschlingen fest, faltete es mehrmals übereinander und verstaute es schließlich in der dafür vorgesehenen Tasche. Er nahm den Spinnaker aus dem Segelkasten und verfuhr damit auf die gleiche Weise. Die Segeltaschen waren mit großen schwarzen, mit Leuchtfarben umrandeten Zahlen gekennzeichnet. Neben Fock und Spinnaker gab es drei weitere Vorsegel in den Größen von Klüver eins, der das gesamte Dreieck vor dem Mast füllte, bis zu dem kleinen Sturmklüver. Alle Segel waren mit Baumwollschlingen umwickelt und festgezurrt. Er befestigte die Schoten unten am Klüver zwei und hißte das Segel am Fockstag, so daß es sich jederzeit aufziehen ließe, falls er in Eile aufbrechen müßte. Zuletzt schüttelte er alle Taue, Schoten und Fallen aus, rollte sie noch einmal sorgfältig auf und legte sie an ihre jeweiligen Plätze, um sicherzugehen, daß nichts durcheinandergeriet oder blockierte, selbst wenn er den Anker in der Finsternis lichten mußte.

Zwei Dorfbewohner paddelten in einem Skiff hèran, um den Katamaran in Augenschein zu nehmen. Trent reichte jedem ein kaltes Bier, und sie unterhielten sich über den Wind, wie unter Seglern üblich. Die Einheimischen waren stolz auf ihre Kenntnisse und gleichzeitig erfreut darüber, sie mit jemandem teilen zu können. Südliche Winde, die das Vorgebirge erreichten, wurden dort umgedreht und wehten über die Küste zurück. Die beiden deuteten auf den Strand, und die Neigung der Palmen bestätigte ihre Aussagen. Wellen, die über das Riff heranrollten, wurden vom Wind geglättet, nur Gewitter mit heftigen Sturmböen konnten sich als gefährlich erweisen. Trent ließ einen Wurfanker an einer zehn Meter langen Kette in das Skiff hinunter und rollte eine Warpleine aus Nylon ab, während die Fischer mit dem Anker fünfzig Meter in Richtung Ufer ruderten und ihn dort in einem Winkel von sechzig Grad zum Hauptanker warfen. Käme starker Wind auf, könnte er mehr Leine geben, bis die *Golden Girl* gleichmäßig an beiden Haken hinge.

Die beiden Dorfbewohner tranken jeder ein zweites Bier im Cockpit. Sie waren kräftige Männer, auf deren bloßen Oberkörpern der Schweiß schimmerte; plötzlich hellten sich ihre Gesichter auf, und sie zeigten das typische breite Lächeln der Inselbewohner der Bahamas. Leise sprachen sie mit dem für Andros typischen Akzent, der weniger gedehnt als der auf New Providence klang und in dem einige Wörter anders ausgesprochen wurden. Trent öffnete den Staukasten auf der Backbordseite und zeigte ihnen die aufrecht in den Gummihalterungen stehenden Taucherflaschen und den kleinen, aber starken Kompressor.

Sie nannten ihm Stellen, an denen es sich gut tauchen ließ, und warnten vor Strömungen, die entlang des Randes der Tongue of the Ocean auftraten. Den *drop off* nannten sie es. Einer der Männer zeigte nach Bleak Cay hinüber.

»Mittwoch nacht kam dort ein Flugzeug runter. Es stand in der Zeitung, haben Sie's gelesen? Ein Junge aus dem Dorf ist auf dem Riff ertrunken. Er war am ganzen Körper zerschnitten. Ein Reporter hat hier rumgeschnüffelt, ist aber wieder weg.«

»Ich hab' mit dieser Art Leuten nicht viel am Hut«, ließ Trent sie wissen. »Diese Art Leute« waren Städter. Die beiden Fischer nickten zustimmend.

»Ich fische, tauche und segle gern«, sagte Trent. Er bat sie nicht, ihn zu begleiten, dazu kannten sie sich noch nicht lange genug, und er hätte sie nur verschreckt.

Die Fischer stiegen wieder in ihr Skiff und ruderten ans Ufer zurück.

11

Die ersten anderthalb Kilometer des Weges, der von Green Creek zu Mister Wintertons Haus führte, verliefen parallel zu einem sandigen Küstenstreifen und lagen im kühlen Schatten der Palmen. Aber je mehr man sich der Landspitze näherte, desto morastiger wurde es. Hier hatte sich über die Jahre Schlick angesammelt, und die Palmen wichen einem mit Mangrovenbäumen bewachsenen Sumpf. Von da ab führte der Weg vom Ufer fort und verlief entlang eines steilen, spärlich mit Gestrüpp bewachsenen Hügels, der jetzt in der glühenden Mittagshitze lag. Der Weg war staubig, und die Büsche wimmelten von kleinen schwarzen Fliegen. Miß Charity traf auf Mrs. Bride, als sie die Hälfte des Weges am Hügelfuß entlang zurückgelegt hatte.

Ihre dreihundert Dollar hatte Mrs. Bride in der Blechdose verstaut. Der Tag hatte sich gelohnt. Wegen Jackets Abwesenheit war sie nicht besorgt, denn er war ständig allein unterwegs und zu vernünftig, um sich von einem Fremden hereinlegen zu lassen. Natürlich platzte sie vor Neugierde auf das Geschenk, das er ihr in Nassau kaufen wollte, aber noch mehr interessierte sie, wieviel Geld er besaß. Mehrmals hatte sie die Hütte auf der Suche nach seinem Versteck durchsucht. Jacket war ein erfahrener Fischer, und die Langusten brachten oben in Congo Town drei Dollar pro Pfund ein. Ihr war zu Ohren gekommen, daß Dummy mehrmals an das große Hotel dort verkauft hatte, und sie war sicher, daß zumindest ein Teil des Fanges ihrem Sohn gehört hatte. Zwanzig Langusten von jeweils anderthalb Pfund Gewicht brächten neunzig Dollar ein, dreißig Stück 135 Dollar. Das Kopfrechnen ließ ihr den Weg kürzer vorkommen. Als sie die Hälfte der Strecke vor dem Hügel zurückgelegt hatte, sah sie Miß Charity.

Mrs. Bride war mißtrauisch, vor allem Fremden gegenüber. Deren Geschichten über das angenehme Leben in Nordamerika hatten ihren Mann dazu veranlaßt, das Weite zu suchen.

Miß Charity war eine Fremde.

Zweimal täglich ging Mrs. Bride diesen Weg, 365 Tage im Jahr, daher wußte sie nur allzugut, wie unangenehm der Fußweg in der sengenden Hitze des späten Nachmittags war. Vom beiläufigen Gruß der Lehrerin ließ sie sich nicht täuschen. Das Zusammentreffen war geplant, und sie beschloß, Miß Charity für ihr Täuschungsmanöver büßen zu lassen. Sie würde das Gespräch unter der heißen Sonne und mit den lästigen Stechfliegen so lange wie möglich andauern lassen. Meisterlich konnte sie unzusammenhängende Einzelheiten des Tagesgeschehens erzählen, und immer wieder verwirrte sie ihre Zuhörer dadurch, daß sie ständig weiter vom Thema abschweifte, ohne scheinbar jemals zu einem Schluß zu kommen. Zuerst berichtete sie von Steves Sonnenbrand, sorgfältig darauf achtend, seinen Namen nicht zu nennen.

»Schrecklich«, meinte sie kopfschüttelnd. »Der ganze Arm ist mit Brandblasen überzogen. Kamillentee, sage ich zu ihm.

In dem Laden, der Mrs. Richie gehörte, da gibt es ihn normalerweise. Aber jetzt ist der Neue drin. Ja, so ist das nun mal.
Alles ändert sich. Das hab' ich dem anderen auch gesagt. Ka-
mille. Und daß es keinen Sinn mehr hat, in den Laden zu gehen, seit ihn Mrs. Richie nicht mehr führt. Waren Sie damals
schon hier, Miß Charity? Sicher. Wie lange ist das her? Sieben Jahre oder acht? Da hat doch dieser Fischer den riesigen
Fisch aus dem Meer gezogen. Nein, dann muß es schon zehn
Jahre her sein. Und erst das Gesicht von dem Mann. Der andere hat gesagt, daß er ihm was aus der Apotheke neben dem
Krankenhaus holt. ›Drugstore‹ hat er sie genannt. Die Brandblasen, sooo groß ...« Mit Daumen und Zeigefinger deutete
sie die Größe der Blasen an. »Und sie werden ständig größer,
gehen auf wie Seifenblasen.«

Miß Charity schlug nach einer dreisten Fliege, die sich in ihren Nacken gesetzt hatte. Hätte Mrs. Bride öfter gelächelt,
wäre die Lehrerin wahrscheinlich bis Sonnenuntergang auf
dem Weg stehengeblieben. Aber dieses Lächeln war aus der
Überraschung heraus entstanden, und Miß Charity entging
die darunter verborgene Bosheit nicht. Sie hätte es sich denken können. Nur leichtgläubige Menschen glaubten an die
sympathische Natürlichkeit der Inselbewohner. Es kümmerte sie nicht, ob Mrs. Bride sie mochte oder haßte, solange
Jacket davon unbeeinträchtigt blieb.

»Mrs. Bride«, sagte sie, »Ihr Kind ist eines der wenigen in
der Schule, die wirklich lernen wollen. Weil Ihr Sohn gestern
und heute nicht zur Schule gekommen ist, habe ich beschlossen, Sie zu fragen, was vorgefallen ist. Ich bin nicht neugierig,
sondern tue nur meine Arbeit.«

»Nicht, wenn die Schule aus ist«, entgegnete Mrs. Bride tri-
umphierend. »Um diese Zeit ist keine Schule mehr, Miß Charity. Wenn Sie mich morgen früh fragen, dann gehört das zu
Ihrer Arbeit. Aber denken Sie daran, daß ich aus dem Haus
gehe, bevor die Schule anfängt. Dann finden Sie mich bei Mister Winterton. Oder Sie warten, bis ich wieder zu Hause bin –
aber dann ist die Schule wieder vorbei, so wie jetzt. Dann
müssen Sie wieder bis zum nächsten Morgen warten, damit

es zu Ihrer Arbeit gehört, und dann kommt das Wochende, da ist keine Schule ...«

Herausfordernd sah sie die Lehrerin an. »Ich kenne mich mit Arbeit aus, Miß Charity, mit gut verrichteter Arbeit. Und ich weiß, was es heißt, Mutter zu sein. Nicht nur für ein paar Minuten am Tag, wenn man Lust darauf hat. 365 Tage im Jahr ernähre ich den Jungen, Jahr für Jahr, Miß Charity. Und diesen Weg gehe ich täglich zweimal.«

Fast wäre Miß Charity hingefallen, als Mrs. Bride sie zur Seite stieß und weiterging. Gott, welch eine furchtbare Frau, dachte Miß Charity. Eine gemeine, hinterhältige Schlange ...

Auch die Begegnungen der drei Vertreter der landwirtschaftlichen Genossenschaft von San Cristobal verliefen nicht wie erhofft.

Bei Lohnkosten im landwirtschaftlichen Sektor von nur einem Viertel im Vergleich zu den Vereinigten Staaten konnte Kolumbien die nordamerikanischen Preise um ein Drittel unterbieten. Señor Perez, der stämmig gebaute Leiter der Delegation, garantierte für regelmäßige Lieferungen. Er argumentierte, daß die kleineren Länder Lateinamerikas und der Karibik in dem Bemühen, sich von der wirtschaftlichen Vorherrschaft Nordamerikas zu befreien, ähnliche Interessen teilten. Ruhig und geduldig trug er seine Argumente vor und nickte bestätigend, während sein dünner Landsmann mit dem spanischen Äußeren, Jesus Antonio, übersetzte.

Die Bahamer zeigten sich wohlwollend und stimmten im Prinzip sogar mit ihm überein. Aber neunzig Prozent der Investitionen in ihrem Land stammten aus Nordamerika. Die Nordamerikaner hielten nicht allzuviel von lateinamerikanischer Zuverlässigkeit. Sie wollten wissen, mit wem sie ihre Geschäfte tätigten, vorzugsweise mit einer einzelnen Person. Genossenschaften trauten sie nicht, weil sie als unamerikanisch galten. Das Wort weckte Assoziationen an Kuba.

In einer Pause der Unterredungen, während der sich die Teilnehmer ein kühles Bier genehmigten, nahm einer der Bahamer Jesus Antonio beiseite. Der Insulaner war ein gutmütiger, würdevoller Mann und besaß etwas Onkelhaftes.

»Wir reden hier von Realitäten und Machtverhältnissen«, sagte er mit ruhiger Stimme. »Verstehen Sie uns richtig. Wenn ein Flugzeug, mit Ihren Produkten beladen, bei uns einfliegt, dann genügt es, daß ein amerikanischer Anbieter in Florida der örtlichen DEA-Vertretung mitteilt, an Bord befänden sich Drogen. Die Amerikaner beschäftigen ihre eigenen Leute hier auf dem Flughafen. Bis sie die Fracht des Flugzeugs durchsucht haben, ist die Hälfte der Ladung verdorben, und unsere Gäste essen Bohnen aus der Dose.« Er zuckte seine breiten Schultern und lächelte entschuldigend. »Ich weiß sehr wohl, daß Sie Farmer sind, und wir würden Ihnen wirklich gerne helfen, aber es geht leider nicht. Diese Gegebenheiten müssen Sie akzeptieren, und keine noch so günstigen Zahlen und kein Argument können daran etwas ändern. Erklären Sie das Señor Perez. Er ist offensichtlich ein guter Mensch, aber keiner von uns kann etwas an der Situation ändern.«

Jesus Antonio übersetzte für Señor Perez. Der Mestize durchquerte den Raum, trat vor den Bahamer und schüttelte ihm die Hand, von Mann zu Mann. So war es eben, und beide wußten es, aber wenigstens hatte Perez alles versucht.

Die drei Kolumbianer mieteten einen Hertz-Ford. Nach fünfzehn Minuten vorsichtiger Fahrt waren sie sich sicher, daß ihnen niemand folgte. Um genau zwanzig Minuten nach elf Uhr bogen sie zwei Kilometer hinter der Brücke nach Paradise Island in den Jachthafen ein.

Dort hielt ein grauhaariger Skipper einen Schlauch in den Backbordtank einer zwölf Meter langen Bertram mit offener Brücke, die längs des Tankdocks lag. Geduckt trat Perez in die Kabine. Jesus Antonio und der dritte Kolumbianer tranken ein Bier in der Hafenbar und sahen zu, wie die Bertram auslief. Unten in der Kabine saß der Mestize und stemmte sich breitbeinig den Bewegungen des Bootes entgegen. Die Hände hatte er im Schoß gefaltet. Als Farmer war er an Enttäuschungen, launisches Wetter und verdorbene Ernten gewöhnt. Schon mehrmals im Verlauf von Generationen hatten die de Fonterras seine Familie vor dem Ruin bewahrt. Das war der einzige Grund, weshalb er sich auf ein Geschäft mit dem Gringo eingelassen hatte. Er hatte ihn von Anfang an nicht gemocht. Für sein Empfinden war er ein verwöhnter junger Bursche, dem zuviel Wohlstand in zu kurzer Zeit zugefallen war, ein *señorito*.

Bob hielt die Geschwindigkeit konstant auf fünfundzwanzig Knoten, während er seitlich die Wellen hinabglitt, die langsam aus nordöstlicher Richtung heranrollten. Die Mittagssonne hatte die Farben des Meeres und des Himmels ausgebleicht. Jetzt, am Nachmittag, leuchtete ein hellblauer Himmel über der tiefblauen See. Vor ihnen lag der mit dem Kolumbianer vereinbarte Treffpunkt, zwei kleine, durch eine Sandbank miteinander verbundene Inseln. Einhundert Meter vom Ufer entfernt kräuselten sich doppelte Wellenkämme vor den Inseln. Der Durchlaß in der Mitte war etwa fünfzig Meter breit. Hinter dem Riff war das Wasser blaßgrün, und der Sand zwischen den beiden Inseln schimmerte in hellem Gold.

Bob drosselte den Motor, als er in die Riffpassage einbog. Sechzig Meter vor der Küste warf er den Heckanker über Bord, hob die Schraube aus dem Wasser und ließ den Bug vorsichtig mit leisem Knirschen auf den Sand laufen. Mit Anlauf sprang er an Land und vergrub dann einen Stahlpflock, der mit dem Boot vertäut war, tief im Sand.

Bob wünschte sich, weit fort an einem anderen Ort zu sein – auf einer der griechischen Inseln, über die er in den Reiseprospekten gelesen hatte, auf den Philippinen oder in Indonesien.

Nie zuvor hatte er eine Leiche gesehen, außer im Fernsehen, wo die Toten nicht echt aussahen. Er besaß nicht genug Geld, um zu fliehen, außerdem war er sicher, daß Steve die Kolumbianer auf ihn hetzen würde, falls er nicht mitspielte. Zwar hatte er keine Angst vor ihnen, aber er machte sich große Sorgen, weil er in etwas derart Abscheuliches hineingezogen worden war.

Er wollte genügend Geld für ein kleines Boot sparen, um es anschließend in eine schwimmende Werkstatt umzubauen, so daß er während seiner Reisen arbeiten konnte. Davon träumte er schon seit zehn Jahren, und Steves Vorschlag hatte überzeugend geklungen. Seine Aufgabe sollte lediglich darin bestehen, das Boot in funktionstüchtigem Zustand zu halten und es rechtzeitig an den richtigen Ort zu bringen. Damit würde er kein Gesetz übertreten, hatte ihm Steve erklärt, zumindest kein nordamerikanisches, und andere zählten ohnehin nicht.

Steve war der typische erfolgreiche Amerikaner, der Bob Unbehagen einflößte. Menschen seines Schlages verpfuschten niemals etwas und verstanden folglich auch nicht, warum Bob nicht alles hundertprozentig gelang. Bob hatte ihn während seiner Tätigkeit für die Bank kennengelernt, als sich Steve und einige seiner ebenfalls erfolgreichen Freunde jeden Sommer ein schönes Haus am Strand von East Hampton geteilt hatten. Eine Zeitlang hatte er einen Jaguar gefahren, dann einen Porsche. Stets hatte er einen ganzen Stapel Kreditkarten in seiner Brieftasche mit sich herumgeschleppt, aber Bob hatte er für jeden Auftrag, den er für ihn erledigte, im voraus und in bar bezahlt. Und immer hatte sich in dem Umschlag etwas mehr als die vereinbarte Summe befunden. Deshalb konnte Bob nicht verstehen, wie ein so großzügiger und erfolgreicher Mann einem kleinen Jungen etwas derart Bösartiges und Grausames hatte antun können. Steve mußte krank sein.

Aus dem Cockpit drang ein dumpfer Schlag, und als er aufsah, kam Steve an Deck. Er trug ein luftiges, langärmeliges blaues Hemd mit offenen Manschetten, eine weite Baumwollhose von Calvin Klein und Dunlop-Segelschuhe. Ein weicher Sonnenhut, ebenfalls aus Baumwolle, überschattete seine verbundene Stirn. In der Hand hielt er die Ruger. Er wirkte wie ein Irrer. Mit der gelben Paste im Gesicht sah er aus wie das Opfer eines mißlungenen Laborversuchs in einem Sciencefiction-Film.

»Die Pistole ist keine gute Idee«, meinte Bob.

»Kümmere dich nicht darum«, erwiderte Steve.

Den ganzen Tag über hatte Steve Syndol geschluckt. Zwar fühlte er sich leicht benommen, aber er hatte keine Schmerzen, als er jetzt vom Vordeck aus das Terrain sondierte. Die Sandbank erstreckte sich über eine Länge von etwa einhundert Metern. Die beiden runden Inseln maßen im Durchmesser jeweils knapp vierhundert Meter und waren an keiner

Stelle höher als zehn Meter. Sie waren nur spärlich bewachsen. Wie eine plattgewalzte Hantel, dachte Steve.

An der Stelle, an der die Sandbank in die östliche der beiden Inseln überging, hatte sich eine kleine Vogelschar versammelt. Die Vögel waren fast fünfzig Zentimeter groß, und von ihren schwarzen Köpfen und Hälsen hoben sich deutlich die blutroten Schnäbel ab. Der Rest ihrer Körper war mit graubraunem Gefieder bedeckt, auf Schwanz und Flügeln weiß gefleckt, bis auf die nackten, rosafarbenen Füße.

Hin und wieder stieß eines der Tiere ein lautes Kreischen aus.

Steve zielte mit der Ruger in ihre Mitte und rief: »Peng!«

Gelassen pickten die Vögel weiter im Sand.

»Austernfischer«, sagte Bob.

Als Steve noch in der Bank gearbeitet hatte, hatte er häufig Austern gegessen. Besonders gern war er in Doyle's Bar in der Sixth Street gegangen, um vor der Theatervorstellung eine halbe Flasche Moët Brut und ein Dutzend Chesapeake Bay Blues zu sich zu nehmen. Prickelnder Zorn stieg in ihm auf, als er für einen Augenblick wieder daran dachte, was er verloren hatte. »Du mußt jetzt gehen«, sagte er zu Bob. »Fahr mit dem Boot einen knappen Kilometer weit raus und tu so, als würdest du fischen.« Er wußte, daß Bob nicht gehen wollte.

Und so war es auch. »Ich will das nicht«, entgegnete Bob.

Scheinbar verwundert sah ihn Steve an. »Wen kümmert's, was du willst oder nicht?« Er scheute den Sprung in den Sand, denn der Aufprall hätte ihm wieder Schmerzen verursacht. Rasch nahm er die Schachtel Syndol aus seiner Hemdtasche und schluckte einige Pillen.

»Du solltest sie sparsamer dosieren«, sagte Bob. In seinem schwarzen T-Shirt mit dem Aufdruck *Carling Black Label*, das ihm ein Reisender geschenkt haben mußte, seinen ausgefransten Shorts und der billigen Quarzuhr mit Plastikarmband um das Handgelenk wirkte er lächerlich.

Bob mußte ungeheuer dumm sein, wenn er davon ausging, daß er keinen Plan hatte, dachte Steve. Er bedeutete ihm mit der Ruger heranzukommen und stützte sich mit einer Hand auf seine Schulter, als er auf den Strand sprang.

»Danke«, sagte er. Weil auch seine Handgelenke mit Brandblasen übersät waren, hatte er seine Rolex Oyster zuvor in die Hemdtasche gesteckt. Er nahm sie heraus. In fünfzehn Minuten würde der Kolumbianer kommen.

»Seltsam, Bob, aber es ist das erste Mal, daß du zu früh zu einer Verabredung kommst«, stellte Steve lakonisch fest.

Er versuchte die Uhr wieder in die Hemdtasche zu stecken, ließ sie jedoch fallen. Das rotgoldene Armband der Uhr war dunkler als der goldgelbe Sand. Steve gab vor, sich bücken zu wollen, stöhnte aber geräuschvoll auf. »Verdammt, kannst du ...«

Bob beugte sich vor, und Steve schlug ihm die Ruger ins Genick.

»Warum, Steve?« fragte Bob.

Bobs fehlende Angst verärgerte Steve. Aber es hatte Zeiten gegeben, in denen er den großen Mann gemocht hatte, daher glaubte er, ihm eine Erklärung schuldig zu sein. »Du würdest ihnen von dem Jungen erzählen und behaupten, daß alles meine Schuld war. Das kann ich nicht zulassen.«

Die Austernfischer flogen kreischend davon, als Steve abdrückte. Es war sein erster Schuß aus der Ruger, und er war nicht darauf vorbereitet. Der starke Rückstoß traf seine Handfläche wie ein Knüppelschlag. Als der Schmerz seinen verbrannten Arm durchfuhr, glaubte er, sein Handgelenk wäre gebrochen. Seine Hose und sein Hemd waren mit Blut besudelt.

An seiner Handfläche leckend, trat er Bob in die Rippen. »Verfluchter Mistkerl ...«

Er zog sich aus und rieb im seichten Wasser seine Kleidungsstücke mit Sand ab. Nachdem er die gröbsten Flecken entfernt hatte, hängte er sie zum Trocknen über die Reling und ließ sich im Schatten neben der Schräge des Bugs auf der Ruger nieder. Der Revolver war unbequem, aber das störte ihn nicht weiter. Alles würde in Ordnung kommen. Er hatte den anderen seinen Verstand und seine Bildung voraus. Seine Gegner waren nichts weiter als Bauertölpel.

Eine kühle, belebende Abendbrise brachte frische Luft vom Meer herüber. Die Austernfischer hatten sich wieder

118

niedergelassen und suchten emsig den von der einsetzenden Flut überspülten Strand ab. Mit ihren breiten zinnoberroten Schnäbeln lasen sie kleine Krabben und Muscheln auf, die von den zurückweichenden Wellen nicht mitgerissen wurden. Allein mit den Vögeln, genoß Steve die Ruhe. Das Haus von Mister Winterton lag zu abgelegen, aber es gab noch andere Häuser am Strand. Hatte man sich erst einmal an das Leben am Meer gewöhnt, dann war es durchaus angenehm. Bisher hatte er kaum Golf gespielt – sein Sport war Tennis –, dennoch übten die großen, gut bewässerten smaragdgrünen Rasenflächen entlang der Küste von Paradise Island mit ihren Schatten spendenden Palmen und Obstbäumen eine gewisse Anziehungskraft auf ihn aus. Ein hübsches Clubhaus, wo man speisen konnte, ohne auf den Wagen angewiesen zu sein, und unverbindlich neue Leute kennenlernen konnte. Natürlich Sicherheitsbeamte an den Toren, die gewöhnliche Touristen fernhielten.

Er könnte sein Buch beenden und in ein paar Jahren vielleicht für eine der Banken in der Shirley Street arbeiten – nicht Vollzeit, sondern nur als Berater für sehr wohlhabende Kunden. Boesky war schließlich wieder im Geschäft, Milken auch. Zwar waren seine Probleme etwas schwerwiegender, aber immerhin hatte er noch keine Gefängnisstrafe verbüßt. Offenbar wollten einige Leute nicht begreifen, daß es weniger darauf ankam, was man tat, als darauf, wer man war.

In England gab es einen Lord, über den Steve viel und gern gelacht hatte. Er war Vorsitzender des Verwaltungsrats von Guinnes gewesen. Eines Tages war er mit einem Mitglied seines Verwaltungsrats zum Mittagessen gegangen. Am frühen Nachmittag kaufte er 240000 Aktien des eigenen Unternehmens. Eine Stunde später leitete besagtes Mitglied des Verwaltungsrats die größte Übernahme ein, die Großbritannien je gesehen hatte. Der Lord schwor, nichts davon gewußt zu haben. Vier Personen wurden wegen Insider-Geschäften angeklagt, nicht jedoch der Lord. Alle vier waren Juden, wie Steve manchmal betont hatte, um seine britischen Kollegen zu ärgern. Zufall, hieß es, reiner Zufall, die Behörden seien nicht antisemitisch eingestellt. Eine Grube voller Jauche.

12

Skelley kam in Begleitung einer Frau Mitte Dreißig wieder an Bord der *Golden Girl.* »Charity Johnston«, stellte er sie vor, während er ihr die Stufen hinaufhalf. Sie blieb im Cockpit stehen und wahrte den größtmöglichen Abstand zu Trent.

Trent fühlte ihre Abneigung.

Das leuchtende Weiß ihrer Augäpfel bildete einen krassen Gegensatz zu der tiefschwarzen Iris. In ihrem breiten Gesicht mit den hohen Wangenknochen standen die Augen weit auseinander. Die Flügel ihrer eigenwilligen, schmalen Nase bebten über dem breiten, vollippigen Mund und dem kräftigen, energischen Kinn. Als Ergebnis ausgedehnter Tauchgänge am Riff waren ihre Schultern breit und der Brustkorb ausgeprägt; die Muskulatur ihrer Waden und Oberschenkel hätte einen Kickboxer mit Stolz erfüllt. Ihr Haar war im Afro-Look steil nach oben frisiert und ließ sie größer wirken als einsfünfundsechzig. Sie trug ein im Ninja-Stil gebundenes schwarzes Band um die Stirn, ein schwarzes T-Shirt mit Bob-Marley-Konterfei und eine schwarze Jogginghose.

»Trent ist ein Freund von mir und ein ausgezeichneter Taucher«, stellte Skelley ihn vor. Dann wandte er sich an Trent. »Miß Johnston ist Meeresbiologin. Außerdem unterrichtet sie an der Schule.«

Trent hatte nicht die Zeit, um der Beziehung zwischen Skelley und der Lehrerin auf den Grund zu gehen. »Setzen Sie sich doch, Miß Johnston«, forderte er sie auf. »Was darf ich Ihnen anbieten? Ich habe Bier, Weißwein und frischen Saft im Kühlschrank. Wenn Sie möchten, mache ich Ihnen auch gerne einen Kaffee oder Tee.«

»Nichts«, antwortete sie und definierte mit einem Wort ihre Beziehung: nichts von ihm, nichts für ihn.

Skelley lächelte Trent müde an. »Ich hätte den Constable mitgebracht, aber er ist in Andros Town.«

Für einen Augenblick wirkte die junge Frau zufrieden, als hätte sie durch Skelleys Enttäuschung wenigstens etwas gewonnen – wie jemand, der immerhin als zweite durchs Ziel ging. Dann wurde ihr Gesicht wieder ausdruckslos.

Trent wünschte sich, daß sie ginge. Sie erinnerte ihn an die Vergangenheit. Sie zählte zu den Menschen, die in jungen Jahren Trost im Zorn gefunden und ihn unermüdlich genährt hatten, bis er sie zum Äußersten trieb. Auf ihrem Rachefeldzug landeten sie dann in einem Trainingslager in den Bergen Boliviens oder des Iran, in der libyschen Wüste oder in der Bekaa-Ebene, den Brutstätten des Terrorismus.

Von ihrer Wut einmal abgesehen, waren diese Menschen häufig anständig, und das Wissen darum hatte ihm die Arbeit erschwert, letztlich sogar unmöglich gemacht. Zu gut konnte er sie und ihren Zorn verstehen. Nicht immer kannte er den ursprünglichen Auslöser, der in ihrer Kindheit wurzelte, aber er hatte gesehen, wodurch der Haß später geschürt wurde: Sie waren ihres Erbes beraubt worden und mußten erleben, wie ihr Land von Diktatoren und korrupten Politikern verkauft wurde. Armut, Flüchtlingslager, Todesschwadronen; Krankenhäuser ohne Medikamente, Schulen ohne Bücher, verhungernde Menschen trotz riesiger Butter- und Fleischberge; Lügen über die Sicherheit von Atomkraftwerken, Asbestfabriken, Minen und Chemiewerken – alles Zündstoff, wenn der Weg einmal gewählt war. In den Camps fanden sie die beruhigende Geborgenheit eines Kinderzimmers, und Bomben wurden zu einem Wundermittel.

Zuerst mußte er die Mauer einreißen, die sie um sich herum aufgebaut hatte. »Miß Johnston«, sagte er, »Victor war Ihr Schüler. Er wurde gefoltert und getötet.«

Auf ihrem Gesicht zeichnete sich der Schock ab, deshalb fuhr er rasch fort. »Er wurde auf bestialische Weise gequält, Miß Johnston.« Ihr gegenüber sitzend, öffnete er seine auf den Knien ruhenden Hände und zeigte ihr die leeren Handflächen. Er hatte sich der Körpersprache so lange bedient, daß er schließlich nicht mehr gewußt hatte, wer er war, oder ob er überhaupt noch existierte.

»Ich brauche Ihre Hilfe«, sagte er mit ruhiger, ausdrucksloser Stimme. Er äußerte keine Bitte, zeigte keine Schwäche, auf die sie mit eigenen Gefühlen hätte reagieren können. Er stellte lediglich eine Tatsache fest.

»Der Mörder wird wieder töten. Ich muß alles wissen. Fehlt

ein anderes Kind? Wer waren Victors Freunde, wie verbrachte er seine Freizeit? Wessen Boot benutzte er? Ist Ihnen irgend etwas in der Schule aufgefallen? Hat sich eines der Kinder anders verhalten als sonst?«

Unschlüssig sah sie Skelley an.

Das T-Shirt mit dem Konterfei Bob Marleys darauf brachte alles zum Ausdruck. Seit zwanzig Jahren klangen Marleys Worte »Kill Whitey« tagaus, tagein durch Millionen Haushalte. Zwar nahmen die meisten Zuhörer die Botschaft nicht wörtlich, aber sie drang in ihr Unterbewußtsein ein und nistete sich dort ein wie ein Wurm, der immer weiter wuchs, bis er eines Tages ausbrechen würde ...

Sechs Jahre lang hatte Trent als Geheimagent in Irland gearbeitet. Sechs Jahre lang hatte er spätabends in den Pubs alten Männern zugehört, die ihre Lieder sangen. Die Jüngeren empfanden sie als Botschaft des Hasses, obwohl die Darbieter selbst eher einen romantischen Mythos denn eine aktuelle Realität damit verbanden. Trotzdem zehrten die jungen Iren in derselben Weise davon, wie junge Protestanten in Nordirland von dem Wort ›Loyalist‹ zehrten, wenn es in den britischen Zeitungen, im Rundfunk und im Fernsehen verwendet wurde. Das Wort wurde zum Synonym für die Mörder in ihrer Gemeinde. Die Vereinigung der Loyalisten – eine offensichtliche Legitimierung für Mord, auch wenn sie von den Engländern in ihrer bornierten Ignoranz nicht als solche erkannt wurde.

Loyalistische Paramilitärs, die IRA, *Dschihad*, der Heilige Krieg, der Leuchtende Pfad, die Jüdische Verschwörung – Wörter und Namen, sorgfältig ausgewählt zur Legitimierung von Mord.

Mit seiner Unterstützung mußte sie sich davon befreien. Er brauchte ihre Hilfe, nicht für sich selbst, sondern für den Jungen, den nächsten Jungen.

»Der Chief Superintendent hat mich um meine Mithilfe gebeten, weil ich Experte bin, Miß Johnston. Er sagt, daß Sie Meeresbiologin sind, also sind sie auch eine gute Beobachterin. Wir haben nicht viel Zeit, deshalb denken Sie bitte nach.«

Inzwischen war er aus der Übung. Noch bevor sie sich an

Skelley wandte, las er in ihren Augen, daß er die Verbindung zu ihr wieder verloren hatte.

»Bahamer sind Ihnen wohl nicht gut genug?« fragte sie.

Für einen kurzen Augenblick schloß Skelley die Augen. »Haben Sie den Jungen gesehen, als man ihn vom Riff holte?« fragte er dann. »Hier gibt es niemanden, der in der Lage wäre zu erkennen, daß der Junge mit einem kleinen Messer gefoltert wurde. Derartiges ist hier – zumindest bis vor ein paar Tagen – noch nicht vorgekommen. Trent hat es sofort erkannt, als er die Leiche sah.«

Ohne den Grund für ihr Mißtrauen benennen zu können, sah sie Trent argwöhnisch an. »In welcher Hinsicht sind Sie Experte?«

»Ich weiß viel über den Tod«, sagte er abwartend.

Sie fühlte, daß er nicht log. Aber gefangen in ihrer Feindseligkeit warf sie zuerst einen Blick auf Skelley, dann sah sie wieder Trent an. »Tatsächlich? Wie kommt das?«

»Ich war ein professioneller Killer«, antwortete Trent ruhig. Ohne ein weiteres Wort schwang er sich in die Kombüse hinab und füllte die Mokkakanne. Er hatte den Zünder gelegt. Dennoch schenkte er den heiseren, rasch gestammelten Worten, die aus dem Cockpit herunterdrangen, kein Gehör. Er stellte die Kanne und zwei Tassen auf den Tisch im Salon und wartete.

Der Yamaha-Motor wurde angeworfen, und das Zodiac raste zum Strand davon.

Die Angst lag Charity im Magen wie ein schwerer Stein. Sie war noch wütend über die Auseinandersetzung mit Jackets Mutter gewesen, als sie Skelley getroffen hatte. Dann war sie Zeugin geworden, wie sich der bahamische Polizist der Autorität des Engländers beugte. Obwohl sie sich zuerst geweigert hatte, den beiden Männern Glauben zu schenken, hatte sie das Bekenntnis des Engländers über seine frühere Tätigkeit elektrisiert. Offenbar drohte die Gefahr zu unmittelbar, als daß er sich damit hätte aufhalten können, was sie dachte oder fühlte. Also erzählte sie Skelley von Jackets Abwesenheit in der Schule und von ihrem Treffen mit Mrs. Bride. Aus

Sorge um den Jungen verlangte sie, den Polizisten begleiten zu dürfen, aber er wollte sie nicht dabeihaben.

»Sie würden nur im Weg rumstehen«, sagte Skelley.

Verärgert protestierte sie, woraufhin er deutlicher wurde.

»Sie haben ein loses Mundwerk, Miß Johnston«, sagte er. »Eines Tages wird Ihnen jemand in den Allerwertesten treten.«

»Dazu sind Sie nicht Manns genug.«

Skelley ignorierte die Bemerkung. Er ließ den Motor an, fuhr auf den Strand zu und setzte das Zodiac in den Sand.

Sie beobachtete, wie er zwischen den Bäumen verschwand, eine schwarze Vogelscheuche, die nur aus Armen und Beinen bestand. Ihre Gedanken wanderten zu dem Skiff zurück, das sie in der Nacht, als das Flugzeug abgestürzt war, gesehen hatte. Jetzt wünschte sie sich, sie wäre hinuntergegangen, um nachzusehen, ob es die *Jezebel* war. Als sie jetzt allein im Cockpit stand, konnte sie die Beklemmung nicht ertragen.

Eine Minute verstrich, bevor sie geduckt durch die Kajütentür trat, die auf der Backbordseite des Cockpits in den Salon hinunterführte. Obwohl sie mit Jachten und Schiffen vertraut war, hatte sie noch nie einen Katamaran dieser Größe von innen gesehen. Die Geräumigkeit und Einrichtung der *Golden Girl* beeindruckten sie.

Im vorderen Bereich des Salons verlief um den Mast herum ein Tisch, der von einer hufeisenförmigen Sitzbank eingerahmt wurde. Die Bank war mit handgewebten guatemaltekischen Bezügen bespannt. An dem Tisch saß der Engländer.

Zur Brücke hin öffneten sich große Luken, die backbord und steuerbord von durchsichtigen Kuppeln in der Kabinendecke überwölbt wurden. Backbord neben der Kajütentür befand sich der Kartentisch, darüber die elektronische Ausrüstung von Brooks and Gatehouse: Anzeige für die Geschwindigkeit zu Wasser, Windgeschwindigkeitsmesser, Echolot, Barometer, Satellitennavigation. Links daneben war ein Seefunkgerät angebracht.

Vor dem Achterschott standen hochmoderne Schränke. Zwei Karaffen mit breiten Böden für weißen und braunen Rum und ein Satz geschliffener Gläser wurden durch ein

Schlingerbord gesichert. Den blauen Teppichboden zierten afghanische Brücken, und aus den Bücherregalen quollen Bücher. Über den Niedergängen, die in die Rümpfe hinunterführten, hingen einander gegenüber zwei Ölgemälde aus dem 19. Jahrhundert. Sie stellten den Schiffsverkehr auf der Themse dar. Die ruhige Atmosphäre schien ihr unerträglich, und sie wollte den Engländer anschreien. Aber ihre Sorge um Jacket rang die Wut nieder. Im Geiste katalogisierte sie die Besitztümer des Engländers.

Sie stand in der Kajütentür, ein dunkler Schatten im hellen Sonnenlicht. Ohne Trent anzusehen, schätzte sie seinen Wohlstand ein und fällte ihr Urteil über ihn.

Ihre Verachtung entging Trent nicht.

»Wen haben Sie getötet, um das hier zu verdienen?« fragte sie.

»Während meines letzten Auftrags diente mir der Katamaran als Tarnung. Als ich mich aus dem Geschäft zurückzog, lief er immer noch auf meinen Namen.«

»Dann haben Sie das Schiff also gestohlen?«

Er lächelte. »Manche Leute sehen es so.«

»Nicht nur ein Mörder, sondern auch ein Dieb.«

»Ich wurde schon mit weitaus schlimmeren Bezeichnungen bedacht, Miß Johnston.«

Er saß am Tisch und hielt mit beiden Händen seine Kaffeetasse, während er abwartete, daß sie sein Territorium abschritt. Es war eine alte Taktik aus der Vergangenheit, verbunden mit der Hoffnung, daß sie etwas fände, was ihr eine Brücke in ihre eigene Welt baute.

Die Angst schnürte ihr die Kehle zu. Es beruhigte sie, sich mit etwas zu beschäftigen, bis Skelley zurückkehrte. Deshalb durchquerte sie den Salon und nahm den Katamaran in Augenschein. Mittschiffs des Backbordrumpfes lag die Kombüse, achtern und vorn befanden sich Kabinen mit doppelten Schlafkojen. Jede Kabine besaß eine Dusche, ein Waschbecken und eine Toilette. Die Schlafkojen waren mit mexikanischen Bettüberwürfen bedeckt, die zu den Vorhängen und den geschmackvollen Brücken auf dem weißen Teppichboden paßten. Die einzelne Kabine achtern im Steuerbordrumpf war länger als die auf der Backbordseite und aufwendiger ausgestattet. Eine Dusche und Toilette trennten sie von der Segelkammer, die zum Vordeck führte. Alle Kabinen waren sauber und aufgeräumt wie ihre beiden Zimmer hinter der Schule. In der Kapitänskajüte fielen ihr vertraute, mit Fotochemikalien gefüllte Flaschen auf einem Regal ins Auge, darunter ein verzinktes Becken und eine Arbeitsfläche. Sie zog die Schublade unter der Arbeitsplatte heraus. In dicke Transparentfolie gewickelt und durch Gummibänder gesichert, lag ein Vergrößerungsgerät mit einer 1,4-mm-Leitz-Linse. Sie sah mehrere Stapel Fotopapier, in Plastik verpackt und durch absorbierende, perforierte Umschläge gegen die Feuchtigkeit geschützt, und fragte sich, welche Kameras er verwendete.

Trent saß reglos am Tisch. Mit den Händen hielt er die Tasse umschlossen und wartete wie ein artiger, zotteliger Hund. Aber seine zur Schau getragene Gleichgültigkeit war nur Tarnung. Überhaupt war alles nichts als eine geschickte Verkleidung: das Seemannshemd und die weite Hose, unter denen er seinen Körper verbarg, der Bart und der Schopf aus dunklen, ungebändigten Locken, die über seinen Hals mit der Korallenkette fielen, und die buschigen Augenbrauen, die seine Augen so verdunkelten, daß sie seine Augenfarbe nicht erkennen konnte. Unvermittelt fiel ihr ein, wie er im Cockpit gesessen hatte, die Hände halb geöffnet, die Handrücken auf den Knien ruhend, so daß sie seine Fingerspitzen nicht hatte sehen können. Auch jetzt blieben sie versteckt. Mit der linken Hand umfaßte er die gekrümmte, von ihr abgewandte Rechte, die Daumen berührten die Tasse. Trotz der entspannten Haltung zeichnete sich die Muskelschwellung zwischen Daumen und Zeigefinger ab. Sie wollte die Hände entblößt sehen – die Hände eines Mörders. Sie verfolgten sie.

Unfähig, die Lippen zu bewegen, und mit ausgetrocknetem Mund, deutete sie auf die Kaffeekanne. Mit der Linken griff er nach dem Henkel, die Finger von ihr abgewendet, die Rechte lag auf dem Tisch, die Finger nach innen gerollt wie die Beine einer Krabbe.

Er ließ sie die Tasse nehmen.

Dann blickte er auf.

Etwas mußte ihr aufgefallen sein, wenngleich er nicht wußte, was es war. Aber er spürte, wie ihre zunehmende Konzentration an ihm zerrte.

»Ich könnte Sie jetzt bitten«, begann er. »Aber ich habe diese Nacht kein Auge zugetan, Miß Johnston. Ich bin zu müde, um Spiele zu spielen. Der Mörder braucht Informationen. In diesem Moment sucht er nach einem Freund von Vic, und wenn er ihn findet, dann bearbeitet er ihn zuerst mit einem Messer, um ihn anschließend zu töten. Es geht um einen Ihrer Schüler, Miß Johnston. Entweder Sie helfen mir, oder Sie tragen einen Teil der Verantwortung für den Tod des Jungen. Sie stehen vor einer ähnlichen Entscheidung, vor der ich stand. Ich hatte die Wahl, entweder dem Chief Superintendent zu helfen oder zu den Virgin Islands hinunterzusegeln und dort eine Woche zu tauchen. Der Unterschied zwischen mir und Ihnen besteht darin, daß Sie offenbar glauben, tatsächlich eine Wahl zu haben.«

»Ihnen und mir ...« sagte sie und tappte in die Falle.

»Es tut mir leid.«

»Daß Sie die Grammatik durcheinanderbringen?«

»Daß Sie mir nicht helfen.«

»Das habe ich nicht gesagt.«

»Aber so ist es nun mal.« Am Ufer heulte der Yamaha-Motor auf. Trent umfaßte die Tischkante und zog sich daran hoch.

Um seine Fingernägel lief ein beinahe unsichtbares Netz aus dünnen weißen Linien. Sofort erkannte die Wissenschaftlerin in Charity darin die Spuren eines Skalpells. Vor ihrem geistigen Auge tauchte ein Operationstisch auf. Man hatte ihm die Fingernägel herausgerissen. Ein Arzt hinter einer Maske runzelte die Stirn, während er den Schaden behob. Ärgerlich schüttelte sie den Kopf, um sich von dem Bild zu befreien. Beinahe wäre es ihm gelungen, sie einzulullen, und dafür verwünschte sie sich. Sie waren Bahamer. Sie bedurften der Einmischung eines Ausländers nicht.

Skelley steuerte das Zodiac längsseits der *Golden Girl.* »Blinder Alarm«, rief er hinauf. »Eines der Kinder von Miß Johnston ist in Nassau, um seiner Mutter ein Geburtstagsgeschenk zu kaufen ...«

Einen Moment lang schloß Miß Charity die Augen. Ihre Erleichterung war ein Zeichen dafür, daß sie sich der Bedrohung bewußt und um den Jungen besorgt war. Beinahe wäre Trent der Versuchung erlegen, sie durch eine Berührung mit der Hand zu beruhigen, wie er es bei einem nervösen Pferd getan hätte, aber sie hätte seine Hand nur weggestoßen. Aus der Schublade unter dem Kartentisch holte er eine Unterlage, einen Bleistift und einen Spitzer hervor und ließ die Unterlage auf den Tisch im Salon fallen. Dann setzte er sich wieder hin und begann, den Bleistift anzuspitzen. Im Niedergang stand Skelley. Durch die hinter ihm stehende Sonne wurde sein Schatten auf den Tisch geworfen, so daß eine Trennlinie zwischen Trent und der Lehrerin entstand.

»Beginnen wir mit den Freunden von Victor, Miß Johnston«, schlug Trent vor. »Wir suchen nach einem Jungen, der nachts zum Fischen hinausfährt. Möglicherweise ist er dabei allein.«

Vorsichtig umriß er das Bild des Jungen und sprach dabei absichtlich mit ausdrucksloser Stimme. Er konzentrierte sich auf die Bleistiftspitze, um jede Konfrontation mit ihr zu vermeiden. »Es muß sich um jemanden handeln, der Bleak Cay so gut kennt, daß er auch nachts ein Skiff durch das Riff zu steuern vermag. Da er sich innerhalb der Lagune aufhielt, war er wahrscheinlich auf Langustenfang. Erst zog er den Piloten aus dem Flugzeug, dann zur Küste. Danach begab er sich zu dem Flugzeug zurück, barg die aus zwanzig Kisten bestehende Ladung und versteckte sie. Wir können also davon ausgehen, daß er sehr entschlossen und mutig ist. Er hat Victor das Versteck nicht verraten, also ist er auch verschwiegen. Vielleicht haben wir es mit einem Einzelgänger zu tun, dafür spräche auch sein Alleingang am Riff.«

»Jacket«, sagte sie ruhig. »Der jetzt in Nassau ist.«

Da sie sich absolut sicher zu sein schien, fragte Trent nicht nach. Auf der Unterlage vermerkte er den Namen.

»Er war kein Freund von Vic«, fuhr sie fort. »Für sein Alter ist er ziemlich klein. Victor stellte ihm nach. Er war der Dorfschläger. Jedes Jahr gewann er Pokale beim Boxen, und sein Vater ist groß und stark, deshalb unternahm niemand etwas gegen ihn. Jacket hat keinen Vater.«

Bezeichnend für sie war, daß sie auf der Seite des Schwächeren stand, unabhängig davon, ob sie ihn mochte oder nicht. Aber sie war ernsthaft um ihn besorgt. Ihre nur mühsam beherrschte Stimme verriet, daß sie kurz davor war, die Nerven zu verlieren.

»Das tut mir leid«, sagte Trent. Gerne hätte er mehr gesagt, aber ihm fehlten die richtigen Worte.

Seine Unfähigkeit bot ihr ein Ventil für ihre Angst. »Sitzen Sie nicht einfach nur herum, sondern unternehmen Sie etwas. Dazu sind Sie schließlich hier.«

Trent warf Skelley einen Blick zu.

»Wut hilft uns nicht weiter«, stellte Skelley fest. »Der Junge ist der Schlüssel zu Kokain im Wert von einer Million Dollar, das auf Bleak Cay versteckt ist. Ein Constable verdient zweihundert Dollar im Monat, ein Detective dreihundert und ein Sergeant vierhundert. Sagen Sie mir, wem ich trauen kann und wie ich diese Tatsache vor denen geheimhalten kann, denen ich nicht traue. Eine Gruppe von Leuten sucht bereits nach ihm, und wenn ich in Nassau anrufe, kann ich Ihnen ein weiteres Dutzend Männer aus dem Drogengeschäft nennen, die binnen weniger Minuten Bescheid wissen. Die werden dann auf eigene Rchnung unterwegs sein und den Jungen jagen. Vielleicht bleibt er durch ein Wunder bis Sonnenuntergang am Leben.«

Durch die Luken des Salons sah Charity ein mit Außenborder betriebenes Skiff, das in Richtung des Riffs an ihnen vorbeifuhr. Die Bugwelle schlug gegen den Backbordrumpf der *Golden Girl*.

»Informieren Sie die Dorfbewohner«, sagte sie. »Sie werden das Kokain finden. Und dann verbrennen Sie es.«

»Das habe ich bereits mit Trent besprochen«, gab Skelley zurück. »Aber diese Drogenhändler gehen kein Risiko ein. Möglicherweise weiß der Junge etwas. Sie werden ihn töten.

Seine einzige Chance besteht darin, daß wir ihn zuerst finden. Seit anderthalb Tagen war er nicht mehr zu Hause. Wir wissen, daß er in Nassau ist, dadurch haben wir einen kleinen Vorsprung. Die anderen können nur jemanden darauf warten lassen, daß der Junge irgendwo auftaucht.«

Trent zog auf der Unterlage einen Kreis und verband ihn mit Jackets Namen. »Warum haben die Kerle noch nicht mit seiner Mutter gesprochen?«

»Sie arbeitet tagsüber im Haus von Mister Winterton«, antwortete Skelley.

»Und nachts geben sie Ruhe?«

»Auf Bleak Cay haben sie alles vermasselt. Möglicherweise warten sie darauf, daß die schweren Jungs einfliegen.«

»Möglicherweise ...« Trent gefiel der Gedanke nicht. »Wissen wir, wann die Mutter Geburtstag hat?«

»Am Montag«, sagte Skelley.

»Hast du sie gefragt, was er ihr kaufen will?«

»Sie wußte es nicht.«

Beide Männer wandten sich Charity zu, aber sie antwortete mit einem Kopfschütteln.

»Wie will er nach Green Creek zurückkommen?« fragte Trent.

»Mit dem Postschiff am Samstag«, erwiderte Charity. »Wenn Jacket keine Mitfahrgelegenheit findet und genügend Geld hat, dann nimmt er die *Captain Moxey* nach Kemps Bay. Sie läuft um zwölf Uhr von den Docks bei Potter's Cay aus.«

»Wir sollten in Erfahrung bringen, wieviel Geld er bei sich hat«, meinte Trent.

»Der Däne in Congo Town weiß es bestimmt. Dort haben Jacket und Dummy ihren Fang dem Emerald Palms verkauft.«

»Dummy?«

»Das ist Jackets Freund«, erklärte Charity. »Dummy ist ein gehörloser sechzigjähriger Mann, eine Art Vaterfigur für den Jungen. Außerdem ist er auch mein Freund.« Mit einem leichten Achselzucken wollte sie die Bedeutung der letzten Bemerkung herunterspielen, aber ihre unruhigen Hände auf der lackierten Tischplatte verrieten sie. Sie verschränkte die Finger, um das Zittern unter Kontrolle zu bekommen. »Ich fahre mit ihm zum Riff hinaus. Jacket benutzt sein Skiff. Er ist nicht hier, wahrscheinlich hat er Jackets Fang nach Congo Town gebracht.«

»Am Morgen nach dem Flugzeugabsturz?«

Sie nickte. »Er ist der beste Großfischer auf Andros. Manchmal bleibt er dort oben, um Gäste anzuleiten.«

Dias, dachte Trent, übereinandergeschichtete Dias, die zusammen ein Bild des Jungen und seines Hintergrundes ergaben. Als Fotografin fungierte Charity, die ihm gegenübersaß und unerschütterlich und entschlossen wirkte. Ihre langen Wimpern verliehen ihr eine trotzige Arroganz, wenn sie die Augen niederschlug. Aber innerlich zerriß es sie fast, dessen war er sich sicher. Er stellte sich vor, wie der Junge starb, sah seinen Schmerz und den Mörder, der sich über ihn beugte.

In der Nacht auf Dienstag mußte der Mörder eine Panne mit seinem Boot gehabt haben. Nur so war zu erklären, warum die Empfänger der Ladung nicht rechtzeitig in Bleak Cay angekommen waren. In eine Spalte trug Trent die Tage ein und ergänzte dann weitere Informationen:

Montag nacht	Flugzeugabsturz. Jacket findet den Piloten und vergräbt das Kokain.
Dienstag vormittag	Jacket informiert Victor, segelt anschließend mit Dummy nach Green Creek. Nachmittags wird Victor auf Bleak Cay ermordet.
Mittwoch	
Donnerstag	
Freitag	
Samstag	Postboot?
Sonntag	
Montag	Geburtstag der Mutter

Mittwoch und der größte Teil des Donnerstags – zwei Tage, an denen nichts vorgefallen war. Oder sie hatten den Jungen bereits erwischt, vielleicht auch seinen Freund Dummy. Vielleicht ...

Er warf einen Blick auf Charity. Sie sollte nicht alle Hoffnung verlieren.

»Miß Johnston«, sagte er, »mein einziges Ziel besteht darin, Jackets Leben zu retten. Ich weiß nicht, wie er aussieht, deshalb brauche ich Ihre Hilfe. Die Kerle wissen, daß er sich in Nassau aufhält, sonst hätten sie seine Mutter ausgefragt. Und inzwischen haben sie sich wahrscheinlich in zwei Gruppen aufgeteilt: Eine versucht, ihn in Nassau zu fangen, die andere lauert ihm hier auf. Sicher beobachten sie seine Mutter, um zu sehen, ob ihr jemand Fragen stellt. Green Creek ist zu klein, um einen Fremden einzuschleusen, also könnte es sich um einen Einheimischen handeln. Wenn sie Jacket in Nassau zu fassen kriegen, dann werden sie ihn nach Bleak Cay zurückbringen. Sollten sie herausfinden, daß wir von der Ermordung Victors wissen, müssen sie davon ausgehen, daß wir die Insel bewachen lassen. In diesem Fall werden sie den Jungen wahrscheinlich töten und die Sache aufgeben.«

Er schwieg für einen Moment. »Wir müssen uns von der Insel fernhalten und auch von Jackets Mutter«, sagte er dann. »Sie kann ihnen ohnehin nichts erzählen, was sie nicht schon wissen, folglich ist sie in Sicherheit.«

Rasch erhob er sich, ging zum Kartentisch und studierte die Karte von Andros. Er mußte die *Golden Girl* abseits der häufig befahrenen Gewässer verstecken. An der Westküste befanden sich hauptsächlich Mangrovensümpfe, nur vereinzelt Siedlungen. Im Bereich der Great Bahama Bank, die sich über zweihundert Kilometer von der Tongue of the Ocean bis zum Floridakanal hinauf erstreckte, waren die Gewässer geschützt und selten tiefer als sechs Meter. Hier gab es die besten Tauchmöglichkeiten.

»Miß Johnston, ich möchte, daß Sie an Land gehen«, sagte Trent. »Bringen Sie an der Tür zur Schule eine Nachricht an, auf der steht, daß morgen schulfrei ist. Nehmen Sie Ihre Taucherausrüstung und Ihre Kameras mit, und für Nassau benötigen Sie Kleider zum Wechseln. Lassen Sie sich nichts anmerken, wenn Sie jemandem begegnen. Zeigen Sie höchstens eine gewisse Verärgerung über Skelley, der Ihnen nicht rechtzeitig mitgeteilt habe, daß er einen Freund mitbringe, mit dem Sie ein paar *blue holes* an der Westküste erforschen sollen. Lassen Sie beiläufig fallen, daß die *Golden Girl* bei angehobenen Kielschwertern einen Tiefgang von nur fünfundsechzig Zentimetern habe, so daß wir den Weg über Middle Bight nähmen. Sagen Sie, daß Sie Dummy als Führer gerne dabeigehabt hätten, er aber nicht auffindbar sei. Das ist gleichzeitig eine Erklärung für Skelleys Besuch bei Jackets Mutter.«

Skelley setzte Charity an der Küste ab. Ein Skiff schob sich längsseits neben die *Golden Girl*, und Trent plauderte mit dem Fischer. Der redselige alte Mann hielt zwischen den Füßen eine Flasche Bacardi-Rum, die in einer Papiertüte steckte.

Trent fragte ihn nach der Westküste und den *blue holes*. »Diese Lehrerin – Skelley behauptet, sie sei eine gute Führerin.«

Brummend brachte der Alte sein Mißfallen zum Ausdruck. »Sie ist nicht von hier, weiß alles besser. Hält sich für was Besseres. Wenn sie mit Dummy rausfährt, macht sie von allem Fotos und will nachher die Namen wissen. Aber 'ne gute Taucherin ist sie«, gab er zu, obwohl es ihm nicht zu gefallen schien. Er kratzte sich hinter dem linken Ohr und spuckte seitlich über den Bootsrand. »Ja, Mister, sie ist 'ne gute Taucherin, das muß ich zugeben. Aber nicht so gut, um zu kriegen, was sie will«, fügte er grinsend hinzu und ließ Trent sehen, daß ihm drei Schneidezähne fehlten. »Sie will an die Universität, aber sie lassen sie nicht. Darum ist sie Lehrerin in Green Creek. Hat in Jamaika studiert und verdient vierhundert Dollar im Monat. Das machen die Fischer auch, ohne je in ein Schulbuch gesehen zu haben. Und dann kommt sie in die Bar und erzählt uns, daß wir nicht auf dem Korallenriff ankern sollen. Mister, das Riff ist dreihundert Kilometer lang, und wir Bahamer werfen dort seit Christoph Kolumbus unsere Anker aus, ohne was kaputtzumachen. Diese Frau« – er spuckte wieder aus – »mischt sich in alles ein.«

Er griff nach der Flasche, nahm einen kräftigen Schluck und grinste Trent an. Seine Augen funkelten listig. »Sie kommt nicht mehr in die Bar, die Lehrerin. Mag nicht, daß die Männer mit ihr reden, wie sie nun mal reden.« Er schielte zum

Ufer, wo Charity soeben ihre Taucherausrüstung im Zodiac verstaute. »Bei all der Bildung, die sie hat, mag sie die Männer nicht. Jedenfalls sagen das alle. Kann's selber nicht mehr ausprobieren, bin zu alt dafür. Aber früher, das waren tolle Zeiten.« Er lachte wiehernd, nahm einen erneuten Schluck aus der Flasche und stellte sie zwischen seine Füße zurück. Als erinnerte er sich an die tollen Zeiten, rieb er sich die Hände. Er sah, wie Skelley das Zodiac vom Ufer abstieß, und warf kurz den Kopf hoch. »Vorsicht, Mister, die Lehrerin mag es zwar nicht, daß man Fische harpuniert, aber wenn Sie ihr zu nahe kommen, dann durchbohrt sie Sie mit ihrer Harpune, ohne mit der Wimper zu zucken.«

13

Für Señor Perez waren Leibwächter so unentbehrlich wie für einen Londoner der Regenschirm. Der Mestize kannte sein eigenes Land gut, und seine Feinde entdeckte er schneller als seine Freunde. Sein Vertrauen war nur schwer zu gewinnen, er witterte es sofort, wenn etwas nicht stimmte. Im Grunde genommen war er ein Landmensch, eher ein Bauer als ein Geschäftsmann. Auf die Bahamas war er mit Jesus Antonio geflogen, weil der Gringo, Steve, in dessen Verantwortungsbereich lag.

Um ihre Papiere hatten sich Jesus Antonio und sein Bankier hier auf den Bahamas gekümmert. Sie hatten Perez versichert, daß er auf den Inseln sicher sei und daß es nur auffalle, wenn er sich mit seinen Männern umgäbe. Deshalb hatte er eingewilligt, sich ohne Begleitung und unbewaffnet von dem bahamischen Bootsführer des Bankiers zum Treffpunkt bringen zu lassen – welche Gefahr konnte ihm schließlich von einem Schulfreund des jungen Xavier de Fonterra drohen?

Steve lauschte dem Geräusch eines hoch drehenden Dieselmotors, das sich der anderen Seite der Sandbank näherte. Klatschend fiel der Anker ins Wasser, und der Motor heulte auf, als der Skipper den Stahlhaken in den Grund trieb. Steve widerstand dem Impuls, die Düne hinaufzusteigen und nachzusehen, wie viele Männer auf dem Boot waren. Es hätte Verdacht erregt.

Über den Sand kamen knirschende, schwere Schritte auf ihn zu. Steve war bereit. Er wußte, welches Bild er bot, als er sich im Sitzen umdrehte und den Hang hinaufsah – nackt, mit gelb durchtränkten Verbänden, im Gesicht einen benommenen Ausdruck, als hätte er einen Schlag auf den Kopf bekommen oder stünde unter Drogen.

Der Mestize starrte auf Bobs Leiche hinunter. Dann sah er Steve an.

»In der Nacht, als das Flugzeug landete, hat er das Boot kaputtgemacht«, sagte Steve. »Anschließend zündete ein Junge in seinem Auftrag die Lampe an der falschen Stelle an. Als wir schießlich hinkamen, überwältigte und fesselte er mich und ließ mich den ganzen Tag in der Sonne liegen. Unterdessen versteckten er und der Junge die Ladung.« Er hob die Arme für den Fall, daß der Mestize nicht erkannt hatte, daß er die Verbände wegen eines Sonnenbrandes trug.

Der Kolumbianer drehte die Leiche um. Dann nahm er eine von Bobs Händen und untersuchte die plumpen Finger mit den ewig ölverschmutzten Nägeln. Steve erinnerte sich, daß er Bob einmal draußen bei den Hamptons dabei beobachtet hatte, wie er ein Sandwich aß. Damals hatte er sich bei dem Anblick der schwarzen Ränder vor dem weißen Brot fast übergeben müssen. Der Kolumbianer ähnelte ihm, klobige Hände, wuchtige Schultern, grobe Gesichtszüge. Seltsam, wie körperliche Arbeit die Menschen veränderte, dachte Steve. Wie Hunde, die ihren Besitzern immer ähnlicher wurden.

»Kannten Sie ihn gut?« fragte der Kolumbianer.

»Ja, einige Jahre lang hatten wir hin und wieder miteinander zu tun. Er reparierte meine Autos, wenn sie defekt waren.«

Der Kolumbianer nickte. »Er ist ein *peon*, genau wie ich«, sagte er. »Ich habe mich einverstanden erklärt, mit Ihnen zusammenzuarbeiten, Señor, weil Sie früher mit Xavier befreun-

135

det waren. Meine Familie steht tief in der Schuld der Familie de Fonterra. Keine Geldschulden, Señor, sondern Schulden in Form von Loyalität, die viele Generationen zurückreichen.«

Anscheinend beunruhigte ihn die Ruger nicht, die Steve nun unter seinem Gesäß hervorzog. »Ich verachte Sie zutiefst, Señor, aus allertiefster Seele.«

Steve erschoß ihn. Dann feuerte er eine Kugel in Bobs Leiche, genau in die Austrittswunde des ersten Projektils hinein, und legte die Finger des Mestizen um den Griff der Handfeuerwaffe. Die Austernfischer waren beim ersten Schuß aufgeflogen und kreisten kreischend in der Luft.

»Keine Sorge«, erklärte Steve ihnen, »euch geschieht nichts.«

Er zog sein Hemd von der Reling, riß es in Streifen und wickelte einen der Streifen um sein linkes Handgelenk. Dann setzte er sich hin und wartete.

Nur ein Mann kam über die Düne, ein Bahamer. Ein paar graue Locken lugten unter seiner Schirmmütze hervor. Es war eine jener Kappen mit weißem Deckel, die britische Jachtbesitzer trugen. Sein kurzärmeliges weißes Hemd war mit Schulterklappen besetzt, dazu trug er weiße Shorts mit weit ausgestellten Beinen. Lediglich die Maschinenpistole und die Umsicht, mit der er sich näherte, unterschieden ihn von anderen bahamischen Bootsführern. Ein ehemaliger Soldat, schätzte Steve ihn erleichtert ein. Ein Profi, der kaum in Panik geraten und vorschnell einen Fehler begehen würde.

Steve hob die Hände.

Der Bahamer war weniger vertrauensselig als der Kolumbianer. »Auf die Füße und ein paar Schritte zurück«, befahl er. »Ganz langsam ... Und jetzt sagen Sie mir, was passiert ist.«

Steve wies mit dem Kinn auf Bob. »Er hat die Ladung, die wir erwarteten, unterschlagen. Dann fesselte er mich und ließ mich in der Sonne braten.«

»Hm ...«

»Schließlich brachte er mich hierher, immer noch gefesselt. Er hat mich erst kurz bevor der Latino kam losgebunden, damit alles wie echt aussieht. Falls ich mich rühren würde, drohte er, mich umzubringen.«

»Und natürlich haben Sie keinen Finger gekrümmt ...«

»Um erschossen zu werden? Wem hätte das geholfen?

»Ihm«, antwortete der Bahamer und deutete auf den Kolumbianer. Er zog Steves Hose von der Reling und ließ sie ihm in den Schoß fallen. »Ziehen Sie sich an.«

Er entleerte die Taschen des Mestizen und schlug den Inhalt in ein weißes Taschentuch. Dann tat er dasselbe bei Bob. »Wem gehört das Boot?«

Steve zeigte auf Bob.

»Und Sie fahren es?«

»Ich weiß, wie man den Motor startet und wie man steuert. Mit Navigation kenne ich mich nicht besonders aus.«

»Bringen wir sie an Bord.«

Sie zogen die Leichen an das Boot heran, wobei der Bahamer den größten Teil der Arbeit verrichtete. Dann hoben sie sie zunächst in das Cockpit von Steves Boot und anschließend in die Kabine hinunter. Der Bahamer inspizierte die Kabine und nickte. »Diese neuen Boote sind verdammt schwer zu versenken.«

Er warf die Kopfkissenbezüge an den Strand und zog die Bezüge von den Matratzen. Dann füllte er die Kissenbezüge zur Hälfte mit Sand und hob sie wieder an Bord. Steve entleerte den Inhalt in die Matratzenbezüge, die am Fuß des Aufgangs zum Deck liegengeblieben waren. Der Bahamer war erst zufrieden, als beide Matratzenbezüge und die Kissenbezüge randvoll Sand waren.

»Ich fahre um die Insel herum und komme hier vorbei«, sagte er. »Sie folgen mir, aber halten Sie Abstand. Wenn wir durch die Riffpassage sind, biegen Sie seitwärts ab, damit keiner auf die Idee kommt, daß wir zusammengehören.«

Während die Sonne hinter dem Horizont versank, lag ein goldener Schimmer auf dem Meer. Steve rückte seine Ray-Ban-Brille zurecht und folgte dem Boot des Bahamers durch die Riffpassage. Er nahm seinen Hut ab und ließ sich vom Wind die Haare zerzausen. Es fühlte sich gut an, und er empfand die gleiche Zufriedenheit mit sich und der Welt wie damals, als er in der Dominikanischen Republik nachts die

Mädchen im Wagen des Deutschen spazierengefahren hatte. Auch jetzt überkam ihn das Gefühl, alles im Griff zu haben. Er warf einen verächtlichen Blick auf die beiden leblosen Körper am Fuß der Treppe.

Die beiden Motorboote fuhren aus dem flachen Wasser aufs offene Meer hinaus und trennten sich. Bei Einbruch der Dunkelheit drehte der Bahamer wieder bei und ließ einen Seeanker ins Wasser, um nicht allzuweit abzutreiben. Die beiden Boote lagen längsseitig nebeneinander. Das Quietschen der Plastikfender, die zwischen den Schiffsrümpfen zusammengepreßt wurden, erinnerte Steve an das Geräusch von Kreide auf einer Tafel – wie damals, wenn er für seine Kollegen in der Bank mit flinken Strichen Diagramme von Währungsfluktuationen aufgezeichnet hatte.

Der Bahamer war damit beschäftigt, die Versenkung des Bootes vorzubereiten. Treibstoff auf der Meeresoberfläche würde einen Fischer oder eine vorbeifahrende Jacht anlocken, deshalb leerte er zuerst die Tanks ins Meer. Bis zum Morgengrauen wäre von dem Benzin nichts mehr zu sehen. An einem Dutzend Stellen hackte er Löcher ins Deck. Dann zertrümmerte er die Bullaugen und durchbrach entlang des Schiffsrumpfes die innere Schale, so daß Wasser in den luftgefüllten Hohlraum sickern konnte. Jedes Werkzeug war ihm recht, sogar die Eisbox. Alle paar Minuten hielt er inne, damit Steve im Cockpit lauschen konnte, ob sich ein Boot näherte. Schließlich lud er die beiden Anker der Bertram und eine kurze, schwere Ankerkette auf Steves Boot um und brachte das schwimmbare Material wie Matratzen, Fender und Holzdielen auf die Bertram.

»Das dürfte genügen«, sagte er.

Steve stieg auf die Bertram hinüber, während der Bahamer Löcher in den Boden des anderen Bootes hackte. Als der Skipper wieder am Aufgang zum Cockpit erschien, stand ihm das Wasser schon fast bis an die Knie. Er schwang sich zu Steve hinüber und warf die Leinen los. Vom Cockpit der Bertram aus beobachteten sie, wie das Sportboot langsam im Meer versank. Als das Deck überspült wurde, stiegen ein paar große Blasen auf, dann war es verschwunden.

Der Bahamer warf den Motor an. »Mit dem Sonnenbrand bleiben Sie besser in der Kabine.« Er sprach stets höflich, aber wie alles, was er sagte, kam auch dieser Rat einem Befehl gleich. Ein Stunde später legten sie an einem kurzen weißen Ponton an. Ein Tor führte zu einem Pfad aus Korallenplatten, zwischen denen Thymian wuchs. Der Bahamer pfiff, und am Tor erschienen zwei Rottweiler.

»Halten Sie sich in meiner Nähe«, warnte er und führte Steve den Pfad zwischen blühenden Kakteen und Oleander entlang. Als New Yorker war Steve keine Hunde gewöhnt, ihr Japsen und das Tappen ihrer Pfoten in seinem Rücken machten ihn nervös.

Das Anwesen wurde von Halogenlampen angestrahlt. Über die kurzgeschorene Rasenfläche von ungefähr einem halben Hektar zu beiden Seiten des Pfades verteilt standen Meertraubenbäume und große Fächerpalmen. Aus einem Dutzend Rasensprenger drang ein leises Zischen, die Luft war kühl und frei vom Salzgeruch des Meeres. Es duftete nach den weißen Blüten der Frangipani-Bäume und Jasminsträucher.

Auf einer künstlichen Anhöhe stand das Haus; in seiner näheren Umgebung befanden sich keine Pflanzen, direkt davor breitete sich ein großer Swimmingpool aus. Trent hätte sofort erkannt, daß so einerseits für ein freies Schußfeld gesorgt war und andererseits der Swimmingpool als zusätzliche Barriere diente.

Links und rechts des weißen Flachbaus erstreckten sich Seitenflügel, in der Mitte lag eine riesige, überdachte Terrasse, die in einen offenen Wohnbereich mündete. Große weiße Liegen und Armsessel waren so plaziert, daß man über den Pool und den Rasen hinweg auf das Meer blicken konnte. Auf den polierten Terrakottafliesen standen zahlreiche grünglasierte, edle thailändische Vasen mit blühenden kleinen Zitrusbäumen darin.

Ein bahamischer Butler kam ihnen um den Pool herum entgegen und begleitete Steve zur Terrasse. Er trug eine schwarze Krawatte, ein weißes Hemd, schwarze Hose, schwarze Schuhe und ein weißes Jackett. Sein Haar war vom gleichen Grau wie das des Skippers, und er strahlte die gleiche Würde aus, hinter der sich Wachsamkeit verbarg.

Auf der Terrasse warteten zwei Männer. Der ältere von beiden nippte an einem Mineralwasser. Er war dunkelhaarig, von südländischem Typ, in den Fünfzigern und offensichtlich bei guter körperlicher Verfassung. Außer leichter Kleidung aus Baumwolle trug er eine goldene Armbanduhr und teure italienische Hausschuhe.

Der jüngere wirkte tuberkulös. Er hatte eine beginnende Glatze und trug einen billigen Anzug mit zerschlissenem Hemd darunter. Nachdem er sich als Jesus Antonio vorgestellt hatte, bat er Steve, in einem der Sessel Platz zu nehmen. Nur er sprach – amerikanisches Englisch mit leichtem Lispeln. Er redete Steve mit Vornamen an und ging die Ereignisse auf Bleak Cay und der Sandbank noch einmal mit ihm durch. Zuerst dachte Steve, daß er nur der Dolmetscher wäre, aber er wandte sich kein einziges Mal an seinen Begleiter. Er ließ Steve in dessen Tempo erzählen und verlangte nicht mehr Einzelheiten zu erfahren, als der andere freiwillig preisgab. Angesichts der Tatsache, daß die Leichen auf dem Meeresgrund lagen, war Steve zuversichtlich, als er seine Geschichte mit der ausführlichen Beschreibung eines Kampfes zwischen Bob und dem Mestizen abrundete.

»Dann hat sich Ihr Mann um das Boot gekümmert und mich hierher gebracht«, schloß er.

Jesus Antonio nickte und rief leise nach dem Butler. »Einen Drink, Steve? Was hätten Sie gern?«

»Rum mit Cola.«

»Eine Scheibe frische Limone?«

»Das wäre wunderbar.« Steve war nicht nervös. Er hatte viele Präsentationen vor Bankkunden hinter sich gebracht und wußte, daß sein Bericht die beiden Männer beeindruckt hatte.

Das hypnotisierende Geräusch der Rasensprenger und das leise Rauschen der Wellen, das über die Rasenfläche heraufdrang, vertieften sein Wohlbefinden noch. Mit klirrenden Eiswürfeln und einem schweren eckigen Glas auf dem silbernen Tablett kam der Butler zurück. Steve dankte ihm. Auf der dunkelbraunen Oberfläche des Getränks schwamm ein frisches Minzblatt, die Limone war hauchdünn geschnitten. Der Drink enthielt mehr Rum, als Steve gewollt hatte, und er nippte zurückhaltend an dem Glas. Der ältere Mann nahm ein Buch vom Tisch. Jesus Antonio hustete in ein sauberes Taschentuch und wischte sich die Lippen ab, bevor er das Taschentuch zusammenfaltete und in seine Brusttasche zurücksteckte.

Allmählich begann das Schweigen auf Steve zu lasten, und er nahm noch einen kleinen Schluck. Das Eis fühlte sich an seiner Zunge kalt an. Auf dem Rasen bellte einer der Rottweiler einmal aus tiefer Kehle. Steve sah zum Pool hinüber. An den Rändern erzitterte das Wasser und schien auf das frischgemähte Gras quellen zu wollen. Dann erregte der außerordentlich klare Sternenhimmel seine Aufmerksamkeit, bis sein Blick auf einen bestimmten Stern tief im Süden fiel. Aus den Rändern des Sterns schlugen Flammen – kleine goldene und zinnoberrote Zungen, die ihn an die Schnäbel der Austernfischer erinnerten. Er fühlte sich sehr müde, und das Glas wog schwer in seiner Hand, als er es erneut an die Lippen hob.

Leise sagte Jesus Antonio etwas, und der Butler kam über die Terrasse heran. Er nahm ihm das Glas ab. Ohne sein Glas fühlte sich Steve verloren. Groß und leer lagen seine Hände auf seinen Knien. Er war allein, ganz allein. Niemand verstand ihn. Als er durch Tränen hindurch zu dem hellen Stern aufsah, fiel der Stern plötzlich vom Himmel – er stürzte ins Bodenlose. Dann regneten auch alle anderen Sterne vom dunklen Firmament herab. Zuerst einer nach dem anderen, dann in großen, gleißenden Lichtgarben, bis keiner mehr übrig war. Plötzlich war der Himmel von absoluter Schwärze, nicht einfach nur dunkel, sondern überwältigend schwarz. Die Schwärze vibrierte, stülpte sich um und wölbte sich mit fließenden Rändern auf ihn zu.

Er wich zurück und preßte sich tief in den Sessel, aber die Schwärze kam immer näher. Leise wimmerte er.

»Hab keine Angst, Steve«, sagte eine sanfte Stimme. »Sieh mich an, dann wird dir nichts geschehen. Sieh mich an.«

Er sah den jungen Mann in dem billigen Anzug an – Jesus Antonio. Der Kolumbianer hatte sich einen Stuhl mit senkrechter Rückenlehne aus dem Eßzimmer geholt und saß dicht vor Steve, die Knie links und rechts von dessen Beinen. Er nahm Steves Hände in seine. Die dunklen Augen blickten sanft und verständnisvoll.

»Erzähl mir alles, Steve. Erzähl mir, wie es geschehen ist. Fang bei der Bank an ...«

Mit einem Mal saßen zwei Steves im Sessel. Sein wahres Ich konnte nur untätig beobachten, wie sein anderes Ich weinend Jesus Antonios Hände umklammerte und ihm alles erzählte. Zuerst berichtete er von der Geldwäsche, der Begegnung mit Xavier in Bogotá, dem Treffen mit dem Mestizen bei der Texaco-Tankstelle und davon, wie er das Winterton-Haus gefunden und gemietet hatte. Dann, wie er das Boot gekauft und daß Bob es von Port Lauderdale aus heruntergebracht hatte, warum sie Bleak Cay ausgesucht und wie das Boot eine Panne gehabt hatte. Das zerschellte Flugzeug, die Fußabdrücke des Jungen im Sand, und daß Bob ihn auf der Insel zurückgelassen hatte.

Als er von der brennenden Sonne, dem toten Piloten und den Möwen erzählte, kam die Angst zurück. Wieder fühlte er sich ganz allein. Sie hatten ihm alles genommen, alles, wofür er gearbeitet hatte, und ihn schließlich einsam, schutz- und hilflos auf der kargen Insel zurückgelassen.

Weinkrämpfe schüttelten ihn, und Jesus Antonio nahm ihn tröstend in die Arme. »Erzähl es mir«, flüsterte der Kolumbianer beruhigend, die Lippen dicht an Steves Ohr. Er wiegte ihn sanft hin und her wie ein Kind. »Erzähl mir, was geschah, als der Junge kam, Steve ...«

In einen See aus Licht getaucht, existierten nur noch sie beide. Dahinter lauerte die Schwärze.

»Du kannst es mir erzählen«, drängte Jesus Antonio. Seine Stimme klang sanft, freundlich und ungemein verständnisvoll. »Sei tapfer, Steve. Vertraue mir ...«

Die Schwärze erzitterte. Sie würde ihn verschlingen, wenn er etwas sagte. Sie würde ihn aus sich selbst heraussaugen, würde so lange an ihm saugen, bis im Sessel nichts mehr von ihm übrigbliebe als eine vertrocknete Hülle aus Haut. Er wand sich aus Jesus Antonios Armen, stieß ihn vor die Brust, von sich weg. Der Kolumbianer hustete in sein Taschentuch, ein weißes Taschentuch. Plötzlich ergossen sich breite scharlachrote Ströme aus dem weißen Taschentuch über Steves Knie und liefen an seinen Beinen hinab. Sie schwollen an, stiegen immer höher und erreichten seine Beine, seinen Schoß, seine Hände und seine Arme. Wie das Wasser das sinkende Boot überflutet hatte, überfluteten sie ihn. Wild und verzweifelt um sich schlagend, versuchte er aufzustehen, aber ein Paar Hände legten sich auf seine Schultern und hielten ihn im Sessel fest.

»Sieh mal, Steve.«

Auf der roten Flut schwamm der Junge. Zunächst klein, aber dann wurde er größer und so rot wie die Welle, auf der er trieb. Er lag nackt auf einer Fläche aus schimmerndem Stahl. In seinem Körper steckten grelle Pfeile. Über den Pfeilen schwebten riesige Buchstaben.

Ein Dröhnen erfüllte Steves Ohren, und er fiel mit bleierner Schwere in ein tiefes schwarzes Loch, in einen bodenlosen Abgrund. Der junge Kolumbianer ergriff seine Hände und hielt sie fest. Er fühlte, wie sich ihrer beider Arme dehnten, dann löste sich das Fleisch von Jesus Antonios Händen, noch während er sich daran klammerte. Wenn er losließe, wäre er für immer verloren. Das Dröhnen und die Schwärze zogen ihn nach unten.

Jesus Antonio rief nach ihm. »Sag es mir, Steve. Erzähl mir von dem Jungen.«

»Ich habe ihn getötet«, schrie Steve, und in das Loch hinein fiel ein Lichtstrahl. Er schrie es noch einmal, und das Licht wurde heller. Dann erfaßte ihn eine heiße Welle der Wut. Er schwamm mit ihr und ließ sich von ihr nach oben tragen, bis er wieder in seinem Sessel saß. Abgehackt spuckte er die Worte aus, gestand alles: daß er den Jungen getötet und daß Jacket das Kokain gestohlen hatte, daß Bob ihn verraten wollte, und wie er ihn und den Mestizen erschossen hatte.

Als er geendet hatte, streckte er sich erschöpft im Sessel aus. Er fühlte einen Stich in seinen Arm und sah nach unten. Eine Nadel glänzte. Dann schlief er ein.

14

»Lächeln Sie«, schlug Trent vor. Er drückte Charity eine eis-kalte Dose Heineken in die Hand, während sie vom Zodiac aus ins Cockpit der *Golden Girl* kletterte. »Sie dürfen sogar ein bißchen lachen. Schließlich soll es so aussehen, als amüsierten Sie sich.«

Er nahm Skelley ihre Taschen ab und hob sie an Bord. Die Tauchausrüstung wog schwer, und er stellte sie vorsich-tig auf den Teakholzboden des Cockpits. Fast ganz Green Creek hatte sich am Strand versammelt. Es blieb nur noch eine halbe Stunde Tageslicht, und er wollte, daß die Dorf-bewohner sahen, wie der Katamaran Kurs auf Middle Bight nahm. Früher war er oft zusammen mit Skelley gesegelt.

»Jetzt nur keinen Fehler machen«, sagte er zu dem Chief Superintendent, nachdem sie das Schlauchboot an den Davits befestigt hatten. »Wir wollen ja nicht, daß die einheimische Polizei zum Gespött der Leute wird.«

Die beiden Männer standen für einen Augenblick am Bootsrand und prüften den Wind und die Strömung, bevor sie sich dazu entschlossen, statt des kleineren das größere Klüversegel zu hissen. Das in Baumwolle eingeschlagene Se-gel hing wie eine weiße Rolle am straff gespannten Fockmast aus rostfreiem Stahl.

Zuerst lichteten sie den Hauptanker und rollten das Tau auf, bevor sie vorsichtig die Kette und den Anker über das makellose Weiß der Bordwand hoben.

»Den zweiten Anker lichten wir beim Lossegeln«, erklärte Trent, zu Miß Charity gewandt. »Wenn Sie sich unterdessen um das Klüversegel kümmern könnten ...«

»Er möchte gern, daß es lässig aussieht«, spöttelte Skelley vom Fuß des Mastes aus. »Damit die Inselbewohner richtig beeindruckt sind.«

Skelley hißte das Großsegel, während Trent im Cock-pit stand, eine Hand am Ruder, die andere am Schot des Großsegels. Skelley sprang auf das Seitendeck hinunter und schlenderte nach vorne, um die Warpleine zu nehmen.

»Los«, sagte Skelley, und versetzte der Leine einen scharfen Ruck, so daß die Buge des Katamarans nach steuerbord schwangen.

Trent zog am Schot und fing die Brise leicht im Großsegel, so daß die Jacht hinter den Anker getrieben wurde.

Skelley wickelte die Leine rasch auf. »Anker gelichtet«, rief er, als der Haken aus dem Sand freikam.

Trent gab ihm zehn Sekunden Zeit, um die Kette und den Haken zu verstauen. Der Strand war weniger als siebzig Meter entfernt, als Skelley langsam über das Deck auf der Backbordseite zurückkam und an die Takelage zum Heben und Senken des Seitenschwerts trat.

Trent bedeutete ihm, das Schwert zu senken. »Klüversegel bereit?« fragte er Charity ruhig.

Sie nickte.

»Klar zur Wende!« befahl er und warf das Ruder herum. »Jetzt«, rief er in ihre Richtung, während die Buge der *Golden Girl* durch den Wind schwangen.

Als Charity die Winsch drehte, gaben die Verschnürungen aus Baumwolle, die das Klüversegel hielten, sofort nach. Der Wind erfaßte das Segel und öffnete es, bis es straff wie ein Trommelfell gespannt war. Der Katamaran schien unter dem zusätzlichen Schub vorne abzuheben. Schnell rauschte das Wasser an den langen, schlanken Rümpfen vorbei, die nur zwei dunkle Linien im tiefen Grün des Meeres zurückließen. Hinter der weißen Brandungslinie, die den offenen Ozean markierte, war der Himmel bereits dunkel. Achtern, hinter der zarten Silhouette von South Andros, stand als letzter Überrest des Sonnenuntergangs ein blaßroter Streifen am Horizont.

In der Schule hatte sich Charity davon abgestoßen gefühlt, wie schnell andere Mädchen für ein bißchen Romantik ihre Würde aufgegeben hatten. Hinter dem koketten Gekicher und Geflüster hatte meist ihre Bereitschaft gestanden, sich dem Willen der Jungen zu unterwerfen. Und die vielen Stunden, die sie damit verbrachten, ihre Haare zu glätten und formen, bis ihre Frisuren denen der Frauen glichen, die sie im Fernsehen und in Modemagazinen sahen, waren ein deutliches Zeichen dafür, daß sie ›weiß‹ mit ›gut‹ und ›schwarz‹ mit ›schlecht‹ assoziierten. Ihre Vorbilder waren weiße Schauspielerinnen und weiße Mannequins. Charity war schon damals entschlossen, sich nicht anzupassen, und vermied es, enge emotionale Bindungen einzugehen. Jetzt war sie überrascht, wie groß ihre Angst um Jacket war. Um diesem Gedanken aus dem Weg zu gehen, zwang sie sich, über den Engländer nachzudenken.

Sie war auf das übliche männliche Gehabe gefaßt gewesen, das alle Skipper, mit denen sie gesegelt war, an den Tag gelegt hatten: gebrüllte Befehle, aus denen entweder Wut oder Panik herauszuhören waren. Daß dies auf Trent nicht zutraf, brachte sie aus dem Konzept. Noch irritierter war sie, als Trent sie aufforderte, das Steuer zu übernehmen, und sie anschließend allein ließ, ohne ihr Anweisungen zu erteilen oder zu prüfen, ob sie der Aufgabe tatsächlich gewachsen war.

Sie drehte die Ruderpinne nach backbord und steuerbord, um ein Gefühl für das Steuer zu bekommen. Erwartungsgemäß hätte sie jetzt eine Bemerkung darüber hören müssen, daß sie nicht Kurs hielt. Sie hatte auch schon eine passende Antwort parat. Aber er war bereits die Treppe zum Salon hinuntergestiegen und in der Kombüse verschwunden.

Plötzlich spürte sie, daß sie ihn haßte. Es war kein unbestimmtes Haßgefühl, das sie empfand, sondern ein ganz persönlicher Haß auf ihn. Die Gründe dafür waren ihr klar: seine arrogante Selbstbeherrschung, der Panzer, hinter dem er sich verbarg, und das Vortäuschen von Gefühlen hinter diesem Panzer, obwohl er in Wahrheit einer Maschine glich – einer Tötungsmaschine, wie er selbst gesagt hatte. Ein weiterer Beweis für seine Arroganz. Außerdem war da noch seine Gleichgültigkeit ihr gegenüber oder zumindest seine Weigerung, auf ihre Abneigung zu reagieren. Sie haßte seine Weigerung, auf *irgend etwas* zu reagieren. Auch das erinnerte sie an eine Maschine – eine durch und durch männliche Maschine, weiß, überlegen, arrogant.

Arrogant.

So arrogant, daß es ihm vollkommen gleichgültig war, was sie dachte oder fühlte.

Sie fragte sich, wieviel Geld ihm die Polizei für seine Hilfe bezahlte. Wenig konnte es nicht sein, dazu mußte man sich nur die Jacht ansehen. Die Ausstattung war vom Feinsten und alles an Bord brandneu, Takelage, Segel, Farbe und Lackierung.

Was bezahlte man für einen Mord?

Sie überlegte, ob sie Skelley fragen sollte.

Der große, schlanke Chief Superintendent stand vorne auf der Querstrebe aus Aluminium, die die beiden Rümpfe des Katamarans miteinander verband. Mit einer Hand hielt er sich am Fockstag fest, mit der anderen schirmte er die Augen ab, während er das Meer nach Fischern in unbeleuchteten Skiffs absuchte.

Charity verachtete Polizisten. Anstatt Gesetz und Volk zu dienen, waren sie korrupte Werkzeuge einer korrupten Regierung. Die meisten waren dumm und unfähig, gerade intelligent genug, um auf Straßenkreuzungen den Verkehr zu regeln. Dafür sprach beispielsweise die Tatsache, daß Skelley den Engländer hatte anheuern müssen. Trotz seiner Hautfarbe war Skelley selbst zur Hälfte Engländer. Seine Erziehung und Ausbildung waren englisch, sogar seine Uniform war ein Überbleibsel der Kolonialzeit, genau wie die Royal Bahamian Constabulary.

Schon der Name rief Widerwillen in ihr hervor. Royal Bahamian Constabulary – Dummköpfe in weißen Tropenhelmen, die in Touristen Erinnerungen an die gute alte Zeit wachriefen und ihnen ein Gefühl von Sicherheit vermittelten, wenn sie auf ihrem Einkaufsbummel die Bay Street entlangschlenderten. Und wenn es um die Unterwerfung von Menschen in irgendeiner Form ging, dann war Trent der geeignete Mann, der ideale Sklavenhalter. Das steckte hinter seiner Arroganz: seine Verachtung für Schwarze. Eine Verachtung, die durch seinen jetzigen Auftrag nur noch vertieft wurde. Sie durchschaute ihn. Sie wußte genau, wer er war und woher er kam.

Trent schnitt einen Laib Schwarzbrot auf, den er seit seinem letzten Backtag im Kühlschrank aufbewahrt hatte. Das Licht in der Kombüse war heruntergedreht, damit die nächtliche

Sicht an Deck nicht beeinträchtigt wurde. Nachdem er Sandwiches zubereitet hatte, füllte er die Kaffeemaschine und brachte das leichte Abendessen ins Cockpit hinauf.

Charity hatte ihre Arme entlang der Ruderpinne ausgestreckt. Mit gespreizten Beinen, die bloßen Füße flach auf dem Boden, saß sie breitschultrig auf dem Deck. Nur mit Mühe hätte ein Bildhauer ein besseres Modell zur Darstellung von weiblicher Kraft und Kompetenz finden können. Dennoch kam ihm ihre feindliche Ausstrahlung vor wie ein dichter Nebel, durch den er sich blindlings und führerlos einen Weg bahnen mußte.

Aber welche Richtung er auch nahm, es würde immer die falsche sein. Ob er sie anlächelte oder eine unbewegte Miene aufsetzte; ob er ihre aufgerichteten Brüste bewunderte, deren Spitzen sich durch den dünnen Stoff ihres schwarzen Sweatshirts abzeichneten, oder ihre muskulösen, straffen Schenkel, die im schwachen Licht aus der Kombüse glänzten; oder ob er sie vollkommen ignorierte – es wäre in jedem Fall das Falsche.

Er beabsichtigte nicht, seine alten Verführungskünste hervorzukramen, um eine weitere Täuschung zu begehen, selbst wenn er sie dadurch für sich hätte gewinnen können. In den achtzehn Jahren seiner Infiltration terroristischer Gruppen hatte er oft genug geschauspielert. Achtzehn Jahre auf des Messers Schneide, in ständiger Gefahr, jede noch so kleine Änderung im Tonfall oder im Gesichtsausdruck hätte ihn verraten können. Dazu das permanente Risiko, von einer anderen Operation erkannt zu werden. Nie hatte er seine wahren Gedanken offenlegen dürfen, immer hatte er nur gespielte Gefühle gezeigt. Vollwertiges Mitglied einer verschworenen Gemeinschaft, dennoch durch seinen Auftrag isoliert.

Um zu überleben, hatte er sich eine so absolute Selbstbeherrschung auferlegt, daß seine wahren Gefühle tief unter dem Narbengeflecht seiner Furcht vergraben worden waren. Selbst wenn er sie jetzt wieder hätte hervorholen wollen – der Prozeß, sie zu befreien, würde zu lange dauern. Das alles wußte er und akzeptierte es, auch wenn es ihm nicht gefiel. Es war wie ein Vorhang, der sie trennte und der noch vor dem Nebel ihrer Aggression hing.

Trent nutzte diesen Vorhang effizient, aber ohne Freude. Ein großer Teil seiner Gedanken war bei dem Jungen, Jacket. Ein Junge ohne Vater.

Trents Vater hatte Selbstmord begangen. Als Trent acht Jahre alt gewesen war, hatte er eines Tages im Büro des Rennstalls vorbeigeschaut, den sein Vater für einen Scheich im Persischen Golf verwaltet hatte. Zusammengesunken hatte er seinen Vater am Schreibtisch sitzend vorgefunden, den alten Webley-Revolver der britischen Armee in der Hand. Er war dem flehenden Blick seines Vaters begegnet und hatte gewußt, daß er ihn hätte retten können. Sich ihm in die Arme werfen, ihm all seine Liebe zeigen – zwischen ihm und seinem Vater hatten drei Meter polierten Steinbodens gelegen.

Die Intensität des Schmerzes und der Verzweiflung in den Augen seines Vaters war zu furchteinflößend gewesen. Trent war geflohen. Er hatte sich in der Ecke einer leeren Pferdebox verkrochen und sich selbst umklammert. Fast wäre er vor Angst, Verlassenheit und Schuld selbst vergangen. Eine Stunde, nachdem der Schuß über den Reithof gehallt war, entdeckte ihn ein Stallbursche dort.

Sechs Monate vergingen, bis seine Mutter mit ihrem alten Jaguar-Cabriolet gegen eine Betonmauer prallte, die in einer Kurve am Ende einer mehr als fünfundsiebzig Kilometer geradeaus verlaufenden Wüstenstraße lag. Jahre später hatte Trent erfahren, daß seine Mutter unter einem krankhaften Zwang, Geld auszugeben, gelitten hatte und daß sein Vater von den Konten, die er verwaltet hatte, Geld unterschlagen hatte, um ihre Exzesse zu decken. Zuerst das britische Kavallerieregiment, das es ihm gestattet hatte, unter Verzicht auf seinen Offizierstitel auszutreten, um einen Skandal zu vermeiden. Dann folgten mehrere Jockey-Clubs, Polo-Clubs und Rennställe. Schließlich die Kugel, die er sich in den Kopf jagte ...

Trent hatte im Zuge des Abstiegs seiner Eltern viele Sprachen gelernt und Kenntnisse über Pferde und Boote erworben. Sein Adoptivonkel und rechtlicher Vormund, Colonel

Smith, der ihn später für den Geheimdienst rekrutierte und sein Führungsoffizier wurde, hatte ihn auf die angesehensten englischen Privatschulen geschickt. Mit dem Ergebnis, daß er gesellschaftlich zwischen allen Stühlen saß.

Sein Akzent wies ihn als Mitglied der britischen Oberschicht aus, doch bekam er deren wohlerzogene Mißbilligung für die Fehler seines Vaters zu spüren. Weil er nicht dazugehörte, fiel es ihm leichter, ihre Fehler zu erkennen: die Klassenvorurteile, der Glaube an die angeborene Überlegenheit, Antisemitismus und Rassismus, die Ignoranz und das Mißtrauen gegenüber der Welt außerhalb der eigenen engen Grenzen.

Wenn er später darüber nachdachte, wurde er sich bewußt, daß es Zeiten gegeben hatte, in denen er leicht zum Verräter hätte werden können. Oft erschienen ihm die Gründe, aus denen die Terroristen töteten, einleuchtender als die Interessen der Gesellschaft, die er verteidigte. Schließlich war Colonel Smith ihm gegenüber mißtrauisch geworden und hatte sich seiner entledigen wollen. Er sollte in einem Hinterhalt in South Armagh durch die SAS getötet werden.

Dagegen hatte Trent die Methoden der Terroristen immer verabscheut, ihren kalkulierten Einsatz von Gewalt gegen Unschuldige. Im Verlauf der Jahre war seine Abneigung gegen Gewalt so stark geworden, daß er schließlich Gewalt an sich verabscheute. Zu oft hatte er erlebt, daß Ziel oder Ausmaß falsch gewählt waren und daß sich die Auswirkungen nicht rückgängig machen ließen.

Durch diesen wachsenden Haß gegen Gewalt war er in den Augen des Colonels verdächtig geworden, denn der setzte selbst nicht weniger auf Brutalität als die Terroristen.

Es hatte sich immer deutlicher abgezeichnet, daß Trent in naher Zukunft vor einem Untersuchungsausschuß des Senats zu den Missionen, die er für die Leute in Langley während des Kalten Krieges ausgeführt hatte, würde aussagen müssen. Zu viele Karrieren standen auf dem Spiel, Karrieren der alten Garde des Geheimdienstes, der Kämpen des Kalten Krieges. Trent mußte zum Schweigen gebracht werden.

Er hätte bei der Operation umkommen sollen. Obwohl er

verwundet wurde, überlebte er durch ein Zusammenspiel von Instinkt und Glück. Sein Führungsoffizier gab nicht auf und versuchte es erneut während Trents letzter Mission in Mittelamerika.

Als er jetzt mit den Fingerspitzen über die Narbe auf seinem Oberschenkel fuhr, fühlte Trent die weichen Ränder des Kraters, den eine Kugel, die er sich in Armagh eingefangen hatte, hinterlassen hatte.

Er sah über das Cockpit hinweg Charity Johnston an, und in seinen Ohren klangen die vertrauten Worte von Colonel Smith. »Bring sie mir, Pat.« Sie war genau der richtige Typ. Bisher hatte sie Glück gehabt. Glück, daß sie nicht den richtigen Anwerber getroffen hatte. Die meisten Menschen schützte nur das Glück vor der Katastrophe – mit Ausnahme der Reichen, die sich mit ihrem Geld den normalen Zwängen und Verführungen entzogen und deren Anwälte im Notfall immer zur Stelle waren.

»In ungefähr einer halben Stunde?« fragte er ruhig, um ihr die Illusion der Entscheidung zu vermitteln.

Doch so leicht ließ sie sich nicht täuschen.

Er ging nach vorne, um Skelley auf seinem Wachposten abzulösen. Als er auf der Querstrebe stand und sich über das Wasser beugte, spürte er einen Moment lang die Versuchung, in die Dunkelheit hinabzutauchen und zu entfliehen. Vom Fogstag drang ein leises Summen, und über dem brausenden Zischen des Meeres unter den Rümpfen hörte er den Wind, der an der hinteren Kante des Klüversegels zerrte. Er griff nach dem Mast, um nicht das Gleichgewicht zu verlieren, und seine Hand berührte die von Skelley.

»Haben wir einen Zeitplan?« fragte der Polizist.

»Für dich?«

Skelley nickte. »O'Brien hatte schon einen ganzen Tag, um mich von dem Fall abzuziehen.«

»Erst müssen sie dich mal finden.«

»Das werden sie. Dann gibt es keinen festnehmenden Beamten. Und dann?«

Trent antwortete nicht.

Nur Skelleys Kopf war zu sehen, als er sich nach vorn

beugte und um die Vorderkante des Klüversegels herum nach unten schaute. Der Ärger straffte seine Gesichtszüge, so daß die Falten verschwanden. Wie schwarze Seen lagen seine Augen tief in den dunklen Höhlen verborgen. Die Ähnlichkeit mit einem körperlosen Schädel war so extrem, daß Trent schauderte und plötzlich an den gefolterten und ermordeten Jungen von Bleak Cay denken mußte.

Die Furcht hatte den Mörder vollkommen verunsichert, so daß er unberechenbar geworden war. Nun gab es für ihn kein Zurück mehr. Auch ein weiterer Mord würde ihn nicht abschrecken. Er war so gefährlich wie ein in die Enge getriebenes Wild. Gefährlich und bösartig.

»O'Brien wird sie finden.« In Skelleys Stimme schwang bereits die Niederlage mit. Der Große Bruder, dachte Trent. Er fühlte Charity Johnstons Gegenwart hinter ihnen im Cockpit. Skelleys beinahe totale Machtlosigkeit wäre ein weiterer Schlag für sie. Wieviel konnte sie noch ertragen, bevor sie aufgab? Jackets Tod mochte das Faß zum Überlaufen bringen.

Welcher Gruppe würde sie sich anschließen? In Gedanken stellte er eine Liste auf. Dann sah er die lange Reise ohne Wiederkehr, die unweigerlich mit ihrer Beseitigung durch einen geheimen Agenten enden würde. Vielleicht geschähe es auf einer Lichtung im Dschungel, in einem Lager in der Wüste oder einem sicheren Vorstadthaus mit Kühlschrank und Farbfernseher. Jedenfalls würde es sich kurz vor Tagesanbruch ereignen. Sie nähme nur einen Schatten hinter einem Mündungsfeuer wahr, wenn die Kugeln ihren Schlafsack durchschlügen.

»Bring mir wenigstens den Mörder.« Skelley rief wieder das altbekannte Bild in ihm hervor – Trents Führungsoffizier, der ein Bild auf den Schreibtisch warf. »Bring ihn mir, Pat.«

Der Junge war wichtiger. Trent weigerte sich zu glauben, daß er bereits tot oder in ihrer Gewalt war. Obwohl alles darauf hinwies. Schon seit zwei Tagen gab es kein Lebenszeichen von ihm. Und dann war da noch Charity. Sie hatte ein persönliches Interesse, nichts, was Skelley verstehen oder teilen konnte. Die Teile fügten sich zu einem Ganzen zusammen.

Wie alles ablaufen würde. Jacket, ein Junge ohne Vater. Der Junge mußte tapfer sein, und sie mußten ihn finden.

Trent seufzte, als er sich dem Polizisten zuwandte. »Der Junge wird Samstag abend in Kemps Bay erwartet. Am Sonntag ist er wieder zu Hause – das heißt, wenn wir ihn nicht finden und ihn die anderen nicht zuerst aufstöbern.«

»Sonntag abend?« fragte Skelley.

»Schätze ich. Ich werde versuchen, sie zur Schule in Green Creek zu locken.«

Trent hatte in gegenüberliegenden Ecken des Cockpits große Kissen an die Trennwand zur Kabine gebunden. In dem schwachen Licht, das aus dem Salon fiel, sahen die Umrisse wie menschliche Gestalten aus. Jeder vorbeifahrende Fischer würde bestätigen, daß er eine Crew von drei Personen auf dem Katamaran gesehen hatte, das Gerücht würde schnell von Dorf zu Dorf die Runde machen.

Unterdessen saßen Charity und Trent einander im Zodiac gegenüber. Die Dunkelheit nahm zu, je weiter sie die *Golden Girl* hinter sich in der Nacht zurückließen. Jenseits des Katamarans war Andros zu erkennen, ein paar Lichter tief unten an der Küste, die Spitzen der Pinien wie schwarzer Schaum am Horizont.

Östlich von ihnen warnte sie die Brandung vor den Wellen des Atlantik, die sie bei der Überquerung der Tongue of the Ocean auf dem Weg nach New Providence zu kreuzen hatten. Hier innerhalb des Riffs war die See ruhig, die Brise sanft. Ein fliegender Fisch fiel klatschend ins Wasser zurück, und eine hohe, ärgerliche Frauenstimme drang vom Ufer herüber.

Trent warf den Yamaha-Motor an und lenkte die Spitze des Zodiacs nach Norden in Richtung Congo Town. Wegen der kühlen Nachtluft war der Druck in den Luftkammern gesunken, und Trent hatte sie erneut gefüllt, bevor er das Schlauchboot zu Wasser gelassen hatte. Jetzt waren sie prall gefüllt, und das Boot schoß mit dreißig Knoten über das Wasser. Durch die Dunkelheit wurde der Eindruck von Geschwindigkeit noch verstärkt. Wie auf der Flucht schienen sie dahinzurasen. Der akustische Kokon, den das tiefe Brummen des Außenborders bildete, wurde nur vom scharfen Aufklatschen des Bootsbodens auf das Wasser durchbrochen.

Die Hotelanlage Emerald Palms war Jackets Geldquelle und wurde möglicherweise beobachtet, daher setzte Trent das Schlauchboot einen guten Kilometer außerhalb der Ortschaft auf den Strand.

»Ich bin kein Krüppel«, sagte Charity scharf und stieß seine Hand weg. Sie wechselten ihre Kleider hinter den Bäumen, ordneten ihre Haare und liefen dann in ungeselligem Schweigen den Strand entlang. Absurderweise würden die Hotelgäste sie für ein Liebespaar halten. Zum Teufel mit ihnen, dachte Trent.

»Wir sollten so tun, als ob wir einander mögen«, sagte er, als sie die Hotelhalle betraten. Er nahm ihren Arm und führte sie lächelnd an die Rezeption.

»Ist Henrik da?« fragte er den Rezeptionisten, als wären er und der Hotelmanager alte Freunde.

Der Rezeptionist erwiderte, daß er ihn holen lasse, und Trent spielte den befangenen, verlegenen Briten. »Könnten wir vielleicht in seinem Büro warten?« fragte er schüchtern.

Als sie in dem Büro allein waren, starrte Charity ihn wütend an. »Sie sind wirklich ein perfekter Schauspieler.«

Fast hätte er erwidert, daß er nur versuchte, das Leben des Jungen zu retten. Aber ihren Ärger weiter zu schüren würde dem Jungen nicht helfen.

Er mußte ihr näherkommen, sie besänftigen. Seine eigene Unfähigkeit, nicht ihr Zorn ließen ihm die Worte in der Kehle steckenbleiben, bevor er sie aussprechen konnte. Sie drehte sich zum Fenster um, und ihre muskulösen Schultern bildeten einen Block vor dem schimmernden Pool. Die hochstehenden Haare und die dunkle Hautfarbe verstärkten ihre Andersartigkeit, setzten einen Akzent, der die natürliche Feindschaft zwischen ihnen unterstrich.

Wie Hunde, die ihr Revier abgrenzten, hatte er beim Anblick von Skelley und O'Brien in Andersons Hotelzimmer gedacht. Hier mit Charity lief er eher Gefahr, in die Rolle einer ängstlichen Hündin zu verfallen, die schwanzwedelnd vor dem Leithund des Viertels auf dem Boden robbte.

Die Tür ging auf. Auf dem Gesicht des Managers breitete sich Überraschung aus, als er sich einem Fremden gegenübersah.

»Es tut mir leid, daß wir so bei Ihnen hereinplatzen«, sagte Trent, bevor die Überraschung in Verärgerung umschlagen konnte. »Wir suchen nach Jacket Bride. Miß Johnston unterrichtet an der Schule von Green Creek, und wir haben Neuigkeiten von seinem Vater. Es ist sehr wichtig«, drängte er sanft. Er nahm eine Visitenkarte aus der alten schweinsledernen Brieftasche mit goldenen Ecken, die zuerst seinem Vater und dann seinem Führungsoffizier gehört hatte. Die Karte gemahnte an Erfolg oder Betrug. Oberhalb des Namens seiner Agentur – Abbey-Road-Ermittlungen, Niederlassungen in Kyoto, Tokio, Singapur, Hongkong und Nassau – mit der vornehmen Adresse in der Shirley Street war sein Name eingraviert.

Offenbar hatte der Manager schon von Trents Geschäften gelesen oder gehört, vielleicht hatten Gäste über ihn geredet. »Sie sind der Versicherungsagent. Schiffsversicherungsbetrug . . .«

»Ein Gefallen für eine kleine Agentur in Florida«, log Trent geschickt. »Sein Vater liegt im Krankenhaus. Wir haben ein Flugticket für den Jungen.«

»Mein Gott . . .« Die Sorge des Managers war echt. »Aber ich bin erleichtert, daß er nicht in Schwierigkeiten steckt. Der Constable von Green Creek war schon vor Ihnen hier – kein sehr intelligenter Mann. Er behauptete, daß der Junge die Schule schwänze. Ich sagte ihm, das sei Unsinn. Jacket ist ein guter Junge und sehr verantwortungsbewußt. Einer unserer Gäste hat ihn nach Nassau mitgenommen. Er will ein Bett für seine Mutter kaufen.«

Dann schilderte ihnen der Hotelmanager, wie er Jacket geraten hatte, zuerst zur Royal Bank zu gehen und anschließend in der East Bay Street nach einem Bett zu suchen.

15

Mit kleinen Schaumkronen rollten die Atlantikwellen von Norden heran. Trent lenkte das Schlauchboot im Winkel von vierzig Grad in die Wellenberge und nahm auf den Wellenkämmen Gas weg. Die Vorsicht war angebracht, damit das leichte Boot nicht von einer plötzlichen Böe erfaßt und umgeworfen wurde. Oben auf den Wogen schien das Zodiac einen Moment lang in der Luft zu schweben, bevor es schlingernd in das schwarze Wellental hinabtauchte, während sich vor ihnen bereits die mächtige Wand der nächsten Welle auftürmte.

Von den Wellenkämmen aus sahen sie die Leuchttürme von New Providence blinken, im Norden den bei Great Point und im Süden den in Vincent Harbour. Hinter den Lichtern hing eine dichte Wolkenbank niedrig am östlichen Horizont und verdeckte die Sterne. Unter ihnen befand sich der ozeanische Graben, der nur Schwärze und Tod barg – 1800 Meter Wasser zwischen ihnen und dem Grund.

Zum einen, um das Boot zu stabilisieren, zum anderen zu ihrer Sicherheit hatte er darauf bestanden, daß sich Charity nach vorne auf den Boden legte. Hinauf, Pause, hinunter, so ging es in einem fort, mit höchstens fünfzehn Knoten, fast fünfzig Kilometer weit, zwei Stunden lang. Er durfte nicht einen Moment lang entspannen, bevor sie die Leeseite der Insel erreicht hatten. Als die Wogen niedriger wurden, gab er mehr Gas. Endlich wurde das Meer ruhiger, und er fuhr mit Vollgas auf einen abgelegenen Strand zu, an dem sich ein Freund von ihm, ein Fischer, eine Hütte gebaut hatte.

Während sie auf dem Boden des Zodiac gelegen hatte, war eine alte Wut in Charity aufgestiegen. Wie alle anderen hatte auch er das Kommando über sie übernommen. An Land angekommen, beobachtete sie, wie er seine verkrampften Muskeln streckte. Er schwang die Arme nach links und rechts und drehte sich dabei in der Hüfte, dann berührte er ein halbes Dutzend Mal seine Zehen. Für einen Moment dachte sie verwirrt darüber nach, was an dieser Szene nicht stimmte. Als er zwischen den Bäumen verschwand, kam sie darauf: sein absolutes Schweigen.

Sie hörte ein kleines Tier an Holz kratzen, vielleicht eine Katze. Nein, es war der Engländer an der Hüttentür. Ein einheimischer Junge trat neben ihm aus den nächtlichen Schatten. Gemeinsam zogen sie das Schlauchboot an Land und deckten es mit Fischernetzen zu. Wenn die beiden miteinander sprachen, legten sie sich gegenseitig die Arme um die Schultern und flüsterten nahe am Ohr des anderen.

Sie fühlte sich ausgeschlossen und hätte am liebsten vor Wut aufgeschrien. Nur der Gedanke, daß sie damit Jacket gefährden würde, hielt sie zurück. Die Sicherheit des Jungen hing von Trents Geschick ab. Trotz ihrer Antipathie allem gegenüber, was er darstellte, mußte sie seine Fähigkeiten anerkennen. In bewundernswerter Weise hatte er bei dem schweren Seegang das Boot geführt. Weil sie mit Außenbordern und Schlauchbooten vertraut war, wußte sie, welche Konzentration und Muskelkraft dem Fahrer in solchen Situationen abverlangt wurden. Dennoch hatte er während der Überfahrt keine einzige Pause eingelegt. Ebensowenig hatte man ihm die Ermüdung angesehen, die sich in seine Muskeln geschlichen haben mußte. Diese Anzeichen für eine außergewöhnliche Körperkraft irritierten sie. Zu gern hätte sie etwas an ihm zu kritisieren gefunden.

An der Rückwand der Hütte lehnte eine Motocross-Maschine. Die Umstände zwangen sie dazu, die Rolle der Untergebenen anzunehmen. Sie folgte Trent, während er das Motorrad den Pfad zur Straße hinaufschob.

Trent wartete fünfzehn Minuten, bis in der Ferne Lichter sichtbar wurden, die sich rasch näherten. Er hielt sich bereit und bedeutete ihr, auf dem Soziussitz Platz zu nehmen.

Die Scheinwerfer gehörten zu einem Pick-up-Lastwagen. Als der Pick-up vorbeifuhr, startete Trent den Motor und folgte ihm ohne Licht bis an die Abzweigung hinter dem See.

Gut einen Kilometer vor der Stadt hielt er auf dem Seitenstreifen an und stieg ab. »Wir müssen miteinander reden«, sagte er ruhig zu ihr.

157

Er mußte sich ihrer Bereitschaft zur Kooperation versichern. Sein erster Gedanke war, ihr alles zu erzählen, aber sie war zu impulsiv, und er kannte sie nicht gut genug, um ihre Reaktion einschätzen zu können. Da er genau wußte, wie man Menschen manipulierte, hätte er sie problemlos anlügen können. Viele Male hatte er ähnlich wie heute mit möglichen Informanten oder Mitarbeitern im Dunkeln gesessen und sie vorsichtig und behutsam dorthin gebracht, wo er sie für seine Mission haben wollte. Sie umgedreht, wie man im Fachjargon sagte. Seiner Pläne wegen war er dazu gezwungen gewesen, diese Menschen als entbehrlich zu betrachten, seinem kurzfristigen Ziel Priorität einzuräumen. Daß er sie in den sicheren Tod führte, war angesichts der Alternative eines Blutbades durch eine Terroristenbombe ohne Bedeutung gewesen.

Jahrelang hatte ihn sein Führungsoffizier mit Filmsequenzen bearbeitet, die sich in seine Erinnerung eingegraben und ihn vom ersten Mal an mit immer gleichem Grauen erfüllt hatten: eine tote schwangere Frau im Rinnstein, ein völlig entstelltes Kindergesicht, ein zerrissener Teddybär zwischen den Überresten eines abgestürzten Flugzeugs, mit Blut getränkte Stoffetzen vom Kleid eines kleinen Mädchens.

So unschuldig sahen sie aus, die winzigen, schwarzen Kunststoffsplitter, die einmal die Hülle eines Kassettenrecorders gewesen waren, die angesengte Verpackung eines Weihnachtsgeschenks oder die Fetzen einer Pizzaschachtel, in denen jemand Sprengstoff versteckt hatte. Ein aufgerissenes Taxi vor einem Kaufhaus; von Grün und Rot übersäte Leichenteile neben dem ausgebrannten Wrack eines Lastwagens, der in der Bekaa-Ebene Salat und Tomaten für den Markt in Beirut geladen hatte; kleine, verkohlte Gesichter hinter den zersprungenen Scheiben eines Schulbusses.

Wie damals bei ihrer ersten Begegnung im Cockpit der *Golden Girl* spürte er, wie nahe Charity daran war, der fast übermächtigen Versuchung zu erliegen, endlich etwas zu unternehmen, es ihnen zu zeigen, ihnen eine Lehre zu erteilen.

Er überlegte, ob er ihr von der Auslegung der Doktrin der Erbsünde erzählen sollte, die ihn vor vielen Jahren Mönche im Ampleforth College gelehrt hatten: Jeder, ob Mann oder Frau, wurde auf einer schmalen Plattform hoch oben vor einer Rampe geboren. Ein Schritt in Richtung der Rampe, und wäre er auch noch so klein und zögernd, genügte, um in die Verderbtheit zu stürzen. Wie tief man fiel, hing dann nur vom persönlichen Glück oder Pech ab. Es machte keinen wirklichen Unterschied: Nur die fehlende Gelegenheit lag zwischen Adolf Eichmann und einem angesehenen englischen Gutsherrn, der beim Abendessen einen jüdischen Politiker als ›fettes Judenschwein‹ beschimpfte. Genausowenig unterschieden sich die Millionen Deutschen, die angeblich von den Todeslagern nichts gewußt hatten, von den Gästen, die am Tisch des Gutsherrn sitzen blieben.

Vics Mörder war ganz unten angelangt. Jetzt war er dem zweiten Jungen auf den Fersen.

Sie mußte gewarnt werden. »Die meisten Morde passieren innerhalb der Familie«, begann er. »Daneben gibt es noch politische Morde, bezahlte Killer ...«

»Solche wie Sie«, unterbrach sie ihn schroff.

Er zuckte die Achseln. »Wenn Sie so wollen.« Wie sie über ihn dachte, war Nebensache. »Aber dieser Mörder ist anders. Er empfindet für niemanden mehr etwas, nur noch für sich selbst. Daher kommt man nicht an ihn ran. Er wird jeden, der sich ihm in den Weg stellt, genauso kaltblütig und gewissenlos beseitigen, wie er einem Moskito in seinem Schlafzimmer den Garaus macht. Die Amerikaner suchen ihn auch. Ein Mann namens O'Brien, der Leiter der örtlichen Vertretung der DEA, wird alles tun, damit Skelley von dem Fall abgezogen wird. Und er weiß, daß ich beteiligt bin. Sein Einfluß reicht aus, um bei der Einwanderungsbehörde meine Ausweisung zu erwirken, deshalb die Geheimhaltung.«

Er wandte sich ihr zu und wartete darauf, daß sie ihn ansah. Aber sie weigerte sich. Die Knie angezogen, saß sie auf der Erde, das Profil scharf gegen die Lichter der Stadt abgezeichnet. Mit ihren kräftigen Schultern schien sie jede Annäherung abblocken zu wollen.

»Miß Johnston«, versuchte er es dennoch, »wenn es dazu kommt, können Sie allein nichts ausrichten. Dann erzählen

Sie am besten O'Brien, was Sie wissen, und überlassen den Rest der Polizei.«

»Das könnten wir doch jetzt schon tun. Oder sind Sie soviel besser?«

»Wir haben unterschiedliche Prioritäten.« Wieder zuckte er die Achseln. Er fühlte sich unbehaglich wegen seiner mangelnden Loyalität Skelley gegenüber. »Der Chief Superintendent und O'Brien wollen den Mörder. Ich versuche, den Jungen zu retten.« Das mußte sie ihm abnehmen – warum hätte er sonst das Meer überqueren sollen? »Ich muß in mein Büro in der Shirley Street«, fuhr er fort. »Möglicherweise wird es beobachtet, und das muß ich wissen. Ich möchte, daß Sie das Bürogebäude durch die Vordertür betreten. Wenn Sie von der Polizei aufgehalten werden, sagen Sie, daß ich Sie geschickt hätte, um meine Kameras zu holen. Erzählen Sie ihnen, daß ich mit Skelley auf South Andros sei. Schlafen sie dann auf dem Sofa im Büro, und fliegen sie frühmorgens mit Bahamasair zurück nach Kemps Bay.«

»Nicht jeder kann so geschickt lügen wie Sie.«

»Nicht jeder hat die Übung.«

Nachdem er den Ersatzschlüssel für das Büro und den Etagenschlüssel abgenommen hatte, gab er ihr seinen Schlüsselbund. Zwei Häuserblocks von der Shirley Street entfernt ließ er sie absteigen. Seine Route war einfach; er überquerte den Parkplatz des Nachbargebäudes und stieg die Feuertreppe hinauf. Das flache Betondach war um anderthalb Meter höher als das seines Bürohauses. Er beobachtete das Gebäude eine Zeitlang, bevor er nach unten sprang und zum gegenüberliegenden Rand des Daches ging.

Was die Polizei betraf, hatte er recht gehabt. Da er Charity nichts von seinen Plänen erzählt hatte, diskutierte sie furchtlos mit dem Polizisten auf dem Gehweg. In dieser Situation war es von Vorteil, daß sie schnell in Rage geriet. Um so echter wirkte es, als sie von dem Constable empört die Berechtigung zu sehen verlangte, mit der er ihr den Eintritt verwehrte. Ein zweites Paar Schuhe hallte auf dem Beton wider, die Auseinandersetzung wurde lauter, dann hörte er, wie sie einem der Männer eine schallende Ohrfeige verpaßte, und gleich darauf einen zwischen den Zähnen hervorgepreßten Fluch. Trent dachte, daß sie möglicherweise zu weit gegangen war. Aber sie hatte gut gelernt, wie weit sie es bei einer ungefährlichen Konfrontation treiben durfte. Als sie die Tür aufschloß, stieß der Schlüsselbund klirrend an die Glasscheibe.

Trent zog sich vom Rand des Daches an den Versorgungsschacht zurück und stieg einen Treppenabsatz bis vor seine Büroräume im obersten Stock hinunter. Charitys Turnschuhe waren nicht zu hören, aber die Tritte des Polizisten, der sie begleitete, klangen auf dem polierten Marmor wie Gewehrschüsse; deshalb wußte er, daß sie näherkam.

Kaum in seinem Büro, schloß Trent rasch die Tür hinter sich ab. Der Empfangsbereich war mit Teppichboden in beruhigendem Grau ausgelegt. In den Ecken standen einige Zwergpalmen in weißen Hydrokulturtöpfen aus Kunststoff. Auf einer Tischplatte aus geschliffenem Glas, deren verchromte Beine zu den beiden Barcelona-Stühlen und dem dreisitzigen Sofa daneben paßten, lagen Bootsmagazine und Versicherungsperiodika. Den Ehrenplatz zwischen zwei Fotos aus dem Beatles-Film *Help* nahm eine Lithographie von John Lennon an der hellgrauen Wand gegenüber den Fenstern ein.

Durch eine Tür gelangte man in einen Korridor, der zu einem kleinen Badezimmer führte. Eine andere Tür aus Glas stellte die Verbindung zum Büro von Lois her. Ihr Schreibtisch war ordentlich aufgeräumt. Die Einrichtung bestand aus Tweedsesseln, weiteren Beatles-Fotos, einem IBM-Computer, zwei Faxgeräten, Telex, Laserdrucker und einer Reihe von feuerfesten Aktenschränken aus Stahl.

Aus Prestigegründen war die Tür zum Büro des Chefs getäfelt. Trents Büro nahm die Ecke über der Kreuzung von Shirley Street und Bay Street ein und gewährte Ausblick über den Kanal, der New Providence von Paradise Island trennte. Vom Konferenztisch mit den sechs Stühlen aus waren die Mautbrücke und die Jachthäfen zu sehen. Zwei lange, mit Rohseide bezogene Sofas standen einander gegenüber, auf dem Boden lagen Buchara-Teppiche. Trents Schreibtisch bildete eine Platte aus rosa Marmor, darauf standen zwei Telefone und eine Gegensprechanlage. Das war alles. Sein Stuhl war mit einem zur Farbe der Sofas passenden Tweedstoff bezogen. Die Arbeitsgeräte standen auf einem Beistelltisch mit Rollen: IBM Thinkpad 720c in einer Docking-Station mit CD-ROM-Laufwerk und 17-Zoll-Monitor, ein weiteres Faxgerät und ein Satellitenradio von Grundig.

Trents Arbeitgeber, Tanaka Kazuko, hatte auf einer Wohltätigkeitsveranstaltung ein Aquarell von Paul McCartney ersteigert, auf Auktionen bei Sotheby's Federzeichnungen von Yoko Ono und John Lennon. Sie steckten in zueinander passenden Rahmen aus dem 18. Jahrhundert.

Durch eine Seitentür in den Korridor konnte Trent nach draußen gelangen, ohne das Heiligtum von Lois, der Schwester Skelleys, passieren zu müssen. Er öffnete die Tür und lächelte, als er hörte, wie Charity dem Polizisten mit der japanischen Botschaft drohte, falls er es wagen sollte, die Büroräume ohne Durchsuchungsbefehl zu betreten.

»Ungehobelter Nigger«, schimpfte sie, »jetzt reicht's mir aber. Wenn Sie einen Ihrer schmutzigen Stiefel auf diesen Teppich setzen, dann sorge ich dafür, daß die Japaner Ihnen ein Lektion für den Rest Ihres Lebens verpassen.«

Damit schlug sie dem protestierenden Constable die Tür vor der Nase zu.

Mit einem befriedigten Lächeln auf den Lippen marschierte Charity durch das Büro und fuhr sich dabei mit den Fingern durchs Haar. Als sie Trent sah, blieb sie stehen.

Er legte den Finger an die Lippen, schaltete das Radio ein und wählte einen Reggae-Sender. »Ich bin übers Dach gekommen«, sagte er und ging zum Eisschrank, der in ein Eckregal integriert war. »Bier? Coke? Ich kann Ihnen auch Kaffee kochen...«

Als er sich umdrehte, sah er, daß er sie schon wieder gegen sich aufgebracht hatte. Bevor er ihr erklären konnte, daß er seine Absicht vor ihr geheimgehalten hatte, um ihr die Konfrontation mit der Polizei zu erleichtern, wandte sie sich von ihm ab.

Charity war sich bisher über Trents Status nicht im klaren gewesen. Wenn sie sich überhaupt darüber Gedanken gemacht hatte, dann hatte sie ihn für eine Miniaturausgabe von Jack Nicholson in *Chinatown* gehalten, aber nicht für einen Angestellten. Sie sog die Luft ein und rümpfte die Nase über den Geruch nach Geld. Bei einer vulgären Zurschaustellung wäre es ihr möglich gewesen, sich überlegen zu fühlen, aber dies hier glich fast dem Vorzeigebüro aus einer Zeitschrift für Innenarchitektur – eine Art negativ guten Geschmacks, der beeindrucken sollte, ohne jemandes Gefühle zu verletzen. Dagegen hatten die alteingesessenen Rechtsanwälte in der Bay Street, zum Beispiel die Arbeitgeber ihres Vaters, eher eine Vorliebe für gefälschtes, antikes britisches Messing, Leder und Jagddrucke.

Im kühlen Luftzug der Klimaanlage schauderte sie.

»Dort hinten ist eine Dusche«, sagte er, den Korridor entlangdeutend. »Das Wasser dürfte heiß sein.«

Im Safe bewahrte er eine automatische 9-mm-Beretta auf. Manchmal trug er sie auf der *Golden Girl*, aber jetzt hatte er sie seit Monaten nicht mehr benutzt, denn die Seeluft war tödlich für Waffen. Er breitete ein Tuch auf der Marmorplatte seines Schreibtischs aus, zerlegte die Pistole und reinigte sie sorgfältig. Auf der Suche nach Unebenheiten fuhr er mit den Fingerspitzen über alle Flächen.

Sie kam mit nassem Haar aus dem Bad und beobachtete ihn vom Türrahmen aus, während er die Waffe wieder zusammensetzte. Nachdem er den Mechanismus etliche Male geprüft hatte, schlitzte er mit dem Daumennagel eine neue Patronenschachtel auf, füllte das Magazin und ließ es wieder einrasten. Eine Zeitlang hielt er die Waffe in der Hand, um sich wieder an ihr Gewicht zu gewöhnen, und visierte entlang des Laufs den Nachtverkehr auf der Mautbrücke an.

Charity beobachtete, wie er liebkosend über den Stahl strich und spielerisch auf die Autos auf der Brücke zielte. Sie fand es obszön.

»Tolle Sache«, meinte sie. »Peng, peng, du bist tot. Stehen Sie auf alle Waffen, oder ist diese hier etwas Besonderes?«

Er legte die Beretta auf den Tisch und faltete das Tuch darüber zusammen. »Ich werde ein paar Stunden schlafen.«

Sich auf dem Sofa ausstreckend, sah er zu ihr hinüber. Immer noch stand sie im Türrahmen. Bevor sie aus dem Bad gekommen war, hatte sie sich ein Handtuch umgewickelt. Ihr nasses Haar glitzerte, und das Licht brach sich in den Tröpfchen auf ihrer Stirn und auf den Schultern. Wieder hatte sie den beleidigten Ausdruck überlegener Arroganz aufgesetzt. Er nahm an, sie wartete darauf, daß er auf ihre letzte Attacke einging.

»Mein Vater hat sich an seinem Schreibtisch erschossen«, sagte er. Sollte sie damit anfangen, was sie wollte.

Im Dunkeln liegend dachte Trent an die unzähligen Male, die er seine Kindheitserinnerungen in Gedanken durchgegangen war. Seine Eltern hatten nicht den gängigen Klischees entsprochen. Sein Vater, ein irischer Katholik, dunkel, war immer ruhig und gedankenvoll gewesen, seine Mutter, eine große, hellhäutige Engländerin, dagegen ruhelos und impulsiv. Wenn sie einen Augenblick lang nachlässig ausgestreckt in einem Liegestuhl gelegen hatte, dann nur, um im nächsten Moment voller Energie und unternehmungslustig aufzuspringen. Los, Kinder, laßt uns zum Strand gehen, segeln oder reiten, in die Wüste hinausfahren oder den Bazar erforschen! Sie war als Einzelkind aufgewachsen, ein spät erfüllter Wunsch oder ein Unfall. Als sie zur Welt gekommen war, waren ihre Eltern bereits nicht mehr jung gewesen. Sie lebten in einem Apartment in Hampton Court, das sie der Tatsache zu verdanken hatten, daß ihr Vater ein entfernter Verwandter der Königinmutter war. Das gleiche galt für seine Stellung als Diplomat, für die er zwar eine respektable Pension bezog, die aber für seinen aufwendigen Lebensstil kaum ausreichte.

»Sie haben nichts hinterlassen«, hatte Trents Führungsoffizier ihm einmal mit kaum verhohlener Geringschätzung für ihre Sorglosigkeit erzählt. »Noch nicht einmal die Möbel gehörten ihnen.«

Trent erinnerte sich an kein einziges Wort des Streits zwischen seinen Eltern. Ganz im Gegenteil, seine frühen Kindheitsjahre hatte er in einer, wie er heute noch glaubte, Atmosphäre von vollkommener Liebe und Harmonie verbracht. Seine Eltern berührten sich häufig. Immer ruhte der Blick seines Vaters auf seiner Mutter, wenn sie den Raum betrat, ihn durchquerte oder verließ. Sogar beim Reiten suchten seine Augen den Rand des Polofelds oder der Rennbahn nach ihr ab. Er suchte sie und suchte das Lachen, das sie stets begleitete.

Viele Nächte hatte Trent später wachgelegen und versucht, sich zu erinnern, ob in ihrem Lachen eine falsche Note mitgeschwungen hatte, ob es künstlich, zu hoch, nervös oder hysterisch gewesen war.

Und er hatte darüber nachgegrübelt, ob sein Vater sie weniger aus Liebe als vielmehr aus Eifersucht nicht aus den Augen gelassen hatte.

Manchmal konnte er sein Schuldgefühl kaum ertragen – das Empfinden, daß er zu unsensibel und mit sich selbst beschäftigt gewesen war, um die wachsende Verzweiflung seines Vaters zu bemerken.

Er war nicht dagewesen, als seine Mutter sich umgebracht hatte. Das war Teil ihres Handels mit Colonel Smith gewesen: Er bezahlte ihre Schulden, gab Trent ein Zuhause und kam für seine Ausbildung auf. Jahrelang hatte Trent angenommen, daß der Colonel seine Mutter geliebt hatte. Aber in Wirklichkeit hatte seine Liebe Trents Vater gegolten. Als er ihr den Sohn nahm, war es ein Akt der Rache für den Tod des Vaters.

»Er konnte die Schande nicht ertragen«, hatte der Führungsoffizier zu Trent gesagt und ihm damit die Überzeugung eingeimpft, daß er seine Pflicht zu erfüllen habe, unter welchen persönlichen Opfern auch immer.

Jetzt war da dieser Junge, Jacket, der von seinem Vater verlassen worden war. Und die junge Frau, die auf der anderen Couch schlief.

Er stand auf und ging zum Fenster hinüber. Der Himmel bewölkte sich. Noch vor dem Morgengrauen würde es regnen. Falls der Junge noch lebte, mußte er irgendwo hier in der Stadt sein. Aber wo war der Mörder?

Aus der Dunkelheit heraus kam Charitys Stimme. »Es tut mir leid – wegen Ihres Vaters.«

Die Entschuldigung war ihr nicht leichtgefallen, und innerlich dankte er ihr dafür. »Ich habe über den Killer nachgedacht. Sein Alter, seine Nationalität, in welcher Situation er steckt. Er hat eine Million Dollar in Kokain verloren. Wenn es nicht sein Geld ist, wird er unter erheblichem Druck stehen.«

16

Steve erwachte vom Niesen eines Rottweilers unten am Pool. Zuerst hielt er alles für einen Traum: die große überdachte Terrasse, das weiche Licht der Laternen vor dem nächtlichen Himmel, die weißen Sofas und Armsessel, den Duft nach Orangenblüten von den Bäumen in den Keramiktöpfen. Dann sah er auf dem Kaffeetisch den Kassettenrecorder stehen. Unter dem Recorder glänzte eine Fotografie. Seine Erinnerung kehrte zurück, und mit ihr beschlich ihn Panik.

Sie hatten ein weißes Badetuch über das Sofa gebreitet, damit die Brandsalbe an seinen Armen keine Flecken darauf verursachte. Allein dieses Detail nahm ihm jede Hoffnung auf Flucht. Wie gelähmt vor Furcht vor dem Recorder und der Fotografie, erkannte er allmählich, daß sie nichts dem Zufall überlassen hatten. Der Tisch befand sich zwar weit genug entfernt, daß er ihn nicht im Schlaf hätte umstoßen können, aber nahe genug, um die Tasten zu bedienen, ohne vom Sofa aufstehen zu müssen. Ein engmaschiges Netz bedeckte einen Krug mit verdünntem Limonensaft auf einem silbernen Tablett neben dem Recorder. Das dazugehörige Glas stand umgedreht.

Sein Kopf war klar. Seine Arme waren frisch verbunden, Mund und Hals ausgetrocknet. Als er sich aufsetzte, um das Glas zu füllen, fiel sein Blick auf die Fotografie. Es war der Junge im Leichenschauhaus. Pfeile zeigten auf die verschiedenen Wunden; alle waren mit Buchstaben bezeichnet. Es gab jedoch keinen Hinweis auf ein Messer.

Als er weiche Schuhsohlen über die Fliesen schlurfen hörte, blickte er auf und sah den älteren der beiden Männer die Terrasse betreten. Er hatte sich umgezogen und trug jetzt einen cremefarbenen Pyjama unter einem weißen Morgenrock. Er hielt ein Buch in der Hand, vielleicht dasselbe Buch, und markierte mit einem Finger die Seite, auf der er sich befand. Das Buch, das schwarze Haar und das schmale, dreieckige Gesicht erinnerten an einen Priester, einen jener mächtigen Priester im Vatikan. Steve hatte das Gefühl, unbedingt wissen zu müssen, was der Mann las, und versuchte angestrengt, den Titel auf dem Schutzumschlag zu entziffern.

Seine Absicht war zu offensichtlich gewesen, und der Mann lächelte. Er hob das Buch hoch, so daß Steve den Titel lesen konnte: *Eine gute Partie* von Vikram Seth.

»Charmant, gelehrt und wunderbar informativ«, erläuterte der Mann. »In der Stadt sind die Menschen zu beschäftigt, um große Literatur zu lesen, aber hier auf den Inseln haben wir genug Zeit, um derartige Vergnügen zu genießen.«

Zum ersten Mal hatte er in Steves Anwesenheit gesprochen. Seine Stimme klang weich, der Akzent und die präzise Aussprache wiesen ihn als gebildeten Europäer aus, der Englisch als Zweitsprache erlernt hatte. Mit diesem Menschenschlag war Steve bei vielen Bankkonferenzen zusammengekommen: Skandinavier, Deutsche, Italiener, Spanier, Franzosen. Sie gaben sich liebenswürdig, aber hinter ihrer Höflichkeit verbarg sich der arrogante Glaube an die kulturelle Unterlegenheit der Nordamerikaner.

Der Mann nahm gegenüber von Steve Platz und schlug ein Bein über das andere. Der Slipper balancierte auf seiner Fußspitze. Das Buch lag geöffnet in seinem Schoß, die Arme ruhten auf den Sessellehnen. Steve bemerkte, daß die Nägel seiner langen, feingliedrigen Finger maniküriert waren.

»Ich habe gehört, daß Sie ein Währungsspezialist waren, Mister Radford«, sagte er. »Sie besitzen demnach faszinierende und nützliche Fähigkeiten, aber diesmal scheinen Sie damit eine weniger gute Partie gemacht zu haben.« Sein Lächeln deutete an, daß er sich über das kleine Wortspiel mit dem Buchtitel amüsierte. Mit einem leicht erhobenen Finger wies er auf den Kassettenrecorder auf dem Tisch. Eine Bombe, die auf einen Schlag Steves Leben zerstören konnte.

»Offensichtlich haben Sie sich in eine äußerst schwierige Situation hineinmanövriert«, fuhr der Mann fort. »Für Mord gibt es viele Strafen. Hier auf den Bahamas steht darauf immer noch der Tod durch den Strang. Ein barbarischer Brauch, der von den Briten übernommen wurde.«

Wieder lächelte er sein weltmännisches, überlegenes, selbstbeherrschtes Lächeln. Steve spürte die Macht, die sich dahinter verbarg. Und den Sadismus. Er wollte ihn anschreien, daß sie ihn niemals lebend bekämen, aber ihm fehlte der Mut dazu. Er fühlte sich ausgelaugt. Der jüngere Mann, Jesus Antonio, hatte alles aus ihm herausgeholt und auf Kassette gebannt.

»Wahrscheinlich fragen Sie sich, wer meine Vorfahren waren«, sagte der Mann. »Es waren Kubaner, aber sie lebten in Europa, nicht in dem furchtbaren Miami. Nur Pechvögel und arme Schlucker lassen sich dort nieder – und natürlich der Abschaum aus unseren Gefängnissen.«

Beleidigung folgte Beleidigung. Steve nippte an seinem Glas, konnte aber kaum schlucken.

Hintersinnig lächelte ihn der Kubaner an. »Man muß Castro für seinen Sinn für Humor bewundern. Aber vielleicht erinnern Sie sich nicht? Ihr Präsident bot den Gefangenen der Revolution Asyl an. Der Commandante ergriff die Gelegenheit und verschiffte alle Verbrecher vom kleinen Taschendieb bis zum Sexualstraftäter nach Florida. Es müssen einige Hunderttausend gewesen sein, ein gefundenes Fressen für die exilierten Rechtsanwälte. Aber ich schweife ab ...«

... und du behandelst mich wie einen gottverdammten Dummkopf, dachte Steve.

»Ich bin Rohstoffhändler, Mister Radford. Mein Hauptinteresse gilt Öl. Kokain ist ein amüsantes und einträgliches Nebengeschäft. Wußten Sie übrigens, Mister Radford, daß Drogen, gemessen an der Dollarsumme, der größte Einfuhrartikel der Vereinigten Staaten sind, doppelt so groß wie Erdöl?«

Steve wollte erwidern, daß er diese Zahlen häufig bei seinen Vorträgen über Währungsbewegungen verwendet hatte.

Jeder noch so mickrige Latino haßte die Staaten, aber alle wollten sie die Green Card. Gerne hätte er dem Kubaner diese Statistik an den Kopf geworfen, aber der sprach bereits im gleichen ruhigen, leicht spöttischen Ton weiter.

»Ich beschaffe Kapital, kümmere mich um die Organisation und biete einen Dienst für die Geldwäsche an, Mister Radford. Sowohl im Ölhandel als auch im Kokaingeschäft verstoße ich mit Vergnügen gegen die Gesetze der Vereinigten Staaten. Im Ölgeschäft tue ich es einerseits, indem unter Verletzung des US-Embargos kubanische Ölraffinerien zum Einsatz kommen, und andererseits dadurch, daß Quelle und Ziel von Umsatz und Gewinn verschleiert werden.«

Der Butler erschien mit zwei winzigen Kaffeetassen auf einem schwarzlackierten Tablett. »Sehr freundlich von Ihnen, John«, sagte der Kubaner und bedeutete ihm, Steve zuerst zu bedienen. Das zarte Porzellan erforderte erhebliches Fingerspitzengefühl, und Steve stieg die Schamesröte ins Gesicht, als seine Tasse hörbar auf der Untertasse klapperte.

Nachdem der Kubaner ebenfalls eine Tasse genommen hatte, dankte er dem Butler lächelnd. »John, wenn Sie so nett sein wollen, Mister Valverde mitzuteilen, daß unser Gast wach ist.« Seine Augen glitten zu Steve zurück. »Was soll nun mit Ihnen geschehen, Mister Radford?« fragte er, immer noch sanft lächelnd. »Positiv zu vermerken sind Ihre Skrupellosigkeit und Ihr Einfallsreichtum. Zu Ihren negativen Eigenschaften zählen ein ungebührlicher Mangel an Selbstbeherrschung und die fehlende Loyalität Ihren Partnern gegenüber. Viele sehen in diesen Fehlern den typischen Ausdruck der Mißstände in Nordamerika, wo Verantwortungsbewußtsein und Loyalität durch Versicherungen und Verträge ersetzt worden sind.«

Wieder deutete er auf ihn. »Die Kassette wird uns Ihrer Loyalität versichern, Mister Radford, und Selbstbeherrschung könnten Sie erlernen, indem Sie Ihren früheren Beruf wieder aufnehmen. Wir sprechen darüber, sobald diese unglückliche Geschichte bereinigt ist.« Er sah auf, um Jesus Antonio zu begrüßen. »Da bist du ja. Soeben habe ich Mister Radford meinen Standpunkt erläutert ...«

An Steve gewandt, fuhr er fort. »Jesus Antonio ist eine wichtige Person für mein Geschäft, Mister Radford. Er hat seinen Partnern in Ihrem Land versichert, daß die Lieferung von Señor Perez diese Woche eintrifft. Jetzt ist die Lieferung abhanden gekommen, und er befindet sich in einer prekären Situation. Es ist Ihre Pflicht, die Lieferung wiederzubeschaffen. Sobald Sie diese Aufgabe zu Jesus Antonios Zufriedenheit erfüllt haben, können wir über Ihre zukünftige Anstellung nachdenken. Ab dann befinden Sie sich bei mir in der Ausbildung. Zu Ihrem Glück bin ich ein großzügiger Lehrmeister. Aber Nachlässigkeit bestrafe ich mit unbarmherziger Grausamkeit, und ich kann Ihnen versichern, daß Sie sich nach dem Strick der bahamischen Henker sehnen werden, falls Sie mich jemals verärgern sollten.«

Steve beobachtete, wie er sich aus dem Sessel erhob und zusammen mit Jesus Antonio die Terrasse überquerte. Dabei legte er einen Arm um die Schultern des Kolumbianers. Außerhalb von Steves Hörweite sprachen die beiden Männer eine Weile ruhig miteinander, wobei Jesus Antonio zu allem, was der Kubaner sagte, zustimmend nickte. Obwohl der ältere Mann Anweisungen gab, benahm sich Jesus Antonio ihm gegenüber nicht unterwürfig. Ihre Beziehung zueinander schien eher familiärer Natur, und Steve spürte, daß zwischen den beiden Zuneigung bestand. Er fragte sich, ob sie homosexuell waren. Bei diesen Latinos war so etwas nie so genau zu sagen. Ständig mußten sie sich anfassen, küssen und all den Mist.

Der Kubaner nickte Steve von der Tür zum Wohnbereich aus zu. »Gute Nacht, Mister Radford.«

Steve sah auf seine Rolex. Es war vier Uhr morgens. Der Butler brachte auf einem Tablett ein Glas warme Milch für Jesus Antonio. Der Kolumbianer trat an den Rand der Terrasse und blickte über den Pool und den Rasen auf die Wolkenbank im Osten. Auch er hatte sich umgezogen und trug jetzt statt des zerschlissenen Anzuges eine blaue Baumwollhose mit einer cremefarbenen Safarijacke. Das lichter werdende Haar hatte er glatt nach hinten gekämmt, und er wirkte nun eher wie ein junger Manager als wie ein Angestellter.

Wie um lästige Gedanken abzuschütteln und sich auf eine Arbeit vorzubereiten, zuckte er leicht die Schultern. »Dieser Junge, Jacket«, sagte er und wandte sich zu Steve um. »Würden Sie ihn wiedererkennen?«

»Ich habe Ihnen schon gesagt, daß seine Mutter für mich arbeitet.«

»Er ist in Nassau?«

»Entweder dort oder auf dem Heimweg nach Green Creek.« Steve bemühte sich, freundlich zu sprechen, und lächelte, wie er einen Kunden seiner Bank angelächelt hätte.

»Ich werde Green Creek beobachten lassen«, sagte Jesus Antonio.

Als Steve unter Drogen gestanden hatte, hatte der Kolumbianer seine Schwäche genutzt und ihn gedemütigt. Steve war nicht bereit, ihm das je zu verzeihen. Er fürchtete sich vor ihm, und er haßte ihn, wenn auch nicht mit der Intensität, die ihm die Kraft gegeben hatte, Bob und den Mestizen zu töten. Seine emotionale Energie war erschöpft, so daß sein Haß auf kleiner Flamme köchelte. Aber er war noch da und wartete. Sogar als er unterwürfig lächelte, wußte er, daß seine Kraft zurückkehren und daß er seine Chance bekommen würde. Vielleicht würde es Monate oder gar Jahre dauern, aber trotz seiner Furcht sah er den Weg klar und deutlich vor sich. Er würde wieder Bankier sein, der Bankier des Kubaners. Er würde dessen Vertrauen gewinnen, und ganz allmählich würde ihn sein Wissen immer mächtiger und eines Tages unersetzlich werden lassen.

Mit Blicken schätzte er die Größe der Terrasse ein. Sie maß vielleicht zwölf mal sechs Meter. Der offene Wohnbereich mußte etwa genauso lang, aber tiefer sein. In jedem der Flügel gab es mindestens drei Zimmer. Eines davon war das Arbeitszimmer des Kubaners, obwohl der es wahrscheinlich Bibliothek nannte.

Bedienstete, Swimmingpool, Tennisplatz, Boot.

Es bedurfte nur etwas Zeit, dachte Steve, während er in das Gewand der Macht schlüpfte, als streife er sich bei Barney's einen Anzug zur Anprobe über. Er empfand die behagliche, vertraute Wärme, die ein gehobener Posten verlieh.

Du mußt langfristig planen, warnte er sich selbst. Plane langfristig und sei äußerst vorsichtig.

Zuerst galt es, die Sache mit dem Jungen zu erledigen. Sie würden ihn finden, und diesmal würde nichts schiefgehen. Er mußte kühlen Kopf bewahren. Wenn der Kleine die nötigen Informationen preisgegeben hatte, würden sie ihn beseitigen.

Jesus Antonio kam zurück, eine Golfjacke über die schmalen Schultern gelegt. »Das Boot ist bereit. In Green Creek hält der Constable die Augen nach dem Jungen offen. Wir suchen in Nassau.«

17

Bevor er aufgebrochen war, hatte Jacket seiner Mutter eine Nachricht geschrieben: Sie solle sich keine Sorgen machen, er sei nach Nassau gefahren, um ihr ein Geburtstagsgeschenk zu kaufen. Die Brise vom Ozean war frisch gewesen, und Dummy hatte das Skiff in der Mitte zwischen dem Riff auf der einen und der Küste auf der anderen Seite gehalten. Jacket hatte sich auf die Planken am Fuß des Mastes gelegt, damit man ihn nicht sah. Das rhythmische Rauschen der Brandung, die sich an den Korallen brach, wirkte einschläfernd.

Drei Stunden später erwachte er, vor Angst zitternd, von seinem eigenen Schrei, als die Krallen eines Ungeheuers in die Höhle griffen, in der er sich mit seinem Vater versteckt hielt. Auf dem Boden des Skiffs war es nahezu windstill, und die Sonne brannte auf die geteerten Planken, so daß er in Schweiß gebadet war.

In Green Creek gab es keine Geheimnisse, dafür war der Ort zu klein. Der Koffer des Piloten war Vic in die Hände gefallen, und bald würde jeder von dem abgestürzten Flugzeug wissen. Man würde den Piloten finden, und dann würden sie Jacket tagelang ausquetschen. Sie – das waren die offiziellen Instanzen, die das Leben des Dreizehnjährigen bestimmten: seine Mutter, der Constable, Miß Charity.

Seine guten Absichten wären ihnen gleichgültig, für sie

zählte nur, was dabei herausgekommen war. Wer trug die Schuld? Das war stets ihre erste Frage, soviel hatte Jacket in seinem kurzen Leben schon gelernt.

Beschämt stellte er fest, daß er hoffte, das Geburtstagsgeschenk für seine Mutter würde seine Haut retten, als wollte er das Schicksal bestechen wie die Fischer den Constable, wenn er sie dabei erwischte, daß sie außerhalb der Saison Langusten fingen.

Im Jachthafen des Emerald Beach Resort lagen einige Sportfischerboote neben den Taucherbooten und den schnittigen Dorys aus Glasfaser, die dem Ferienclub gehörten. Den Kennzeichen nach stammten sie aus Florida.

Die Anlage war modern, von Beton dominiert. Im Hauptblock besaß jedes Zimmer einen eigenen Balkon mit Blick auf den großen Pool und das Meer. Auf dem sorgfältig gepflegten Rasen um das Becken herum sorgten Palmen für Schatten. Von hier aus führten mit Hibiskushecken eingefaßte Wege zu etwa einem Dutzend Bungalows. Die Mauern verschwanden beinahe unter den üppigen Bougainvillea. Hinter Beeten mit rotblättrigen Bromelien blühte roter und weißer Oleander, verbreiteten Frangipanibäume ihren betäubenden Duft, und im Hintergrund war ein mächtiger Mangobaum auszumachen.

Dummy lief mit dem Skiff einen der inneren Anlegeplätze an, und Jacket begab sich auf den Weg zur Küchentür, um den Chefkoch aufzusuchen.

Nachdem der Jackets Fang gewogen hatte, beförderten Jacket und Dummy die Langusten in das Vorratsbecken der Ferienanlage. Dummy machte sich auf die Suche nach einem alten Kunden, für den er gelegentlich als Führer arbeitete, während Jacket dem Chefkoch zum Büro des Managers hinter die Rezeption folgte.

Der Manager war ein großer Mann mit rosiger Haut, blassen blauen Augen und glattem, hellem Haar. Es war bereits Jackets dritter Besuch in seinem Büro. Beim ersten Mal hatte der Junge den Blick nicht von den Händen seines Gegenübers wenden können. Sie wirkten auf seltsame Weise unbenutzt –

173

die langen, dünnen Finger wurden nicht durch einen einzigen Schnitt oder Kratzer entstellt, nicht eine Narbe war zu entdecken, und die makellos sauberen Nägel waren zu eleganten Halbmonden geschnitten. Alles an dem Mann wirkte gepflegt, selbst sein Englisch war besonders korrekt. Er behandelte Jacket als Erwachsenen und wie einen ebenbürtigen Geschäftspartner.

»Ein ausgezeichneter Fang, Jacket«, sagte er. »Wirklich hervorragend.« Die Finger tippten Zahlen in den Taschenrechner auf seinem Schreibtisch. »Dreiundvierzig Pfund und zweihundert Gramm zu fünf Dollar fünfundsechzig Cent das Pfund. Das macht zweihundertvierundvierzig Dollar und acht Cent ...«

Er nahm ein Kassenbuch mit steifem, marmoriertem Einband aus dem Schreibtisch. Es trug ein Etikett mit Jackets Namen darauf: *Mister Wilberforce ›Jacket‹ Bride.*

Der Manager schlug eine neue Seite auf und trug Datum und Nummer des Fangs und den Betrag in Dollar ein. Unten auf die Seite setzte er seine Unterschrift, bevor er Buch, Stift und Rechner Jacket reichte, damit dieser die Abrechnung überprüfen und abzeichnen konnte.

Über die Sprechanlage bestellte der Manager einen Gin Tonic. »Und eine Coca Cola für Mister Bride, bitte, Eddie. Mrs. Brides Geburtstag ist am Montag«, sagte er dann, an Jacket gewandt. »Hast du schon ein passendes Geschenk gefunden?«

Jacket rutschte unbehaglich auf seinem Stuhl hin und her. »Ja, ein Bett.«

Es war ein ungewöhnliches Geschenk, das war ihm klar, aber der Manager nickte nur. »Sehr passend.«

Der Hotelier errechnete den Gesamtbetrag, den das Hotel Jacket schuldete. »Vierzehnhundertachtundachtzig Dollar und siebenunddreißig Cent – eine beträchtliche Summe, um das Geld in bar mitzunehmen, Jacket. Hast du an ein bestimmtes Geschäft gedacht, in dem du das Bett kaufen willst?«

Jacket kannte den Betrag, der ihm zustand, aber erst jetzt, da der Manager die Summe aussprach, kam sie ihm real vor. Das Bett sollte genau wie das in Mister Wintertons Schlafzimmer sein. Einmal, als Jacket seine Mutter während der Schulferien auf die andere Seite des Hügels begleitet hatte, hatte der Amerikaner ihm erlaubt, darauf herumzuspringen. Der Rahmen war aus Messing, und in das Kopfende eingelassen befand sich ein von Spiegeln umrahmtes rotes Herz aus Samt. Jacket stellte sich vor, wie seine Mutter darin lag. Sie würde die Königin des Dorfes sein. Jeder käme zu ihrer Hütte, um das Wunder zu bestaunen, und endlich müßte sie sich nicht mehr dafür schämen, wie sie lebten. Die Nächte, in denen sie sich unruhig herumwarf, um am nächsten Morgen ihre schlechte Laune an Jacket auszulassen, fänden ein Ende.

Mister Winterton hatte Jacket erzählt, daß er das Bett in Nassau gekauft hatte und ihm auch den Preis genannt – 1300 Dollar. Jacket, der noch nie in Nassau gewesen war, hatte den Amerikaner nicht nach der genauen Adresse gefragt, weil er dachte, die Angabe Nassau wäre präzise genug. Er hatte sich ein einziges Geschäft vorgestellt, so wie in Green Creek, nur unendlich viel größer.

Unbehaglich zupfte er an einem Fetzen trockener Haut an seinem linken Daumen. Seine Hände waren mit Narben übersät, und über die hellbraune Haut an der Außenseite seiner linken Hand zog sich ein Kratzer, den er sich vor einem Monat an einer Koralle zugezogen hatte. Als er aufsah, blätterte der Manager im Branchenbuch.

»Da ist es ja. Möbelhäuser, Einzelhandel. Ace Cabinet Maker, nein. Alina – das ist in Miami. Atlantic Furniture – auch in Miami. Antiques Warehouse, nein. Central Furniture and Appliance, East Bay Street. Das ist eine gute Adresse und vom Hafen aus leicht zu erreichen.«

Der Manager reichte ihm das aufgeschlagene Branchenbuch. Auf dreizehn Seiten waren Möbelhäuser aufgeführt. Jacket, der noch nie etwas Derartiges gesehen hatte, versuchte, sich zu konzentrieren, aber die schmutziggelben Seiten, auf denen spaltenweise Namen von Geschäften und Anzeigen aufgeführt waren, verschwammen vor seinen Augen. Beschämt fuhr er sich mit dem Arm über das Gesicht.

»Hast du dich bereits für ein bestimmtes Modell entschieden?« erkundigte sich der Manager.

Jacket nickte. Seine Nase lief, und er sah durch das Fenster aufs Meer hinaus, damit der Manager nichts bemerkte. Dann fiel ihm ein, daß das Licht die Feuchtigkeit auf seiner Oberlippe glitzern lassen würde. Hastig wandte er den Kopf, hielt ihn aber gesenkt und ein wenig abgewandt. Er schniefte kurz.

»Das sind die Pinienpollen. Zu dieser Jahreszeit habe ich auch immer Probleme damit«, sagte der Manager, während er ein Paket Papiertaschentücher öffnete.

Das zarte Papier schien Jacket zu fein für diesen Zweck, und er tupfte sich vorsichtig die Nase ab. Weil er nicht recht wußte, was er mit dem benutzten Taschentuch anstellen sollte, faltete er es zusammen und steckte es in die Tasche.

»Du brauchst eine Ausgangsbasis«, erläuterte der Manager. »Bay Street ist leicht zu finden, und Central Furniture ist ein großes Geschäft. Erkläre dort genau, was du dir vorstellst. Selbst wenn man diesen bestimmten Artikel dort nicht führt, wissen die Angestellten vermutlich, wo du das Gewünschte finden kannst. Möglicherweise wird die Suche einige Zeit in Anspruch nehmen«, fuhr der Manager fort. »Vierzehnhundert Dollar sollte man nicht in bar bei sich tragen. Ich würde dir empfehlen, einen Scheck mitzunehmen. Ich werde dir ein Begleitschreiben an den Filialleiter der Royal Bank mitgeben. Sobald du das Gewünschte gefunden hast, kannst du dort Bargeld abheben. Noch besser wäre es, die Bank würde dir einen Bankscheck über den Betrag des Bettes ausstellen. Für deine sonstigen Ausgaben kannst du dir Bargeld auszahlen lassen. Ja, das erscheint mir am günstigsten. Weißt du, was ein Scheck ist, Jacket?«

Der Manager griff bereits in die oberste linke Schublade seines Schreibtisches und holte ein dunkelblaues, längliches Buch heraus.

»Damit wird die Bank angewiesen, den aufgeführten Betrag entweder in bar auszuzahlen oder an eine bestimmte Privatperson oder Organisation zu überweisen. Möglicherweise ist man in dem Geschäft nicht mit Bankschecks vertraut, deshalb solltest du den Manager um ein Begleitschreiben bitten. Nun werden wir uns darum kümmern, wie du nach New Providence kommst.«

Jacket folgte dem Manager auf die gefliese Terrasse vor dem Pool hinaus. Ein Dutzend Gäste hatte sich in den Liegestühlen am Wasser niedergelassen. »Weißlinge« nannte man sie auf den Bahamas, aber Jacket kamen sie rot und unnatürlich vor. Nur zwei Kinder, die im Pool spielten, schienen sich wohl zu fühlen.

Der Manager hüstelte hinter vorgehaltener Hand, um einen großen grauhaarigen Amerikaner, der im Schatten eines Sonnenschirmes *The Economist* las, auf sich aufmerksam zu machen. Auf einem Tischchen neben dem Mann stand ein Glas mit Eiswürfeln und einer bernsteinfarbenen Flüssigkeit darin.

»Das ist einer unserer wichtigsten Langustenlieferanten, Mister Jacket Bride«, erklärte der Manager. »Wären Sie so nett, Mister Bride nach New Providence mitzunehmen, Mister Green?«

Prüfend sah der große Mann Jacket über seine Zeitschrift hinweg an. »Es ist mir ein Vergnügen, Jacket Bride. Du kannst an Bord des Schiffes schlafen, wir laufen in aller Frühe aus.«

Mister Greens Jacht war eine von zwei Dieselmotoren getriebene, fünfundvierzig Fuß lange Rybovich. Sie fuhren aufs offene Meer hinaus, um Fächerfische zu fangen, dann gingen sie innerhalb des Riffs in der Nähe eines Strandes vor Anker, badeten und machten ein Picknick. Erst dann fuhren sie nach New Providence hinüber, wo der Amerikaner im Jachtclub von Nassau einen Liegeplatz besaß. Im Kühlschrank befanden sich vier riesige Fische, von denen der größte über vierzig Kilo wog. Bis Jacket und der einheimische Skipper das Boot gesäubert hatten, war es nach neun Uhr abends.

Der Amerikaner hatte Jacket eingeladen, an Bord zu wohnen, solange er sich in Nassau aufhielt. »East Bay Street liegt direkt vor deiner Nase, Junge«, erklärte der Skipper. »Die Wache am Tor läßt dich morgen früh raus.«

An Bord war für Essen gesorgt, der Eigentümer hatte ein paar Sandwiches übriggelassen, die der Skipper Jacket gab, und er fand einige Flaschen Limonade. Zahlreiche Jachten und Fischerboote passierten den engen Kanal, der New Providence von Paradise Island trennte. Einen knappen Kilometer entfernt funkelten die Scheinwerfer der Autos, die in beiden Richtungen über die Betonbrücke zwischen den Inseln fuhren, in der Nacht. So viele Lichter kannte er bisher nur aus dem Fernsehen.

Das allgegenwärtige Licht machte ihn nervös, und die Gebäude, die sich an der Küste von New Providence entlangzogen, soweit das Auge reichte, beunruhigten ihn. Daß Nassau groß und fremd war, hatte er gewußt. Aber die Wirklichkeit übertraf seine Befürchtungen bei weitem, und jetzt, bei Nacht, wagte er sich nicht auf die Straße hinaus. Er erinnerte sich an die Warnung des Managers und schob den Scheck und den Brief tief in seine Shorts, so daß er sie auf seiner Haut spürte. Sollte jemand versuchen, sie zu stehlen, würde er sofort aufwachen.

Hellwach lag er in eine Decke gewickelt auf einer Couch im Ruderhaus. Wieder und wieder sah er den Absturz vor sich. Über Andros waren schon viele Flugzeuge verunglückt, und Drogenschmuggel war den Jungen der Insel nicht fremd. Jeden Tag hörten sie die Erwachsenen in den beiden Bars von Green Creek oder am Strand, wo sie ihre Netze flickten, darüber reden.

Im 17. Jahrhundert hatten Morgan und Schwarzbart auf den Bahamas geherrscht, im 18. Jahrhundert war ihre Rolle von Sklavenhändlern eingenommen worden, dann folgten Blockadebrecher während des amerikanischen Bürgerkriegs und später Alkoholschmuggler, die die Prohibition unterliefen. In den sechziger und siebziger Jahren hatte Marihuana die Inseln regiert, das später von Koks abgelöst worden war.

Alle Jungen von Green Creek kannten Leute, die am Drogengeschäft beteiligt war. Mister Corky, der, mit Goldketten und schweren Armbändern an den Handgelenken behangen, in seinem riesigen Jeep oder seinem Schnellboot mit den zwei starken Volvomotoren herumraste; Snape aus Congo Town, der Polizeisergeant, dem der kleine Finger der linken Hand fehlte; die hohen Regierungsbeamten, die am Wochenende mit ihren schnellen Motorjachten aus Nassau herüberkamen; der Amerikaner aus dem großen Haus ein Stück die Küste hinauf, der über Nacht verschwunden war; Fat Boy Lemming mit den zerfetzten Shorts und den Seidenhemden, deren Ärmel er abschnitt, und der Zwanzig-Meter-Jacht, die bei ruhiger See angeblich achtzig Knoten lief; Mrs. Grindle, die jeden Morgen zur Kirche ging und Süßigkeiten und Bildchen verteilte, auf denen die Jungfrau Maria, der Heilige Joseph oder Jesus mit blutendem Herzen zu sehen waren; die Drib-Brüder, die in der Schule ihre Lehrer zur Verzweiflung getrieben, sich dann mit einem Boot illegal in die Staaten durchgeschlagen und innerhalb von neun Monaten als Straßendealer ein Vermögen gemacht hatten – allerdings hatten nur die beiden älteren überlebt, John war an der Ecke Fifth Avenue und Seventh Street von einem Puertoricaner erschossen worden.

Es gab Ausländer mit dunklen Sonnenbrillen, die direkt zu ihren Privatinseln mit streng bewachten Stränden flogen – Vögel, die nur selten vorbeikamen, und bei denen man ebensoviel Geduld wie Glück brauchte, wenn man sie beobachten wollte. Die Jungen kannten die Beamten, die ihnen monatelang auflauerten, und überzogen sie mit beißendem Spott. Rotgesichtige Amerikaner, die im seichten Wasser mit der falschen Fliege am Haken nach Großfischen angelten; schwarze Amerikaner, die sich als Einheimische ausgaben und dadurch auffielen, daß sie zwar mit dem richtigen Akzent sprachen, aber die falschen Ausdrücke verwendeten. Am einfachsten waren die einheimischen Beamten, die auf Rauschgift angesetzt waren, zu entlarven. Sie verhielten sich absichtlich auffällig, damit die Gegenseite wußte, wen sie zu bestechen hatte.

Und dann gab es noch die anderen, diejenigen, von denen die Erwachsenen sprachen. Männer in den makellosen Leinenanzügen mit Büros in der Bay Street oder der Shirley Street in Nassau und einer Privatinsel in der Berry- oder der Eleuthera-Gruppe.

»Der Sowieso, der Rechtsverdreher, das ist ein richtiger König«, hieß es.

»Ach, Quatsch, der ist 'ne kleine Nummer. Der Bankier mit dem rosa Haus mit Turm, der mit der schicken Frau, der macht 'ne Million Dollar im Monat ...«

So webte man Stunde um Stunde an dem überlebensgroßen

Teppich, in dem sich Dichtung und Wahrheit zu einem bunten Bild der Gesellschaft der Bahamas mischten. In den Geschichten wurde jeder, der reich war, zu einem Drogenbaron. Drogen waren einfach zu verstehen, während die Machenschaften der Bay-Street-Leute, der Bankiers und Investmentmanager, die Vorstellungskraft der Dorfbewohner überstiegen. Nicht, weil sie dumm waren, sondern weil ihnen die Welt der Hochfinanz ebenso fremd war wie Grönland oder Tibet.

Doch Drogen gab es auf der anderen Straßenseite. Heute war man arm, morgen reich – oder tot. Tot, weil man etwas oder jemanden gesehen hatte, anstatt die Augen im richtigen Moment zu schließen. So wie Jacket es bei dem Flugzeugabsturz hätte tun sollen.

Der Pilot hatte auf Jacket zugehalten wie eine Mücke auf das Licht. Langsam dämmerte ihm, was das bedeutete.

Er hatte den Mann getötet.

Aber es war keine Absicht gewesen. Eine Weile flüchtete er sich in ein fiktives Gespräch mit den Schmugglern, die für ihn schwarz waren, weil er sich Schwarze besser vorstellen konnte und weil sie verstehen würden, weshalb er nachts vor Bleak Cay Langusten gefangen hatte.

Zuerst spielte Mister Corky in Jackets Fantasie die Hauptrolle. Ein goldenes Medaillon und die Armbänder glitzerten in der Sonne, als er Jacket fest an der Schulter packte. Sein Griff lockerte sich erst, als Jacket ihm vom Geburtstag seiner Mutter und Mister Wintertons Bett erzählte. Sie standen auf der Piste, die von Congo Town nach Green Creek führte, und Mister Corky hatte den großen Jeep im Schatten des Lebensbaums auf halbem Weg zwischen den beiden Ortschaften geparkt.

Mister Corky holte sich ein Kalik und gab Jacket eine Cola aus der roten Kühlbox hinten im Jeep. Das Bier in der Hand, nickte er Jacket zu. »Keine Sorge, Junge. Wir kriegen das schon hin.«

Das vielversprechende Bild verschwand.

Fat Boy Lemming schleppte den Polizeisergeanten an.

»Keine Manieren, Junge. Warst wohl 'n bißchen voreilig, was?« Der Sergeant bog Jacket den Arm auf den Rücken.

»Warum hast du die Kisten geklaut, Junge? Wo hast du sie versteckt?«

Mit angezogenen Knien rollte sich Jacket auf die Seite. Um das Bild zu verdrängen, konzentrierte er sich auf die Autos, die über die Brücke nach Paradise Island fuhren. Wenn er die Augen zusammenkniff, war das Bauwerk nicht mehr zu erkennen, nur ein Regenbogen aus fließenden Lichtern blieb übrig. Hätte er die Kisten nur in dem Flugzeug gelassen, dann hätte er so tun können, als wäre ihm nichts aufgefallen.

Auf jeden Fall hätte er den Koffer des Piloten nicht mit in sein Skiff nehmen sollen ...

Er biß sich auf die Knöchel. Für einen Augenblick vertrieb der Schmerz die Erinnerung. Aber sie kam zurück und strömte auf ihn ein, bis er auf der Couch im Ruderhaus zu zittern begann. Plötzlich lagen ihm die Thunfischsandwiches schwer im Magen, die Coca Cola stieß ihm sauer auf.

»Dad«, flüsterte er. »Dad ...« Aber sein Vater war nicht da. Jacket biß sich auf die Lippen, und Tränen stiegen ihm in die Augen, als er an den Koffer dachte. Er hätte behaupten können, daß er ihn im Wasser gefunden habe. Aber die Kerle gingen kein Risiko ein, nicht die wirklich üblen Gangster, die Ausländer. Denen war egal, was man tatsächlich gesehen hatte, ihnen genügte allein die Möglichkeit, daß man etwas beobachtet haben könnte. Die Fernsehnachrichten und Zeitungen waren voll davon. Boote wurden einfach gekapert, die Besitzer, gleichgültig ob Erwachsene oder Kinder, mit aufgeschlitzten Kehlen über Bord geworfen. Sie lieferten sich Schlachten mit Maschinengewehren, und wenn danach ein Dutzend Toter von den Haien gefressen wurde, erfuhr niemals jemand davon, denn die Männer waren mit eigenen Flugzeugen auf die Bahamas gekommen und nirgendwo registriert.

Die Ausländer. Der Pilot war Ausländer gewesen. Jacket suchte wieder Zuflucht bei seinen eigenen Leuten, aber jetzt tauchten die Drib-Brüder überlebensgroß vor seinem geistigen Auge auf. Jook, der Älteste, wurde ›Messer‹ genannt, und man erzählte sich wilde Geschichten darüber, wie er sich mit dieser Waffe sein Territorium in New York erkämpft hatte. Je-

181

der auf Andros, der auch nur einen Funken Verstand im Kopf hatte, fürchtete ihn. Jacket stellte sich vor, wie Jook Vic am Kragen packte. »Nigger, woher hast du den Koffer?«

»Von Jacket.« Vic würde nicht eine Sekunde mit der Antwort zögern.

Jacket stöhnte und schlug sich mit der Faust auf den Oberschenkel, um das Bild von Jook Drib zu vertreiben, der auf der Jagd nach ihm zu ihrer Hütte kam und dort seine Mutter vorfand.

Er mußte nach Bleak Cay zurück und die Kisten ausgraben. Wenn er sie einfach sichtbar auf der Insel liegenließ, würde sie irgendein Fischer finden. Anders ging es nicht. Möglicherweise würde der Fischer sie für sich behalten, vielleicht aber auch die Polizei oder die Küstenwache verständigen. Eventuell schaltete er auch die Amerikaner ein, die zahlten Belohnungen. Auf jeden Fall wären die Kisten für die Besitzer verloren, und sie würden von den Inseln verschwinden, anstatt nachzuforschen, wer für den Absturz verantwortlich war.

Ja, das mußte er tun.

Aber jetzt ging es nicht, weil Dummy als Führer engagiert worden war und erst anschließend wieder nach Süden segeln würde, um Jacket bei Kemps Bay zu treffen. Näher kam das Postschiff nicht an Green Creek heran. Von dort aus wollte Jacket das Bett für seine Mutter auf zwei Skiffs nach Hause transportieren. Er dachte an das Bett. Das Bett ...

18

Jacket hatte sich vom Manager des Emerald Palms zehn Dollar in bar geben lassen. Das war mehr als genug für Abendessen, Frühstück und die Busfahrt vom Jachtclub ins Zentrum von Nassau.

Wie immer erwachte er bei Sonnenaufgang. Um die Angst in Schach zu halten, versuchte er, sich zu beschäftigen. Er wusch sich mit einem Eimer Wasser am Kai, zog seine sauberen Khakishorts, ein weißes Hemd und seine alten Turnschuhe an und steckte die anderen Kleidungsstücke in eine Plastiktüte.

Die Wache am Tor deutete auf die Bushaltestelle. Aber Jacket war zu schüchtern, um ständig jemanden zu fragen, wo er aussteigen müsse, und zu Fuß waren es höchstens zwei Kilometer bis ins Stadtzentrum. Die wenigen Autos, die um diese Zeit unterwegs waren, fuhren schneller, als Jacket es gewohnt war. Er hielt sich soweit wie möglich von der Straße entfernt, während er durch das Gras in Richtung der Brücke nach Paradise Island ging. Sein Schatten war noch lang, als er den zementierten Gehweg erreichte.

Vor ihm wölbte sich der riesige Bogen der Brücke, der an Höhe jede natürliche Erhebung auf den Bahamas übertraf und auf dem die Autos wie kleine Käfer wirkten. Unter der Brücke bog Jacket landeinwärts ab und marschierte an den Ständen mit Fisch und Meeresfrüchten, den Obst- und Gemüsehändlern vorbei auf Potter's Cay zu, von wo aus die Postboote abfuhren.

Ein Dutzend der zwischen den Inseln verkehrenden Boote lag längsseits am Kai. Die Schiffe waren etwa fünfundzwanzig bis fünfunddreißig Meter lang und beförderten sowohl Passagiere als auch Fracht. Eines von ihnen transportierte einen ganzen Wald junger Palmen aus einer Baumschule auf dem Dach des Ruderhauses. Hier stand man früh auf, einige Seeleute waren bereits an Deck.

Die *Captain Moxey*, die Andros anlief, lag in der Mitte des Kais. Jacket fragte einen Matrosen, was es kosten würde, ein Bett nach Kemps Bay zu schaffen. Der Matrose fragte nach der Größe. Jacket schritt den Umriß ab.

»Im Karton, Mann«, sagte der Matrose.

»Es ist aber nicht in einem Karton«, war Jackets Antwort.

Der Matrose verdrehte die Augen. »Was soll der Quatsch, Junge, von wegen nicht im Karton? Ich hab' noch nie 'n Bett gesehen, das nicht im Karton war. Wie sollen sie's sonst von Miami aus herbringen?«

Daran hatte Jacket nicht gedacht. In seinem Traum kam kein Karton vor. Er segelte mit dem Bett nach Green Creek und traf dort ein, während seine Mutter bei Mister Winterton arbeitete. Das Bett glitzerte so stark in der Sonne, daß das ganze Dorf zusammenlief. Die Dorfbewohner äußerten bewundernde Bemerkungen, während sie das Bett an Land und zur Hütte der Brides schafften. Es war wie ein Triumphzug. Dann kam seine Mutter nach Hause. Nichtsahnend stieg sie die Treppe hinauf und öffnete die Tür, und da stand das Bett mit den spitzenbesetzten Decken und Kissen, genau wie in dem Haus, das sie jeden Tag putzte.

Seit Monaten sah Jacket seine Mutter Nacht für Nacht vor sich, wie sie auf das Bett hinunterblickte. Zuerst fehlten ihr die Worte, und sie schüttelte überwältigt den Kopf, konnte es nicht glauben. Dann endlich wandte sie sich ihm zu und sagte seinen Namen. Das war alles. Sie sprach seinen Namen aus, so daß jeder im Dorf hören konnte, wie sehr sie ihn schätzte und wie sehr sie ihn liebte. Nie mehr würde sie ihn verspotten. »He, Jacket, kannst du heute vielleicht mal stillsitzen, oder hast du wieder Ameisen im Hintern?«

Vielleicht würde sie ihn auch nicht mehr anschreien. »Du bist genau wie dein Vater«, das konnte man auf der ganzen Insel hören, während sie ihn mit der einen Hand an den Haaren festhielt und mit der anderen verprügelte.

Nachdem sein Vater davongelaufen war, hatte Jacket begriffen, daß seine Mutter ihn nicht schlug, weil er etwas getan oder nicht getan hatte. Sie drosch auf das Leben als solches ein, auf die erbärmliche Hütte, den täglichen Marsch über den Hügel zu Mister Winterton. Sie verprügelte ihn, weil sie keinen Mann hatte, der ihre Habseligkeiten reparierte, keinen Mann, der Geld, Fische oder Kokosnüsse heimbrachte, weil sie überhaupt keinen Mann hatte. Und weil das Dorf hinter ihrem Rücken über sie klatschte.

Schon früh hatte er begriffen, daß sie im Dorf nicht beliebt war. Man nannte sie starrköpfig und verbohrt und behauptete, sie habe »Wespen verschluckt«, wie die Einheimischen es nannten. Natürlich hatte sie eine scharfe Zunge, aber Jacket verstand sie, zumindest glaubte er das. Selbst erwartete er vom Leben nicht viel. Er wünschte sich nur, daß sie endlich ruhig schlafen und den anderen aufrecht gegenübertreten könnte. Sie sollte ihn nicht mehr anschreien und verprügeln, vielleicht würde sie ihn sogar einmal umarmen, wie es andere Mütter mit ihren Kindern taten.

Er sah zu dem Boot mit den Kokospalmen auf dem Dach des Ruderhauses hinüber. So sollte das Bett für seine Mutter reisen, hoch oben, damit jeder auf dem Weg nach Kemps Bay es sehen konnte.

Der Matrose hatte das Interesse an Jacket verloren. Er ließ sich im Schatten des Achterdecks auf einem Stoffballen nieder und lehnte sich mit dem Rücken an das Schott, während er an einer großen Mango lutschte. Der Saft lief seine Unterarme hinunter und über sein Sweatshirt. Als er Jacket näherkommen sah, wischte er sich mit dem Arm über den Mund. »Was ist jetzt schon wieder?«

Jacket deutete auf das Dach des Ruderhauses. »Was kostet es da oben?«

Der Matrose lachte. »Bist du Millionär, Junge?«

Aus der Kabine tauchte der Kapitän auf, ein Schwarzer mittleren Alters, weder auffällig hell noch besonders dunkel, untersetzt, mit breitem Brustkorb. Sein Hals erinnerte an den Stumpf einer Palme, und die Kapitänsmütze trug er weit zurückgeschoben. Er blickte von einem zum anderen. »Was ist los?« wollte er wissen.

»Der dämliche Junge will ein Bett da oben transportieren.« Der Matrose deutete auf das Dach.

Gedankenverloren kratzte sich der Kapitän die Brust unter dem zerknitterten Drillichhemd, während er Jacket prüfend ansah. »Was für ein Bett, Junge?«

»Messing und Spiegel. Für meine Mutter.«

»Ein ganzes Bett, nicht zerlegt?«

Jacket nickte.

Der Kapitän kratzte sich den Rücken. Schließlich spuckte er über die Reling. »Großes Bett?«

»Übergröße«, erklärte Jacket stolz.

»Auf dem Dach kostet es fünfzig Dollar, Junge. Gezahlt wird sofort, und das Bett muß Samstag vor neun Uhr hier sein.«

Jacket lief rot an. Er fühlte den Blick des Matrosen auf sich, als er seinen Zehndollarschein aus der hinteren Tasche seiner

Shorts holte und dem Kapitän entgegenstreckte. »Mehr hab'
ich nicht dabei, ich muß zuerst auf die Bank.«

Der Matrose betrachtete Jacket amüsiert und verächtlich.
»Große Klappe und nichts dahinter«, meinte er zum Kapitän.

Schon hatte Jacket den Umschlag mit dem Scheck und dem
Begleitschreiben halb aus seiner Unterhose herausgezogen.

Der Kapitän bedeutete ihm, die Papiere wieder einzu-
stecken. »Hannibal, Volltrottel, halt die Klappe!« Dann
wandte er sich an Jacket. »Am besten kümmerst du dich
gar nicht um ihn, Junge. Hannibal ist nicht unbedingt der
Schlaueste. Gib mir die zehn, und wenn du den Rest hast,
bringst du ihn mir. Das Dach ist für dich reserviert.«

Jacket dankte dem Kapitän, händigte ihm die zehn Dollar
aus und verschwand in die Richtung, aus der er gekommen
war. Der Verkehr oben auf der Brücke war dichter geworden. Vor den Obst- und Gemüseständen parkten Lastwagen,
und Männer, deren gewaltige Muskeln sich unter der Haut
spannten, luden Säcke und Ballen ab. Über dem Fischereiha-
fen krächzten Seemöwen und Fregattvögel. In einem Umkreis
von anderthalb Kilometern um die Brücke herum gab es zwei
Jachtclubs und vier Marinas, und der Verkehr auf dem engen
Kanal war beeindruckend. Am häufigsten sah Jacket schnittige Dorys und Boote, die von Sportfischern und Tauchern bevorzugt wurden, einmal auch eine Segeljacht, einen großen
Katamaran, der einen rotweiß gestreiften Spinnaker gesetzt
hatte. Hinter der dunklen Linie der Palmen an der Küste von
Paradise Island erhoben sich nur wenige Gebäude, Nassau
dagegen schien nur aus Stein und Hektik zu bestehen.

Die westliche Bay Street ist die Hauptverbindungsstraße zu
den Ferienclubs von Cable Palm, der sogenannten Riviera der
Bahamas. In der Gegenrichtung führt die Bay Street am Jacht-
club von Nassau vorbei an der Küste entlang bis nach East
End Point. Im Bereich der Innenstadt verengt sie sich zu ei-
ner Einbahnstraße, über die der Verkehr nach Westen fließt.
Auf beiden Straßenseiten bieten Geschäfte zollfreie Waren für
Touristen feil, deren Kreuzfahrtschiffe nur wenige hundert
Meter entfernt am Prince George Dock anlegen.

Hochhäuser sind in Nassau verboten, und nur wenige der Geschäftsgebäude bestehen aus mehr als ein oder zwei Stockwerken. Alle großen Namen der Konsumgüterindustrie sind mit Filialen vertreten, und von Ketten für 100000 Dollar über Uhren für 50000 bis hin zu Parfüm, schweren Seidenstoffen, teuren Koffern und Taschen findet sich hier alles.

Zwischen den Läden mit zollfreien Luxusartikeln liegen Geschäfte, die Bedürfnisse von weniger wohlhabenden Touristen bedienen. Auf dem alten Strohmarkt werden T-Shirts, billige Getränke und Strohtaschen aus Taiwan und China angeboten.

Im nächsten Block landeinwärts liegt das Paradies der Steuerhinterzieher und legalen Betrüger. Dort haben Rechtsanwälte und Steuerberater ihre Kanzleien, man stößt auf Banken, Maklerbüros und Investmentgesellschaften.

Jacket entdeckte die Central Furniture and Appliance Company an einer Ecke der meerwärts gelegenen Seite der East Bay Street. Das große, zweistöckige Kaufhaus besaß einen eigenen Parkplatz. Noch war es geschlossen. Er legte die Hände an eines der Schaufenster und spähte hinein. Vor einer Wand glitzerte ein verspiegeltes Kopfteil, aber Messing war nirgends zu sehen.

Plötzlich stieß ihn jemand fort, und ein Mann brüllte ihn an. »Was machst du mir die Scheiben dreckig, Kind? Du denkst wohl, ich hab' nichts Besseres zu tun, als hinter dir herzuputzen?«

Der Mann war hinter dem Gebäude hervorgekommen und hielt in der einen Hand einen Eimer, in der anderen eine Stange, an deren Ende quer eine Art Scheibenwischerblatt aus Hartgummi befestigt war. Sein Sweatshirt und die Shorts waren tropfnaß, und drei seiner Schneidezähne fehlten. Seine linke Hand hinterließ einen nassen, schmutzigen Abdruck auf Jackets Schulter.

Jacket duckte sich unter ihm weg und lief die Straße entlang. Die Gebäude zu beiden Seiten der Straße wurden etwas höher. Der Manager vom Emerald Palms hatte gesagt, zur Royal Bank of Scotland müsse er nach links abbiegen. Er fand die Bank, aber auf einem Schild an der Tür stand, daß sie erst um neun Uhr öffnete. Das hieß, ihm blieb noch eine Stunde Zeit. Also ging er weiter, den steilen, schmalen Landrücken hinauf, der etwa einen halben Kilometer landeinwärts parallel zur Küste verläuft.

Große Bäume spendeten Schatten. Rechts und links der Straße oben auf der Erhebung breiteten sich Gärten aus. Ein Kiesweg führte zu einem hinter Bäumen versteckten, riesigen Haus mit weit herunterhängendem Dach. Davor wehte an einem hohen Mast die Flagge der Bahamas.

Auf dem Kamm führte die Straße durch eine Schlucht, die von einer schmalen Brücke überspannt wurde. Dahinter lag anscheinend ein Wohnviertel. Jacket nahm seinen ganzen Mut zusammen und bat eine Dame im Vorgarten eines kleinen Hauses um die Erlaubnis, den Fleck auf seiner Schulter unter dem Wasserhahn ausspülen zu dürfen. Danach setzte er sich in die Sonne und wartete, bis das Hemd wieder trocken war, bevor er sich auf den Rückweg zur Shirley Street machte.

Die Bank beunruhigte ihn. Die Fassade aus Beton und getöntem Glas kam ihm fremd vor, das Gebäude war größer als die anderen Häuser, größer als irgendein Bauwerk, das Jacket je betreten hatte. Von der gegenüberliegenden Straßenseite aus beobachtete er, wie die Angestellten die Bank durch die Seitentür betraten. Die Glocken von St. Andrew schlugen zur vollen Stunde, als ein älterer Mann mit spitzer Mütze den Haupteingang aufschloß. Er trug eine blaue Hose, und an seinem Hemd war eine Dienstmarke befestigt.

Zwei Wachen mit Pistolen und kurzen Holzknüppeln am Gürtel postierten sich in der Halle zu beiden Seiten des Eingangs. Ein halbes Dutzend Kunden hatte bereits vor der Tür gewartet und strömte jetzt an die Schalter. In der Bank hielten sich nur Erwachsene auf, was nicht anders zu erwarten gewesen war, und diese frühen Kunden waren ausschließlich Männer. Der erste von ihnen benötigte nur wenige Minuten. Ein Wachmann hielt ihm die Tür auf, und sie wechselten ein paar Worte, bevor der Kunde auf die Straße hinaustrat und davoneilte.

Jetzt kam eine junge Frau mit langem, zu kleinen Zöpfen

geflochtenem Haar in einem blauen Kostüm die Straße herauf. Die Wachleute erkannten sie und lächelten. Alle waren sehr freundlich.

Jacket nahm sein schmutziges T-Shirt aus der Plastiktüte und wischte damit den Staub von seinen Turnschuhen. Als er sich erhob, fühlte er die Augen der Wachmänner auf sich. Er blickte stur zu Boden, während er die Straße überquerte, so daß er den schwarzen Mazda nicht bemerkte, der aus der Frederick Street kommend um die Ecke schoß. Die Reifen quietschten auf dem Asphalt, als der Fahrer auf die Bremse trat.

Ein zweiter Wagen hupte, während ein Polizist Jacket am Ohr packte und auf den Gehweg zog. »Bist du übergeschnappt?« Er versetzte ihm eine Kopfnuß.

Die Fahrer schimpften und warfen ihm wütende Blicke zu, während er eine Entschuldigung murmelte.

»Von welcher Insel kommst du? Kennst du keine Verkehrsregeln?« Der Polizist drehte Jackets Kopf nach links. »Von da kommen die Autos, Junge. Wenn sie anhalten, dann weil das Licht da oben rot ist...« Er riß Jackets Kopf nach hinten, so daß er die Ampel sah, die über der Kreuzung hing. »Und wenn das Licht rot ist, dann heißt das, daß die Autos aus der Frederick Street kommen. Klar, Junge?«

Die Wachen in der Bank sahen amüsiert zu und lachten. Am liebsten wäre Jacket weggelaufen und hätte sich versteckt, aber der Constable hielt ihn am Ellenbogen fest.

»Jetzt gehen wir über die Straße, Bürschchen.« Damit schob er Jacket auf die Fahrbahn. »Wo willst du hin? In die Bank?« fragte er, als sie auf der anderen Straßenseite angekommen waren.

Jacket nickte.

»Der Junge will zu euch«, erklärte der Polizist den Wachmännern und schob Jacket durch die Schwingtür.

Die beiden ließen ihn nicht aus den Augen, während er ungeschickt in seinen Shorts nach dem Umschlag mit dem Scheck und dem Brief an den Direktor der Bank suchte.

Adrett gekleidete Männer und Frauen starrten ihn an.

Der Wachmann nahm den Umschlag mit spitzen Fingern

entgegen und schüttelte ihn. »Hoffentlich holen wir uns daran keine Krankheit, Junge.«

Gelächter schlug Jacket entgegen, als er murmelte, daß der Brief für den Direktor bestimmt sei.

»Der ist nicht da.« Der Wachmann stieß Jacket zu einem Stuhl links neben der Tür. »Warte da, Kind. Vielleicht kommt er bald zurück.«

Die Ehrfurcht einflößende Atmosphäre und die gedämpften Stimmen erinnerten Jacket an die große Kirche in Andros Town, in der er zweimal gewesen war, als jemand aus der Familie geheiratet hatte. Auf einer Digitaluhr am Ende des Raumes sah er die Sekunden und Minuten und schließlich die Stunden verrinnen.

Jacket war hungrig und durstig. Schlimmer noch war, daß die erzwungene Untätigkeit die Angst vor seinen Verfolgern zurückkehren ließ. Da er noch nie in Nassau gewesen war, fühlte er sich wie auf einem fremden Planeten. Zwar hatte er in der Hauptstadt nichts zu befürchten, aber sie würden auf ihn warten, wenn er in Kemps Bay das Postboot verließ.

Ein großer Mann in Jeans und weißem T-Shirt zählte Geld aus einer Tragetasche auf die Theke vor dem Kassenschalter. Das Hemd spannte sich um seine Schultern, und die Muskeln zeichneten sich unter den kurzen Ärmeln ab, während er die Banknoten lässig bündelte, als wären sie wertloses Papier. Jacket schauderte, die Unmenge von Bargeld erinnerte ihn an die Drogenhändler, denen nichts wichtig war, zumindest nichts, was er hätte verstehen können.

Oft hatte Jacket gehört, wie die Erwachsenen neidisch von dieser neuen Oberklasse sprachen. Wie Mister D. oder Mister G. mit einem Auto gegen einen Baum gefahren war und sich noch nicht einmal die Mühe gemacht hatte, es abschleppen zu lassen. Ein Schiffsmotor hatte einen Kolbenfresser gehabt, und der Besitzer hatte die 100000-Dollar-Jacht einem armen Cousin geschenkt. Für sie herrschte kein Mangel, weder an Geld, noch an Autos, Booten oder Menschen ...

Der Bankdirektor traf um halb zwölf Uhr ein. Jacket erkannte ihn sofort an dem unterwürfigen Benehmen des Personals.

Ein Angestellter brachte Jackets Brief in sein Büro, und der Wachmann wurde ins Büro gerufen. Die Stimme des Managers übertönte die gedämpften Gespräche in der Lobby, als er aus seinem Büro kam und die Halle durchquerte. »Unverzeihlich ...« Fast klang es wie ein Fauchen.

Er glich einem Papagei, war klein und rund. In dem roten Gesicht mit den dünnen Lippen stand die Nase wie ein Schnabel vor. Seine Gesten waren fahrig und nervös. »Jacket Bride, ich muß mich vielmals entschuldigen.« Er nahm Jacket an die Hand und ging mit ihm in sein Büro. »Es tut mir wirklich sehr leid. Ich höre, du wartest schon seit neun Uhr. Kaffee? Tee? Möchtest du eine Limonade?«

»Eine Cola, bitte«, murmelte Jacket.

»Und einen Teller Kekse«, ergänzte der Direktor, als er über die Sprechanlage die Bestellung weitergab. »Vierzehnhundertachtundachtzig Dollar und siebenunddreißig Cent.« Er hielt den Scheck des Emerald Palm Resorts in der Hand, als wäre er eine heilige Oblate. »Wie alt bist du, Jacket Bride?«

Jacket sagte es ihm.

»Ganz ausgezeichnet ... und bereits ein großer Sparer. Das ist in der Tat das Geheimnis des Erfolges. Nein wirklich, Jacket, harte Arbeit, Sparsamkeit, solide Anlagen – das findet man hier auf den Inseln nicht oft.«

Er griff nach einem Formular auf seinem Schreibtisch. »Ich werde ein Sparkonto für dich eröffnen, Jacket. Den größten Teil der Summe wirst du für das Bett deiner Frau Mutter ausgeben. Aber du wirst weiter Langusten fangen, und der Manager des Emerald Palms wird den Betrag, den du nicht sofort benötigst, auf dein Konto bei uns überweisen, wo dein Geld Zinsen trägt. Dein Geld wird sich vermehren, Jacket, in der Tat.« Er nickte zufrieden. »Damit bist du bei uns bekannt. Das bedeutet, daß dir die Bank später einmal Geld leihen kann, wenn du einen neuen Motor oder ein neues Boot brauchst, um dein Geschäft zu erweitern oder zu rationalisieren. So sieht deine Zukunft aus, Jacket Bride, rosig, sehr rosig, in der Tat, in der Tat.«

Hektisch, als wollte er Körner picken, bewegte er den Kopf auf und ab und wiederholte seine Lieblingsfloskel.

Die Glocke der Kathedrale schlug zwölf, als Jacket sich auf den Weg zu dem Möbelhaus unten an der Bay Street machte. Er hatte sich fünfzig Dollar in Fünfdollarnoten auszahlen lassen und in jedem Schuh vier Geldscheine versteckt. Als er das Geschäft erreichte, stellte er fest, daß es bis zwei Uhr geschlossen war.

19

Die Bay Street wurde von roten und rosafarbenen Gesichtern und Körpern beherrscht. Jacket erschienen die Touristen in Shorts und kurzärmeligen Hemden monströs. Ausladende Hüften schwabbelten, Doppelkinne zitterten wie Wackelpudding, das Haar trugen sie blau und silbern gefärbt, die Frauen hatten sich die Lippen scharlachrot bemalt. Ihre Stimmen klangen rauh, ihre Sprache war unverständlich. Auf der Nord- und Südinsel von Andros leben zusammen nicht mehr als neunhundert Menschen, davon zweiundsechzig in Green Creek. In seinem ganzen Leben hatte Jacket sich nie solchen Menschenmassen gegenüber gesehen. Die Geschäfte waren überfüllt, rechts und links von ihm saßen Ausländer vor gedeckten Tischen in den Restaurants. Obwohl er Hunger hatte, kam es Jacket nicht in den Sinn, einen dieser Orte zu betreten. Er war dort fehl am Platze. Auch auf dem Gehweg fühlte er sich nicht wohl.

Wie eine Wand aus Glas und Stahl rollten Autos und Busse vorüber. Entnervte Fahrer hupten, ein Nebel aus Diesel- und Benzinabgasen hing über der Straße. Jacket krümmte sich unter einem Hustenanfall, während er durch das Gedränge stolperte. Rechts von ihm tat sich eine Lücke auf, und in blinder Panik lief er vor dem stehenden Verkehr auf einen großen, asphaltierten Platz zu. Links von ihm glitzerte das Meer, sauber glänzende Busse warteten im Prince-George-Hafen an einem Kai, wo drei Kreuzfahrtschiffe angelegt hatten.

Das hinterste Schiff war länger als ganz Green Creek. Jacket zählte die übereinanderliegenden Decks, insgesamt zehn. Er versuchte, sich vorzustellen, wie es innen aussah. Riesige rosa Ameisen auf der Suche nach Fleisch strömten durch die Gänge. Die weiße Farbe reflektierte das Sonnenlicht, die Hitze auf dem Asphalt war nahezu unerträglich. Das Atmen wurde zur Qual. Er wandte sich ab und zwängte sich durch die Touristen, die vor den Bussen Schlange standen.

Ein Constable hielt den Jungen für einen flüchtenden Taschendieb und wollte ihn an der Schulter ergreifen. Jacket duckte sich und entkam. Hinter dem Hügelkamm war es sicher, also rannte er die steile Straße hinauf. Die Wände der Schlucht schienen über ihm zusammenzuschlagen. Hier gab es keinen Gehweg, und der Fahrer einer langen weißen Limousine, der seinetwegen bremsen mußte, beschimpfte ihn.

Dann lief er den Hügel wieder hinunter, an dem Haus vorbei, wo er am Morgen sein Hemd gewaschen hatte. Vor einem Holzbungalow, der auch in das bessere Viertel von Congo Town gepaßt hätte, stand eine Gruppe schwarzer Bahamer. Er prallte gegen einen großen Mann in dunkler Hose und weißem Hemd, und eine starke Hand hielt ihn fest.

»Wo brennt's denn, Junge, oder stimmt etwas mit deinen Beinen nicht?«

Jacket konnte nicht antworten. Seine Beine zitterten, während er verzweifelt nach Atem rang. Die Sonne stand jetzt senkrecht am Himmel und brannte unbarmherzig auf die schattenlose Straße herunter, von der ein Gestank nach heißem Teer aufstieg, der sich mit der Qualmwolke aus dem Auspuff eines vorüberfahrenden Lastwagens mischte.

Jacket drehte sich der Magen um, aber es kam nur eine saure Flüssigkeit hoch, die in seiner Kehle brannte. Er schwankte, doch der Mann hielt ihn fest.

»Bist du in Schwierigkeiten, Junge? Abgehauen?«

Jacket schüttelte den Kopf. »Ich bin aus Green Creek.«

Das mußte als Erklärung genügen. Um Verständnis heischend, sah er den Mann an. Zwanzig oder dreißig gutgekleidete Männer und Frauen, die ihn an die Bankangestellten erinnerten, standen auf dem Gehweg. Eine der Frauen erkannte ihn.

»Du bist der Langustenfischer.«

193

Er nickte benommen.

»Was ist passiert?« Die Frau ging in die Hocke, um ihm ins Gesicht zu sehen. Sie war jung und trug das Haar zu kleinen Zöpfen geflochten. Die Frau aus der Bank. Aus ihrer weißen Baumwollbluse stieg ein leichter Parfumduft auf. Jacket sehnte sich danach, sich in ihre tröstenden Arme zu flüchten und den Kopf an ihre Brust zu legen. Aber verschwitzt, wie er war, wagte er es nicht.

»Ich hab' nur Hunger«, brachte er mühsam heraus.

»Dann bist du hier richtig«, sagte sie freundlich.

Sie deutete auf die Stufen zur Veranda des Bungalows. »Da drin ist es kühl, Junge, und sie haben das beste Essen.«

Eine Glastür führte zum vorderen Speisesaal. Dahinter stand ein riesiges Schild:

RAUCHEN VERBOTEN
KEIN ALKOHOLAUSSCHANK
KEINE RASTALOCKEN
KEINE HÜTE UND KAPPEN
KEINE MUSCLESHIRTS
BETTELN VERBOTEN

Ein Dutzend quadratischer Formicatische war bereits gedeckt, an etwa sechs davon saßen korrekt gekleidete Menschen wie die auf dem Gehweg, die vor der Seitentür auf ihr Essen zum Mitnehmen warteten.

Eine Frau in einem schwarzen Kleid musterte Jacket überrascht. »Was willst du denn? Willst du etwas essen oder nur die großen Leute anstarren?«

Jacket fröstelte in der klimatisierten Luft. Am liebsten wäre er geflohen, aber die Frau aus der Bank hatte hinter ihm das Restaurant betreten.

»Das ist ein gutes Kind«, erklärte sie der Kellnerin. »Wenn Sie an Langusten interessiert sind, dann seien Sie nett zu ihm. Er ist die Nummer eins auf South Andros, soviel steht fest. Heute hat er ein Bankkonto eröffnet.« Sie fuhr mit der Hand durch Jackets Haar. »Miß Lucy paßt auf dich auf, Junge. Iß was Richtiges und ruh dich ein bißchen aus.«

Jacket hatte einen Krug mit eisgekühltem Limonensaft leergetrunken, als Miß Lucy ihm Reis und Bohnen mit im Dampf gegarten Muscheln brachte. Sie setzte sich zu ihm, während er aß.

»Schön aufessen. Das geht auf Kosten des Hauses.«

Er hatte ihr von dem Bett für seine Mutter erzählt, und sie küßte ihn an der Tür. Ihre Arme waren warm und rochen nach Küche. Als er über den Hügel zurückging, hatte er neuen Mut geschöpft. Dennoch machte er einen Bogen um den Teil der Bay Street, der durch das Stadtzentrum führte. Der Eingang zu dem Möbelgeschäft befand sich seitlich am Gebäude. Eine imposante Dame mit Brille saß an einem Schreibtisch rechts neben der Tür, und Jacket beobachtete sie eine Weile durch das Fenster. Als sie das zweite Mal aufsah, lächelte sie ihm zu. Offenbar war sie nicht gefährlich. Er bog um die Ecke und öffnete die Tür.

»Was willst du, Junge?« Sie suchte in einer schwarzen Handtasche mit goldenem Griff und holte eine Lederbörse heraus. »Ein Eis?«

Mit dieser Reaktion hatte er nicht gerechnet. Einen Augenblick lang starrte er verwirrt auf seine Füße. Dann nahm er sich zusammen und stieß hervor, daß er ein Bett suche. Der Bankdirektor hatte ihm einen Brief mitgegeben, damit man ihn in den Geschäften ernst nahm. Er zog ihn aus seiner Brusttasche.

Die Frau war massig, und ihre Gelenke waren vom langen Sitzen steif geworden. Ein Seufzer entrang sich ihr, als sie sich aus dem Stuhl wuchtete und hinter ihrem Schreibtisch hervorkam.

»Wie heißt du, Junge?«

»Jacket, Ma'am.« Er starrte beharrlich auf seine Fußspitzen.

»Jack?«

Er schüttelte den Kopf. »Jacket.«

Sie griff ihm unter das Kinn und zwang ihn, sie anzusehen. »Wie alt bist du?«

»Dreizehn. Ich bin Langustenfischer«, erklärte er, während er vergeblich versuchte, ihr den Brief in die Hand zu drücken.

»Bar- oder Ratenzahlung?«

»Bar.«

»Was für ein Bett willst du denn?« Sie nahm ihn bei der Schulter und drehte ihn so, daß er ins Innere des Geschäfts blickte. Die Betten standen zwischen dazu passenden Nachttischen, Kommoden und Schränken. Furnierte Schleiflackmöbel in Schwarz, Dunkelrot und Creme beherrschten das Bild. Bei drei der Betten funkelten fächerförmig angeordnete, rund und eckig geschliffene, schwarz oder golden eingefaßte Spiegel am Kopfteil. Im Dämmerlicht des Geschäfts glitzerten sie verlockend in all ihrer Pracht. Aber sie waren nicht das, wonach er suchte. Kein Bettgestell war aus Messing, und er konnte auch kein rotes Samtherz entdecken.

Die Frau war sehr nett, und es tat ihm leid, sie enttäuschen zu müssen. Er beschrieb das Kopfteil und das Messinggestell von Mister Wintertons Bett. »Größer als die hier.« Er breitete die Arme aus, um ihr einen Eindruck zu vermitteln.

»So ein Bett mußt du dir bauen lassen. Die hier gehören alle zu einem kompletten Schlafzimmer.« Sie deutete auf ein sechsteiliges Ensemble aus schwarzem Schleiflack mit Goldkanten. »Das da kostet dreitausendfünfhundert Dollar.«

Der Preis erschütterte einen Moment lang seine Zuversicht. Aber Mister Winterton hatte ein einzelnes Bett erstanden, und zwar in Nassau. »Mister Winterton hat es hier gekauft«, versicherte er ihr.

Sie überlegte einen Augenblick lang, dann zog sie ihn zu ihrem Schreibtisch und breitete einen Stadtplan aus. »Probier es bei Best Buy Furniture im Einkaufszentrum«, riet sie hilfsbereit, jedoch nicht sonderlich begeistert. »Einen Versuch ist es wert. Nimm den Bus.« Sie deutete mit dem Finger die Straße hinauf zum Busbahnhof. »Nummer vierundzwanzig.«

Das Geschäft im Einkaufszentrum war größer als das, welches er gerade verlassen hatte, und lag auf der anderen Seite des Hügels. Der Bus hätte fünfundsiebzig Cent gekostet. Jacket erschien das viel Geld für eine Strecke, die er auch zu Fuß zurücklegen konnte.

Es war unmöglich für ihn festzustellen, wer von dem halben Dutzend Männer und Frauen Kunden waren und wer zum Personal gehörte. Keiner von ihnen schenkte ihm Beachtung, also ging er zu einem Schalterfenster hinten im Geschäft, wo eine grauhaarige Frau soeben ihre monatliche Rate nachzahlte. Mit weinerlicher Stimme erklärte sie, warum sie in Verzug geraten war. Jacket schämte sich für sie und trat unruhig von einem Fuß auf den anderen, bis er endlich an der Reihe war.

Der Mann hinter dem Fenster funkelte ihn an. »Was willst du?«

»Ein Bett.«

»Siehst du nicht, daß hier der Kassenschalter ist?« Empört über soviel Unwissenheit, verscheuchte er Jacket mit einer unwilligen Geste.

Überall sah er Sessel und Sofas, Couchtische und Eßzimmergarnituren herumstehen. Endlich entdeckte er das Fußende eines Bettes, das aus einer Öffnung in der Wand links vom Fenster ragte. Auf Zehenspitzen schlich er dorthin und stellte fest, daß sich die Schlafzimmereinrichtungen im hinteren Raum befanden. Überall glitzerten Schleiflack und Spiegel, aber kein Messing.

Plötzlich riß ihn jemand an den Haaren.

»Was willst du hier stehlen, Junge?« schimpfte ein junger Verkäufer. Die Tränen stiegen Jacket in die Augen, so fest schüttelte ihn der Mann.

»Ich will ein Bett.«

»Wenn du kein Bett hast, dann beschwer dich bei deiner Mutter. Raus hier, bevor du eine gewischt kriegst.« Der Mann schüttelte ihn erneut und hob die Hand zum Schlag. »Hörst du, was ich sage?«

Doch Jacket hatte genug für heute. Der Brief von der Bank gab ihm Mut. Er trat den Mann gegen das Schienbein, duckte sich und sprintete zum Haupteingang. Dort wirbelte er herum und schwenkte seinen Brief wie eine Fahne. »Schwachkopf, warum behandelst du mich so?« schrie er. »Ist mein Geld vielleicht nichts wert?«

Ein älterer Mann im Anzug stürzte aus dem Büro hinter dem Kassenschalter und verlangte eine Erklärung. Jacket drückte ihm den Brief in die Hand. »Ich bin Langustenfischer und habe vierzehnhundert Dollar in bar für ein Bett.« Er deutete auf den Verkäufer. »Der Mann hat mich an den Haaren gezogen und einen Dieb genannt.«

Der ältere Mann wandte sich an den Verkäufer. »Sie entschuldigen sich sofort, Wilfred, verstanden?« fuhr er ihn an.

Der Angestellte murmelte eine Entschuldigung, während der Geschäftsführer Jacket in sein Büro führte. Jacket beschrieb erneut Mister Wintertons Bett. Der Mann überlegte eine Weile und griff schließlich zum Telefon. Er tätigte zwei Anrufe, dann nickte er Jacket ermutigend zu. »Happy House Furnishings. Einen Block die Straße hinunter und dann sechs Blocks nach Norden. Dort gibt es Messingbetten. Der Bus fährt vor dem Einkaufszentrum ab.«

Mit einem verächtlichen Blick auf den Verkäufer verließ Jacket das Geschäft und machte sich auf den Weg nach Norden. Den Bus brauchte er nicht. So oft fünfundsiebzig Cent, das summierte sich.

Bei Happy House Furnishings hatte man ihn erwartet und war freundlich und hilfsbereit gewesen, aber die Messingbetten waren klein und besaßen nicht das Kopfteil, das er sich vorstellte. Den ganzen Nachmittag lang zog er kreuz und quer durch die Stadt, von Geschäft zu Geschäft. Er fand Messingbetten und verspiegelte Kopfteile, aber nie beides zusammen, und fast immer waren die Betten zu klein. Manchmal war das Personal höflich, manchmal machte man sich über ihn lustig oder behandelte ihn von oben herab. Immer wieder versicherte man ihm, er verschwende seine Zeit – solch ein Bett müsse man in Miami extra anfertigen lassen. Um nicht unhöflich zu erscheinen, blätterte er durch die Kataloge. Aber wie vor ein paar Tagen, als er die Kisten versteckt hatte, war seine fixe Idee so übermächtig, daß er nicht aufgeben konnte. Irgendwo in Nassau existierte ein Bett wie das von Mister Winterton, davon war er überzeugt.

Zu Hause trug er nur zu besonderen Anlässen Schuhe. In den Turnschuhen schwitzten seine Füße, seine Fußsohlen schmerzten auf dem ungewohnt harten Boden aus Asphalt und Zement, so daß er nach kurzer Zeit Blasen an den Zehen bekommen hatte.

Wenn er in den Dünen und Gewässern von South Andros unterwegs war, orientierte er sich an vertrauten Landmarken: einer hohen Föhre, dem Winkel zwischen zwei Landspitzen, Leuchtfeuern oder den weißen Wellenkämmen über einem Riff. Auf der Seeseite des Landrückens in Nassau richtete er sich nach der Brücke, die nach Paradise Island hinüberführte, auf der landeinwärts gelegenen Seite konnte er sich nur an die Sonne halten. Doch mit fortschreitendem Nachmittag verschwand die Sonne hinter den Bäumen, so daß er nach neuen Orientierungshilfen Ausschau halten mußte. Er wählte eine große Fernsehantenne und einen Wasserturm.

Als Jacket mit dem neuen Terrain vertraut war, gewann er an Sicherheit, und seine Fantasie beflügelte seine müden Füße. Er war für eine Sondereinheit als Spion unterwegs, um unter den Einheimischen Unterstützung zu gewinnen. Der Brief war sein Empfehlungsschreiben an die Rebellen, und immer wieder nannte er das mit dem Colonel vereinbarte Paßwort. »Ich bin Langustenfischer.«

Die Bedeutung seiner Mission ließ die Sorgen, die er sich wegen des Flugzeugabsturzes und der auf Bleak Cay versteckten Kisten machte, in den Hintergrund treten. Er befand sich auf einer breiten, zu beiden Seiten von Bäumen eingefaßten Straße. Das Geschäft, das man ihm zuletzt genannt hatte, lag auf einem Eckgrundstück. Als er um die großen Schaufenster bog, entdeckte er den warmen Glanz von poliertem Messing auf einer Galerie. Kaum öffnete er die Tür, da kam ihm bereits eine junge Verkäuferin in Minirock und hochhackigen Schuhen entgegen. In ihre Zöpfchen hatte sie Perlen geflochten.

»Ich bin Langustenfischer«, erklärte er zum x-ten Mal, den Brief in der Hand schwenkend.

»Und wir schließen jetzt«, erwiderte die Frau.

Sie wollte ihm die Tür vor der Nase zuschlagen, aber er brachte einen Fuß dazwischen und sah sich im Geschäft hinter ihr nach jemand von höherem Rang um. Soviel hatte er gelernt: Je weiter oben in der Hierarchie sich die Personen befanden, desto freundlicher waren sie und desto besser war der Service. Eine Frau mittleren Alters in einem geblümten

Kleid, deren Brille an einer Kette um ihren Hals hing, stand vor den Büros.

»Ich brauche ein Bett«, rief er und hielt den Brief hoch. »Barzahlung, Ma'am.«

Überrascht setzte die Geschäftsführerin die Brille auf.

»Langustenfischer! Junge, Junge, bist du ein Angeber«, zischte die junge Frau, als er an ihr vorbeischlüpfte.

Was sie dachte, war ihm egal.

»Bitte, Ma'am, ich brauche ein Messingbett.«

Die Geschäftsführerin ging mit ihm die Treppe hinauf. Was er für ein großes Bett gehalten hatte, waren mit Etiketten versehene Einzelteile, die man gegen die Schaufenster gelehnt hatte. Die entsprechenden Bolzen und Schrauben hingen, in kleine Zellophantüten verpackt, daran. Jacket hatte inzwischen den richtigen Blick entwickelt und wußte sofort, daß diese Betten zu klein waren. Das richtige Kopfteil war auch nirgends zu sehen.

Im Bewußtsein der Bedeutung seiner Mission für den Colonel war er groß und mutig gewesen, als er das Geschäft betreten hatte, ein wahrer Kämpfer. Doch als er jetzt durch die Messingstäbe der hintereinanderstehenden Betteile auf die Stadt hinaussah, fühlte er sich ganz klein werden. Die Sonne stand niedrig über dem Rot und Grün der Dächer und Bäume, eine Straße reihte sich an die andere, und durch jede einzelne wälzten sich Kolonnen von Autos. In der Ferne konnte er den Wasserturm ausmachen. Ein Dutzend Leute wartete bereits an der Bushaltestelle, immer mehr kamen aus dem Gebäude auf der anderen Straßenseite und gesellten sich dazu. Er sackte in sich zusammen, als er an die etlichen Seiten mit Möbelhäusern im Telefonbuch des Managers vom Emerald Palms Resort dachte. Es würde Jahre dauern, überall nachzufragen.

»Du suchst etwas Bestimmtes.« Das war keine Frage, sondern eine Feststellung. Die Stimme der Geschäftsführerin klang sanft, und sie sprach britisches Englisch. Wie ein Kind drehte sie ihn herum und nahm ihn an der Hand.

Er schämte sich und wandte das Gesicht ab, als sie die Treppe hinuntergingen. Zu Hause lag über allem das Geräusch der Brandung, die sich am Riff brach, hier war es das Surren der Klimaanlagen.

Auf der Straße draußen hatte er geschwitzt, jetzt fröstelte er in seinem feuchten, plötzlich eiskalten T-Shirt. Seine Füße in den Turnschuhen waren rutschig.

Die Geschäftsführerin brachte Jacket in ihr Büro und schickte das Personal nach Hause. Der Raum war ordentlich aufgeräumt, alles auf Hochglanz poliert. Der Geruch nach Bohnerwachs und Möbelpolitur erinnerte ihn an Mister Wintertons Haus. Seine Nase lief. Wie oft hatte ihm seine Mutter eine Kopfnuß verpaßt, weil er sich die Nase am Handrücken abwischte, das kam also nicht in Frage. Suchend blickte er auf dem Schreibtisch umher, vielleicht fand sich dort ein Paket Papiertaschentücher wie bei dem Manager des Emerald Palms. In einem länglichen Lederkästchen neben einer zusammengefalteten Zeitung lag ein Stoß Tücher, aber in diesem Moment schien das Büro über ihm zusammenzubrechen. Er sah Vics Foto auf der Titelseite der Zeitung. Es zeigte Vic in Shorts und Boxhandschuhen und war während der Meisterschaft im vergangenen Jahr aufgenommen worden.

JUNGER BOXER AUS GREEN CREEK ERTRINKT AM RIFF VON BLEAK CAY, lautete die Schlagzeile.

Jacket konnte weder den Artikel lesen noch die Augen abwenden. Ein Messer schien ihm in der Brust zu stecken, dort, wo ihn einer von Vics Schlägen getroffen hatte. Jacket hatte sich danach übergeben müssen. Vorsichtig atmete er um den Schmerz herum, damit die Qual nicht die Oberhand gewänne. In seinen Ohren toste die Brandung, die Wellen schleuderten ihm den Schreibtisch fast ins Gesicht, um ihn dann wieder mit sich zurückzureißen. Mit den Wellen kam und ging auch das Licht, Wände und Decke senkten sich auf ihn herab, ihr Gewicht wollte ihn ertränken.

Seine Fingernägel gruben sich in die Handgelenke. Der Schmerz trieb die Wände wieder zurück und hielt den Schreibtisch an seinem Platz. So machte er es immer, wenn ihn seine Mutter schlug und ihn der Kummer überwältigen wollte. Er mußte mit der Angst fertigwerden. Sie hatten

Vic ermordet, das wußte er. Niemals wäre Vic in der Brandung von Bleak Cay mit einem Skiff gekentert. Außerdem war er stark und ein hervorragender Schwimmer, unmöglich, daß er so nah am Ufer ertrunken war. Sie hatten auf dem Cay auf ihn gewartet. Jacket sah das Patrouillenboot vor sich, den Landungstrupp. Ihre Stiefel glänzten vom Seewasser, als sie das Gestrüpp durchkämmten. Vic floh, bis sie ihn am Strand in die Enge trieben. Er hob die Hände, um sich zu ergeben, aber sie waren grausam und kannten keine Gnade. Einer von ihnen packte Jacket und schüttelte ihn.

»Was ist los, Junge?«

Die Geschäftsführerin hielt ihn an den Schultern. Er las die Sorge in ihren Augen, aber sie durfte nichts erfahren, niemand durfte etwas erfahren. Trotzdem wußten sie es. Er fühlte, wie sie seine Spur aufnahmen, so wie Jagdhunde den Wildschweinen in den Pinienwäldern nachstellten. Seine Beine gaben unter ihm nach, und er griff nach der Lehne des Stuhls vor dem Schreibtisch.

»Alles in Ordnung.« Seine Stimme war kaum mehr als ein Flüstern.

Sie glaubte ihm nicht. Schließlich hatte sie den Brief von der Bank gelesen und wußte, woher er kam. In ihren Augen las er, daß sie die Verbindung zwischen ihm und Vic hergestellt hatte.

»War er ein Freund von dir?« wollte sie wissen. »Armes Kind.«

Es war nicht ganz klar, von wem sie sprach. Sie reichte ihm ein Papiertuch, das sie aus ihrer Tasche holte, nahm eine Cola aus einem großen Kühlschrank an der linken Wand und goß ihm ein Glas ein. Dann wartete sie hinter ihrem Schreibtisch darauf, daß er sich erholte. Als es ihm besser ging, erkundigte sie sich genau nach dem Bett und verlangte nach einer Zeichnung.

Miß Charity hatte ihn gelehrt, nach ihren gemeinsamen Tauchgängen die Fische am Riff detailgetreu zu zeichnen, und dasselbe tat er jetzt mit dem Bett. Er hielt den Atem an, um seine Hand zu beruhigen, und zog die Oberlippe zwischen die Zähne.

Die Geschäftsführerin studierte die Zeichnung eingehend. Dann erklärte sie ihm, daß sich eine Messingbeschichtung in der feuchten Meeresluft der Bahamas sehr schnell auflösen würde. Mister Wintertons Bett mußte also aus massivem Messing sein, einem sehr teuren und seltenen Material. Ein Inneneinrichter in der Graveney Road hatte früher Artikel dieser Art geführt, aber sie war nicht sicher, ob das Geschäft noch existierte. Die einzige andere Möglichkeit war das Antiques Warehouse in der Rosetta Street. Beide Läden waren um diese Zeit geschlossen.

Ob er eine Unterkunft habe, wollte sie wissen.

»Auf dem Boot«, erklärte er, um irgend etwas zu sagen. Sie könnten seine Spur bis auf die Rybovich im Jachtclub von Nassau zurückverfolgen. Nirgends war er sicher.

20

Jacket Wilberforce Bride war dreizehn Jahre alt. Auf heimischem Terrain war er anderen Jungen in seinem Alter voraus. Aber jetzt fühlte er sich auf verlorenem Posten.

Sein gesamtes Wissen über die Welt außerhalb von South Andros stammte aus nordamerikanischen Fernsehserien. Er war nicht dazu in der Lage, zwischen Realität und Fiktion zu unterscheiden: Die Folgen von *Miami Vice* erschienen ihm nicht weniger wirklich als sein Leben.

Der Wert der Ladung, die er versteckt hatte, war ihm klar. Eine Menge Leute würden vor nichts zurückschrecken, um sie an sich zu bringen.

Auch Grausamkeit und Gewalttätigkeit waren ihm nicht fremd.

Abend für Abend hatte er auf dem Bildschirm in Mister Jacks Bar in Green Creek beobachtet, wie Gangster und Drogenhändler Informanten folterten. Sie bohrten die Zähne ihrer Opfer bis zum Nerv auf, trieben ihnen Bambussplitter unter die Fingernägel, rissen ihnen die Nägel mit Zangen heraus, zerschmetterten ihre Fingerspitzen mit Hämmern, drückten

Zigaretten auf ihrer Haut aus, so daß ein dünner Rauchfaden aufstieg, brandmarkten sie mit rotglühenden Eisen, preßten sie mit den Gesichtern auf heiße Kochplatten oder übergossen sie sogar mit Batteriesäure.

Vic hatte bestimmt alles gesagt – alles, was er wußte. Von wem er den Koffer hatte, und daß ihm Jacket erzählt hatte, er habe draußen bei Bleak Cay ein abgestürztes Flugzeug gefunden.

Die Jagd war eröffnet. Man würde seine Mutter befragen, und sie würde ihnen die Nachricht zeigen, die er hinterlassen hatte. Dann machten sie sich vielleicht auf die Suche nach Dummy, der mit dem Amerikaner vor Congo Town Großfische fing, oder nach Miß Charity ...

Jacket hatte genausoviel Angst um die anderen wie um sich selbst. Vor sein geistiges Auge traten Mafiosi der alten Garde mit Fedorahüten wie in den fünfziger Jahren. Genau wie die in grelle Anzüge gekleideten Hispanoamerikaner der neunziger waren auch sie im Fernsehen, wenn man den Ton abdrehte, nicht mehr von den Polizisten zu unterscheiden.

Er brauchte ein Vorbild. Als er in der hereinbrechenden Dämmerung die Straße entlangging, wurde er zu Harrison Ford in *Auf der Flucht*. Dann fiel ihm der Film *Der einzige Zeuge* ein. Darin war Harrison Ford ein guter Polizist, der ein Kind schützen wollte, das bei einem Besuch in New York einen Mord gesehen hatte. Die Mörder waren Polizisten. Sie jagten das Kind und Harrison Ford, die sich auf einer Farm versteckten, wo die Amerikaner altmodische Kleidung trugen und keine Kraftfahrzeuge besaßen. Jacket hatte nie begriffen, warum, aber da war er nicht der einzige in Green Creek gewesen.

Er versuchte, sich vorzustellen, daß er im Krieg und für seinen Vater unterwegs wäre, aber ständig hatte er das Bild vor Augen, wie die Polizisten in ihren Autos über den Hügel kamen, um das Kind zu töten. Harrison Ford war unbewaffnet gewesen, sie dagegen hatten Gewehre und Pistolen.

In jedem der vorbeifahrenden Autos konnten sie sich verbergen. Jacket wußte nicht mehr, wohin er schauen sollte. Wo sollte er sich verstecken, wo essen, wo schlafen? Er begann zu laufen. Die Polizisten wollten sich das Kind draußen auf dem Land holen, also machte er sich auf den Weg ins Stadtzentrum zurück, über den Hügel. Dort gab es Bäume und große Gärten.

Scheinwerfer blendeten ihn, als er sich durch ein Loch in einem Zaun quetschte. Wie erstarrt blieb er an der Grenze stehen, als ihn der Suchscheinwerfer des russischen Majors von dem hölzernen Wachturm aus erfaßte. Weitere Lichter glitten vorbei, und Jacket schlug sich in den Wald, wo er auf ein altes, ausgebranntes Haus stieß. Er sammelte trockene Zweige, unter denen er sich in einem flachen Graben am Fuße einer zerfallenen Mauer versteckte. Hier hatte sich einst das Royal-Victoria-Hotel befunden, das über ein Jahrzehnt vor seiner Geburt aufgegeben worden war. Wie ein kleines Tier, das vor Hunger, Durst und Angst fast umkam, zwängte sich Jacket in den Graben.

Später suchten sie nach ihm. Von dem Graben aus beobachtete er sie. Zuerst kamen zwei Männer, dann noch drei, die gestrickte Wollmützen über ihren Dreadlocks trugen. Sie waren dünn und fluchten und kicherten, während sie durch die Büsche neben der Straße stolperten und welke Blätter abrissen. Dann zündeten sie Streichhölzer an. Einer von ihnen suchte auf allen vieren unter den Büschen herum. Ein sechster Mann lief geduckt durch das Unterholz. Er trug eine Damenhandtasche bei sich, und die anderen stritten sich wie kreischende Seemöwen um den Inhalt, wobei es einige Schläge setzte. Einer von ihnen wimmerte. Dann gab der Mann auf den Knien einen spitzen Schrei von sich, und die Handtasche war vergessen, als er mit einem kleinen Plastikpaket auftauchte. Schnupfend und sich kratzend, saßen sie im Kreis. Jedesmal, wenn ein Streichholz aufleuchtete, war ein rasches, tiefes Einatmen zu hören.

Der Staub der trockenen Äste kitzelte Jacket in der Nase. Verzweifelt unterdrückte er ein Niesen. Das Gespräch der Männer wurde von langen Pausen unterbrochen, immer nur einer redete, die anderen nickten zustimmend oder reagierten gar nicht. Dann kam eine Frau in einem zerlumpten Hemd aus der Dunkelheit geschlurft und schloß sich den anderen an. Einer der Männer zog einen Schuh aus, spie auf die Ledersohle und ließ sein Messer aufspringen. Das Geräusch hallte in Jackets Ohren. Der Mann spuckte erneut aus, jemand schnupfte, zog scharf Luft hinterher.

Unerwartet fuhr der Wind in die welken Blätter über Jackets Versteck, und er konnte ein Niesen nicht unterdrücken. Entsetzen packte ihn. Er preßte sich in den Schmutz, als die Schritte näherkamen, sich wieder entfernten. Anscheinend hatten sie ihn nicht gesehen. Vorsichtig hob er den Kopf, um durch die Zweige zu spähen. Eine Hand packte ihn am Haar und zerrte ihn heraus: der Mann mit dem Messer. Die Spitze der Klinge berührte Jackets Kehle. Der Mann kicherte. In seinen Mundwinkeln stand Speichel. Dann stieß er Jacket in den Kreis hinein, so daß er auf die Knie fiel.

»So ein schmutziger kleiner Landstreicher«, meinte einer der Männer.

Ein anderer hielt Jackets Kopf, während der Mann mit dem Messer ihm ein dünnes Kupferrohr zwischen die Lippen preßte. Er blies in das andere Ende, und beißender Rauch füllte Jackets Lungen. Sein Kopf explodierte in einem Feuerwerk aus bunten Lichtern, hustend krümmte er sich, erbrach sich.

Die Männer kicherten, als die Frau nach ihm griff. Sie zog ihn auf ihren Schoß, während sie an den Knöpfen ihrer Bluse fummelte. An der Innenseite ihrer schlaffen Brust hatte ihr Schweiß einen hellen Streifen hinterlassen. Die Brustwarze war dunkel und stand schief. Sie drückte Jacket mit dem Gesicht dagegen, als wäre er ein Baby, und wiegte ihn, während sie ein Wiegenlied sang. Ihre Haut roch säuerlich, unter der welken Haut ihrer Brust stachen die Knochen hervor, die Arme waren dünn wie Zahnstocher. Dann verließ sie die Kraft, und es gelang Jacket, sich zu befreien. Er flüchtete zwischen die Bäume, die ihn schützend aufnahmen, als er sich wieder in seinem Versteck verkroch.

Er hatte geschlafen und wurde vom Regen geweckt. Fahl fiel das Licht der Straßenlaternen durch die Bäume. Die Männer und die Frau lagen kreuz und quer übereinander unter einem großen Lebensbaum. Einer nach dem anderen erwachte.

Durch die Blätter fielen schwere Regentropfen. Fluchend kamen sie auf die Knie, erhoben sich mühsam. Ein kalter Wind pfiff um die Ruine und ließ sie frösteln. Ihre ersten Schritte waren unsicher. Einer von ihnen kniete weiter entfernt hustend im Schmutz. Dann verschwanden sie im Schatten der tropfenden Hibiskus- und Oleanderbüsche. Jeder ging seines Weges.

Der Regen strömte über die zerfallene Mauer in den Graben hinunter, so daß Jacket bald zitternd in einer Pfütze lag. Er kauerte sich unter die Mauer und trank von einem Rinnsal, das an einem vorstehenden, abbröckelnden Ziegelstein heruntertröpfelte. Er mußte sich orientieren. Das U-Boot hatte ihn an Land gesetzt, damit er die bei Green Creek gestrandete Patrouille mit Waffen versorgte. Die Waffen waren in dem Bett versteckt, und nur er konnte sie finden. Der Colonel hatte ihn vor seiner gefährlichen und schwierigen Aufgabe gewarnt. »Dein Dad hat gesagt, daß du es schaffen kannst. Du bist die letzte Hoffnung der Patrouille.«

Jackets Alter war seine Tarnung. Nach einem kleinen Jungen würden sie nicht suchen. Das Geschäft des Inneneinrichters lag in einem Vorort. Der Regen trommelte auf ihn herunter, als er durch den Zaun auf die Straße in das blasse Licht des frühen Morgens hinausschlüpfte.

Wolken verbargen die Morgenröte, am Fenster lief der Regen hinunter und verzerrte die Lichter der Straßenlaternen unter Trent. Er dachte an Skelley, der allein an Bord der *Golden Girl* zurückgeblieben war. Mit Sicherheit hatte der Polizist zwei Anker gesetzt. In Lee von South Andros bestand keine Gefahr. Trotzdem würde er sich verantwortungsbewußt um Trents Heim kümmern. Im Schutz der Kajütenwand würde er im Cockpit kauern und die schäumende, seichte See beobachten.

Trent fragte sich, wo der Junge sein mochte – falls er noch lebte.

Es war wichtig, daß er ihn in Gedanken beim Namen nannte. Charity, die auf der Couch geschlafen hatte, rührte sich. »Warum Jacket?« fragte er leise.

Sie sagte es ihm.

Eine Böe prallte gegen das Fenster.

»Er ist intelligent«, erklärte Charity, um sich selbst zu beruhigen.

Trent duschte und zog einen bequem geschnittenen Safarianzug aus naturfarbenem Leinen an. Dazu trug er unverschämt teure italienische Sandalen, die ihm Tanaka Kazuko zu Weihnachten geschenkt hatte. Wieder im Büro, schaltete er die Lampe auf seinem Schreibtisch ein. Charity, die immer noch auf dem Sofa lag, starrte ihn an. Er hatte gedacht, daß sie ihm nach einer Nacht im selben Raum mit ihm, nachdem sie im Schutz der Dunkelheit ein paar Worte gewechselt hatten, langsam vertrauen würde, doch in ihren Augen las er das alte Mißtrauen.

»Ich muß hier weg, bevor es hell wird.« In einer normalen Umgebung wirkten Waffen stets melodramatisch. Mit einem verlegenen Achselzucken steckte er unter ihrem kritischen Blick die Beretta vorne in seine Hose. Sorgfältig zupfte er das Hemd zurecht. »Sieht man was?«

Es war die Frage, die sich junge Mädchen gegenseitig auf der Toilette stellten, wenn sie die Ärmel ihrer Kleider richteten. »Genau darum trage ich keinen BH«, gab sie zurück.

Er lächelte. Überrascht stellte sie fest, daß sie sich fragte, wie er ohne seine Tarnung aussehen mochte, welche Form sein Kinn hatte. »Tragen Sie diese Perlen immer?«

Er wirkte wieder etwas verlegen. »Sie gehörten meiner Mutter.«

»Gehörten?«

»Sie starb bei einem Autounfall.« Sorgfältig faltete er das Tuch zusammen, in das die Waffe eingewickelt gewesen war. Dann blickte er sie an. »Nehmen Sie ein Taxi zum Flughafen. Unterwegs stellen Sie fluchend fest, daß Sie das Geburtstagsgeschenk für Ihren Neffen vergessen haben, und lassen den Fahrer umkehren und Sie an der Brücke absetzen. Auf der anderen Straßenseite befindet sich ein Café.«

Er nahm Geld aus seiner Brieftasche und legte die Scheine auf seinen Schreibtisch, ohne sie zu zählen.

»Es ist eine Art Spielgeld«, erklärte er, da er wußte, daß sie nichts von ihm annehmen würde. Mit einer beiläufigen Geste deutete er auf das Büro mit der luxuriösen Einrichtung. »Mein Spesenkonto ist so großzügig, daß ich das Geld gar nicht ausgeben kann.«

Er nahm einen Plastikregenmantel von der Garderobe im Gang und knöpfte ihn bis zum Hals zu. »Um halb acht? Dann können wir frühstücken, bevor die Möbelgeschäfte öffnen.«

Die wäßrige Dämmerung fiel auf die Schaumkämme der Wellen. Die Bertram befand sich weniger als eine Meile östlich von New Providence, aber der Regen verhüllte die Küstenlinie und die Einfahrt in den Hafen. Steve klammerte sich an das Geländer im Ruderhaus, als eine Böe den Schaum von einer Welle riß und gegen das Fenster schleuderte. Für einen Augenblick blind, rammte der bahamische Skipper das Boot im falschen Winkel in die nahezu senkrechte Wasserwand. Die See schlug auf die Jacht, so daß sie sich um fünfzig Grad seitlich neigte und der halbe Rumpf in der Luft hing. Die Welle hob sie empor, die Propeller drehten durch, und die Motoren heulten auf. Fluchend kurbelte der Skipper am Ruder, bis es ins Wasser tauchte und wieder griff. Der Bug drehte in den Wind.

An das Schott gepreßt, hustete Jesus Antonio in sein Taschentuch, das er dann sorgfältig zusammenlegte und in der Tasche seiner Windjacke verstaute. Ein dünnes Lächeln spielte auf seinem sonst so ernsten Gesicht, als er sich an Steve wandte. »Das Frühstück wird warten müssen.«

Der bahamische Skipper kicherte.

Als Jacket die Graveney Road hinaufmarschierte, rissen die Wolken auf. Sein Hemd und seine Hose waren von der Nacht im Graben durchnäßt und verdreckt. Das Geschäft des Inneneinrichters lag ein wenig abseits vom Gehweg hinter einem weißen Lattenzaun auf der linken Straßenseite. Ein eisernes Gitter schützte das einzige Schaufenster. Bis auf ein Quadrat in der Mitte war das Glas schwarz getönt, so daß es wie ein Rahmen für einen mit Samt ausgeschlagenen Schaukasten wirkte, in dem eine grüne Vase stand. Die Tür war aus massivem Holz, deshalb konnte Jacket nicht ins Innere des Geschäfts sehen.

Er überquerte die Straße und kauerte sich vor den Gartenzaun eines blauen Holzbungalows. In den nassen Kleidern war ihm eiskalt, außerdem hatte er Hunger. Die Männer, die sich im Hinterland von Green Creek im Dschungel verbargen, fielen ihm ein. Der Feind war zu nah, als daß sie ein Feuer hätten anzünden können. Noch vierundzwanzig Stunden, bis das Postschiff nach Kemps Bay ging, und dann noch eine Nacht, bis er die Waffen an Land schmuggeln konnte ...

Die Sonne kam durch die Wolken und drang mit ihren wärmenden Strahlen durch sein Hemd. Eine rotbeinige Drossel pickte im Rasen vor dem Nachbarhaus. Ein erster Wagen fuhr durch die Straße. Links von ihm öffnete sich eine Tür, und eine Frau lief zur Bushaltestelle an der nächsten Ecke. Schon summten winzige Kolibris um die Hibiskusblüten herum. Ein junger Mann stieg vor dem Geschäft vom Fahrrad und schloß die Tür auf. Als er sein Fahrrad in das Haus schob, erhaschte Jacket einen Blick auf einen Polstersessel. Die Tür fiel erneut zu.

Eine halbe Stunde später fuhr ein älterer Weißer in einem kleinen gelben Cabriolet mit geschlossenem Verdeck vor. Der junge Mann kam ihm an der Tür entgegen, und gemeinsam lösten sie die Sicherheitsschlösser, mit denen das Eisengitter vor dem Schaufenster befestigt war. Sie trugen es hinter das Haus. Dann fuhr der Ältere seinen Wagen in den Schatten einer Akazie zwei Häuser weiter.

Jackets Turnschuhe hinterließen eine deutlich sichtbare Spur, als er die Straße überquerte. Schüchtern klopfte er an die Tür. Der junge Mann öffnete.

»Ich bin Langustenfischer«, begann er, doch der Verkäufer griff nach einem Besen, der an der Wand lehnte.

Wie mit einem Bajonett stach er mit dem Stiel auf Jacket ein. »Hinaus! Hinaus!« kreischte er dabei mit sich überschlagender Stimme.

Jacket wich einen Schritt zurück. »Ich bin ja gar nicht drin.« Seine Stimme klang ebenfalls schrill.

»Du kommst auch nicht rein. Mein Gott, wie du aussiehst.

Sieh dir nur seine Schuhe an.« Anklagend wandte er sich an den älteren Mann, der aus dem Ausstellungsraum herbeigeeilt kam. »Hinaus«, wiederholte er, während er Jacket mit dem Besen den Gartenweg hinuntertrieb. »Hinaus! Hinaus!«

»Ich bin doch draußen«, protestierte Jacket vom sicheren Bürgersteig aus. Verzweifelt blickte er auf den älteren Weißen, der hinter dem jungen Mann stand. »Mister, ich bin Langustenfischer und suche ein Messingbett.«

»Reiß dich zusammen, Henry«, sagte der Dekorateur und griff nach den Armen des anderen. Prüfend betrachtete er Jacket.

»Ich habe unter freiem Himmel geschlafen. Ich bin nicht von hier. Ich bin aus Green Creek. Sehen Sie her . . .«

Der junge Mann stöhnte gequält auf, als Jacket den Brief des Bankmanagers aus seinen Shorts holte.

»Halt den Mund und hol dem Jungen ein Handtuch, beeil dich.« Damit schickte der Inneneinrichter den Verkäufer nach hinten. »Und du ziehst diese gräßlichen Schuhe aus«, befahl er Jacket.

Als das Handtuch kam, wies der Mann Jacket an, seine Kleidung abzulegen und auf der Türschwelle liegenzulassen. »Henry wird sie unter dem Wasserhahn im Hinterhof ausspülen«, versprach er.

Er schob den protestierenden jungen Verkäufer zur Tür hinaus und führte Jacket in den Laden, wo er ihm einen Stuhl anbot, der mit gold- und cremefarbener Seide überzogen war und elegant geschwungene vergoldete Lehnen besaß. »So ist es besser. Vermutlich hättest du gerne etwas zu essen und zu trinken?«

Er holte Orangensaft und Schokoladenkekse, dann ließ er sich Jacket gegenüber nieder und sah zu, wie der aß. Mit angefeuchtetem Finger pickte er einen Krümel vom gebohnerten Fußboden auf. »Erzähl mir von deinem Bett.«

Jacket hatte die Zeichnung behalten, die er für die Geschäftsführerin des anderen Möbelhauses angefertigt hatte. Der Dekorateur erkannte es sofort. »Mein Gott, das gehört Charlie Winterton!«

»Stimmt«, erklärte Jacket stolz. »Mister Winterton hat es in

Nassau gekauft. Dreizehnhundert Dollar. Ich habe vierzehnhundert. Es ist ein Geburtstagsgeschenk für meine Mutter. Ich
bin Langustenfischer«, fügte er hinzu, um seinen Reichtum zu
erklären.

»Ein Freund von Charlie ... Hm, das Bett ist ziemlich prächtig.« Milde lächelnd beugte sich der Inneneinrichter vor, um
einen Krümel von Jackets Lippe zu wischen. »Ich habe Charlie schon tausendmal gefragt, woher er es hat, aber er will es
einfach nicht verraten.«

Der Mann deutete auf den Ausstellungsraum. Die Stühle,
Tische und Sofas waren feiner gearbeitet als die, die Jacket
in den anderen Möbelhäusern gesehen hatte. Sie waren nicht
furniert, sondern aus massivem, poliertem Holz. An den
Wänden hingen Gemälde. Zwei davon zeigten junge weiße
Männer in gestreiften Badeanzügen, die Brust und Schenkel
bedeckten. Die Szenerie war in weichen grauen und blauen
Pastelltönen gehalten.

»Wie du siehst, paßt so etwas nicht ganz in mein Sorti-
ment.« Er nahm Jacket bei der Schulter und führte ihn zu
einem Büro an der Rückwand des Raums. »Ich führe ein paar
Telefonate, und du kannst eine schöne heiße Dusche nehmen,
während deine Kleider trocknen.«

Vom Büro aus führte eine Tür in ein prunkvolles, gekachel-
tes Badezimmer. Der Dekorateur fummelte an den Messing-
hähnen über dem niedrigen Duschbecken herum und prüfte
die Wassertemperatur. »Rein mit dir, ich hole dir ein sauberes
Handtuch«, befahl er schließlich zufrieden.

Er zog Jacket das Handtuch vom Körper und versetzte ihm
einen sanften Stoß. Diesen Blick kannte Jacket. Manche Gäste
von Mister Winterton hatten ihn genauso angesehen. Er ver-
zog sich in eine Ecke und versuchte, sich mit den Händen zu
bedecken.

»Sei doch nicht so schüchtern. Ein Freund von Charlie ...«
Er streckte die Hand nach Jacket aus. »Dreh dich um, damit
ich dir den Rücken waschen kann.«

Mit einem Aufschrei erschien der Verkäufer in der Tür.
Jacket tauchte unter den Armen des Dekorateurs hindurch
und rutschte auf dem Bauch über die glatten Fliesen. Der

212

junge Mann stürzte sich auf den Älteren, verlor den Halt, und beide fielen in die Dusche. Jacket rappelte sich auf, rannte ins Büro und griff nach der Tüte mit seinen Papieren und den getragenen Kleidern. Auf dem Weg zur Tür hörte er, wie sich die beiden Männer anschrien und schallende Ohrfeigen versetzten. Splitternackt lief er um das Haus herum in den Hinterhof, wo seine Kleider und seine Turnschuhe tropfend auf einer Leine hingen. Blitzschnell zog er sich an und floh die Straße hinauf.

Trent hatte Charity nur nach Nassau mitgenommen, weil sie den Jungen kannte. Er wollte nicht, daß man sie mehr als unbedingt notwendig mit ihm in Verbindung brachte, und so hatten sie an jenem Morgen ihren ersten Streit vor dem Möbelgeschäft. Als er allein hineingehen wollte, weigerte sie sich, auf dem Gehweg zu warten. Um eine Szene zu vermeiden, gab er nach.

Er erzählte der verständnisvoll lauschenden Geschäftsführerin die gleiche Geschichte wie dem Manager vom Emerald Palms. So erfuhr er, daß der Junge am Tag zuvor hier gewesen war, aber nicht gefunden hatte, was er suchte. Man hatte ihn an Best Buy Furniture im Einkaufszentrum verwiesen. Jetzt hatten sie ihre Spur – der Junge war noch am Leben.

Charity spürte Trents Erleichterung. »Sie dachten, er wäre tot ...« In seinem Gesicht las sie, daß sie recht hatte. »Der Tod ist Ihr Geschäft.«

Ihre Anklage klang, als hätte er den Jungen durch seine bloße Existenz in Gefahr gebracht. Trent kannte diese Einstellung zu seinem früheren Beruf. Aus Gründen der gesellschaftlichen Sicherheit hielt man ihn für unentbehrlich, trotzdem war jeder Müllkutscher oder Fahrer eines Jauchewagens beliebter.

»Wir brauchen eine Telefonzelle«, erklärte er. »Ich rufe die Bank an.«

Steve tätigte zwei Anrufe von der Telefonzelle in der Lobby des Sheraton-Hotels aus. Im Emerald Palms erkundigte er sich nach der Bankverbindung des Clubs in Nassau, da er

213

angeblich eine Finanzanalyse für einen französischen Reise-veranstalter durchführte. Dann rief er bei der Royal Bank an und ließ sich den Direktor geben. Nicht umsonst hatte Steve in seinem Leben soviel telefoniert. Er beherrschte das Me-dium, und der Direktor und er sprachen dieselbe Sprache. Sein Name sei Campbell, behauptete er, und er arbeite als Börsenmakler für Merrill Lynch. Er habe dem Manager vom Emerald Palms versprochen, den Bride-Jungen mit nach An-dros zu nehmen, weil er sowieso mit seiner Jacht dorthin unterwegs sei.

Der Bankdirektor wußte nur, daß der Junge ein Bett für seine Mutter kaufen wollte. Nachdem er sich einen Bank-scheck habe ausstellen lassen, müsse er auf jeden Fall zu-rückkommen, um ihn einzulösen. Man werde ihm Mister Campbells Nachricht übermitteln.

Steve lächelte, als er den Hörer auflegte. Von nun an war es einfach. Sie würden sich das Kind schnappen, wenn es aus der Royal Bank kam, und nach Bleak Cay bringen. Wenn sie das Kokain erst in ihren Besitz gebracht hatten, würden sie den Jungen töten und dafür sorgen, daß die Leiche auf New Providence gefunden würde, weit genug entfernt von der Ge-gend, in der Steve sich normalerweise bewegte. Ein Junge aus Green Creek war nicht an den Verkehr gewohnt, wie leicht konnte so ein Bursche überfahren werden. Man mußte ihm nur die Wirbelsäule mit einem Knüppel zerschmettern und ein paar Chromspäne auf seinem Hemd verteilen.

Steve führte etwas im Schilde, das hätten die Kollegen, mit denen er sich früher immer bei Terry zum Essen getroffen hatte, sofort an der Art erkannt, wie er sich die Hände rieb und etwas eigentümlich grinste. Mit jugendlichem Schwung eilte er durch das Restaurant auf den Ecktisch zu, an dem sich Jesus Antonio niedergelassen hatte.

Steve hatte Lob erwartet, doch Jesus Antonios Gesicht blieb ausdruckslos. In dem riesigen Raum wirkte er sehr zerbrech-lich. Die dunklen Augen lagen tief in den Höhlen. Vor ihm stand ein Glas mit Milch, die langen, schmalen Hände lagen bewegungslos daneben auf der Tischdecke.

»Unsere Männer werden ihn abfangen«, erwiderte er ruhig auf Steves Frage. Die Lippen des Lateinamerikaners waren trocken. Als er hustete, sah Steve für einen Augenblick den Schmerz in seinen Augen. Aber daneben las er dieselbe Verachtung, der er zum ersten Mal bei dem Finanzverwalter seiner früheren Bank begegnet war.

Jesus Antonio suchte nach seinem Taschentuch. *Gut so, huste dir nur die Lunge aus dem Leib, du Mistkerl,* dachte Steve.

Auch Trent rief bei der Royal Bank an und verlangte den Direktor zu sprechen. Er gab sich als Detektiv aus, der im Auftrag von Jackets Vater, der im Krankenhaus liege, nach dem Jungen suche.

Der Direktor gab ihm die gleiche Auskunft wie dem ersten Anrufer. Das andere Telefonat erwähnte er nicht. Es schien ihm nicht von Bedeutung zu sein.

Trent bat darum, den Jungen in sein Büro zu schicken, falls er im Laufe des Vormittags auftauche, oder ihn in der Bank festzuhalten, falls er erst nachmittags erschien.

21

Auf dem langen Rückweg von der Graveney Road waren Jackets Kleider an seinem Körper getrocknet. Das Antiques Warehouse war seine letzte Hoffnung. Enttäuscht stellte er fest, daß an der Ecke zur Rosetta Street kein Geschäft, sondern ein Bungalow aus Holz stand. Bretter und Fensterrahmen, ja sogar das Blechdach waren erst kürzlich gestrichen worden. Von dem kleinen Vorgarten führte eine frisch geschrubbte Treppe zu der schmalen Veranda empor. Ein bemaltes Geländer verband die Pfosten, zwischen denen oben kunstvolle Sägearbeiten verliefen. Er war an der richtigen Adresse – unter dem Dachvorsprung hing ein hölzernes Ladenschild.

Auf Andros gab es ähnliche Häuser, ansonsten hätte er sich vielleicht abgewandt. Statt dessen öffnete er vorsichtig das Tor und spähte vom Weg aus zur Haustür hinein. Was er dort entdeckte, kam ihm bekannt vor: Der hochglanzpolierte, von

Stühlen umringte Tisch war mit Spitzendeckchen und Silber gedeckt, in einer Eckvitrine war Porzellan ausgestellt, an den Wänden hingen Gemälde und Spiegel in goldenen und hölzernen Rahmen. So sahen die Häuser in den Fernsehfilmen aus. Der Raum zeugte von gediegenem Wohlstand und deutete eher auf europäische als auf nordamerikanische Bewohner hin.

Hastig wich er zurück und stolperte zum Tor hinaus. Aus sicherer Entfernung blickte er zurück.

Eine weiße Frau stand auf der Veranda. Ihr sonnengebräuntes Gesicht wies sie als Einheimische aus, das bis über die Knie reichende, teure Kleid paßte im Stil genau zu der Einrichtung. Sie lächelte ihn an, während sie sich gelassen erkundigte, ob er etwas verkaufen wolle. »Hab keine Angst«, meinte sie beruhigend, »ich beiße nicht.«

Zögernd trat er von einem Fuß auf den anderen. Ihr offenes, warmes Lächeln ermutigte ihn. Auch wenn sie weiß war – eine Ausländerin war sie nicht. Sie sprach mit den Augen wie die Menschen auf den Bahamas und hielt sich aufrecht und selbstbewußt, aber dennoch entspannt.

Er kam einen Schritt näher und legte die Hand auf das Tor, ohne es zu öffnen. »Es tut mir leid, Ma'am, ich habe mich geirrt.«

Sie lehnte sich mit der Schulter an einen Pfosten. Mit übereinandergeschlagenen Beinen wartete sie, ohne Ungeduld, im Einklang mit sich selbst.

Jacket fühlte sich unwiderstehlich von ihr angezogen. Dann stand er am Fuß der Treppe. »Ich bin Langustenfischer, Ma'am. Ich brauche ein Bett für meine Mutter, ein Messingbett.«

Sie war Kunden gewohnt, die nach einem bestimmten Möbelstück suchten. Auf ihren Ruf hin brachte eine schwarze Frau ein Glas frischen Limonensaft. Dann bat sie Jacket, sich auf die oberste Stufe zu setzen, nicht weil sie ihn nicht im Haus oder auf der Veranda haben wollte, sondern weil sie spürte, daß er sich so wohler fühlte.

»Das gefällt mir«, sagte sie, als er erklärte, warum er ein Bett genau wie das von Mister Winterton haben wollte. Interessiert betrachtete sie die Zeichnung, während er ihr von seiner Suche erzählte. Als sie sich den Dekorateur und dessen Freund vorstellte, wie sie in der Dusche übereinanderfielen, kicherte sie entzückt.

Noch nie hatte sie ein Bett wie das auf seiner Zeichnung gesehen. »Es muß eine Sonderanfertigung gewesen sein«, meinte sie. Sie spürte, daß dieses Bett sein Traum war und jedes andere, wäre es auch noch so prächtig, eine Enttäuschung wäre.

»Verschwende dein Geld nicht«, riet sie ihm. »Kauf für diesmal ein kleineres Geschenk, und laß das Bett für Weihnachten in Miami anfertigen.« Sie bot an, es für ihn zu bestellen. »Die Firma wird lediglich eine Anzahlung verlangen.« Das Postschiff fuhr nicht vor Mittag des folgenden Tages, und eine Entscheidung von solcher Tragweite wollte überdacht sein. »Überleg es dir.«

Er war schon einhundert Meter weiter, als sie ihn zurückrief. Eine Hand in die Hüfte gestützt, stand sie am Tor. Wenn er zu ihr gerannt wäre, hätte sie die Arme geöffnet und ihn an sich gedrückt, das wußte er. Warum das geschehen wäre, war ihm nicht klar, er wußte es einfach. Aber er konnte sich nicht gehenlassen. Zärtlichkeiten und Gefühlsbeweise kamen in der Beziehung zwischen ihm und seiner Mutter nicht vor, so daß er sich nicht traute.

Ein Engländer hatte vorgehabt, ein Hotel ausschließlich für männliche Gäste zu eröffnen, und Möbel aus Italien importiert, erzählte sie. »Alles sehr pompös.« Sie machte eine ausholende Geste. »Kerzenleuchter, riesige Betten, jede Menge Spiegel.«

Die Ausländerbehörde hatte ihn ausgewiesen. Ein alter Mann, ein Libanese, hatte das Mobiliar aufgekauft. »Die Chancen stehen nicht gut«, warnte sie. »Vielleicht ist er schon tot.«

Der Libanese hatte nicht viel für seine Mitmenschen übrig und haßte das Telefon, daher suchte sie ihm die Adresse aus einem in Leder gebundenen Adreßbuch heraus.

»Laß mich wissen, wie es dir ergangen ist.« Plötzlich umarmte sie ihn. Er lief fort, damit sie seine Tränen nicht sah. Bis zu dem Haus waren es mehrere Kilometer, und sie hatte ihm empfohlen, den Bus zu nehmen. Aber dort drinnen hätte er sie in der Menge verloren. Also ging er zu Fuß und behielt ihren Duft und ihre Wärme ganz für sich allein.

Trent und Charity hatten seine Spur mit dem Taxi von Geschäft zu Geschäft verfolgt. Immer wieder erzählte Trent seine Geschichte, bis sie schließlich bei der Frau landeten, die Jacket das Antiques Warehouse und den Inneneinrichter empfohlen hatte.

Wahrscheinlicher war, daß er sein Glück zuerst bei dem Dekorateur versucht hatte, also fuhren sie dorthin. Ein junger Mann, auf dessen Nase ein Pflaster klebte, öffnete ihnen die Tür. Salbe glitzerte auf seiner aufgeplatzten Oberlippe.

Panisch flüchtete er in das Büro, als Trent Charity als Jackets Lehrerin und sich selbst als Privatdetektiv vorstellte. Von drinnen hörten sie seine hysterische Stimme. Der Inneneinrichter, dessen linkes Auge blau und zugeschwollen war, erschien in der Tür. Händeringend beteuerte er seine Unschuld.

»Ich habe nichts getan. Wirklich nicht. Also, der Junge sagte, er sei ein Freund von Charlie Winterton. Es war ein Mißverständnis. Seine Kleider waren tropfnaß. Das arme Kind, ich dachte, daß eine Dusche ...«

Er drehte sich zu seinem Freund um, der sich immer noch im Büro versteckte. »Sonst ist nichts passiert, nicht wahr, Henry?«

»Das will ich hoffen«, erklärte Charity, der es weniger um eine Bestrafung der Übeltäter ging als darum, den Jungen in Sicherheit zu bringen. »Wohin ist er gelaufen?«

Aber die beiden waren zu sehr mit sich selbst beschäftigt gewesen, um darauf zu achten, in welche Richtung Jacket geflohen war.

Steve saß mit Jesus Antonio im Schatten eines Mangobaumes im Park unterhalb des Princess-Margaret-Krankenhauses. Sie fielen nicht weiter auf. Sie waren Freunde, die auf das Ergebnis einer Untersuchung warteten, oder darauf, daß Familienangehörige im Krankenhaus entbanden oder operiert wurden. Von hier aus hatte man einen guten Blick auf die Shirley Street und den Eingang zur Bank. Jesus Antonio hielt ein Handy im Schoß.

Vier von Torres' Bahamern warteten in einem Lieferwagen auf dem Parkplatz auf der anderen Seite des Hügels. In zwei Minuten und achtunddreißig Sekunden konnten sie die Bank erreichen. Selbst wenn die Ampel an der Kreuzung Frederick und Shirley Street auf Rot stünde, würde es nicht länger als fünf Minuten dauern. Die Verzögerung war unerheblich. Falls sie den Jungen nicht schnappten, wenn er die Bank betrat, dann würden sie eben warten, bis er wieder herauskam. Anschließend würden sie in eine der zahlreichen Seitenstraßen abbiegen, die zum Meer oder landeinwärts über den Hügel führten, je nachdem, wo am wenigsten Verkehr herrschte. Später, im Schutz der Dunkelheit, würden sie den Jungen an Bord der Bertram bringen. Der Constable wurde gegen Abend in Green Creek zurückerwartet. Eine Stunde in der örtlichen Bar, und man wüßte, ob es auf Bleak Cay irgendwelche Vorkommnisse gegeben hatte und ob die Insel unter polizeilicher Beobachtung stand.

Inzwischen hatte sich Jacket sieben Kilometer vom Zentrum Nassaus entfernt. Um sich nicht zu blamieren, hatte er nicht gefragt, was ein Libanese war. Eine Straße wie diese hier kannte er nur aus dem Fernsehen. Nicht ein einziger Grashalm verunstaltete den glatten Asphalt, der von einer Linie, so weiß wie die Kämme auf den Wellen, unterbrochen wurde. In regelmäßigen Abständen beschatteten Akazien die breiten Rasenstreifen neben der Straße. Schilder drohten mit Gefängnis oder Geldstrafen von fünfhundert Dollar, falls man seinen Abfall einfach wegwarf. Schmiedeeiserne Tore versperrten den Zugang zu Einfahrten, die zu hinter hohen Hecken verborgenen Häusern führten. Selbst die wenigen vorüberfahrenden Autos schienen leiser als anderswo zu sein. Auch im Emerald Palms gab es Rasensprenger, daher war ihm das Zischen und Plätschern des Wassers vertraut. An einem Torpfosten über einer Türklingel aus Messing fand er die Hausnummer. Unschlüssig wich er in den Schatten zurück. Ein Hund hinter der Hecke spürte seine Unsicherheit und hörte nicht mehr auf zu bellen, bis ein Mann ihn zur Ordnung rief.

Durch die Gitterstäbe des Tores starrte ein außergewöhnliches Gesicht Jacket an. Der Mann war alt und glatzköpfig. Falten durchzogen das Gesicht, in dessen Mitte eine Hakennase hervorragte, unter dem ebenfalls vorspringenden Kinn befand sich ein eingefallener Mund. Der Körper des Mannes wurde vollständig durch den gemauerten Torpfosten verdeckt, und zunächst glaubte Jacket, er wäre in die Hocke oder auf die Knie gegangen. Dann zeigte sich, daß die eingefallene Gestalt, die in einem gestreiften Pyjama steckte, tatsächlich nicht größer war als Jacket. Neben dem kleinen Mann stand ein Hund, wie ihn der Junge aus Gangsterfilmen kannte, schwarz und schlank, mit einem sehr schmalen Kopf. Die Zunge hing ihm aus dem Maul, und das Tier bleckte die kräftigen weißen Zähne vor dem dunklen, fast schwarzen Zahnfleisch.

»Tut mir leid, Mister«, sagte Jacket.

Ein pfeifendes Kichern entrang sich der kleinen Figur. Der Mann sagte etwas, das Jacket nicht verstand. Seine Lippen fielen nach außen, als er sprach, und er wischte sich mit dem Handrücken den Speichel vom Mund, bevor er ein Gebiß aus seiner Brusttasche nahm. »Du hast doch noch gar nichts getan«, wiederholte er die vorher unverständlichen Worte, sobald die falschen Zähne an ihrem Platz waren. Er krümmte sich vor Lachen und hustete in seine Faust. Schließlich faßte er sich wieder.

»Was hattest du denn vor, daß du dich schon im voraus entschuldigst? Wolltest du etwa klingeln? Eine Bombe werfen? Meinen Hakim vergiften?« Beruhigend tätschelte er dem Hund den Kopf.

»Ich bin Langustenfischer«, begann Jacket.

»So, so.«

»Mister, sind Sie ein Libanese?«

Der Mann legte den Kopf zur Seite wie ein Vogel. »Warum willst du das wissen?«

»Die Dame von Antiques Warehouse sagt, daß ein Libanese das Bett gekauft hat, das ich suche. Aber sie sagte nicht, was ein Libanese ist. Die Dame ist sehr nett, Mister, und ich habe nicht nachgefragt, damit sie nicht denkt, daß ich dumm bin.«

»Du siehst nicht wie ein Dummkopf aus. Du bist Langustenfischer, ich bin Libanese. Viel mehr kann man durch ein Tor hindurch nicht besprechen.« Er kicherte erneut und sah den Hund an. »Was meinst du, Hakim? Sollen wir das Kind hereinlassen? Es hat unsere Größe.« Er klopfte dem Hund zweimal auf den Kopf, so daß es aussah, als nickte das Tier. Dann zog er einen Schlüsselbund aus der Hosentasche und steckte einen der Schlüssel in das Schloß. »Herein mit dir, Langustenfischer.«

Er nahm Jacket beim Ellenbogen und führte ihn die Einfahrt hinauf. Der Hund hechelte hinter ihnen. Das Haus war noch größer als das von Mister Winterton, aber alle Räume befanden sich auf einer Ebene. Vor und neben dem Haus breiteten sich Rasenflächen aus, auf denen Büsche und sorgfältig gestutzte Bäume wuchsen. Auf einer kleinen Insel in einem nierenförmigen Teich wuchsen zwei Palmen, deren Stämme ein V bildeten, in den blaßblauen Himmel des frühen Nachmittags.

Der Libanese brachte Jacket auf die Terrasse und begab sich selbst durch eine bogenförmige Seitentür in eine große, weißgeflieste Küche. An einer Wand stand ein riesiger, viertüriger Kühlschrank, aus dem der Libanese einen Krug mit frischgepreßtem Orangensaft nahm. Er stellte ihn auf den Tisch und holte Gläser.

»Setz dich, Langustenfischer«, sagte er, während er einschenkte. »Ich habe einen Koch, ein Dienstmädchen und zwei Gärtner, die ständig dumme Fragen stellen. Deswegen schicke ich sie nachmittags schlafen. Viel gibt es sowieso nicht zu tun für einen alten Mann, vielmehr einen alten Libanesen.« Er kicherte erneut. »Der Libanon ist ein Land«, erläuterte er. »Trink aus, und wir schlagen es im Atlas nach.«

Obwohl sie sich an dem Tisch aus gewachstem Pinienholz direkt gegenübersaßen, vermied es Jacket, den kleinen Mann anzusehen. Er fühlte sich verunsichert und hatte keine Ahnung, wer oder was der Libanese war und warum er ihn ins Haus geholt hatte.

»Die Dame sagt, daß sie keine Menschen mögen, Mister.«

»Unsinn, du bist doch auch hier. Es kommt auf die Größe an. Große Leute konnte ich noch nie besonders gut leiden. Jetzt, wo ich alt bin, kann ich sie überhaupt nicht mehr ausstehen. Aber du bist in Ordnung, du paßt zu mir, Langustenfischer. Zu dir muß ich nicht aufsehen. Das solltest du verstehen, schließlich bist du auch klein. Außerdem brauche ich keine Menschen, denn meine Freunde sind hier drin.« Er tippte sich an die Stirn. »Und es sind nicht wenige. Sie stammen alle aus Büchern. Komm mit ...«

Er brachte Jacket an die Schwelle eines riesigen, niedrigen Wohnzimmers. »Wie findest du das?« Er war so entzückt, daß er vor Lachen erneut husten mußte.

Einen solchen Raum hatte Jacket noch nicht einmal im Fernsehen gesehen. Alle Möbel waren überdimensional groß, aus vergoldetem Holz und mit rotem Samt bezogen. Riesige Spiegel in goldenen Rahmen warfen scharlachrote Bilder zurück. Goldene Kordeln hielten tiefrote Vorhänge, zwischen denen sich Fenster auf einen von Säulen eingefaßten Hof öffneten, der über und über mit Bougainvilleas bewachsen war. In der Mitte glitzerte ein kleiner Teich, über dem sich auf einem Felsen die Statue einer nackten jungen Frau erhob. Sie lehnte sich mit gespreizten Beinen zurück, hielt mit einer Hand ihre Augen bedeckt und kühlte die andere im Wasser hinter sich, so daß ihre Brüste nach oben ragten.

Der kleine Mann kicherte vor sich hin. »Nicht ganz jugendfrei, Langustenfischer, aber wenn du die Nachrichten im Fernsehen siehst, dann bekommst du Schlimmeres zu sehen: Hungersnöte, Morde und Kriege. Das nenne ich Verderbtheit. Das hier ist nur ein bißchen Spaß. In meinem Haus soll man sich amüsieren, das habe ich mir immer gewünscht. Ich hatte die Nase voll von all dem Theater um guten Geschmack, das ich mein Leben lang mitgemacht habe. Immer habe ich so getan, als wäre ich wie die anderen, während sie hinter meinem Rücken über mich redeten und nur höflich zu mir waren, weil ich Geld hatte. Nein, das habe ich lange genug mitgemacht. Dann ließ ein dummer Engländer all diese Möbel aus Italien kommen, und ich dachte mir: Was für ein Spaß. Genau das wollte ich. Sieh her ...« Er schlurfte zu einem Sessel und hüpfte auf der riesigen Sitzfläche auf und ab.

»Probier mal, Langustenfischer.«

Jacket bemühte sich zu begreifen, was der kleine Mann ihm gesagt hatte. Das mit der Kleinwüchsigkeit verstand er. Die Leute blickten auf den Libanesen herab, genau wie auf Dummy, nach dem man hinterrücks Steine warf, dem man unbemerkt ein Bein stellte und über den man sich insgeheim lustig machte, während man nach außen vorgab, nett zu ihm zu sein. Tatsächlich waren die meisten neidisch und wütend auf ihn, weil er der beste Fischer der Insel und ein angesehener Fremdenführer war. Aber was es mit den Möbeln auf sich hatte, blieb ihm ein Rätsel. Eines war jedenfalls klar: Der Libanese hatte mit Sicherheit das Bett.

»Komm schon«, sagte der Libanese. »Hierher.«

Vorsichtig betrat Jacket den Teppich, der die Farbe von reifen Tomaten hatte. Die Wolle fühlte sich dicker und üppiger an als der Rasen um den Pool des Hotels von Emerald Palms.

»Spring«, befahl der kleine Mann. »Probier mal das Sofa.«

Jacket brachte es nicht übers Herz. Seine Mutter hätte ihn verprügelt, wenn er es gewagt hätte, die Möbel in Mister Wintertons Haus auch nur anzufassen. »Nimm deine schmutzigen Pfoten weg, Jacket, sonst setzt es was«, hörte er sie sagen.

Wie angewurzelt blieb er mitten im Raum stehen und trug sein Anliegen vor. »Bitte, Mister, ich suche ein Bett.«

Der Libanese starrte ihn über die geschwungene Sessellehne hinweg an. »Was für ein Bett, Langustenfischer?«

»Es ist mit einem Herz verziert.« Jacket zog seine Zeichnung und den Brief des Bankdirektors hervor und drückte sie dem kleinen Mann in die Hand. »Bitte, Mister, ich meine es ernst. Es ist für meine Mutter. Mister Winterton hat eines für dreizehnhundert Dollar gekauft, und ich besitze vierzehnhundert.«

»Vierzehnhundertachtundachtzig Dollar und siebenunddreißig Cent, um genau zu sein«, verbesserte ihn der Libanese, nachdem er den Brief gelesen hatte. »Wie alt bist du, Junge?«

»Dreizehn, Mister.«

»Und wie ruft man dich?«

»Jacket, Mister.«

»Warum?«

»Wegen Daddy. Er ist weggegangen, als ich vier war. Jetzt ist er in der Armee ...«

Über die Sessellehne hinweg spähte der kleine Mann zu Jacket hinüber, als nähme er seine Witterung auf, prüfte, was sich hinter dessen Fassade verbarg. Es bedurfte keiner Fragen. Fünfundachtzig Jahre der Verfolgung durch seine Mitmenschen, fünfundachtzig Jahre als ein Mensch, der nicht ins Bild paßte, als Mißgeburt, hatten seinen Instinkt geschärft. Das Land der Fantasie, das für den Jungen ebenso real war wie für ihn damals seine eigenen Wege, um dem Leid zu entkommen, war ihm wohlbekannt.

Er begleitete den Jungen in dessen Welt, in der seine Mutter jeden Tag über den Hügel zum Haus des Amerikaners ging, um dort zu putzen. Zorn war ihr ständiger Begleiter, Bitterkeit, die sie zu bösen Worten und Schlägen trieb. Jacket erzählte von seiner Jagd nach dem Bett, davon, wie es auf dem Ruderhausdach des Schiffes transportiert werden sollte, wie die Dorfbewohner es in einem Triumphzug den Strand hinauftragen würden, vom Gesicht seiner Mutter, wenn sie es in ihrer Hütte entdeckte.

»Seit drei Tagen suche ich nach diesem Bett. Die Bank schließt um vier Uhr, und das Schiff läuft morgen früh aus.«

»Und warum glaubst du, daß ich dir das Bett verkaufe?« fragte der Libanese.

Nicht einen Augenblick war Jacket der Gedanke gekommen, daß der Mann das Bett vielleicht nicht verkaufen wollte. Die vielen Nächte, in denen er allein nach Bleak Cay hinausgerudert war, das Geld, das er gespart hatte – all dies hatte ihm ein Anrecht darauf erworben. Er hatte es nur finden müssen. Als er sich jetzt in dem riesigen Raum umsah, wurde ihm klar, daß er sich getäuscht hatte. Das Bett gehörte hierher, denn der kleine Mann benötigte es zu seinem Vergnügen ebensosehr, wie Jacket es für die Erfüllung seines Traumes brauchte. Er setzte sich abrupt hin, allerdings nicht auf einen Stuhl, sondern auf die Treppe, die in den Gang zur Küche führte. »Es tut mir leid, Mister. Das Bett gehört hierher.«

»Du willst aufgeben?« Der kleine Mann runzelte überrascht die Stirn. »Du gibst deinen Traum auf, Jacket?«

»Es war zuerst Ihr Traum.«

»Nur weil ich älter bin? Habe ich deswegen ein Vorrecht? Sollen die Jungen keine Chance haben? Nein, nein, das geht nicht. Komm mit.« Der Libanese nahm Jacket an der Hand und führte ihn einen Gang entlang, wobei er rechts und links Türen zu einem halben Dutzend Schlafzimmer öffnete. In jedem stand ein riesiges Bett inmitten schimmernder Möbel und Spiegel. Jedes war anders. Spitzenvorhänge hingen von Pfosten herab, Engel wachten an den Ecken, ein bemaltes Kopfteil zeigte Nymphen, die neben einem flötenspielenden Pan an einem Fluß picknickten. Das Bett mit dem Herz befand sich in einem Zimmer am Ende des Ganges. Der Raum war mit weißem Teppichboden ausgelegt, und das Messing glitzerte. In einem Dutzend Spiegel sah sich Jacket neben dem Libanesen stehen.

»Wir brauchen Paketband und eine Rolle Plastikfolie«, sagte der kleine Mann.

Jacket verstand nicht.

»Das Bett gehört dir, soviel steht fest«, sagte der Libanese. »Mein Personal kommt erst in einer Stunde zurück, also wirst du ein Taxi nehmen müssen.« Er schob Jacket den Gang zurück. »Geh schon, Junge, fort mit dir. Du hast keine Zeit zu verschwenden.«

Trents Gelassenheit trieb Charity an den Rand des Wahnsinns. Einen knappen Kilometer von der Rosetta Street entfernt steckten sie im Stau, und er lehnte seelenruhig in einer Ecke des Taxis. Seine Hände ruhten auf seinen Knien und verrieten nichts von der Anspannung, unter der sie den ganzen Morgen gelitten hatten. Am schlimmsten war die Mittagspause gewesen, als sie zur Untätigkeit verurteilt gewesen waren. Jetzt riß ein Bagger kurz vor einer Kreuzung mitten auf der Straße die Fahrbahn auf, und sie mußten warten, bis der Fahrer einen am Straßenrand geparkten Lastwagen beladen hätte.

Ein Taxi bog um die Ecke vor ihnen und beschleunigte auf der anderen Seite des Grabens. Sie war so wütend über Trent, daß sie Jacket auf dem Rücksitz erst bemerkte, als das Taxi schon vorüber war. Selbst dann war sie noch nicht sicher und verschwendete Zeit damit, ihm aus dem Rückfenster nachzusehen.

»Da ist er.« Nun war sie ganz sicher. Zu viele Stunden hatte der Junge vor ihr im Bug seines Skiffs gesessen, als daß sie seinen Kopf nicht von hinten erkannt hätte.

22

Trent warf dem Fahrer eine Visitenkarte und einen Fünfzigdollarschein über die Schulter und sprang aus dem Wagen. Er setzte über den frisch aufgeworfenen Graben in der Mitte der Straße, ohne Zeit damit zu verlieren, Charity hinüberzuhelfen. Seine gesamte Energie konzentrierte sich auf den in der Ferne verschwindenden Jacket. Er winkte einem an der Kreuzung stehenden Taxi. Der Fahrer bemerkte ihn und kam heran, als die Ampel umschaltete.

»Shirley Street«, befahl Trent, während Charity auf den Sitz neben ihm glitt. »Vielleicht ist der Junge auf dem Weg zur Bank.«

Steve kannte Jacket von Andros. Er hatte das Bild des Jungen vor Augen, wie er seine Mutter über den Hügel begleitete, und erwartete, daß er zu Fuß kommen würde. In jede Richtung konnte er etwa einhundert Meter überblicken, so daß er mehr auf die Straße als auf die Bank selbst achtete. Rein zufällig entdeckte er den Jungen im letzten Moment, als Jacket bereits mit einem der Wachmänner in der Bank sprach.

»Verdammt! Da ist er!«

Während Jesus Antonio den Lieferwagen anrief, warf Steve

einen Blick auf seine Uhr. Halb vier, und die Straße war mit ungeduldigen Fahrern verstopft, die etwas auf der Bank zu erledigen hatten, bevor diese über das Wochenende schloß.

Wildes Hupen begleitete den Lieferwagen, als er sich auf der anderen Seite des Landrückens aus dem Parkplatz schlängelte und in die Fahrzeugkolonne drängte, die an der Kreuzung mit der Frederick Street wartete. Die Ampel sprang um, und die Wagen rollten an. Steve fluchte, weil ein Lincoln vor der Bank bremste und den Verkehr ins Stocken brachte. Schon stand die Ampel für die Fahrzeuge, die von der anderen Seite des Hügels herüberkamen, wieder auf Rot.

Steve konnte den Jungen nicht sehen. »Ich hoffe nur, daß Ihre Männer wissen, was sie tun.«

Jesus Antonio hustete in sein Taschentuch. Die Ampel sprang auf Grün, und der Lieferwagen bog in die Shirley Street ein. Noch bevor er die Kreuzung erreichte, schaltete die Ampel wieder um.

»Das schaffen sie nie.« Steve fühlte sich genau wie vor Bleak Cay. Wie damals, als sie nicht zur vereinbarten Zeit zur Stelle gewesen waren, überkam ihn die Angst. Der Schweiß brach ihm aus, und ein Gefühl der Übelkeit klopfte in seiner Magengrube.

Die Straße über den Landrücken war schnurgerade, so daß Trent und Charity den Stau schon aus über einem Kilometer Entfernung sehen konnten. Als sie den Fuß des Hügels erreichten, zwängte sich ein Stück vor ihnen ein Lieferwagen aus einem Parkplatz auf die Straße. Trent zählte die Sekunden und verglich die Entfernung, die ihr Fahrzeug während jeder Ampelphase zurücklegte. Die Bank war nur noch etwa fünfhundert Meter entfernt – wenn er rannte, war er schneller als das Taxi. »Ich laufe vor«, erklärte er Charity und stieg aus.

Bei der ersten Grünphase holte ihn das Taxi fast ein, dann war er weit voraus. Als er den Kamm der Erhebung erreichte, beschleunigte er sein Tempo. Er hatte den Direktor der Bank gebeten, den Jungen aufzuhalten, falls er am Nachmittag dort einträfe, daher machte er sich keine großen Sorgen, aber er wollte sichergehen. Als er in die Shirley Street einbog, war der Junge nirgends zu sehen, also befand er sich vermutlich in der Bank.

Der Lieferwagen, der aus dem Parkplatz herausgefahren war, hielt am Straßenrand gegenüber der Bank, unterhalb eines zum Krankenhaus gehörenden Parks, und verursachte einen Stau, den die anderen Fahrer mit wütendem Hupen kommentierten. Trent wunderte sich, warum der Fahrer nicht die dreihundert Meter vom Parkplatz aus zu Fuß gegangen war.

Den zweiten Telefonanruf an jenem Morgen hatte der Direktor der Bank als höchst beunruhigend empfunden. Erleichtert begrüßte er Jacket. »Dein Vater liegt in den Vereinigten Staaten im Krankenhaus«, berichtete er dem Jungen. »Du sollst bis vier Uhr hier warten. Ein Detektiv wird dir ein Ticket überbringen, das dein Vater dir schickt.«

Jackets Gefühle waren in Aufruhr, aber dann gewann die Skepsis die Oberhand. Sein Vater hatte ihm nie auch nur einen einzigen Dollar geschickt, und jetzt gleich ein Flugticket?

Mit einem Schlag wurde ihm klar, daß seine Mutter recht hatte: Sein Vater war ein Feigling und Schwächling, der davongelaufen war, weil er jeder Verantwortung auswich.

Als ›nutzlos‹ hatte sie ihn stets bezeichnet, als ›nutzlosen Faulpelz‹.

Hier in der Bank verstand er sie endlich. Daß er selbst soviel Geld gespart hatte, bewies, daß sie recht hatte. Wenn er dazu in der Lage war, dann hätte auch sein Vater, der doch erwachsen war, arbeiten können, so wie die anderen Männer aus Green Creek, auch wenn die wenigsten es je zu etwas brachten. Lieber saßen sie den ganzen Tag und die halbe Nacht herum und sprachen davon, was sie alles erreichen würden, wenn man ihnen nur eine Chance gäbe, und was sie aus ihrem Leben machen würden, wenn ihnen die US-Behörden die Green Card zusprächen, damit sie in den Vereinigten Staaten leben und arbeiten könnten.

Seit Jacket denken konnte, hatte er die Männer im Dorf von diesem magischen Dokument und der Macht, die es verlieh, sprechen hören, während sie das wenige Geld, das sie verdienten, in Mister Jacks Bar für Bier und Rum ausgaben. Manche von ihnen hatten zwei oder drei Kinder von verschiedenen Frauen. Unterdessen schleppte sich seine Mutter jeden Tag über den Hügel. Sie hatte recht, es waren nutzlose Faulpelze.

Und der Detektiv? Er roch die Gefahr wie eine Brise, die vom offenen Meer jenseits des Riffs hereinwehte. Sie hatten von den Kisten erfahren und stellten ihm eine Falle.

»Mein Daddy ist abgehauen, Mister«, sagte er. »Ich brauche die Dollars für das Bett meiner Mutter.«

Als die Bank in Sicht kam, hörte Trent auf zu laufen und verfiel in einen raschen Schritt. Das Taxi mit Charity war nur wenige Meter hinter ihm. Im Schneckentempo schob sich der Verkehr an dem geparkten Lieferwagen vorüber. Bis jetzt hatte er niemanden aus dem Fahrzeug steigen sehen, vermutlich wartete der Fahrer auf einen Kollegen, der die Gehälter für eine Fabrik oder ein Hotel abholte.

Steve sah, wie der Bride-Junge durch die Halle auf die Eingangstür zukam. Von Jesus Antonios Männern im Lieferwagen war nichts zu sehen. Steve hätte am liebsten geschrien.

Die Tür der Bank öffnete sich, und der Junge trat auf den Gehweg hinaus. Die Sonne blendete ihn, und einen Augenblick lang zögerte er, welche Richtung er einschlagen sollte.

In diesem Moment öffnete sich die Tür am Heck des Lieferwagens, drei Männer sprangen heraus und rannten über die Straße. Trent sah eine Rauchwolke aus dem Auspuff aufsteigen, als der Fahrer den Motor anließ. Entführungen waren ihm nur allzu vertraut, hier war kein Zweifel möglich. Während er wieder loslief, schrie er laut, weniger, um den Jungen zu warnen, als um die Männer abzulenken. Sie ergriffen Jacket im selben Moment, als der Lieferwagen anfuhr und die Straße blockierte. Trent blieb keine Zeit, um die Pistole oder das Messer zu ziehen.

Bremsen quietschten, und entnervte Autofahrer hupten

wild, während er im Zickzack durch die Autos sprintete. Jetzt hatten sie den Jungen am Lieferwagen. Einer der Männer zog einen kurzen Knüppel. Ein Wagen versperrte Trent den Weg. In diesem Moment entdeckte ihn einer der Entführer und wirbelte herum.

Trent hechtete über die Motorhaube des Wagens und drehte sich seitlich in der Luft, so daß er mit der Schulter gegen die Männer prallte, die den Jungen in den Lieferwagen zerren wollten. Einen von ihnen bekam er am Hals zu fassen und hielt ihn fest. Der Knüppel sauste auf seine Schulter hinab. Er trat wild um sich. Solange seine Füße hoch genug zielten, um den Jungen nicht zu verletzen, war es gleichgültig, wohin er traf. Der Mann, den er am Hals gepackt hatte, hieb ihm die Faust in den Magen, aber er lockerte seinen Griff nicht und grub seine Zähne in das Ohr des Gegners. Der Mann schrie auf, als Trent zubiß. Erneut traf ihn der Knüppel, diesmal seitlich am Kopf. Vergeblich klammerte er sich fest, als es um ihn herum dunkel wurde. Noch einmal sauste der Knüppel auf ihn hinab. Trent versuchte einen letzten Tritt anzubringen, aber seine Beine wollten ihm nicht mehr gehorchen. Er sah nichts mehr. Dann stürzte er ins Bodenlose.

Nach endlos langer Zeit hoben Finger seine Lider an. Ein helles Licht fiel zuerst in sein rechtes, dann in sein linkes Auge. Jemand sprach, aber er verstand die Worte nicht. Die Stimmen murmelten weiter, während er einen hellen Tunnel betrat, der nirgendwohin führte und anscheinend kein Ende hatte. Plötzlich verspürte er einen Stich im Arm. Die Dunkelheit kam zurück und verschlang ihn.

Frustriert wegen des Staus war Charity ebenfalls aus dem Taxi gesprungen. Hilflos hatte sie zugesehen, wie sich die drei Männer Jacket geschnappt hatten und wie Trent auf sie zugerannt war. Sie hatte beobachtet, wie er über das Auto gehechtet war und sich in der Luft zur Seite gedreht hatte, dann hatte ihr ein Wagen die Sicht versperrt. Bei dem Lärm, den die Hupen veranstalteten, konnte sie nicht denken. Wütend hämmerte sie mit den Fäusten auf das Dach des Taxis und schrie den Wachmann der Bank an, der neben ihr auf dem

Gehweg stand. Er war kaum mehr als eine Dekoration und wußte nicht, was er tun sollte. Das Dach des Lieferwagens verschwand am Ende der Straße, nicht einmal das Kennzeichen hatte sie notieren können, dafür herrschte zuviel Verkehr. Jacket war verschwunden. Als sie Trent erreichte, lag er wie eine Puppe auf der Straße. Um seinen Kopf herum hatte sich eine Pfütze aus Blut gebildet. Am liebsten hätte sie auf ihn eingetreten. In ihrem ganzen Leben hatte sie noch niemanden so gehaßt. Er hatte versagt. Die schwere Waffe, das protzige Büro, die *Golden Girl* – alles nur Fassade. Wie in der Werbung wurde nur eine Show veranstaltet, um den Preis in die Höhe zu treiben. Jemand schrie, sie solle ihn nicht anfassen, ein Polizist ...

Sie lehnte sich gegen ein Auto. Ein Mann im weißen Kittel sprang über die niedrige Mauer des angrenzenden Krankenhausgeländes. Um seinen Hals hing ein Stethoskop, also war er vermutlich Arzt. Männer schoben eine Trage seitlich unter Trents Körper. Aus beiden Richtungen kamen Polizisten angerannt, sperrten die Straße ab und hielten die Anwesenden fest, bis sie ihre Aussagen zu Protokoll gegeben hätten. Sie ergriff einen Sergeant am Arm und schrie ihn an, der Junge sei entführt worden, aber er wollte ihr nicht zuhören. Wütend schlug sie auf ihn ein, es überkam sie einfach. Als ein Constable sie am Ellbogen packte, trat sie ihn gegen das Schienbein. Du mußt dich beherrschen, schrie sie innerlich verzweifelt. Jacket hatte nichts davon, wenn man sie verhaftete.

Sie rief dem Sergeant zu, daß sie zu Trent gehöre. Für die Männer war sofort klar, daß sie seine Freundin war, seine Geliebte, und deshalb in Panik. Sie wollten ihre Aussage im Krankenhaus zu Protokoll nehmen.

Die Prozession bewegte sich durch den Park den Hügel zur Notaufnahme hinauf. Ein Dutzend Männer drängte um die Trage herum, eine Krankenschwester kam mit einer Flasche Blutplasma herbeigeeilt.

Charity war überflüssig. In der Tür stehend, wurde ihr klar, daß sie die ganze Zeit richtiggelegen hatte. Sie hätte die Angelegenheit auf ihre Art lösen und im Dorf erzählen sollen, was auf Bleak Cay geschehen war. Skelley und Trent hatten behauptet, daß sie Jacket damit in noch größere Gefahr bringen würde. Jetzt befand er sich in den Händen der Drogenschmuggler. Sie schlug ihre Faust gegen die Wand und beobachtete, wie Blut aus ihren Knöcheln sickerte. Sie mußte mit jemandem reden, mit jemandem, der ihr zuhörte.

Ein Inspektor tippte ihr auf die Schulter. Sie riß ihn am Arm. »Der Junge ...«

Jacket hatte noch einmal zwanzig Dollar abgehoben. Weil er vergessen hatte, den Libanesen nach seinem Namen zu fragen, stellte der Manager einen Scheck über 1400 Dollar aus, die sich auf Jackets Sparkonto befanden, und zeigte ihm, wo er zu unterschreiben und wo er den Namen des Verkäufers einzutragen hatte. Er lächelte, als Jacket den Scheck in seine Unterhose steckte. Ein Scheck war kein Bargeld, ohne Jackets Unterschrift war er wertlos, erklärte er ihm.

Der Junge war nicht überzeugt und fest entschlossen, wachsam zu sein. Als er auf die Straße hinaustrat, blendete ihn für einen Moment die Sonne. Dann sah er die drei Männer. Unzählige Male hatten ihn Vic und seine Gang gejagt, so daß er sofort wußte, was ihm bevorstand: Es gab Ärger. Für Flucht blieb keine Zeit mehr. Als sie ihn packten, ließ er sich schlaff hängen, machte sich schwer. Auch ohne daß er Widerstand leistete, war er so nicht einfach zu tragen. Jetzt brauchte er nur noch eine kurze Ablenkung, eine Sekunde der Unaufmerksamkeit würde genügen. Seine Sinne waren hellwach.

Ein bärtiger Weißer rannte auf die Männer neben dem Lieferwagen zu, hechtete über ein Auto, drehte sich in der Luft und prallte mit der Schulter gegen sie. Überrascht lockerten die Männer für einen Augenblick den Griff. Jacket trat um sich, befreite sich und rollte seitlich unter ein Auto, wo sie ihn nicht mehr erreichen konnten. Auf der anderen Seite kam er wieder hervor und lief geduckt durch den Verkehr auf die Kreuzung zu und den Hügel hinunter. Obwohl er jetzt in Sicherheit war, verringerte er seine Geschwindigkeit erst, als er sich unter die flanierenden Menschen vor den Geschäften der Bay Street mischte. Ein Bus bremste ab, und er sprang hinein. Tief in einen Sitz geduckt, so daß sein Kopf von außen nicht zu sehen war, fuhr er zwei Haltestellen weit bis zum Busbahnhof. Dort fand er ein Taxi und erzählte dem Fahrer, daß ihn der Chef seines Vaters losgeschickt habe, um eine Rolle Plastikfolie zu kaufen.

Auf der Flucht hatte er keine Zeit zum Nachdenken gehabt. Jetzt, in der Sicherheit des Taxis, versuchte er zu verstehen, was vorgefallen war. Die Männer waren keine Bankräuber, soviel stand fest. Irgendwie hatten sie mit dem Telefonanruf zu tun, von dem ihm der Manager in der Bank berichtet hatte. Es ging um Bleak Cay. Am liebsten wäre er in seinen Traum zu seinem Vater geflüchtet, aber in jenem Augenblick in der Bank hatte er die Wahrheit akzeptiert: Sein Vater war für immer aus seinem Leben verschwunden.

»Man beobachtet uns«, warnte Jesus Antonio. »Gehen Sie langsam, und drehen Sie sich nicht um.« Er führte Steve am Arm den Hügel hinauf in Richtung des Krankenhauses. Die Polizei hatte die Shirley Street abgeriegelt und suchte jetzt im Park nach weiteren Zeugen des Überfalls.

»Wir trennen uns und treffen uns im Sheraton wieder«, wies ihn Jesus Antonio leise an. »Bleiben Sie ruhig, Steve. Wenn ein Beamter Sie anhält, fragen Sie ihn, was das Theater soll. Sagen Sie, daß Sie im Krankenhaus waren. Zeigen Sie ihm ihre Verbrennungen.«

Trent wurde einen Gang hinunter zur Röntgenabteilung gerollt. »Drei Männer«, meinte der Inspektor. »Sehr tapfer von ihm.«

Charity wollte losschreien, daß er sie im Stich gelassen habe, aber schließlich war es Jacket, den man entführt hatte, den man ermorden würde. Beschämt biß sie sich auf die Zunge.

»Der Junge ist Langustenfischer«, sagte der Polizist. »Er besitzt vierzehnhundert Dollar auf einem Sparkonto, wahrscheinlich hat er damit geprahlt. Wenigstens ist er ihnen entkommen und hat das Geld nicht in bar bei sich ...«

»Was soll das heißen, entkommen ...?« fragte Charity. Der Mann mußte sich irren. Vielleicht versuchte er auch nur einen üblen Scherz.

»Wie ein Aal ist er ihnen durch die Finger geschlüpft. Ein schlaues Kerlchen, er lief die Frederick Street hinunter, ohne sich ein einziges Mal umzudrehen.« Der Inspektor zückte sein Notizbuch. »Uns interessieren die Männer. Es waren drei und ein Fahrer. Wenn Sie mir bitte eine Beschreibung geben könnten, solange Ihre Erinnerung noch frisch ist.«

Im Fernsehen hatte Jacket genügend Filme über Spione, Menschen auf der Flucht und bezahlte Killer gesehen. Er wußte, was er zu tun hatte. Zweimal wechselte er das Taxi und ging anschließend mit der Plastikrolle über der Schulter einhundert Meter zu Fuß. Ab und zu blieb er vor einem Geschäft stehen, um in den spiegelnden Schaufenstern den Gehweg zu überprüfen. Er wechselte die Geschwindigkeit, überquerte abrupt die Straße und lief wieder in die Richtung zurück, aus der er gekommen war. Bevor er am Tor des Libanesen klingelte, vergewisserte er sich, daß niemand auf der Straße war.

Der kleine Mann hatte sich umgezogen. In seiner eleganten Hose und dem kurzärmeligen Hemd wirkte er respekteinflößend.

»Ich habe einen Scheck«, verkündete Jacket stolz.

»Und ich habe inzwischen ein Festmahl vorbereiten lassen«, teilte ihm der kleine Mann mit. Kichernd rieb er sich die Hände und wies ein paar Angestellte an, das Bett einzuwickeln. Dann führte er Jacket in die Bibliothek. Auf dem Schreibtisch lag ein aufgeschlagener *Times*-Atlas. »Der Libanon.« Er deutete mit dem Finger auf die Karte. »Mein Name ist Dribbi, Michael Dribbi. Wir werden zusammen essen, und anschließend kannst du in aller Ruhe schlafen, Jacket. Meine Leute werden dich und das Bett morgen früh zum Schiff bringen.«

Er forderte Jacket auf, in dem Ledersessel am Schreibtisch Platz zu nehmen, und reichte ihm einen goldenen Füllfederhalter. Dann buchstabierte er seinen Namen und beobachtete aufmerksam, wie Jacket den Scheck ausfüllte und unterzeichnete.

»Großartig«, erklärte er, faltete den Scheck sorgfältig zusammen und ließ ihn in einen Umschlag gleiten. Dann öffnete er einen kleinen Safe, der hinter einem Gemälde versteckt in die Wand eingelassen war, und legte den Umschlag in eine Stahlkassette.

»Es muß ein gutes Gefühl sein zu wissen, was man will«, sagte er, zu Jacket gewandt. »Du hattest eine genaue Vorstellung davon, was du für deine Mutter wolltest, hast das Geld dafür verdient und es jetzt gekauft.«

Fast hätte Jacket ihm alles erzählt. Er wünschte sich sehr, Mister Dribbi sein Geheimnis anvertrauen zu können, aber der Libanese war so klein, so alt, so schutzlos. Er stellte sich vor, wie die Eindringlinge über das Tor kletterten und zuerst den Hund töten, indem sie dem Tier die Kehle durchschnitten oder es mit einem präparierten Stück Fleisch vergifteten. Dann würden sie Mister Dribbi foltern, so wie Jacket es aus dem Fernsehen kannte. Eigentlich hätte er nicht in das Haus des kleinen Mannes zurückkehren dürfen. Er hatte ihn in Gefahr gebracht.

»Ihre Männer haben es vermasselt«, sagte Steve.

Jesus Antonio saß ihm in einer Nische der American Bar des Sheraton gegenüber. In der unverkennbar amerikanischen Atmosphäre aus klimatisiertem Luxus fühlte sich Steve zu Hause. Die gedämpfte Beleuchtung, die Form des Glases, aus dem er seinen Wodka Tonic trank, der Teppich unter seinen Füßen, das beflissene Lächeln der Barkeeper – alles war ihm vertraut.

Wie ein Vampir, der sich von Blut ernährt, sog er sich mit der heimischen Atmosphäre voll, bis er vor Selbstvertrauen strotzte. Die mißlungene Entführung stellte einen Rückschlag dar, dennoch jubelte er innerlich. Jesus Antonio hatte versagt, und das war seine Chance, um die Position des Lateinamerikaners innerhalb der kubanischen Hierarchie zu untergraben. Langfristig denken, warnte er sich. Langfristig hieß, fünf, vielleicht zehn Jahre zu investieren. Dann würde er über eine Basis verfügen, die ihm eine solche Macht und Unabhängigkeit bot, daß ein Vorstandsmitglied einer Bank nur davon träumen konnte.

Im Augenblick war es wichtig, daß Jesus Antonio die Kontrolle behielt, damit die Verantwortung weiterhin bei ihm lag.

Als Neuling in diesem Geschäft zeigte er sich sofort wieder angemessen bescheiden. »Was tun wir jetzt?«

Schon konnte er sich selbst mit dem Kubaner sprechen hören: Ja, natürlich habe ich ihn gewarnt.

Schweigend strich Jesus Antonio über die Seiten seines Glases. Sein Blick war unverwandt auf die Oberfläche der Milch darin gerichtet, als hätte er die Kristallkugel einer Zigeunerin vor sich.

»Er war in der Bank, also hat er sein Bett gefunden«, sagte Steve und bemühte sich, dem anderen eine Reaktion zu entlocken. »Morgen wird er es mit dem Postschiff nach Hause schaffen, es sei denn, Ihre Männer haben ihn verschreckt.« Daß sich Jesus Antonio nicht äußerte, erschien Steve bedrohlich. »Für ein Kind hatte er eine Menge Zaster bei sich. Vielleicht denkt er, es wären gewöhnliche Räuber gewesen.«

»Er ist ein Kind, das einen Fehler begangen hat, als es die Kisten versteckte«, erwiderte Jesus Antonio gelassen. »Er wird versuchen, seinen Fehler wiedergutzumachen.«

Als er aufsah, wirkten seine Augen wie dunkle Spiegel, in denen Steve sein eigenes Bild sah. Aber er sah sich selbst, wie er in Wintertons Haus im Bett lag und sich hoffnungslosen Träumen hingab, der Sehnsucht, noch einmal von vorne anfangen zu dürfen, dem Wunsch, daß es wieder wie damals wäre, als es die Brüder de Fonterra in seinem Leben noch nicht gegeben hatte.

Plötzlich schauderte er unter dem scharfen Blick des Lateinamerikaners. Dann stieg Wut in ihm auf, Wut über die Anspielung, mit der Jesus Antonio es wagte, ihn mit einem Dreizehnjährigen zu vergleichen. Rechtzeitig wurde ihm klar, daß er Opfer seiner eigenen Fantasie geworden war. Der andere wußte nichts von seinen Gefühlen, kein Wort war gesprochen worden. Er erinnerte sich daran, wie Jesus Antonio seine Hände gehalten hatte, als er ihn dazu gebracht hatte, die Wahrheit über die Vorgänge auf Bleak Cay zu erzählen. Ihre Knie hatten sich berührt, und ihre Gesichter waren einander so nah gewesen, als hätte der Lateinamerikaner sein innerstes Wesen in sich aufnehmen wollen.

»Verdammt, hier drin ist es kalt.« Erneut fröstelte ihn. Er

senkte den Blick, so daß sein Gegenüber seine Augen nicht sehen konnte. Nur der Tod des anderen würde ihn befreien. Aber zuerst war da noch das Kind. Sie mußten beide sterben.

23

Charity saß im Wartezimmer vor dem Operationssaal. Es herrschte ein ständiges Kommen und Gehen, Polizeibeamte, Krankenschwestern und Ärzte liefen hin und her, ohne sie zu beachten. Ihr war bewußt, daß sie keinerlei Rechte besaß. Ihre einzige Beziehung zu Trent bestand darin, daß man ihm in ihrem Beisein einen Schlag auf den Kopf versetzt hatte. Falls sie sich nach seinem Befinden erkundigte, würde man annehmen, daß sie seine Geliebte war. Eine Negerin, die sich von einem Weißen auf seiner Jacht oder in seiner Wohnung aushalten ließ.

In einer Ecke sprach ein etwa vierzigjähriger Bahamer mit einem älteren weißen Amerikaner, auf dessen Nase eine Brille mit Metallgestell saß. Der Bahamer trug teures, naturfarbenes Leinen, Klubkrawatte und einen Panamahut, während die breite Gestalt des Amerikaners in einem abgetragenen Seersuckeranzug steckte. An seiner Seite hing eine schäbige, alte Lederaktentasche. Sie war geöffnet. Ein zweiter weißer Amerikaner gesellte sich zu ihnen. Dieser Mann war groß, blond und wesentlich jünger als der andere. Er trug schwere Schuhe, und die Spuren an seinem Gürtel verrieten, daß sich dort üblicherweise eine Dienstmarke und eine Pistole befanden.

Der Bahamer mit dem Panamahut wirkte bedeutend und wurde von den einheimischen Polizeibeamten mit Respekt behandelt. Aber die Zoologin in Charity registrierte kaum merkliche Hinweise auf die wahre Hierarchie. Der Träger des billigen Searsucker besaß die wirkliche Macht. Seine gelassene Haltung zeigte, daß ihm die Meinung des Bahamers gleichgültig war. Da er nie die Stimme hob, war der Mann mit dem Panamahut gezwungen, sich zu ihm hinunterzubeugen. Alles paßte zusammen, die Kleidung, die Art, wie er den Kopf neigte, wie er fest auf beiden Beinen stand, ohne aggressiv zu wirken. Er hatte es nicht nötig, Nachdruck an den Tag zu legen, es mußte Jahre her sein, daß sich jemand auf seinem Terrain mit ihm angelegt hatte. Für ihn war es ein Heimspiel, auch wenn er sich auf den Bahamas befand.

Ein schwarzer Bahamer, unter dessen Kinn eine Chirurgenmaske hing, schloß sich dem Trio an. Er dehnte und lockerte die angespannten Schultern, gelegentlich wies er mit der Hand auf seinen Kopf, um Trents Wunden zu beschreiben. Schließlich rollte man Trent den Gang hinunter. Ein Verband bedeckte seinen Kopf, aus einer Flasche tropfte Zuckerlösung in seinen Arm, während der Urin über einen Katheter in einen Plastikbeutel geleitet wurde. Das linke Vorderrad der Liege quietschte. Bestimmt fanden die Amerikaner, daß das typisch für die Bahamas sei.

Der Amerikaner im Seersuckeranzug nickte ihr zu, als er das Zimmer verließ. Sie wußte nicht, ob sie lächeln oder fragen sollte, wie es Trent ging. Schließlich war er kein Arzt. Dann waren alle verschwunden, und sie blieb mit dem Geruch nach Desinfektionsmittel und Bohnerwachs allein zurück. Ihr Bruder hätte gesagt, sie »kochte auf kleiner Flamme«. Das Gefühl war ihr wohlbekannt.

Sie hatte erwartet, daß ihr die Polizei Anweisungen erteilen würde, denen sie hätte widersprechen können. Statt dessen hatte man ihre Beschreibung der Angreifer zu Protokoll genommen und sie dann sich selbst überlassen. Sie fühlte sich wie ein unbedeutender Eindringling in einem den Männern vorbehaltenen Spiel, das zu kompliziert und zu ernst für Frauen war. Besonders für junge Frauen.

Engagierte junge Frauen waren Nervensägen, junge Männer dagegen nannte man vielversprechend. Ganz ruhig bleiben, warnte sie sich selbst. Auf kleiner Flamme kochen war in Ordnung. Wenn sie explodierte, würde man sie aus dem Krankenhaus werfen.

Die Prozession hinter der Liege erinnerte sie an die religiösen Umzüge auf den Bahamas, bei denen die Männer immer verschwanden, um schnell etwas zu trinken. Meistens vergaßen sie zurückzukommen. Gegenüber ihren Frauen verhielten sie sich genauso.

Sie folgte dem Troß den Gang entlang und merkte sich das Zimmer, in das man Trent brachte. Dann kehrte sie in das Wartezimmer zurück. Niemand hielt sie auf, sie störte niemanden. Es war kaum zu bemerken, daß sie existierte.

Eine halbe Stunde wartete sie. Die letzten zehn Minuten davon vergingen quälend langsam, obwohl ihr Beruf sie Geduld gelehrt hatte. Dann ging sie den Gang hinunter und bog um die Ecke. Das quietschende Rad hatte alle zwanzig Zentimeter einen stumpfen Fleck auf dem gebohnerten Linoleum hinterlassen. Ein großer bahamischer Polizist in Zivil lehnte an der Wand gegenüber der Tür zu Trents Zimmer. Er war ungefähr Anfang Dreißig und gab sich besonders cool. Der junge blonde Amerikaner mit dem Ledergürtel saß neben der Tür auf einem schmutziggrünen, stapelbaren Stuhl aus gepreßten Glasfasern.

Er war damit beschäftigt, seine Fingernägel mit der Feile eines Maniküresets aus rostfreiem Stahl zu reinigen, als er Charity entdeckte. Sorgfältig klappte er die Feile ein und ließ das Set in seiner Hemdentasche verschwinden. Für Charity waren seine Gedanken ein offenes Buch. Das ›Kleine-Frau-Syndrom‹ nannte sie es – geh spielen, das hier ist Männersache.

Er lächelte sie an. »Wie kann ich Ihnen helfen, Lady?«

Indem Sie sich verpissen, hätte sie am liebsten geantwortet, aber sie beherrschte sich. »Ich möchte den Patienten sehen.«

Der bahamische Polizeibeamte löste sich von der Wand. Auf seinem Gesicht lag ein wissendes Lächeln, als er auf sie hinuntersah. Trent und sie schliefen miteinander, das war für ihn klar. Ein Mann, der ein Verhältnis mit einer Frau hatte, gewann an Ansehen, während die Frau eine Hure war, besonders wenn dabei Rassenschranken überschritten wurden.

»Welchen Patienten?« Der Bahamer hoffte, Charity würde sich mit ihrer Antwort verraten.

»Mister Trent.«

Sein Lächeln wurde noch breiter. »In welcher Beziehung stehen Sie zu ihm?«

»Verpiß dich.« Sie griff nach der Türklinke.

Die Hand des Amerikaners schloß sich um ihr Handgelenk. Sein Griff war fest, würde aber keine Spuren hinterlassen, die vor Gericht gegen ihn verwendet werden könnten. Die Furcht vor einem Prozeß wegen sexueller Belästigung saß tief. Dazu kam noch die Angst des durchschnittlichen weißen Amerikaners vor Frauen und Schwarzen im allgemeinen.

»Es tut mir leid, Miß. Besucher sind nicht zugelassen.«

»Sind Sie sein Arzt?«

»Er wird ausgewiesen«, erklärte der Bahamer. »Hält sich illegal hier auf.«

»So ein Schwachsinn. Er hat seinen Wohnsitz auf den Bahamas und leitet die bahamische Tochtergesellschaft eines multinationalen Konzerns mit Sitz in Japan.« Selbst für ihre eigenen Ohren klangen ihre Worte merkwürdig. Sie haßte die Multis. Aber jetzt war sie in Schwung. Skelley hatte behauptet, daß sie ein loses Mundwerk habe. Was, zum Teufel, wußte Skelley schon? »Versuchen Sie, mich von ihm fernzuhalten, und ich lasse den japanischen Konsul persönlich hier antreten, damit er Ihnen einen Tritt in Ihren stinkenden Hintern verpaßt. Und jetzt aus dem Weg, schwarzer Dreckskerl.«

»Hör mal, Schwester ...« Weiter kam der Bahamer nicht.

»Schwester?« kreischte sie. »Wer gibt Ihnen das Recht, mich Schwester zu nennen, mieser Sklave? Kriechen Sie nur weiter auf den Knien herum, und winseln Sie Ihre weißen Herren an. Sie lassen mich jetzt augenblicklich zu ihm, oder soll ich zuerst das Konsulat anrufen?«

»Bitte beruhigen Sie sich, Lady«, bat der Amerikaner, der ein kleines Mobiltelefon herausgeholt hatte. Er tippte eine Nummer ein und lauschte, doch nichts rührte sich.

»Japanisches Modell.« Sein Gesicht zeigte keinerlei Regung. »Vielleicht sollten Sie das Telefon in der Lobby ausprobieren, um zu hören, was die vom Krankenhaus dazu sagen?« riet er seinem bahamischen Kollegen.

Der Bahamer schnaubte verächtlich und stapfte mit wichtiger Miene und schweren Schritten davon.

»Ich muß Sie durchsuchen«, erklärte der Amerikaner, sobald der andere um die Ecke verschwunden war.

Charity widersprach nicht.

Er öffnete die Tür eben so weit, daß sie sich hindurchzwängen konnte, als verlöre sein Vergehen dadurch an Bedeutung. »Tun Sie mir einen Gefallen, und beeilen Sie sich, Lady.«

Offenbar hatten sie ihn mit Beruhigungsmitteln vollgepumpt. Er lag auf dem Rücken, und sein Mund stand halb offen. Seine Arme steckten unter der Decke, die man sorgfältig unter den Schultern eingeschlagen hatte. Als sie die Decke wegzog, erwartete sie halbwegs, daß man ihm die Hände gefesselt und die Arme an den Körper geschnürt hatte, doch das war nicht der Fall. Sie schalt sich der Melodramatik.

Eindrucksvolle Narben zeichneten seinen Körper. Jetzt verstand sie, warum er lose Kittel und dreiviertellange Hosen trug. Einige der Narben stammten von Einschüssen. Merkwürdig, daß keine der Kugeln tödlich gewesen war. Nur ein paar Zentimeter weiter rechts oder links, höher oder tiefer, und sie hätten ihn das Leben gekostet. Das aufgeworfene Narbengewebe erinnerte ihn mit Sicherheit jedesmal, wenn er in den Spiegel blickte, an die Allgegenwart des Todes.

Sie versuchte, sich seinen Angriff auf die drei Männer ins Gedächtnis zu rufen. Soweit sie sich erinnerte, hatte er sich nicht einmal nach Hilfe umgesehen. Ohne nachzudenken, war er wie automatisch losgesprungen. Durch welche Schule mußte er gegangen sein, um wieder und wieder seinen Selbsterhaltungstrieb verdrängen zu können? Iwanows Ratten im Labyrinth kamen ihr in den Sinn: Konditionierung durch Belohnung. Gehirnwäsche.

Als sie den Verband um seinen Kopf berührte, begriff sie, warum sie nicht gefragt hatte, wie schwer seine Verletzungen waren: aus Angst. Aber anscheinend atmete er gleichmäßig. Am liebsten hätte sie ihn gerüttelt, damit er die Augen öffnete. Er sollte wissen, daß Jacket entkommen war. Sie hatte ihm ja gesagt, daß der Junge intelligent sei.

Der junge Amerikaner steckte den Kopf zur Tür herein und gab ihr ein Zeichen. In einiger Entfernung waren die schweren Schritte des bahamischen Polizisten zu hören, der zurückkehrte. Rasch schlüpfte sie aus dem Zimmer.

Der blonde Amerikaner lehnte sich an die Wand und tat, als schliefe er gleich ein. Er grinste sie an. »Übrigens, zum Thema

Sklaverei, Lady – meine Vorfahren waren Leibeigene in Ruß-
land. Sie hausten in grasgedeckten Hütten und bekamen die
Peitsche zu spüren. Wer weglief, wurde gehängt. Die erste Ge-
neration kam als Kontraktarbeiter in die Staaten, das bedeutete weiterhin Sklaverei, allerdings zeitlich begrenzt. Voraus-
setzung war, daß man überlebte, was nicht allen gelang. Bei
vielen Amerikanern chinesischer Abstammung war es auch
nicht anders. Ich dachte, daß Sie mein kleiner Ausflug in die
Geschichte vielleicht interessiert.« Er wies mit dem Kopf auf
Trents Tür. »Tun Sie mir den Gefallen, Lady, und vergessen
Sie, daß ich Sie reingelassen habe.«

Der Bahamer kehrte mit einem selbstzufriedenen Ausdruck
auf dem Gesicht zurück. Der Arzt würde mit ihr sprechen.
»Den Gang entlang auf der rechten Seite ...«

Sie wartete in einem Büro auf den Arzt, der von dem stämmigen weißen Amerikaner im Seersuckeranzug begleitet wurde.

Der Arzt stellte ihn als Mister O'Brien vor. »Mister O'Brien
ist in offizieller Mission hier.«

Das war also der Mann, von dem Trent gemeint hatte, daß
sie ihm vertrauen könne. Natürlich war es ein Amerikaner,
kein Bahamer. Wut stieg in ihr auf, so wie immer, wenn sie die
Beamten der Zoll- und Einwanderungsbehörden der Vereinigten Staaten am internationalen Flughafen von Nassau passierte.

O'Brien ließ sich auf einem Stuhl nieder, die abgetragene,
alte Aktentasche stand offen zwischen seinen Füßen. Vermutlich war das Messingschloß kaputt.

»Hier auf den Bahamas?« wollte sie wissen.

Der Amerikaner hatte die Brille mit dem Drahtgestell abgenommen und putzte die Gläser mit einem fadenscheinigen,
jedoch makellos weißen Baumwolltaschentuch. Ohne Brille
schienen seine Augen ins Leere zu blicken. »Als Beobachter«,
erklärte er mit dünnem Lächeln. Entschuldigend zuckte er die
Achseln, aber seine massigen Schultern bewegten sich kaum.
»Chief Superintendent Skelley und ich haben ein gemeinsa-
mes Ziel.«

Der Arzt wußte, wer Charity war. Miß Johnston nannte er

sie. Das Lächeln stand wie ein Halbmond in seinem nervösen, diensteifrigen Gesicht. Seine Facharztausbildung in den Vereinigten Staaten hatte ihn zum Eunuchen gemacht. Wie Geier schwebten Rechtsanwälte durch seine Vorstellungswelt. Lieber einen Patienten sterben lassen als eine Behandlungsmethode ausprobieren, deren Wirksamkeit durch die Statistik noch nicht genügend erhärtet war, um vor Gericht Bestand zu haben. Trents Position bei einem multinationalen japanischen Konzern bedeutete eine zusätzliche, bisher unbekannte Gefahr. Sein Unbehagen wurde durch die Anwesenheit des Amerikaners noch verstärkt. Jetzt mußte er seine Diagnose vor zwei Zeugen abgeben.

»Soweit ich weiß, sind Sie eine Freundin von Mister Trent, Miß Johnston. Seine Krankengeschichte gibt Anlaß zur Beunruhigung.«

»Sie meinen, er hat jede Menge Schußverletzungen«, erwiderte Charity.

»Unter anderem.« Die Sprache der Gewalt war dem Chirurgen fremd. »Unfälle«, meinte er unsicher, aber der Begriff paßte nicht zu den Wunden des Patienten. »Also, auf jeden Fall Grund zur Sorge ...«

Er öffnete die Hände, die hellen Handflächen waren sauber. »Drei Schläge auf den Kopf. Glücklicherweise hat nur einer davon voll getroffen. Es handelt sich um eine Gehirnerschütterung, obwohl man in diesem frühen Stadium natürlich noch nicht sicher sein kann. Es steht zu befürchten, daß das Sehvermögen beeinträchtigt worden ist. Ja ...«

Seine Hände flatterten und spielten nervös mit einem goldenen Sheaffer-Füller, einem Brieföffner aus imitiertem Elfenbein und einem kleinen silbernen Knopf, den er bei einem Weihnachtsessen im Regierungsgebäude in seinem Plumpudding gefunden hatte.

»Die ersten Röntgenbilder zeigen keinerlei Fraktur. Morgen werden selbstverständlich weitere Aufnahmen gemacht, aber für den Augenblick ist Ruhe angezeigt, absolute Ruhe ... Wir haben ihm ein Beruhigungsmittel verabreicht, und um der Gefahr einer Dehydratation vorzubeugen, erhält der Patient eine Kochsalzlösung. Im Operationssaal wurde eine geringe Menge Blut übertragen.« Seine flatternden Hände hielten über dem Schreibtisch inne, als er Charity um Verständnis heischend ansah. Sie sollte ihm vertrauen. »Das Plasma ist getestet, Miß Johnston, wegen HIV brauchen Sie sich also keine Sorgen zu machen. Selbstverständlich wird auch Mister Trents Blut untersucht.«

Er blickte den Amerikaner an. »Das ist alles, jedenfalls für den Augenblick. Wie gesagt, morgen früh erfahren wir mehr. Bis dahin darf er auf keinen Fall starkem Licht ausgesetzt werden, jede unnötige Bewegung muß vermieden werden. Selbstverständlich werde ich nach dem Patienten sehen, ebenso wie Mister Reginald und Dr. Franklyn ...«

Je mehr Personen beteiligt waren, desto sicherer, dadurch verteilte man die Last der Verantwortung. Jeder erdenkliche Test wurde durchgeführt. Am liebsten hätte ihm Charity ins Gesicht geschlagen. Fische verklagten Meeresbiologen nicht, nicht einmal in den Vereinigten Staaten, und genausowenig konnten arme Bahamer, die in diesem Krankenhaus nur notdürftig versorgt wurden, Ärzte vor Gericht bringen.

»Sie wollen sagen, daß Sie also nichts wissen.«

Er fuhr aus seinem Stuhl in die Höhe. Seine Hände erstarrten, die Finger krümmten sich in unterdrücktem Zorn zu Krallen. »Miß Johnston! Wie können Sie es wagen? Hier, in meinem Büro!«

»Ihr Büro? So ein Schwachsinn! Das hier ist ein staatliches Krankenhaus.«

»Ihr emotionales Engagement gereicht Ihnen mehr zur Ehre als Ihre Manieren, Miß Johnston.« Steif vor Empörung wandte er sich an den Amerikaner. »Liebe hat merkwürdige Auswirkungen auf Frauen.«

»Liebe! Ich hasse den Hundesohn«, gab Charity zurück, doch der Chirurg war bereits an der Tür.

Er verbeugte sich. »Trotz Ihres beklagenswerten Benehmens wird dem Patienten die bestmögliche Behandlung zuteil werden. Gute Nacht, Miß Johnston.«

»Verdammter Mistkerl«, fluchte Charity hinter ihm her. »Skelley meint, daß ich ein loses Mundwerk habe«, erklärte sie, an O'Brien gewandt.

»Was sagt Trent über den Jungen?«

Darauf war sie nicht gefaßt gewesen. Eine so direkte Frage hatte sie nicht erwartet. Er saß ganz still und hielt die Hände im Schoß gefaltet. Das runde Drahtgestell der Brille ließ ihn auf den ersten Blick naiv wirken, aber die hellgrauen Augen hinter den Gläsern waren sehr wachsam. Sie erinnerte sich an den hochrangigen Bahamer mit dem Panamahut, der seinen Respekt für diesen Mann nur teilweise hatte verbergen können. Wahrscheinlich war dies ebenso seiner Persönlichkeit zu verdanken wie seiner Stellung, welcher Art sie auch sein mochte.

»Ich bin Angestellter der Regierung der Vereinigten Staaten, Miß Johnston. Jemand, den man gemeinhin einen Bürokraten nennt, einen untergeordneten Beamten«, entgegnete er auf ihren fragenden Blick.

Ein Nichts bist du, dachte sie. Aber sie durfte die Kontrolle über sich nicht verlieren, wenn sie explodierte, kam sie nicht weiter. »Warum wollen Sie ihn ausweisen lassen?«

»Da müssen Sie Ihre Einwanderungsbehörde fragen.«

»Einer Ihrer Männer sitzt vor seiner Tür.«

O'Briens Lächeln war kaum wahrnehmbar und erreichte seine Augen nicht. »Ein Freundschaftsdienst, Miß Johnston. Mister Trent hat Feinde. Im Augenblick wäre er wohl kaum dazu in der Lage, sich selbst zu verteidigen.«

Sie sah ihn vor sich im Bett liegen. Die Narben, die seinen Körper bedeckten, erzählten eine Geschichte, die sie nicht lesen konnte.

Der Amerikaner schien ihre Gedanken zu erraten. »Ich könnte Ihnen eine Liste terroristischer Vereinigungen in der ganzen Welt geben, die ihn auf der Abschußliste stehen haben. Hat er Ihnen erzählt, daß es sein Job war, solche Organisationen zu unterwandern?« Abwartend sah er sie an, so wie Trent am Nachmittag zuvor auf der *Golden Girl* darauf gelauert hatte, daß sie ihre Deckung aufgab. Nur anderthalb Tage war das her. »Er überlegt nicht immer«, erklärte O'Brien.

Sie sah die Straße vor der Bank vor sich, Jacket, der in die Sonne blinzelte, und die drei Männer, den Lieferwagen. »Dazu war keine Zeit«, gab sie zurück.

Sie wußte nicht, ob es in Trents Sinne war, wenn sie mit dem Amerikaner sprach, und wieviel sie verraten sollte. Auch hatte sie keine Vorstellung davon, was für Jacket am besten war. Wir setzen unterschiedliche Prioritäten, hatte Trent sie gewarnt, meine ist es, den Jungen zu retten.

O'Brien wartete. Darin waren sie gut, die Profis – im Warten.

»Ich werde warten, bis er zu Bewußtsein kommt«, sagte sie.

Er holte einen Block mit gelben Haftzetteln und einen einfachen Holzbleistift aus seiner Aktentasche. Bevor er eine Telefonnummer notierte, feuchtete er die Mine an. »Miß Johnston, wenn Sie Hilfe brauchen, verlangen Sie mich persönlich, ganz gleich zu welcher Tages- oder Nachtzeit.«

24

Vier goldene Engel wachten in Mister Dribbis Haus über Jacket, einer an jeder Ecke des riesigen Bettes, in dem er sich unter den Decken fest zusammengerollt hatte. Die weichen, mit Entendaunen gefüllten Kissen waren auf dem Boden gelandet, weil er sich von ihnen geradezu erstickt gefühlt hatte.

Hakim, der Dobermann, spitzte draußen im Gang die gestutzten Ohren, als der Junge unruhig wurde und zu wimmern begann. Sechs von Hakims Artgenossen streiften, aus ihren Zwingern befreit, auf dem Grundstück herum. In der Bibliothek saß der alte Mister Dribbi und las. Er schlief nicht mehr viel. In den meisten Nächten döste er ein wenig in seinem Sessel, bevor er sich gegen drei oder vier Uhr morgens ins Bett begab.

Hakim stieß die Tür zur Bibliothek mit der Nase auf und trottete zu seinem Herrn. Er steckte den Kopf zwischen dessen Beine und stupste ihn an, um seine Aufmerksamkeit zu erregen. Geistesabwesend spielte Mister Dribbi mit dem Ohr des Tieres.

»*Qu'est-ce que tu veux?*« fragte er schließlich.

Der Hund lief zur Tür und sah ihn auffordernd an.

»*Bien, bien* …« Mister Dribbi stemmte sich aus dem Sessel

und folgte dem Hund durch das große Wohnzimmer und den Gang. Das Kind wimmerte im Schlaf, doch er zögerte. Erst als Hakim ungeduldig an der Tür kratzte, öffnete der alte Mann.

Hakim lief zum Bett und legte eine Pfote auf das Laken. Der Junge schrie auf und schoß hoch. Sein Entsetzen erinnerte Mister Dribbi an den Schrecken der Nächte, als er selbst noch nicht die finanziellen Mittel besessen hatte, um sich zu schützen und für den nötigen Abstand zu seinen Geschäften zu sorgen. Auf dem Bett sitzend, wiegte er den Jungen in seinen zerbrechlichen Armen, während er besänftigende Worte in einer Mischung aus Französisch, Arabisch und Englisch murmelte.

Als Jacket sich beruhigt hatte, begann Mister Dribbi vorsichtig, nach den Wurzeln für die Ängste des Jungen zu forschen.

Die Geschichte kam stückweise aus ihm heraus. Zuerst berichtete er von dem Angriff vor der Bank, dann von der Nacht, die er in dem Graben unterhalb des ausgebrannten Hotels verbracht hatte, und schließlich, daß er geglaubt hatte, die Drogensüchtigen hätten es auf ihn abgesehen.

Mister Dribbis Stimme war sanft. Leicht ruhte sein dünner Arm, der keiner Fliege etwas zuleide tun konnte, auf den Schultern des Jungen. Hakim, der Beschützer, lag wachsam vor der Tür und wedelte mit dem kurzen Stummelschwanz seine Zustimmung zu dieser Freundschaft.

Im sanften Licht der Nachttischlampe faßte der Junge Zutrauen. Er erzählte davon, wie er oft den weiten Weg zu den Langustengründen hinausruderte, um mit einer Lampe zu fischen, und daß die Langusten auf dem Sand lange Ketten bildeten. Das war nicht alles, aber der Junge war noch nicht so weit. Mister Dribbi, der als Kind selbst im Mittelmeer Fische gefangen hatte, holte zwei Tassen der heißen Schokolade, die das Dienstmädchen für die Nacht in einer Thermoskanne in der Küche bereitgestellt hatte.

In vertrautem Schweigen nippten sie, auf der Bettkante sitzend, ihren Kakao, der eine sehr alt, der andere sehr jung, der eine weiß, der andere schwarz, der eine mit einer gebogenen, der andere mit einer breiten Nase und beide von sehr ähnlicher Größe.

Mister Dribbi drängte den Jungen nicht, sondern ließ ihn selbst das Tempo bestimmen, in dem er in die Vergangenheit eintauchte. Der alte Mann sah die Szene vor sich, die Jacket ihm beschrieb: wie das Flugzeug abgestürzt und der Pilot ums Leben gekommen war; daß der Junge geglaubt hatte, es wäre seine Schuld gewesen, weil das Licht seiner Lampe den Piloten in die Irre geführt hatte; wie er die Kisten versteckt und von seinem Vater geträumt hatte; wie ihm in der Bank die Wahrheit aufgegangen war.

»Es ist so, wie meine Mutter immer sagt, Mister Dribbi, er hat nichts getaugt.«

Mister Dribbi nahm ein seidenes Taschentuch aus seiner Tasche und tupfte dem Kind damit über die Augen. »Sei still, mein Kleiner. Wichtig ist nur, daß du sehr, sehr tapfer warst. Schneuz dich.« Er hielt dem Jungen das Taschentuch unter die Nase. »Wir müssen überlegen, wie wir jetzt vorgehen.«

Er trug die Tassen in die Küche und spülte sie ab, während er darauf wartete, daß das Kind sich wieder faßte. Aus dem Kühlschrank holte er eine Schachtel mit handgefertigten Pralinen, kam aber zu dem Schluß, daß sie so spät in der Nacht nicht gut für den Jungen wären, weil sie zuviel Zucker enthielten. Statt dessen schälte er eine Orange und ordnete die Scheiben auf einer Untertasse an.

Später, im Schlafzimmer, sah er dem Jungen zu, wie er den Saft aus der Frucht sog. »Wem hast du davon erzählt?« erkundigte er sich.

»Sie sind der erste, Mister Dribbi. Ich habe Angst vor der Polizei. Der Sergeant mit dem fehlenden Finger ist in diese Geschäfte verwickelt. Ich habe gehört, wie die Erwachsenen in Mister Jacks Bar darüber reden. Bevor ich Sie traf, gab es niemanden, dem ich vertrauen konnte.«

Der alte Mann suchte in den Erinnerungen an seine eigene, weit zurückliegende Kindheit nach vergleichbaren Erfahrungen. Seinen Vater hatte er nie gesehen, und er wußte noch immer nicht, wer er war. Früh hatte er gelernt, sich auf sich selbst zu verlassen, nicht aufzufallen und im Hintergrund sein Netz zu spinnen, während er sich unschuldig und unwissend gab. Die Polizei war sein natürlicher Feind gewesen. Aber als Straßenkind, ein Kind der käuflichen Liebe, war ihm in Jackets Alter das Leben in der korrupten Stadt genauso vertraut gewesen wie dem Jungen das Meer und die abgeschiedene Gesellschaft der Insel.

»Ich will die Kisten ausgraben, damit ein Fischer sie findet«, fuhr Jacket fort. »Der soll dann die Polizei benachrichtigen.«

Der alte Mann nickte. Angesichts des wenigen, was der Junge über diese Welt wußte, war seine Entscheidung logisch, vernünftig und sicher. Der Junge hatte den Mut und die Kraft, um sein Vorhaben durchzuführen.

Mister Dribbi gab dem Plan seinen Segen und brachte den Jungen wieder ins Bett. Er blieb bei ihm sitzen, bis er eingeschlafen war. Ein gutes Kind, dachte Mister Dribbi, der Mut bewunderte. Es handelte sich um einen unglückseligen Zufall, der jedoch in einem Land mit nicht mehr als einer Viertelmillion Einwohner gar nicht so selten war. Er kehrte in seine Bibliothek zurück.

Viele seiner Altersgenossen und viele jüngere Menschen hatten die elektronische Revolution ignorieren wollen. Ein Großteil von ihnen war tot oder saß im Gefängnis. Mister Dribbi hatte seit dreißig Jahren nicht mehr telefoniert, weil zu viele Telefonleitungen angezapft waren. Lange Zeit hatte er seine Geschäfte über kodierte Telegramme und Telexe erledigt, die von Agenturen abgesandt und entgegengenommen wurden. Inzwischen bediente er sich eines IBM-Laptops. Er schloß ein LAN-Verbindungsteil an seinen Computer an, schaltete ein und gab seinen Sicherheitscode ein. Nach weniger als drei Minuten wartete seine kodierte Nachricht, die nicht mehr zu ihm zurückverfolgt werden konnte, in einer elektronischen Mailbox auf ihren Empfänger.

Kunsthändler sind Adrenalinsüchtige. Leiht man ihnen 100000 Dollar, leisten sie eine Anzahlung auf ein Gemälde, das eine Million kostet. Leiht man ihnen eine Million, leisten sie eine Anzahlung auf ein Gemälde, das zehn Millionen kostet. Der Fall des Kubaners Torres war ähnlich gelagert. Seinen Kokainhandel hätte er ohne Probleme aus eigenen Mitteln finanzieren können. Anders sah es mit den Tankern aus, die in seinem Auftrag mit Rohöl und Erdölprodukten beladen die Weltmeere befuhren. Sein gehobener Lebensstil sorgte zusätzlich dafür, daß er in ständiger Abhängigkeit von Mister Dribbis höchst privater Bank lebte.

Der Ölmarkt ist extrem anfällig, weil er in hohem Maße von politischen Entwicklungen beeinflußt wird. Krieg, ein drohender Staatsstreich, ein Embargo, ein Streik, neu entdeckte Vorkommen, selbst Wahlen in einem Erzeugerland bleiben nicht ohne Auswirkungen. Ziel des Kubaners war es, in den Besitz von genügend Rohöl zu gelangen, um den Preis manipulieren zu können. Der internationale Rohstoffmarkt schläft nie, er kommt höchstens regional einmal zur Ruhe.

Um fünf Uhr morgens fand eine von Torres' Sekretärinnen Mister Dribbis kodierte Einladung zu einem zeitigen Frühstück in der elektronischen Mailbox.

Jacket erwachte früh am Morgen. Mister Dribbis Dienstmädchen hatte am Abend zuvor seine Kleider an sich genommen. Nur mit einem Handtuch bedeckt, schlüpfte er verlegen in den Garten hinaus, wo Mister Dribbi am Pool saß und in der frühen Morgensonne an seinem Kaffee nippte.

Der kleine Mann winkte ihn heran und legte den Arm um seine Taille. »Ein großer Tag für dich, Jacket. Das Bett gehört dir. Du mußt es nur noch nach Hause bringen.«

Der Koch brachte dem Jungen frisch gepreßten Orangensaft und zwei knusprige Brötchen, die direkt aus dem Ofen kamen und noch warm waren. Das Dienstmädchen rief ihn, damit er seine frischgewaschenen Kleider anlegte.

Während Mister Dribbis Angestellte das in Plastik verpackte Bett auf einen kleinen Lastwagen luden, fuhr ein Wagen vor. Der Neuankömmling war weiß, mittleren Alters und elegant gekleidet. Sein glänzendes dunkles Haar trug er über der hohen Stirn aus dem Gesicht gekämmt. Mister Dribbi stellte ihn Jacket als Mister Torres vor.

»Jacket ist Langustenfischer«, erklärte er seinem Besucher. »Ein prima Kerl, der bei mir ein Bett für seine Mutter gekauft hat.«

Als er Jacket vorstellte, legte der kleine Mann dem Jungen

250

die Hand auf die Schulter, als wollte er betonen, wie ungewöhnlich eng ihre Beziehung war. »Jacket hat hier übernachtet.«

Der Besucher wirkte verlegen, als er ihm die Hand schüttelte. Vielleicht wußte er nicht genau, was er von dem Jungen halten sollte.

»Ich bin aus Green Creek«, erklärte Jacket. »Das ist auf South Andros, Mister.«

Mister Dribbi konnte ein Kichern nicht unterdrücken. »Mister Torres kommt aus Kuba, allerdings auf dem Umweg über eine ganze Menge anderer Länder.« Er nahm den Jungen beiseite. »Meine Leute werden dich zum Hafen begleiten.« Mit diesen Worten holte er einen Umschlag mit zehn neuen Zwanzigdollarscheinen aus seiner Tasche. »Gib jedem der Männer zwanzig Dollar Trinkgeld. Das gleiche gilt für das Dienstmädchen, das deine Kleidung gewaschen hat, und für den Koch. Der Koch hat ein Lunchpaket für dich vorbereitet.« Er umarmte den Jungen. »Und jetzt fort mit dir. Tu genau, was wir letzte Nacht besprochen haben. Und komm bald wieder, dieses Haus steht dir immer offen. Verstanden?«

Der Junge nickte, den Tränen nahe.

»Ruhig«, sagte der kleine Mann und reichte ihm sein Taschentuch. »Das ist ein Andenken an mich, Jacket.«

Mister Torres und Präsident Castro stammten aus ähnlichen Verhältnissen. Ihre Väter waren aus Spanien ausgewandert und hatten sich vor allem durch Raub und Gewalt große Landgüter im Westen Kubas angeeignet. Die Söhne dieser Großgrundbesitzer hatten eine elitäre Erziehung durch die Jesuiten genossen. Während Präsident Castro sich dem Sozialismus zugewandt hatte, bezeichnete sich Mister Torres selbst gern als ›Aristokraten‹. Um ihn zu ärgern, lud ihn Mister Dribbi zum Frühstück in die Küche ein. Außerdem war dies der Raum, in dem die Wahrscheinlichkeit, abgehört zu werden, am geringsten war.

Zuerst schickte er den Koch auf den Markt und das Dienstmädchen an die Hausarbeit, dann machte er sich am Herd zu schaffen. Er bereitete Kaffee und Rühreier zu, toastete Brot.

Das auf einen Reggaesender eingestellte Radio plazierte er mitten auf dem Tisch, dann schaltete er den Mixer ein. Zufrieden mit dem Geräuschpegel, ließ er sich neben Torres am Küchentisch nieder.

»Die Menschen sind so leichtgläubig, Pedro«, begann er mit dünnem Kichern. »Habe ich Ihnen je erzählt, daß es mir meine Körpergröße ermöglichte, meine Jungfräulichkeit nahezu vier Jahre lang einmal pro Woche zu verkaufen? Damit habe ich mir mein Startkapital verdient. Seitdem bin ich in diesem Geschäft. In all den Jahren, Pedro, bin ich nicht einmal von der Polizei vernommen worden. Ich erzähle Ihnen das, um klarzustellen, daß ich ein Profi bin. Manchmal fürchte ich, daß ich es in Ihnen mit einem Dilettanten zu tun habe.«

Mit hängenden Schultern hatte er auf seine aneinandergelegten Hände gesehen. Jetzt blickte er auf. Seine dunklen Augen waren völlig ausdruckslos, aber seine leise Stimme bebte vor eisiger Wut. »Ihre Komplizen haben sich zu Narren gemacht. Der Junge hat mir erzählt, daß sie zu spät am Treffpunkt waren und dann auch noch die Entführung vermasselt haben. Wer war der Kerl, der ihn gerettet hat?«

Torres in seinem eleganten Sommeranzug hustete in den Kaffee und mußte sich erst den Mund abwischen, bevor er antworten konnte. »Ein britischer Versicherungsdetektiv. Er arbeitet für eine japanische Agentur und lebt anscheinend auf einer Jacht. Es gibt keinerlei Verbindung zu uns. Der Vater des Jungen ...«

»Unsinn«, unterbrach ihn Dribbi. »Der Vater ist durchgebrannt. Da ist eine Operation gegen Sie im Gange, die sich möglicherweise auch gegen mich richtet. Ich will die Angelegenheit erledigt sehen.« Er klopfte einmal mit dem Finger auf den Tisch. »Der Junge will die Kisten ausgraben und dann einfach liegenlassen, damit sie ein Fischer findet. Ihre Männer werden ihm folgen. Rühren Sie ihn nicht an, bis er fertig ist, danach wird reiner Tisch gemacht.«

Dem Kubaner entfuhr ein Seufzer. »Jesus Antonio?«

»Alle«, erklärte Mister Dribbi. »Lassen Sie ein Team von außerhalb einfliegen.«

Pedro Torres rief Jesus Antonio über sein Handy an. »Das Kind wird von sich aus tun, was wir wollen. Folgt ihm einfach nur.«

Mister Dribbi war ein umsichtiger Mensch. Er legte die Kleider, die er mitnehmen wollte, auf sein Bett und sah dem Dienstmädchen dabei zu, wie es seinen Koffer packte. Dann schickte er die junge Frau los, um ein Taxi zu besorgen. Flug 5718 von American Airlines landete um 12 Uhr 12 in Dallas Fort Worth. Da er als VIP galt, geleitete ihn ein hoher Angestellter der Fluggesellschaft durch den Zoll und die Paßkontrolle und brachte ihn zum Admiral's Club. Sein Anschlußflug nach Frankfurt ging um 14 Uhr 20.

Unterdessen flog Pedro Torres mit Eagle nach Miami. Er wurde am späten Abend in Nassau zurückerwartet.

»Die Ratten sind unterwegs«, meldete O'Brien.

25

Eine Krankenschwester hatte Charity ein Kissen und eine Decke gebracht. Erschöpft schlief sie auf einer Couch im Wartezimmer sechs Stunden durch und wachte erst vom Gescheppert der Eimer auf, als die Putzkolonne eintraf. Der Geruch nach Desinfektionsmitteln und billigem Bohnerwachs erinnerte sie an die Universität, und für einen Augenblick wußte sie nicht, wo sie war. Eine Krankenschwester bot ihr Kaffee an. Von ihrer Nische aus beobachtete sie, wie sich der Nachtdienst hektisch auf die Übergabe vorbereitete.

Der junge Amerikaner, der Trents Zimmer bewachte, suchte sie auf, um ihr mitzuteilen, daß seine Ablösung in zwanzig Minuten eintreffen würde. Die des bahamischen Beamten hatte telefonisch gemeldet, daß sie Verspätung haben werde. Der Amerikaner bot ihr an zu warten. »Wenn Sie Ihren Freund sehen wollen, kann ich das für Sie arrangieren. Geben Sie mir eine halbe Stunde Zeit, damit ich mit meinem Kollegen sprechen kann.«

Charity lächelte dankbar. Allmählich gewöhnte sie sich an ihre Rolle als Trents Geliebte. Es lohnte sich nicht, den Irrtum des Amerikaners zu korrigieren, er hätte ihr sowieso nicht geglaubt.

Der zweite amerikanische Beamte war klein, schwarz und sah aus, als ob er schon einiges erlebt hätte. Sein Grinsen ließ ihn eher wie einen von Charitys Schülern als wie einen Polizisten in Zivil wirken.

Trent hatte seine Position nicht verändert. Wahrscheinlich hatten während der Nacht immer wieder Krankenschwestern und Ärzte nach ihm gesehen. Jemand hatte seine Korallenperlen auf den Nachttisch neben dem Bett gelegt. Die kleine Lederscheide am Verschluß war ihr nie aufgefallen, vermutlich wurde sie von seinen Haaren verdeckt. Sie zog das Messer heraus. Es war überraschend schwer, die Spitze scharf wie eine Nadel. Der Griff bestand nur aus einer Verlängerung der Klinge.

Sie benetzte Trents Gesicht mit Wasser aus einer Karaffe und versuchte nachzuempfinden, wie er erwachte. Langsam wie ein alter 8086-Computer ohne Monitor lief er an. Es dauerte mindestens eine Minute, bis er die Augen öffnete.

»Oh, Sie sind es«, waren seine ersten Worte.

Er griff nach ihrer Hand, sah das Messer und nahm es an sich, um es unter seinem Kissen zu verbergen.

»Ich stehe etwas neben mir«, erklärte er, als wollte er die Berührung damit entschuldigen – fast automatisch leugnete er jede Beziehung zwischen sich und ihr. Er betastete den Turban um seinen Kopf. »Welche Verletzungen habe ich?«

Es ärgerte sie, daß er nicht fragte, ob Jacket entkommen war. »Möglicherweise eine Gehirnerschütterung. Man wird weitere Röntgenaufnahmen machen. Übrigens habe ich mich mit dem Chirurgen angelegt.« Er würde es sowieso herausfinden.

Trent lag nicht zum ersten Mal im Krankenhaus, daher hielt er den Kopf ganz ruhig, während er nach seiner Uhr suchte.

»Samstag morgen, zehn nach sechs«, half sie ihm. »Vor Ihrer Tür stehen ein paar Wachen. Sie sollen ausgewiesen werden.«

Er wirkte nicht sonderlich überrascht. »O'Brien?«

254

Sie nickte. »Ich habe ihm nichts erzählt, weil Sie sagten, daß ich mich nur im Notfall an ihn wenden sollte.«

»Ein Schlag auf den Kopf erschien Ihnen dafür nicht ernst genug?«

»Drei Schläge. Jacket ist übrigens entkommen, falls es Sie interessiert.«

Sein Schweigen kam ihr endlos vor. »Ich kann nicht ewig hierbleiben«, sagte sie. »Einer von O'Briens Leuten hat mich hereingelassen, weil er denkt, daß ich Ihre Geliebte bin.«

»Der Junge wird das Postschiff nehmen wollen ...«

Trent wollte weitersprechen, aber der blonde Amerikaner steckte den Kopf zur Tür herein. »Lady, bitte verstecken Sie sich. Die Ärzte kommen.«

Sie zögerte.

Der Wachposten wurde nervös. »Lady, bitte tun Sie es für mich, ja? Sonst bin ich erledigt. Ich habe eine Familie zu ernähren.«

Sie wollte unter das Bett schlüpfen, aber dann fiel ihr ein, daß man sie sehen würde, wenn der Urinbeutel des Katheters gewechselt wurde. Es blieb nur der enge, dunkle Schrank. Sie wußte nicht, ob sie lachen oder aufschreien sollte. Die Geräusche von draußen verrieten ihr, daß Trent auf eine Liege gehoben und davongerollt wurde. Nach fünf Minuten schlüpfte sie aus dem Zimmer. Der Gang war leer. Durch den Park lief sie zur Shirley Street und von dort aus zur Anlegestelle der Postschiffe am Potter's Cay unter der Brücke.

Trent waren die Untersuchungen, die man an ihm vornahm, wohlvertraut. Es wurden Röntgenaufnahmen gemacht, man leuchtete ihm in die Augen, überprüfte seine Reflexe und wechselte die Verbände. Als er sah, wie die drei Ärzte die Köpfe zusammensteckten, fühlte er sich an Trainer erinnert, die ihre Meinungen im Flüsterton austauschen, damit der Gegner nichts davon mitbekam.

Er wollte einwenden, daß sie im gleichen Team spielten und er daher ein Recht habe, an ihren Gesprächen beteiligt zu werden, aber man hätte sowieso nicht auf ihn gehört. Schließlich ließen sie ihn von den Krankenschwestern in sein Zimmer zurückschieben. Ein kleiner Afroamerikaner und ein großer Bahamer begleiteten den Zug.

»Sie haben im Laufe Ihres Lebens eine Menge Glück gehabt, Mister Trent, Sie sollten es nicht überstrapazieren«, erklärte der Chefarzt. »Wir werden Sie noch ein paar Tage hierbehalten. Bewegen Sie sich so wenig wie möglich.«

Er rieb die Handflächen aneinander und betrachtete fasziniert die eigene glatte Haut, als wäre er Verkäufer in der Strumpfabteilung von Harrods. »Jetzt ist Ruhe wichtig, Mister Trent, absolute Ruhe. Sie sollten sich Ihre Freundinnen sorgfältiger aussuchen. Hier auf den Bahamas haben wir einen Ausdruck, der Ihnen bekannt sein dürfte: Wespen verschlucken. Das soll heißen, daß jemand ein loses Mundwerk hat. Offenbar ernährt sich die junge Dame von besonders aggressiven Waldhornissen.« Der Doktor lächelte überlegen, entzückt von seinem gelungen Bild. »Wir geben Ihnen etwas zur Beruhigung, Mister Trent.«

Eine Krankenschwester stach eine Nadel in Trents Arm.

Als Trent erwachte, wogen seine Glieder eine Tonne. In seinem Mund hielt sich hartnäckig der Geschmack von alten Socken, der Katheter brannte, und ein dumpfer Schmerz lief vom Halsansatz über seinen Schädel bis in sein rechtes Auge hinein. Irgend jemand war im Raum. Unruhig legte er die rechte Hand an die Stirn und ließ sie dann unauffällig unter das Kissen gleiten, wo er den glatten Stahl der Klinge spürte. Er öffnete die Augen nur einen Spalt weit, um nicht vom Licht geblendet zu werden.

Vor dem Fenster, durch das man auf den Kanal hinausblickte, hinter dem Paradise Island lag, zeichnete sich O'Briens untersetzte Gestalt ab. Trent seufzte und griff nach der Klingel.

Als die Krankenschwester erschien, befahl er ihr barsch, den Katheter zu entfernen. »Wenn Sie es nicht tun, erledige ich es selbst«, erklärte er, als sie protestierte und behauptete, sie müsse zuerst den Arzt fragen.

O'Brien wartete auf dem Gang, während sie seinem Wunsch nachkam.

»Dem Jungen auf Bleak Cay wurde wesentlich Schlimmeres angetan«, sagte Trent, als der Amerikaner zurückkehrte. »Lassen Sie Jacket überwachen, bis Sie den Mörder haben.«

O'Brien postierte sich erneut vor dem Fenster. Vermutlich fühlte er sich sicherer, wenn er zumindest so tun konnte, als betrachtete er die Aussicht. Mit dem Kopf deutete er auf den Nachttisch. »Ich habe Ihnen ein paar Trauben mitgebracht.«

Trent schloß die Augen. Er wollte mit O'Brien sprechen, aber ihm fehlte die Energie dazu. Lag es an dem Beruhigungsmittel, oder wurde er alt? Der Schmerz hüpfte über seinen Schädel und stach einen halben Zentimeter über der rechten Pupille zu. Mühsam tastete er nach dem Glas mit Zitronenwasser auf seinem Nachttisch.

»Was hat der Junge angestellt?« wollte O'Brien wissen.

»Das Koks versteckt, schätze ich. Er war draußen am Riff, als das Flugzeug abstürzte.«

Der Amerikaner nickte. »Das Empfangskomitee hatte Verspätung, wahrscheinlich eine Panne.«

O'Briens Stimme klang ausdruckslos. Trent bemühte sich, ihn zu verstehen. Er rieb sich mit der Hand über die Kopfhaut, um den Schmerz wegzuwischen, aber es war aussichtslos. Er war müde, vielleicht wollte er auch gar nichts begreifen.

»Sind Sie je auf den Gedanken gekommen, daß ein Doppelagent beide Seiten verraten kann?« fragte O'Brien. »Vielleicht sogar, ohne es selbst zu wissen, wie zum Beispiel Ihr Philby?«

»Weil MI6 und CIA zu dumm waren, um ihn zu erwischen«, knurrte Trent.

»Dummheit kann ich verstehen«, erklärte O'Brien mit süffisantem Lächeln. »Es fällt mir nur schwer zu begreifen, daß der Mann all die Jahre ein Verräter war.«

Er trommelte mit den Fingern einen kleinen Marsch auf die Fensterscheibe. »Unser Problem sind die vielen beteiligten Stellen. Jeder weiß nur teilweise Bescheid, so daß man höchstens nach formalen Kriterien entscheiden kann. Um respektiert zu werden, ist das etwas dürftig.«

»Soll das heißen, daß der Verkauf des Flugzeugs in Miami Teil einer Operation war?«

»Ich weiß es nicht. Es gibt zu viele Beteiligte. Der Mann aus

New York sollte den Stoff in Empfang nehmen. Wir wollten ihn mit dem Kokain hochnehmen und ihm dann einen Handel anbieten. Er ist ein Amateur, der das gute Leben liebt, und clever genug, um zu wissen, was für ihn auf dem Spiel steht. Also hätte er sich vermutlich darauf eingelassen.«

»Er ist ein Mörder«, gab Trent zu bedenken.

»Als man die Operation plante, war er es noch nicht.«

Immer hieß es ›man‹. Trent wollte O'Brien davor warnen, daß er sich auf einer gefährlich abschüssigen Bahn befand. Der Amerikaner hatte inzwischen seine Brille abgenommen und polierte die Gläser. Seine Aktentasche hatte er nicht bei sich, vielleicht waren im Raum Wanzen installiert. Die Spielregel lautete: Jedes Gespräch aufzeichnen, um sich abzusichern.

»Skelley weiß Bescheid?«

O'Brien gab keine Antwort.

»Sie und Skelley sind Freunde, oder zählt das nicht?«

»Ich habe meine Befehle.«

Es hatte eine Zeit gegeben, da hatte O'Brien selbst entschieden, welche Befehle er befolgte, und seine Brille hatte mehr Zeit in ihrem Metalletui gesteckt als auf seiner Nase gesessen. In drei oder vier Jahren würde er in Rente gehen.

O'Brien befestigte die Drahtbügel hinter seinen Ohren. »Wenn wir den Amateur schnappen, wird er uns einen der Profis ans Messer liefern. Einen Mann, hinter dem wir schon lange her sind. Der steckt nicht nur im Drogengeschäft, sondern auch im Ölhandel. Er unterläuft das Embargo. Auch das Finanz- und Außenministerium sind sehr an ihm interessiert.«

Trent war sicher, daß das nicht alles war. Er hatte schon früher mit dem Amerikaner zusammengearbeitet und wußte, daß er nie alle Karten auf den Tisch legte. O'Brien verfolgte ein eigenes Ziel, jemanden, der noch über dem Embargobrecher stand. Trent konnte O'Briens Traum förmlich riechen: Ein geräumiges Büro in Washington, wo er die letzten Jahre bis zur Rente verbringen würde, während die Jüngeren hinter seinem Rücken flüsterten, er sei zu seiner Zeit eine Legende gewesen. Früher einmal hatte O'Brien Washington verachtet.

258

Trent erinnerte sich daran, wie Anderson in seinem Hotelzimmer mit seinem Gewissen gekämpft hatte.

»Und Anderson springt dabei über die Klinge.«

»Anderson hat sich ein paar dicke Patzer geleistet.« Erneut nahm O'Brien die Brille ab. Geputzt hatte er sie bereits, daher wußte er nicht recht, was er damit anfangen sollte.

Trent fragte sich, wie gut er ohne Brille sah.

»Sie selbst haben sich auch einige Fehlgriffe erlaubt«, meinte der Amerikaner. »Sie retten den Jungen und warnen dadurch den Gegner, der jetzt weiß, daß er unter Beobachtung steht, daß vielleicht sogar eine Operation gegen ihn im Gange ist. Ihre Freundin treibt sich hier herum und hat sogar versucht, an Bord des Postschiffes zu gehen, das der Junge genommen hat.« Er konnte seine Geringschätzung nicht verbergen. »Wir haben es hier mit ausgebufften Profis zu tun, Trent, und Sie setzen eine Lehrerin ein. Mein Gott, was ist bloß aus Ihrer Berufsauffassung geworden?«

Er wandte sich vom Fenster ab, so daß das Licht nur auf eine Seite seines Gesichts fiel, während die andere im Schatten lag. Bewegungslos blickte er auf Trent hinab. »Ich will Sie aus dem Weg haben, bis diese Angelegenheit erledigt ist. Und kommen Sie mir nicht mit den verdammten Japanern. Zum Teufel mit den Japanern. Daß die hier Grundbesitz haben, bedeutet nur, daß sie Steuern zahlen dürfen, nicht, daß sie irgendeinen Einfluß auf die US-Regierung und ihre Organe nehmen können.«

»Vielleicht wissen sie das nicht«, erwiderte Trent. Der Schmerz bohrte sich direkt in sein rechtes Auge. Bei geschlossenen Lidern wurde er ein wenig erträglicher. »Verschwinden Sie.«

Er schlief, bis ihn die Krankenschwester weckte, als sie die Infusion wechselte. Charity hatte O'Brien an seinem Bett abgelöst. Die geballten Fäuste und die vor Anspannung verkrampften Schultern verrieten ihre Ungeduld. Trent fürchtete, sie würde die Krankenschwester mit Gewalt hinauswerfen, aber sie riß sich zusammen, bis die Tür zufiel. »Die Polizei hat mich nicht zum Potter's Cay gelassen«, erklärte sie.

Sie war zurückgegangen und hatte sich auf der Brücke einen Punkt direkt über der Anlegestelle der Postschiffe gesucht.

»Jacket erschien mit dem Bett. Sie luden es oben auf das Ruderhaus. Ich habe nach ihm gerufen, aber er hörte mich nicht, der Wind war zu stark.«

Die Polizei hatte sie von der Brücke geholt.

»Sie sagten, daß sie meine Zeugenaussage überprüfen müßten, aber das war natürlich Unsinn. Es ging ihnen nur darum, mich festzuhalten, bis das Postschiff ausgelaufen war.«

»Man will Sie nur schützen«, sagte Trent.

Sie glaubte ihm nicht. »Die haben behauptet, daß Sie schlafen. Ich mußte zwei Stunden warten. Was sagen die Ärzte zu Ihnen? Sind Sie tatsächlich krank, oder haben Sie einfach nur aufgegeben?« Sie trat mit einem Fuß gegen die Wand und funkelte ihn wütend an. »Sagen Sie mir, was los ist, damit ich weiß, was ich zu tun habe. Es hat keinen Sinn, auf Sie zu warten, wenn Sie aufgegeben haben.«

Er wußte nicht, was er ihr antworten sollte.

»Hier zählt jeder außer Jacket. Schließlich ist er nur ein schwarzes Kind, das niemanden interessiert. Die wollen ihn als Köder verwenden, stimmt's? Antworten Sie mir, Hurensohn!«

»Weißer Hurensohn«, ergänzte Trent.

»Mein Gott, ein Komiker!« Sie fuhr sich mit den Fingern durch das Haar.

Trent beobachtete, wie sie die kleinen, festen Locken auseinanderzog. Kaum ließ sie los, sprangen sie sofort wieder an ihren Platz zurück. Sie sollte gehen und ihn in Ruhe lassen. Er konnte ihr nicht helfen. Ein einzelner hatte bei einer solchen Operation keine Chance. Jeder, der sich in den Weg stellte, würde zermalmt werden.

»Morgen in aller Frühe geht ein Flugzeug nach Congo Town, aber ich habe kein Geld mehr.« Sie haßte es, ihn um Hilfe zu bitten, als ließe sie sich von ihm aushalten. »Falls Sie es vergessen haben sollten, die Banken sind Samstag und Sonntag geschlossen, und ich besitze keine Kreditkarten.«

26

Steve und Jesus Antonio standen im Halbdunkel der Hafenbar von Kemps Bay, als die *Captain Moxey* anlegte.

Selbst die Plastikfolie konnte die Großartigkeit von Jackets Bett nicht verbergen. Die Geschichte von dem kleinen Jungen, der das Bett für seine Mutter gekauft hatte, verbreitete sich rasch am Kai. Eine Menge von Schaulustigen hatte sich versammelt, um zu sehen, wie es umgeladen wurde.

Dummy hatte seinen Freund Glasgow engagiert, einen älteren Fischer, dessen Skiff etwa die gleiche Größe wie die *Jezebel* hatte. Mit Stangen, die an den Ruderbänken ihrer beiden Boote festgebunden waren, hatten sie eine Art Katamaran gebaut, der das Bett tragen würde.

Das Entladen war zu wichtig, um es dem Bootsmann zu überlassen. Der Kapitän persönlich übernahm das Kommando, als die Deckshelfer das Bett an den Ecken nahmen und in das Lastennetz hievten.

Der leitende Ingenieur warf das Hilfsaggregat am Fuß des Krans an. Der Motor spuckte ein paar Rauchringe und sprang dann an, kraftvoll stampfte der Kolben im einzigen Zylinder auf und ab.

Der Kapitän stellte sich ans Fußende des Bettes und hob den rechten Arm. Der Zeigefinger wies nach oben. Schweigen senkte sich über die Menge, als der Finger langsam einen Kreis beschrieb.

Der Ingenieur ließ die Kupplung an der Winde los, und das Seil am Lastennetz spannte sich.

Nachdem der Kapitän den Sitz des Hakens am Netz überprüft hatte, hob er erneut den Arm.

Jacket biß sich auf die Knöchel, als das Bett langsam vom Dach des Ruderhauses abhob. Der Kapitän schob seine Schirmmütze zurück, damit er sehen konnte, wie sich das Bett in die Luft erhob. Der Messingrahmen glitzerte, und ein Raunen ging durch die Menge, als das verspiegelte Kopfteil in der Abendsonne funkelte.

Der Ingenieur schwang den Kran mit dem Bett langsam nach Backbord über das Dollbord des Schiffes hinweg. Von

den Beinen des Bettes hingen Seile herunter. Zwei der Deckshelfer sprangen über Bord und schwammen zu den Zwillingsskiffs.

Die Kupplung jaulte, als der Ingenieur die Bremse löste.
Dummy, Glasgow und die Deckshelfer griffen nach den Sei-
len und zogen das Bett sicher auf die Plattform hinter dem
Mast. Die Menge applaudierte. Nacheinander hoben die
Männer die Bettpfosten an und zogen das Lastennetz darun-
ter hervor.

Der Ingenieur ließ den Kran zurückschwingen, und der Kapitän bedeutete Jacket, sich in den Haken zu stellen. »Halt
dich gut am Seil fest, Junge«, warnte er, während ihn der Ingenieur nach oben zog.

Jacket blickte auf die Menge herab. Die Sonne fiel auf die
Brille eines weißen Mannes, der im Schatten der Hafenbar gestanden hatte. Die Linie seines Kinns kam ihm entsetzlich bekannt vor. Dieser Mann hatte im Park des Princess-Margaret-
Krankenhauses gesessen, als man versucht hatte, ihn zu ent-
führen. Entsetzt lockerte er seinen Griff um das Seil. Ein Raunen ging durch die Menge, als er mit der anderen Hand zu-
packte und sich nach oben zog.

Erneut brandete Beifall auf, als ihn der Ingenieur über das
Meer zu seinem Bett schwang. Er grinste schüchtern und
winkte. Dummy und der andere Fischer waren bereits dabei, das Bett festzubinden und die Masten zu fixieren. Sie
warfen die Leinen los und setzten Segel. Der dünne Baum-
wollstoff flatterte in der leichten Abendbrise, dann füllten
sich die Segel. Zwischen den Bootsrümpfen war ein proviso-
risches Steuerrad installiert. Dummy krächzte und gab Jacket
zu verstehen, daß er das Schiff aus dem Hafen lenken solle.

Jacket bemühte sich, mit den Augen das Halbdunkel hinter
sich zu durchdringen. Als sie auf das offene Meer hinausglit-
ten, legte sich seine Furcht, denn hier fühlte er sich zu Hause.
Das spritzende Wasser unter dem Zwillingsbug war ebenso
tröstend und vertraut wie der leichte Druck des Meeres gegen den Rumpf. Nassau war verwirrend gewesen. Der Mann
mit dem Taschentuch war vielleicht nur einem seiner fanta-
stischen Träume entsprungen.

262

Ein Dutzend Skiffs mit Außenbordmotoren, Speedboote, Hobbie-Cats und drei Touristen auf Surfbrettern folgten ihnen. Ein Bertram-Sportfischerboot setzte sich an den Schluß der Prozession. Am Ufer blies jemand ein Horn, und der Skipper einer sechzig Fuß langen amerikanischen Motorjacht ließ seine Hupe ertönen. Der Kapitän des Postschiffes nahm die Herausforderung an. Drei kurze Töne und ein langer: ›V‹ für *victory*.

Dummy und Glasgow winkten und klopften Jacket auf den Rücken. Er war in Sicherheit. Bei Tagesanbruch würden sie Green Creek erreichen. Dann mußte er nur noch nach Bleak Cay hinüberfahren, um die Kisten auszugraben.

Das merkwürdige Gefährt kroch in der hereinbrechenden Nacht mit drei Knoten die Küste entlang. Der Sonnenuntergang malte rosa und rote Streifen an den Abendhimmel über der Insel, im Osten schlug die Brandung rhythmisch gegen das äußere Riff.

Jacket lag auf seinem Bett und schlief. In seinem Traum grub er auf Bleak Cay die Kisten aus, aber der Sand darunter brach weg, so daß sie immer tiefer sanken, je weiter er grub. Am Rand des Loches stand seine Mutter, die Hände in die Hüften gestützt, neben ihr der Mann mit dem Taschentuch. Ihre Gesichter waren leer, aber aus ihren offenen Mündern drang Gelächter. Auf der anderen Seite erschien sein Vater. Jacket schrie eine Warnung, aber sie kam zu spät. Die Wand des Loches brach ein, und sein Vater verschwand im Sand. Der Mann mit dem Taschentuch streckte einen langen dünnen Arm aus, packte Jacket an der Schulter und schüttelte ihn. Schreiend erwachte er und stellte fest, daß er auf Dummys Hand einschlug. Sein Schrei hatte Glasgow geweckt.

Der alte Fischer lächelte freundlich, als er den schweißüberströmten Jungen sah, und faßte Jacket an der Schulter. »Alles in Ordnung, Kind?«

Jacket nickte.

Glasgow kicherte pfeifend, als er sich an den Gedanken erinnerte, der ihm während der Wache gekommen war. »Man wird dich von nun an ›Bed Jacket‹ nennen.«

Jacket lächelte schwach und blickte nach Osten, wo die Morgenröte eine Wolkenbank über der Tongue of the Ocean zartrosa färbte.

»Heute gibt es Sturm«, erklärte Glasgow. Er bedeutete Dummy mit den Händen, daß die Wolken ein Unwetter brächten. Dummy nickte und fuhr mit dem Finger von Osten nach Westen, bis er nach einem Winkel von vierzig Grad über Andros innehielt. Dort würde die Sonne stehen, wenn das Unwetter hereinbrach.

Während sie auf die Landzunge zuhielten, die Green Creek von Mister Wintertons Haus trennte, erschien die Sonne über dem Horizont und verwandelte das Meer in flüssiges Gold, das gegen die weißen Betonblöcke schlug. Die Fenster wurden in feurige Kränze gehüllt. Ein kleiner Schwarm schneeweißer Regenpfeifer stieg aus dem Sumpf an der Spitze der Landzunge auf. Ihre schlagenden Schwingen und ihr dreifacher Ruf durchbrachen das immer gleiche Auf und Ab des Meeres, während eine Meeresschildkröte zwischen den Bäumen verschwand. Ein paar Fregattvögel mit gespaltenen Schwänzen gingen vor Green Creek in Position, um auf die Fischer zu warten, die ihren Fang ausnehmen würden.

Dummy arbeitete sich zu Jacket vor. Die beiden älteren Männer machten sich bereit, um die Segel einzuholen, sobald der Junge beidrehte. Die aufgehende Sonne fiel auf das Kopfteil des Bettes und beleuchtete das Gesicht des Jungen.

Fat Charlie war der erste der Fischer, der den improvisierten Katamaran entdeckte. Schon bald liefen Skiffs aus, während sich am Strand immer mehr Menschen versammelten. Im Norden entdeckte Jacket das blaue Baumwollkleid seiner Mutter, die den Hügel auf dem Weg zu Mister Wintertons Haus überquerte.

Als Jacket die Zwillingsskiffs auf den Strand steuerte, holten die beiden Männer die Segel ein. Hände griffen nach dem Bug der Schiffe und zogen die Boote auf den Sand. Mit blitzenden Zähnen stellten sie ihre Fragen: Wo hatte er das Bett gekauft? Was hatte es gekostet? Wie hatte er es von Nassau herübergebracht? Jacket fehlten die Worte, und Glasgow mußte für ihn antworten.

Jacket zuckte zusammen, als er sah, wie der Constable sich durch die Menge drängte. Schon schlug ihm einer der Männer auf den Rücken und nannte ihn Bed Jacket. Sie wollten das Bett in all seiner Pracht sehen, Teil von Jackets Legende werden.

Ein Dutzend Männer hob das Bett von den Skiffs, während ein weiteres Dutzend widersprüchliche Anweisungen und Warnungen brüllte. Das Bett gehörte nicht mehr Jacket allein, es war öffentliches Eigentum geworden. Die Männer der Siedlung trugen es durch die Palmen auf die Hauptstraße und durch die Pinien, hinter denen die Hütte lag. Jackets Schulkameraden tanzten neben ihnen her. Sein neuer Name war hängengeblieben, schon hatte man ein Lied daraus gemacht.

»Bed Jacket, Bed Jacket«, sangen die Kinder.

Schweigen senkte sich über die Menge, als die Männer das Bett im Sand vor den Stufen, die zur Haustür führten, absetzten.

»Es ist größer als die ganze verdammte Hütte«, sagte ein Mann.

Quaker Pete, der Tischler des Dorfes, drängte sich durch die Menge und stieg die Stufen hinauf. »Jacket, Junge, hast du den Schlüssel?«

Jacket ging um die Hütte herum und betrat sein Zuhause durch die Hintertür. Er kauerte sich auf den Boden. Durch die Risse in den Wänden fiel das Sonnenlicht und enthüllte unbarmherzig, wie ärmlich sein Zuhause war. Die anderen sollten das nicht sehen. Schon dröhnte Gelächter durch die dünnen Bretter. Er dachte an Mister Dribbis Haus.

Schritte klatschten auf der rückwärtigen Treppe, und über den Fußboden kamen breite bloße Füße heran. »Weine ruhig, Junge, dafür brauchst du dich nicht zu schämen«, sagte Quaker Pete.

Er war groß, doch seine Stimme klang sanft, als er Jacket auf die Pritsche legte. »Der Herr Jesus wurde in einem Stall geboren, Junge. Du hast etwas sehr Schönes getan. Man wird noch lange davon reden, wie du das Bett aus Nassau geholt hast. Dein Vater in den Vereinigten Staaten wird davon erfahren und nach Hause kommen, weil er so stolz auf dich ist. Und deine Mutter wird dir einen dicken Kuß geben, wenn sie von der Arbeit kommt. Zum ersten Mal seit langem wird sie gut schlafen. Jawohl, Sir«, erklärte er mit einem Nicken. »Christian und ich heben die Tür aus den Angeln, und dann holen wir das alte Bett heraus und tragen das neue in die Hütte. Mach dir keine Sorgen, wir erledigen alles, bevor deine Mutter zurückkommt. Bleib einfach liegen und ruh dich aus.«

Durch eine Ritze in der Tür sah Jacket den Constable an einem Baum lehnen. Er hatte sich der Menge nicht angeschlossen, also mußte seine Anwesenheit andere Gründe haben. Victor mußte jemandem erzählt haben, daß Jacket gesehen hatte, wie das Flugzeug abgestürzt war.

Jacket schlüpfte zur Hintertür hinaus und lief durch die Pinien die Düne hinauf, dann kehrte er in einem Bogen zum Strand zurück. Dummy und Glasgow hatten die Seile gelöst, mit denen die beiden Skiffs verbunden waren. Jacket schob die *Jezebel* ins Wasser und schwang den Bug herum. Er setzte das Segel und nahm Kurs auf den südlichen Teil des schützenden Korallenriffs.

Erneut ergriff ihn die Angst. Der Gedanke, daß sein Vater in den Vereinigten Staaten von dem Bett hören würde, wie Quaker Pete gesagt hatte, beschäftigte ihn. Jacket wußte, daß das nicht stimmte, aber es war ihm egal. Er brauchte seinen Vater, nur dieses eine Mal noch.

Jackets Vater war in Washington. Er hatte ihm per Funk eine Nachricht geschickt – über das Gerät, das Jacket in den Dünen hinter der Hütte versteckt hatte. Noch in derselben Nacht würden die deutschen Sturmtruppen landen. Zuerst würde ihr U-Boot Bleak Cay anlaufen, um den Sprengstoff zu holen.

Die Geschichte nahm Gestalt an, dann wurde sie ausgeschmückt. Der Mann mit dem Taschentuch war der Anführer der Deutschen. Jacket mußte vor ihnen dort sein, den Sprengstoff ausgraben und die Zündschnur legen. Wenn die Deutschen eintrafen, würde er sie in die Luft sprengen.

Der Wind ließ nach. Die Wolkenbank über der Tongue of the Ocean, deren grauer Kern niedrig über den Wellenkämmen draußen über der Tiefsee hing, wurde in der feuchten Hitze des Morgens immer bedrohlicher.

Jacket konnte den Sturm riechen, der über die Küste herein-brechen würde. Das U-Boot lag dunkel und niedrig vor dem Strand. Wind und Regen rissen an den Palmen, als die Solda-ten sich, die Gewehre im Anschlag, entlang der Küste verteil-ten. Über ihre Gesichter, die im Licht der Blitze kreidebleich wirkten, strömte der Regen. Ihre Knöchel glänzten weiß, und von den Stiefeln tropfte das Wasser, als sie sich geduckt durch die Bäume zum Lager der Wissenschaftler vorarbeiteten. Die Lichter um das Camp herum flackerten, der Generator arbei-tete im Sturm nicht richtig. Der neue Torpedo, den die Wis-senschaftler der Alliierten den ganzen Monat lang vor Ort ge-testet hatten, schimmerte im grellen Licht eines Blitzes blau unter der Tarnung.

Jacket hatte die Wissenschaftler am Morgen gewarnt, aber sie hatten nicht glauben wollen, daß der Mann mit dem Ta-schentuch ein Spion war. Er gehörte zu ihrem Team, hatte mo-natelang mit ihnen zusammengearbeitet.

Jacket hatte die Landminen aus dem Depot auf Bleak Cay geholt und entlang der Baumlinie in einhundert Meter Ent-fernung vom Strand ausgelegt. Er war so dumm gewesen, ein letztes Mal zum Depot zurückzugehen. Jetzt saß er fest, das U-Boot lag zwischen ihm und Green Creek.

Torres' Säuberungstrupp flog in Privatmaschinen aus Mi-ami ein und landete auf einem kleinen Flugplatz auf den Eleutheras. Sie waren zu viert, Exilkubaner, gepflegte, un-auffällige Männer mittleren Alters. Einer von ihnen war Pilot der kubanischen Luftwaffe gewesen, zwei hatten bei den Ma-rines in Angola gedient. Der vierte war als Schulungsoffizier für kubanische Sondereinheiten tätig gewesen. Ihr Auftrag lautete, einen bahamischen Jungen, einen britischen Versi-cherungsdetektiv, einen ehemaligen Gringobankier aus New York, einen schwindsüchtigen kolumbianischen Steuerbera-ter mit Wohnsitz in den USA und die fünfköpfige Besatzung einer Bertram 36 zu beseitigen. Ihre Ziele befänden sich auf Bleak Cay. Eine sechzig Fuß lange Jacht, eine Cigarette, er-wartete sie.

Skelleys Schwester, Lois, rüttelte Trent wach. Sie war fast ebenso lang und dünn wie ihr Bruder. »Was ist los mit dir?« wollte sie wissen. »Du bist seit zwei Tagen im Krankenhaus, ohne daß ich etwas davon weiß, und jetzt muß ich auch noch feststellen, daß jemand im Büro geschlafen hat. Eine Frau, wenn man dem Hausmeister glauben will.«

Trent versuchte, sich zu konzentrieren. In seinem Kopf hämmerte es, Körper und Verstand reagierten gleichermaßen träge. Er kniff die Augen zusammen und fixierte die Ecke des Fensters, bis er endlich scharf sah.

»Wieso hat die Polizei dich hereingelassen?«

»Der Hausmeister hat mich zu Hause angerufen.« Lois hatte sich über Funk mit der *Golden Girl* in Verbindung gesetzt, dort jedoch nur ihren Bruder erreicht. »Er sagte, ich solle Cousin Ralph bei der Einwanderungsbehörde anrufen.« Sie zuckte die Achseln. »Dieses Land ist zu klein für Geheimnisse. Wilfred im Polizeihauptquartier hat mir erzählt, daß du einen Jungen gerettet hast und im Krankenhaus gelandet bist. Janet vom Verbindungsbüro zur US-Regierung meint, daß dich die Amerikaner ein paar Tage auf Eis legen wollen.«

Sie hatte Trents Arbeitgeber, Tanaka Kazuko, in der Zentrale von Abbey Road in Kyoto angerufen, der wiederum hatte einen Freund im japanischen Außenministerium informiert. Achtunddreißig große japanische Unternehmen waren mit Finanzierungsgesellschaften auf den Bahamas vertreten. Falls ihnen das politische Klima hier ungünstig erschiene – die Bermudas, die Niederländischen Antillen und die Cayman Islands boten nicht weniger vorteilhafte Rahmenbedingungen.

Lois grinste. »Es hat nicht lange gedauert.«

Zweifel nagten an Trent. Ihm war etwas aufgefallen, ohne daß er sagen konnte, was es war. Zweimal stand er kurz davor, den Gedanken festzunageln, aber dann ließ seine Konzentration nach.

»Was meinen die Ärzte?« fragte Lois.

Sie hatten einen neuen Katheter gelegt. »Ich weiß, daß es unangenehm ist, Mister Trent, aber wir möchten Sie noch eine Weile ruhigstellen«, hatte der Arzt gesagt.

Lois holte Trents schmutzige Kleider aus dem Schrank und hängte ein frisches Hemd und eine Hose auf. Als sie seine Brieftasche an sich nahm, fanden sich darin nur ein paar kleinere Scheine. »Deine Amexkarte fehlt.«

»Charity muß sie genommen haben«, erwiderte er.

Charity war mit der ersten Maschine nach Congo Town geflogen und von dort mit dem Bus nach Green Creek weitergefahren. Das Dorf schien verlassen zu sein, offenbar trieben sich alle bei Jackets Hütte herum. Quaker Pete und Christian hatten die Haustür ausgehängt und schlugen soeben den Türrahmen heraus. Jacket war verschwunden. Sie machte kehrt und lief zum Strand. Die *Jezebel* fehlte. Draußen auf dem Meer, jenseits des Riffs ballten sich dichte Wolken zusammen. Das Skiff von Fat Charlie besaß einen Zehn-PS-Außenbordmotor. Sie watete hinaus, um den Benzintank zu überprüfen.

Trent beobachtete, wie die Krankenschwester die Infusion erneuerte. Sie war jung und attraktiv, und er lächelte ihr zu, als sie ihm mit einem feuchten Tuch das Haar zurückstrich. Dann erinnerte er sich. Süße Träume, hatte die Nachtschwester gemurmelt, als sie die Flasche gewechselt hatte.

Die Welt entglitt ihm. Das durfte nicht sein, er mußte wach bleiben. Er schloß die Augen und grub die Nägel in seinen Oberschenkel. Als sich die Tür hinter der Krankenschwester geschlossen hatte, schlug er das Laken zurück und zog die Nadel heraus. Dann schob er sie wieder unter den Verband, damit es so aussah, als steckte sie noch in der Vene.

American Airlines hatte alles getan, um Mister Dribbis Flug von Dallas Fort Worth nach Frankfurt so angenehm wie möglich zu gestalten. Leitende Angestellte der Fluggesellschaft geleiteten ihn von der Maschine zu der wartenden Limousine. Aber keine noch so gute Betreuung konnte ihm das Gewicht seiner Jahre abnehmen. Erschöpft lehnte er sich, eine Decke über den Knien, in den Fond des Mercedes und schlief, während der Chauffeur auf die A 46 in Richtung Zürich fuhr.

Einer seiner achtzehn Enkel begleitete Mister Dribbi auf der Fahrt. Er war Absolvent der französischen École de Mathématique und bekleidete nun, mit sechsundvierzig Jahren, eine leitende Position in der Kreditabteilung der Dribbi-Bank für landwirtschaftliche Produktion und Finanzierung.

Sie waren noch zweihundertfünfzig Kilometer von der Schweizer Grenze entfernt, als der Enkel gegen die Glasscheibe klopfte und den Chauffeur anwies, eine Raststätte anzufahren. Mister Dribbi gehe es sehr schlecht. Man brachte ihn in eines der Hotelzimmer und rief einen Arzt aus der nächsten Stadt.

»Erschöpfung«, lautete dessen Diagnose. Es war verrückt, einen Fünfundachtzigjährigen um die halbe Welt fliegen zu lassen und sich dann sofort auf eine sechshundert Kilometer lange Fahrt zu begeben. Der Doktor hielt nicht mit seiner Meinung über den egoistischen Enkel, der sich nicht um den alten Mann scherte, hinter dem Berg.

Der Arzt verabreichte ein leichtes Herzmittel und eine gesalzene Rechnung. Eine halbe Stunde später trat ein englischer Handelsvertreter aus seinem Zimmer im zweiten Stock. Er war Anfang Sechzig und ein Versager, das verriet der abgetragene Anzug aus blauem Serge, der an Knien und Ellbogen glänzte. Die Krawatte und das Hemd waren ebenso alt. Dennoch wirkte er sauber und ordentlich, Haar und Schnurrbart waren kurz geschnitten, die schwarzen Schuhe poliert und die lädierte Kleidung sorgfältig gebügelt.

Der Enkel entdeckte ihn auf der Treppe und gab ihm ein Zeichen. »Mister Brown kommt, Großvater«, sagte er, während er den Mann ins Zimmer führte.

Mister Dribbi winkte ihn heran.

»Es ist sehr gütig von Ihnen, Mister Dribbi, daß Sie mir keinen jüngeren Mann vorziehen«, erklärte Mister Brown.

»Ich hoffe eigentlich, daß Sie mich überleben.« Mister Dribbi kicherte, während er Mister Brown ein Foto und eine schmale braune Aktenmappe in die Hand drückte. Der Engländer starrte etwa eine halbe Minute auf das Foto, bevor er sich der Aktenmappe zuwandte, die zwei Blätter enthielt. Das eine zeigte den Plan eines Hauses und des dazugehörigen

270

Grundstücks, das andere enthielt allgemeine Informationen über Sicherheitsmaßnahmen, Personal und die voraussichtliche Einrichtung der Zimmer.

»Schnelle und gründliche Arbeit, bitte, Mister Brown.«

»Selbstverständlich, Sir, äußerst gründlich.« Nachdem Mister Brown das Foto und die Akte zurückgegeben hatte, holte er einen kleinen braunen Koffer aus hartem Karton aus seinem Zimmer, beglich die Rechnung und machte sich in seinem alten VW Golf auf den Weg nach Frankfurt.

27

Die halbe Flasche war durch die Nadel gelaufen, als Trent wegen des nassen Laken erwachte. Er lag ganz still, während er versuchte, dem Schmerz in seinem Kopf nachzuspüren. Mit zusammengekniffenen Augen folgte er der Form des Türrahmens, nach oben, um die Ecke und auf der anderen Seite wieder nach unten. Er sah gut, und der Schmerz war kaum schlimmer als gewöhnliche Kopfschmerzen. Charity hatte ihm vorgeworfen, daß er aufgegeben habe. So einfach lagen die Dinge nicht. Zunächst einmal standen vor seiner Tür zwei Männer Wache. Das war für Charity natürlich nur eine Kleinigkeit, über die sie großzügig hinweggesehen hatte. Inzwischen befand sie sich vermutlich genau wie Jacket bereits auf South Andros. Wenn er sich unüberlegt ins Gewühl stürzte, war keinem von beiden geholfen. Zuerst mußte er die Ereignisse noch einmal Revue passieren lassen.

Den Ausgangspunkt bildete der Entführungsversuch. Er versuchte, sich in den Mann dahinter zu versetzen. Der Empfänger hatte die Lieferung nicht erhalten, das Flugzeug war abgestürzt. Dann war es zu einem Mord gekommen, und schließlich war die Entführung gescheitert.

Wie sah ihre Machtstruktur aus? Die Fußsoldaten hatten die Entführung verpatzt, ein Amateur aus New York mischte mit, außerdem noch der Embargobrecher, auf den es O'Brien abgesehen hatte. Dazu kamen Exporteure und Importeure, vielleicht ein oder zwei Bootsleute und ein Privatdetektiv. Ein totales Chaos.

Was die DEA dachte, war ihm klar. Falls ihnen eine spektakuläre Verhaftung gelänge, wäre jeder andere Skandal aus der jüngeren Vergangenheit vergessen. Warum hatte man ihm sein Messer gelassen? Er suchte unter dem Kissen danach und fühlte den vertrauten, kühlen Stahl.

Vielleicht hatte man es nicht als Waffe identifiziert, einfach übersehen.

Eine solche Nachlässigkeit von O'Brien? Niemals.

Wer sollte O'Brien den Weg nach Washington ebnen? Jemand aus dem Establishment, der eigentlich über jeden Zweifel erhaben war? Es erschien zu riskant für den neuen O'Brien. Das Ziel mußte jemand sein, hinter dem sie schon seit Jahren her waren, den sie schon fast aufgegeben hatten. Jemand, der so vorsichtig vorging, daß er zu einem Mythos geworden war. Ein solcher Mensch mußte über das Chaos höchst verärgert sein. Er würde reinen Tisch machen.

Einen Augenblick lang fragte sich Trent, ob O'Brien Gewissensbisse empfand und ihm das Messer gelassen hatte, damit er sich verteidigen konnte. Im Grunde genommen war es egal. Er griff nach seiner Uhr und stellte überrascht fest, daß es erst 14 Uhr 10 war. Es war so dunkel, daß er geglaubt hatte, es wäre schon viel später. Er schwang die Füße auf den Boden und sah aus dem Fenster in die Wolken hinaus. Nicht ein Lufthauch bewegte die Baumwipfel im Park unter ihm – es herrschte die Stille vor einem karibischen Sturm. Er brauchte Kleidung, Geld und jemanden, der ihn zum Flugplatz brachte. Das würde mindestens eine halbe Stunde dauern, dann noch einmal eine halbe Stunde, bis er einen Piloten fände, der ihn nach South Andros flog. Dazu kam eine Stunde Flugzeit. So, wie sich das Wetter entwickelte, hatte er keine Chance.

Er schlüpfte in die Kleidung, die Lois ihm dagelassen hatte, und zog die Bootsschuhe an. Mit beiden Händen packte er den einzigen Stuhl im Raum und preßte sich mit dem Rücken gegen die Wand hinter der Tür, so daß jemand, der hereinkam, ihn nicht sehen konnte. Dann schleuderte er den Stuhl durch das Fenster.

Zwei Polizisten in Zivil, ein Schwarzer und ein Weißer, stürzten ins Zimmer. Fluchend rannten sie zu dem zerbrochenen Fenster und blickten auf den Park hinunter.

Trent war schon auf dem Flur, als sie merkten, daß sie hereingelegt worden waren. Obwohl er seine Kräfte schonen mußte, nahm er einen Umweg über den Parkplatz des Krankenhauses und den Landrücken, bevor er sich auf die Straße wagte. Ein Taxi setzte ihn am Einkaufszentrum ab. Aus einer Telefonzelle wählte er Lois' Nummer. Während er wartete, summte er den Beatles-Song ›Yellow Submarine‹ und hörte damit auch nicht auf, als sie abhob. Dann wechselte er zum Titelsong aus dem Film *Brücke über den Kwai*. Nach dem ersten Takt legte sie auf.

Vor dem Einkaufszentrum nahm er ein Taxi und ließ sich einen guten Kilometer landeinwärts absetzen. Von dort aus ging er einen Block weit zu Fuß und fuhr dann mit dem Bus zur Brücke nach Paradise Island. Er ging bis zum höchsten Punkt, wo er sich gegen das Geländer lehnte und den Jachten und Fischerbooten zusah, die in den Schutz der Marinas flohen. In einer dreiviertel Stunde würde es regnen. Er mußte schneller als die Schlechtwetterfront sein.

Lois holte ihn in ihrem Ford Fiesta ab. Sie hatte sich den Hund ihres Nachbarn ausgeliehen, um einen Grund für die Decke auf dem Rücksitz zu haben. Trent legte sich flach auf den Boden und zog die Decke über sich.

Lois fuhr in die Marina ein und parkte am hinteren Ende des Hafens. Tanaka Kazukos Motorjacht, die *Yellow Submarine*, lag am äußersten Ende des letzten Anlegestegs. Das leuchtendgelbe Rennboot war eine Sunseeker 45 Apache, die von drei Mercruiser-500-Benzinmotoren angetrieben wurde. Bei ruhiger See lief sie bis zu siebzig Knoten. Trents Arbeitgeber benutzte sie drei- oder viermal im Jahr, wenn er Kunden beeindrucken wollte. Dabei fungierte Trent als Skipper.

Lois hatte die Schlüssel aus dem Safe im Büro geholt und blickte ziemlich unglücklich drein. »Die Beretta fehlt.«

»Die habe ich bei mir.«

»Ich hoffe, du weißt, worauf du dich einläßt.«

Das konnte man beim besten Willen nicht behaupten. »Ich

fürchte, es gibt ein Chaos. Versuch, O'Brien zu erreichen, und richte ihm aus, daß er auf der Stelle einen Einsatztrupp mit schweren Waffen nach Bleak Cay schicken soll.«

Der Bootsmann der Marina, ein älterer Bahame, kam um das Clubhaus gelaufen. »Der Tank ist voll, Mister Trent.« Er starrte zur Wolkenbank hinauf. »Der japanische Eigner wird mächtig sauer sein, wenn sie die *Yellow Submarine* zu Kleinholz verarbeiten.«

Trent war bereits auf die Badeplattform gesprungen und auf dem Weg ins Cockpit. Auf hydraulischen Stoßdämpfern waren drei Rennsitze montiert. Er schaltete den Ventilator ein, um die Bilgen von Abgasen zu reinigen. Dann drehte er den Zündschlüssel und startete die drei Motoren. Der Bootsmann hatte die Leinen am Heck losgeworfen und war ihm an Bord gefolgt. Jetzt arbeitete er sich über das schmale Seitendeck zum Bug vor.

Trent ließ die Motoren ein paar Minuten warmlaufen, bevor er dem Bootsmann zunickte. Der Mann löste die Bugleine und trat auf die neben ihnen liegende Jacht hinüber.

»Einen schönen Tag noch, Mister Trent«, waren seine Abschiedsworte, als Trent die große Jacht aus ihrem Liegeplatz steuerte.

Nachdem er die Einfahrt zur Marina hinter sich gelassen hatte, ließ er sich im Sitz vor dem Steuerrad nieder und legte die Sicherheitsgurte an. Dann gab er Gas. Der Auspuff dröhnte, und die gewaltige Kraft der drei Motoren hob den Bug der Sunseeker aus dem Wasser. Das Heck schlingerte ein wenig, als es von den Schrauben nach unten gedrückt wurde. Der Bug senkte sich wieder, schlug auf die Wellen, hob sich abermals aus dem Wasser und bebte, bis Trent die Trimmklappen richtig eingestellt hatte. Die Jacht stabilisierte sich und schnitt wie ein Messer durch den Kanal.

Allein der Rumpf der *Yellow Submarine* wog über fünf Tonnen, dazu kamen noch eindreiviertel Tonnen für die Motoren. An Bord befanden sich drei Tonnen Benzin und eine Vierteltonne Wasser. Bei einer Drehzahl von 3000 pro Minute zeigte der Tachometer eine Geschwindigkeit von fünfundfünfzig Seemeilen an. An Deck betrug die Länge der Jacht

274

fünfzehn Meter, aber nur die letzten zwei Meter des Rumpfes berührten das Wasser. Der Kanal vor ihm war frei, und Trent erhöhte die Drehzahl auf 4000. Die Jacht beschleunigte auf sechzig Seemeilen pro Stunde.

Ein Blick auf die Wolken zeigte ihm, daß ihm schätzungsweise noch eine halbe Stunde bis zum Beginn des Sturms blieb. Das reichte nicht. Er gab noch etwas mehr Gas. Der Tachometer kletterte auf siebzig Seemeilen. Bei dieser Geschwindigkeit konnte ihm jeder treibende Baumstamm, ja selbst eine Krabbenreuse zum Verhängnis werden.

Die dunkle purpurfarbene Wolke bedeckte bereits die Hälfte des Himmels. Das Gewicht des herannahenden Sturms schien die *Yellow Submarine* nach Steuerbord abzudrängen. Als das Boot aus dem Kanal herausschoß, zog er die Sicherheitsgurte um seine Schultern fester. Auf dem Meer herrschte leichter Seegang, und die *Yellow Submarine* sprang von einem niedrigen Wellenkamm zum nächsten. Der Rumpf bebte unter ihrem Gewicht, wenn sie auf das Wasser schlug. Die dicke Polsterung und die Stoßdämpfer unter dem Sitz schützten Trent einigermaßen, dennoch spürte er die Wucht des Aufpralls jedesmal durch die Füße und Beine hindurch bis in seine Wirbelsäule. Der Schmerz in seinem Kopf und in seinem rechten Auge wurde unerträglich. Er zählte laut, um ihn zu verdrängen, aber es blieb keine Zeit, um an etwas anderes als das Boot und das Meer vor ihm zu denken. Die lange Zahlenreihe diente lediglich als Schutzwall, hinter dem er sich versteckte, während er mit einer Hand am Ruder, der anderen an den Gashebeln versuchte, die Geschwindigkeit des Bootes dem Muster der Wellen anzupassen. Er fühlte die Bewegungen des Schiffs wie das Pferd zwischen seinen Schenkeln, als ihn sein Vater reiten gelehrt hatte. Wenn er nicht eins mit der Maschine wurde, die Verbindung auch nur für den Bruchteil einer Sekunde abbrach, dann würde er eine Katastrophe heraufbeschwören. Jede Veränderung im Beben des Rumpfes, in den Vibrationen der Motoren enthielt eine Botschaft, auf die er sofort und ohne nachzudenken reagieren mußte. Noch anderthalb Stunden bis Bleak Cay, falls es ihm gelang, schneller als der Sturm zu sein.

Die Sonne über Bleak Cay war schwer zu beschreiben. Der Dunst hatte sie in immer blasser werdende, konzentrische Kreise aufgespalten, die bei zehn Grad am nachmittäglichen Himmel hingen. In der Ferne zogen die ersten Regenschauer wie Fetzen eines schwarzen Netzes vor dem tiefen Grau der schwarzen Quellwolken vorbei. Noch trug der Wind den Geruch des Regens nicht herüber, und die plötzliche Stille lastete in der feuchten Luft schwer über der Great Bahama Bank. Von Nordosten rollte eine leichte Dünung herein, die nichts mit der trägen, ölig wirkenden Oberfläche des Meeres zu tun zu haben schien. Selbst die Brandung draußen an der Tongue of the Ocean wirkte von der Drohung des herannahenden Sturms gedämpft.

Möwen, Austernfischer und Regenbogenpfeifer hatten sich schon längst in den Schutz der Pinienwälder und Mangrovensümpfe auf Andros geflüchtet. Jacket in seinem schwarzen Skiff war das einzige sichtbare Lebewesen.

Mit der Flut glitt er auf der leichten Dünung auf die Koralleninsel zu. Ein grauer Felsbrocken am Ufer, hinter dem ein dickes Grasbüschel wuchs, war sein erster Orientierungspunkt. Er hielt sich zwei Ruderschläge lang hart backbord, dann geradeaus, zehn Grad backbord, hart steuerbord, wieder geradeaus und fuhr zwischen den letzten Korallenblöcken in die Lagune ein.

Die Oberfläche lag schwarz und undurchdringlich unter der gedämpften Sonne. In der Stille schien das Skiff vom Rest der Welt abgeschnitten. Das Knarren des geölten Holzes, das Eintauchen der Ruderblätter und sein keuchender Atem kamen ihm unverhältnismäßig laut vor.

Jacket zog das Skiff an Land und blieb einen Augenblick lang am Strand stehen, um sich zu orientieren. Als er die Kisten versteckt hatte, war es Nacht gewesen. Das seltsame Licht und die drückende Hitze verzerrten den Kamm der Insel, es gab kaum Schatten. Er fühlte Vics Gegenwart und schauderte, als er den niedrigen Hügelrücken hinaufstieg. Motorengeräusche ließen ihn nach Norden blicken, aber die Luft über dem Meer flimmerte in der Schwüle so stark, daß er nur eine weiße Pfeilspitze dahingleiten sah. Wenn er den

Kurs hielt, würde der Pfeil Bleak Cay weit östlich liegen lassen.

Der erste Blitz zuckte aus den Wolken. Er zählte, jede Sekunde ein Kilometer – vier, fünf, sechs. Dann rollte der Donner über den Himmel. Der Pfeil schien in der Luft zu zerfließen, zu schmelzen. Ein paar Sekunden lang war das Boot deutlich zu erkennen – ein Sportfischer, in den Davits am Heck hing ein Rettungsboot. Weißer Stoff flatterte, als zwei Streichholzmännchen die Markise über der Brücke einholten.

Eine leichte Brise fuhr durch das grobe Gras, der Schweiß auf seinem Rücken und unter seinen Achseln fühlte sich plötzlich kühl an. Der Wind roch frisch, nach Regen. Er sah zur Sonne hinauf, die durch den Dunst kaum noch zu erkennen war. Ein weiterer Blitz zuckte durch das tiefe Grau der Wolken, dann noch einer. Die Donnerschläge folgten so schnell aufeinander, daß sie sich zu einer heftigen Explosion vereinigten, die sich über dem Cay entlud.

Jacket fröstelte, als der Wind von hinten an seinem Hemd zerrte und in seine Hosenbeine fuhr. Der Sand geriet in Bewegung, kleine Strudel und Verwehungen bildeten sich.

Diese dummen Touristen, dachte er, während er den Sportfischer beobachtete. Das Boot fuhr mit zwanzig Knoten über die schimmernde Wasseroberfläche. Glitzernde Gischt spritzte über die dunkle See, und er konnte das Dröhnen der großen Benzinmotoren hören. Die Jacht war zu klein, um dem bevorstehenden Sturm standzuhalten. Am liebsten wäre er aufgestanden, um dem Skipper zuzubrüllen, daß er in Lee von Andros' Westküste Schutz suchen solle. Statt dessen hielt das Boot in einer weiten Kurve auf die Südostküste von Bleak Cay zu.

Die Einfahrt in die Lagune war unmöglich und das Cay zu niedrig, um den Wind abzuhalten. Dennoch wären sie vor dem Schlimmsten geschützt, solange der Anker hielt. Jacket lag flach auf der Kuppe und beobachtete das Boot.

Obwohl er erst dreizehn war, kannte er sich auf dem Meer sehr gut aus und war ein kritischer Beobachter. Der Skipper hatte den Anker in der Mitte der südöstlichen Riffseite zu werfen, um den Wellen zu entgehen, die bald um die Enden der Lagune toben würden. Vor dem Riff war der Sand tief und hielt. In einem Bereich von gut zweihundertfünfzig Metern Durchmesser bot das Cay Schutz. Auf der Brücke entdeckte er den Skipper, dessen Gesicht nur als schwarzer Fleck unter einer weißen Mütze zu erkennen war. Er hätte eher einen Weißen erwartet. Das Boot war eine Bertram 36.

In der Ferne raste ein weiteres Schiff nach Süden, eine sechzig Fuß lange Cigarette. Sie hatte den eingeflogenen Säuberungstrupp an Bord. Ein Exmarine saß am Steuer. Die übrigen drei, Exilkubaner, überprüften in der Kajüte ihre Waffen.

Eine Stunde hinter ihnen sprang die *Yellow Submarine* über die flachen Wellen. Trent wagte nicht, sich umzudrehen, doch in seinem Rücken fühlte er die Front des Unwetters, die Kälte und Regen mit sich brachte.

Der Sturm kam aus Nordosten heran. Charity hatte beobachtet, wie sich die Bertram 36 von Lee aus Bleak Cay näherte. Es blieb ihr keine Zeit, um Schutz zu suchen. Sie klappte Fat Charlies Außenbordmotor hoch und griff nach den Rudern, um durch den engen, gewundenen Kanal in die Lagune einzufahren. Die *Jezebel* lag am Strand. Sie rief nach Jacket.

Die ersten schweren Regentropfen schlugen von hinten gegen Jackets Beine und hinterließen dunkle Kreise im Sand. Über die Schulter sah er zu der schwarzen Wolkenwand hinauf, an deren Vorderseite ein Blitz aufzuckte. Nach nur einer Sekunde rollte der Donner über ihn hinweg. Der Sand schien unter der Macht der Explosion zu erzittern und zu pulsieren.

Die Wand wuchs über die Sonne hinaus, und das Trommelfeuer des Regens fegte in die Lagune hinein. Jacket hielt die Aufschläge seiner Shorts fest, damit der Wind das Wasser nicht seine Oberschenkel hinauftrieb, während sich der Vorhang vor ihm schloß und die Bertram verbarg.

Als das Boot verschwand, fiel Jacket plötzlich der Mann mit der Brille und dem Taschentuch ein, der ihn bei Kemps Bay aus dem Schatten heraus beobachtet hatte, während der Ingenieur ihn mit dem Kran durch die Luft geschwungen hatte. Dann kam ihm die Bertram 36 in den Sinn, die das Schlußlicht seiner kleinen Begleitflotte vom Vorabend gebildet hatte.

Zitternd lag er in der Dunkelheit des Unwetters und schützte mit aneinandergelegten Händen Mund und Nase, um in dem Wolkenbruch atmen zu können. Die Sichtweite war auf wenige Meter gesunken, ununterbrochen zuckten Blitze über den Himmel, und ohne Unterlaß grollte der Donner durch die Finsternis. Der Regen sammelte sich in Bächen, die sich durch den Sand gruben.

Jacket kroch den Hügel hinunter auf die Düne zu, bei der er in jener Nacht die Kisten versteckt hatte. Als er gelandet war, hatten ihn die Hitze und das merkwürdige Licht verwirrt. Jetzt wurde seine Sicht vom Regen behindert, der die Pflanzen flach auf den Boden drückte und damit seine Markierungspunkte auslöschte. Orientierungslos kämpfte er sich gegen den Wind, der ihm mit voller Gewalt ins Gesicht schlug, zum Strand vor. Er fand den Felsen, bei dem er in der Nacht, in der das Flugzeug abgestürzt war, sein Skiff versteckt hatte, und gelangte an die Stelle, wo er den Piloten zurückgelassen hatte. Dann bog er landeinwärts ab und ging wie damals mit den Kisten in kurzen, gleichmäßigen Schritten an der Böschung entlang. Er zählte 122 Schritte ab.

Als er über eine Wurzel stolperte, schleuderte ihn der Wind eine Düne hinunter. Verzweifelt wühlte er wie ein Hund im Sand am Fuß der Erhebung, doch vergeblich. Der Wind riß die Schreie der Männer mit sich, die am Strand nach ihm suchten, der Blitz zuckte wie ein Messer durch die Dämmerung, die ihn umgab. Nur ein Mann konnte ihm helfen. Jacket wandte sich der verschwommenen, dunklen Gestalt in der Fallschirmspringeruniform zu. Die Sterne des Colonels auf den Schultern und die drei Streifen, die den militärischen Rang anzeigten, waren in dem düsteren Licht nicht zu erkennen.

»Fang noch mal von vorne an«, drängte sein Vater mit ruhiger Stimme. »Bleib in Deckung und halt nach den Überresten des Lagerfeuers Ausschau.«

Jacket befolgte den Befehl und ging erneut die 122 Schritte ab. Dann blieb er stehen und suchte im Sand nach Spuren von verbranntem Holz. Ein schwarzes Rinnsal, das über den grauen Boden floß, führte ihn zu der richtigen Düne, wo er hastig zu graben begann. Die Minen waren an ihrem Platz. Soldaten hatten die Behälter versiegelt, und es würde Stunden dauern, sie zu öffnen und das Giftgas freizusetzen, das die Russen für ihren Angriff brauchten. Seine letzte Hoffnung war, eine Kette von Minen quer über die Insel zu legen, wodurch die Angreifer zum Depot geführt würden. Dann könnte er das ganze Lager in die Luft sprengen und sie alle töten.

Er trug die erste Mine die Böschung hinauf und ließ sie vom Wind getrieben zum Strand hinunterrollen. Insgesamt holte er ein Dutzend Minen. Dann markierte er mit weiteren sieben den Weg vom Gipfel der Düne zu dem Versteck der übrigen. Noch fünf, und die Linie zog sich von Osten nach Westen quer über das Cay. Egal, aus welcher Richtung der Angriff des Landungstrupps erfolgte, die Minen konnten sie nicht umgehen. Jackets Aufgabe war es jetzt zu fliehen, um das Hauptquartier zu warnen.

Er rutschte den Abhang hinunter auf das Skiff am Strand zu. Dabei hielt er sich geduckt, wie sein Vater befohlen hatte. Durch den Donner lauschte er auf die Geräusche der Brandung, die sich an den Rändern der Lagune brach, und der Wellen, die auf den Strand schlugen. Über dem Riff mußten die Wellen fast drei Meter hoch sein, der Wind blies mit achtzig Knoten. Seine Chancen, durch den Kanal zu entkommen, standen ungefähr so wie die, sich in die Lüfte zu erheben und davonzufliegen.

Er kroch über den Sand und tastete mit einer Hand nach einer Markierung, die ihm verriete, wie tief das Wasser war. Noch eine Stunde, bis die Flut ihren höchsten Stand erreicht hätte. Der Sturm trieb das Meer in die Lagune hinein. Schon jetzt stand das Wasser sechzig Zentimeter über der morgendlichen Flutmarke. Wenn der Scheitelpunkt des Sturms überschritten wäre und der Wind nachließ, würde sich die See über das Riff nach Westen ergießen. Das war seine einzige Chance zu entkommen – mit der Strömung direkt unter den Gewehren der feindlichen Flotte über die Korallen reitend. Auf allen vieren kroch er zurück und hielt mit schützend vor die Augen gelegten Händen Ausschau nach dem Landungstrupp.

280

28

An Bord der Bertram befanden sich sieben Männer: Steve, Jesus Antonio, der Bootsmann und die vier verhinderten Kidnapper. Sie hatten den Anruf des Constables von Green Creek abgewartet. Als festgestanden hatte, daß das Kind nach Bleak Cay unterwegs war, hatten sie den kürzeren Weg nach Westen durch Middle Bight genommen, bevor sie nach Süden abgeschwenkt waren.

Es hatte eine Weile gedauert, bis der Bootsmann das Sportfischerboot durch die flachen Gewässer westlich von Andros gesteuert hatte. Als sie um die Spitze der Insel bogen, entdeckten sie mit ihren Ferngläsern das Skiff, das sich vor der fast schwarzen Front des heraufziehenden Sturms abhob. Das Kind hatte sich einen kleinen Außenbordmotor geliehen.

Steve hatte ihn sich auf dem Meer schnappen wollen, aber der Bootsmann wollte sich nicht darauf einlassen. Der Sturm war schon sehr nah, und er wollte die Bertram in die Sicherheit der Leeseite von Bleak Cay bringen und beide Anker werfen. Wie eine Wand fegte der Regen über das Cay und stürzte sich auf die vor Anker liegende Jacht. Durch das dämmerige Licht war das schäumende Wasser am Rande der Lagune zu erkennen, so daß sich der Bootsmann orientieren konnte. Zusammengekauert stand er im Ruderhaus und beobachtete, ob die Anker hielten, während das Boot unter der Gewalt des Sturms drehte und bockte.

Der Gestank nach heißem Maschinenöl drang in die Kajüte. In Steves Gesicht lasen die vier Bahamer, daß ihm übel wurde. Sie blinzelten sich zu und grinsten. Schwarze Affen, dachte er. Zuviel war schiefgelaufen. Jetzt lag der Erfolg zum Greifen nahe vor ihnen, und Steve war entschlossen, das Kind diesmal nicht entkommen zu lassen.

»Einer von uns muß an Land gehen und das Skiff unbrauchbar machen«, sagte er.

»Das werden wohl Sie sein«, erklärte einer der Bahamer.

Seine Kameraden lachten.

Niemand respektierte Steve. Am liebsten hätte er sich bei Jesus Antonio beschwert, aber der Südamerikaner versteckte sich hinter seinem Taschentuch. Sein Gesicht schimmerte im Dämmerlicht der Kajüte weiß wie Papier. Steve fragte sich, ob er kurz davor stand zu sterben. Tuberkulose war heilbar, es gab Antibiotika dagegen. Also mußte es etwas Ernsteres sein, vielleicht Aids. Möglicherweise waren Jesus Antonio und der Kubaner ein Liebespaar. Die Diagnose paßte zu dem erschöpften Gesicht des Lateinamerikaners, dessen skelettartige Dürre auch seine Kleidung nicht verbergen konnte.

Steve überlegte, ob auch Torres infiziert war. Das würde bedeuten, daß Steve weniger Zeit als erwartet blieb, um die Organisation zu unterwandern. Er stellte sich vor, was passieren würde, wenn die beiden Männer tot wären. Plötzlich war er sich sicher, daß es klappen würde. Das Gefühl der Macht, das ihn erfüllte, war ihm vertraut. Nichts und niemand würde sich ihm noch in den Weg stellen. Er sah den größten der Bahamer an, der an der gegenüberliegenden Wand der Kajüte saß. »Sie können schwimmen, kommen Sie mit. Wir beide können es bis in die Lagune schaffen.«

Der Riese nahm die Herausforderung an. Achselzuckend stemmte er sich aus seinem Sitz hoch. Die anderen beobachteten, wie Steve seine Ruger und eine Schachtel mit Munition in einer Plastiktüte verpackte.

»Ich denke, wir suchen ein Kind«, meinte der große Mann. Die anderen lachten erneut, aber es klang weniger verächtlich, als sie sahen, wie sich Steve in den Sturm hinauskämpfte.

»Sind Sie übergeschnappt?« fragte der Bootsmann, als Steve ihm durch den Wind zuschrie, er solle das kleine Boot, das in den Davits am Heck der Jacht hing, herunterlassen. Steve fürchtete nur die Korallen, von denen die Lagune umgeben war. Wenn sie diese Barriere einmal überwunden hatten, konnten sie an Land schwimmen.

Er wies den großen Mann an, sich in den Bug zu setzen, um zu verhindern, daß der Wind unter das Boot fuhr. Nachdem er den Zwanzig-PS-Außenborder angelassen hatte, gab er dem Bootsmann ein Zeichen, sie herunterzulassen. Als sie aus dem Windschatten der Bertram herausfuhren, packte der Sturm zu. Vom peitschenden Regen geblendet, hätte Steve fast die Kontrolle verloren. Er gab Gas, aber es war mehr einem glücklichen Zufall als seinem Können zu verdanken, daß der Bug in den Wind drehte.

Steve hielt geradewegs auf die niedrigen Brandungswellen zu, die aus der Lagune gegen das Riff schlugen. Es war ihm gleichgültig, wo er auftraf, er mußte nur schnell genug sein, um über die Korallen in die Lagune zu rutschen. Das Gewicht des Bahamers drückte den Bug nach unten, als sie in die Wellen eintauchten. Der Rumpf des Beibootes wurde von Korallen aufgerissen, und der Außenbordmotor schleuderte in die Höhe. Steve lief mit ein paar kurzen schnellen Schritten nach vorne und hechtete ins Wasser. Sein rechter Fuß streifte das Riff, aber dann war er in der Lagune. Er drehte sich nicht nach dem Bahamer um, der riesige Bursche konnte für sich selbst sorgen.

Bis zum Ufer waren es weniger als einhundert Meter – kaum zweimal die Länge eines olympischen Beckens. Steve schwamm, wie er es auf der Privatschule gelernt hatte, sechs Beinschläge bei jedem Schwimmstoß. Als er den Strand erreicht hatte, kniete er sich in den Sand und starrte durch den Regen auf die plattgedrückten Grasbüschel, die die Düne vor ihm bedeckten.

Charity hatte Schwierigkeiten, das Skiff auf Kurs zu halten, während der Wind sie in die Lagune hineintrieb. Als sie das schwere Skiff mit eingetauchten Ruderblättern neben der *Jezebel* auf den Strand laufen ließ, rief sie nach Jacket.

Der Sturm peitschte ihr ins Gesicht, und der Regen blendete sie, als sie den Bug des Skiffs auf den Sand hinaufzog. Mit einem Arm versuchte sie, ihre Augen zu schützen, während sie das Cay mit Blicken absuchte. Der Donner übertönte ihre Stimme, als sie erneut nach Jacket rief. Vielleicht hätte sie den Jungen suchen sollen, aber der Regen hatte jeden Hinweis darauf, welche Richtung er genommen hatte, weggespült. Falls er zur *Jezebel* zurückkehrte und ein zweites Boot vorfand, würde ihn die Angst möglicherweise aufs Meer hinaustreiben. Besser war es, auf ihn zu warten. Im Windschutz von Fat Charlies Skiff legte sie sich auf den Boden. Der Regen strömte über sie hinweg, und sie dachte an Trent, der in einem sicheren Krankenhauszimmer lag.

Südlich der Tongue of the Ocean trieb der Wind die Wellen gegen das Heck der fünfzehn Meter langen Sunseeker. Die *Yellow Submarine* war für schönes Wetter gebaut, für Picknicks in geschützten Buchten. Rumpf und Motor waren stabil, aber die Windschutzscheibe war nicht gebogen, so daß Meerwasser und Regen gegen die steile Scheibe prallten, ohne zur Seite abzulaufen. Trent stand aufrecht am Ruder, um das Vordeck überblicken zu können, und fing mit gespreizten Beinen die Bewegungen des Bootes ab. Halbblind navigierte er nach Gefühl, und ließ das Rennboot so schnell wie möglich laufen. Er regulierte Gas und Ruder so, daß die Jacht die Wellen in einem Winkel von dreißig Grad hinunterritt, um dann fast senkrecht zum Kamm der nächsten Welle emporzugleiten. Ein Augenblick der Unaufmerksamkeit, und der Bug würde sich in die schwere See vor ihm bohren. Dann würde die Welle das Heck erfassen, die Jacht quer drehen und unter sich begraben.

Dort, wo die geschlossene Wand des Regens im Westen aufriß, sah er die weiße Brandung, die gegen das Riff schlug. Um Bleak Cay zu erreichen, mußte er da durch, auch wenn die wenigen vorhandenen Lücken im Sturm nicht zu finden waren. Aber die Flut stand hoch, und weil der Wind das Meer gegen die Great Bahama Bank drückte, war das Wasser ungewöhnlich tief. Je schneller er fuhr, desto weniger Wasserfläche berührte die Sunseeker. Bei Höchstgeschwindigkeit ragten nur die Schrauben fünfundreißig Zentimeter tief unter die Oberfläche.

Etwas schlug leicht gegen das Skiff, und Charity spähte über den Rumpf. Auf der niedrigen Düne oberhalb des Strandes kauerte ein Schatten, der auf sie heruntersah. »Jacket ...?« rief sie zögernd.

Der Schatten war zu groß.

Ein weißer Mann erhob sich aus dem Sand und kämpfte sich gegen den Wind zu ihr vor. Als er den Fuß der Düne erreichte, erkannte sie ihn. Er war der kleinere der beiden Amerikaner, die in Mister Wintertons Haus wohnten. Noch nicht einmal die Dunkelheit konnte seine Überraschung verbergen. »Miß Johnston ... die Lehrerin.«

Es war ihr ein Rätsel, was er auf Bleak Cay zu suchen hatte. Dann sah sie den Revolver, die größte Handfeuerwaffe, die sie je zu Gesicht bekommen hatte. Der Regen in ihrem Rücken war ihre einzige Chance, aber als sie sich zur Flucht wandte, schlang sich ein dicker, schwarzer Arm um ihren Hals und hob sie in die Luft. Entsetzt rang sie nach Atem, dann begann sie, mit den Füßen nach ihrem Angreifer auszukeilen. Der kicherte und schüttelte sie wie einen Hund. »Benehmen Sie sich, Lady, sonst schlage ich Ihnen den Schädel ein.«

»Sie muß vom Strand weg, bevor der Junge zurückkommt«, zischte der Amerikaner. In den Skiffs fand er ein Seil und eine Taschenlampe. Dann folgte er dem großen Bahamer zu einer Mulde oben auf der Düne. Der Bahamer hielt Charity fest, während ihr der Amerikaner die Hände auf den Rücken fesselte. Er legte das Seil in einer Schlinge um ihren Hals und zog es so straff, daß sie ihre Hände hoch halten mußte, wenn sie sich nicht selbst erwürgen wollte.

Der Amerikaner amüsierte sich hervorragend. Steve – ja, das war sein Name. Sie wußte, daß er sie töten würde. Nicht sofort, erst wenn er sein Vergnügen gehabt hätte wie mit Vic. Die Angst trieb den letzten Rest von Wärme aus ihrem Körper. Sie versuchte, nicht zu zittern, denn sie mußte nachdenken. Für sich selbst konnte sie nichts tun, aber sie wollte Jacket warnen.

Jacket lag auf dem Kamm des Cays und spähte durch die Finsternis nach Westen, wo die Bertram in der schweren See an ihrem Anker zerrte. Das Bild wandelte sich, einmal war die Bertram ein Patrouillenboot, dann wieder ein deutsches, russisches, japanisches oder vietnamesisches U-Boot. In den Davits am Heck hatte ein Dingi gehangen, das fiel ihm jetzt wieder ein. Damit würden sie die Kisten holen wollen. Gegen den Wind konnten sie nicht landen – der Sturm würde den Bug hochdrücken, so daß sich das Boot überschlug. Also mußte die Besatzung noch an Bord sein.

Geduckt rannte Jacket zum Strand hinunter und von dort nach Süden, wo er die *Jezebel* auf der anderen Seite der Düne zurückgelassen hatte. Um keine Fußspuren zu hinterlassen,

285

lief er durch das schäumende Wasser, das den Sand bedeckte. Die See wärmte seine bloßen Füße, während sein restlicher Körper im Wind vor Kälte zitterte.

Der Haupttrupp hatte ihn vorausgeschickt, um das Gelände zu erkunden. Wenn man ihn erwischte, würde man ihn als Spion erschießen. Jackets Vater war ein hoher Offizier der vierzig Ranger, die auf der Insel in einem Lager gefangengehalten wurden. Jacket hatte sie gefunden, jetzt mußte er die Basis benachrichtigen. Sein Skiff hätte er direkt unter den Kanonen des Forts hindurchzusteuern, um die Blockade zu durchbrechen. Dazu brauchte er die Deckung des Sturms.

Das Meer stand weit über der normalen Flutmarke, und er war sicher, daß er über das Riff driften konnte. Wenn er sich auf den Boden des Skiffs legte und darauf wartete, daß ihn der Sturm auf die offene See hinaustrieb ... Mit einem Ruderschlag könnte er dann das Boot auf einen Kurs von dreißig Grad am Wind bringen, bis er die Leeseite von Andros erreichte.

Es ist ganz leicht, dachte er.

Dann würde er jedem im Dorf erzählen, daß er die Kisten auf Bleak Cay gesehen hatte. Er würde im Laden beginnen, dann zu Quaker Petes Werkstatt und Mister Jacks Bar gehen. Der Constable und die Lehrerin sollten als letzte davon erfahren.

Seine Mutter fiel ihm ein. Wenn der Sturm über den Hügel fegte, würde sie über Nacht in Mister Wintertons Haus bleiben. Bis sie zurückkäme, wäre Jacket zu Hause in Sicherheit. Erneut versuchte er, sich ihre Reaktion vorzustellen, wenn sie das Bett sah, aber der Film blieb hängen, und das Bild verschwamm. Er schaltete auf seinen Vater um, wie er ihn zuletzt gesehen hatte, dicht hinter dem Zaun des Lagers hockend. Obwohl er abgenommen hatte, schien er sich ansonsten guter Gesundheit zu erfreuen. Die tarnfarbene Mütze trug er tief ins Gesicht gezogen. Seine Zähne blitzten sehr weiß in dem schwarzen Gesicht, als er leise nach einem Papagei pfiff, der außerhalb der Umzäunung auf einem Baum saß. In der Hand hielt er einen kurzen Stock, den er herumwirbelte, während er

286

pfiff. Eine der Wachen oben im Turm beobachtete ihn. Zwanzig Meter kahler Lehmboden trennten den Zaun vom Unterholz, in dem sich Jacket versteckt hielt. Im Boden waren Minen und Meldedrähte vergraben, und der Zaun stand unter Strom.

Seine einzige Chance war, das Patrouillenboot zu stehlen. Falls er das Boot nahe an die Küste heranbrächte, könnte er den Anker über den Drahtzaun werfen und ihn niederreißen.

Als er um die Düne bog, hinter der er die *Jezebel* versteckt hatte, entdeckte er ein zweites Skiff und einen Schatten, der sich darüber erhob. Einen Augenblick lang dachte er, daß er wieder in seinem Traum wäre, doch dann hörte er, wie ein Felsbrocken den Boden des Bootes durchschlug.

Jacket schrie auf, wirbelte herum und rannte durch das Gebüsch den Abhang hinauf. Jetzt würden sie nach ihm suchen. Er warf sich zu Boden und versuchte zu überlegen. Wie viele konnten es sein? Die Bertram war zu klein, als daß die Männer an Bord die ganze Breite der Insel hätten decken können. Die Jäger würden von einer Seite zur anderen wechseln und sich auf das Gebüsch und die Mulden zwischen den Dünen konzentrieren.

Von der *Jezebel* aus war er nach Süden geflohen. Jetzt machte er kehrt und hielt auf die Reihe der Kisten zu. Der Regen spülte die meisten Spuren fort, dennoch blieb er vorsichtig und trat, wenn möglich auf Grasbüschel, während er nach einer geeigneten Stelle Ausschau hielt. Nahe des westlichen Ufers stieß er auf einen Hügel, an dem er zwei flache Felsbrocken fand. Er grub sie als Trittsteine einen Meter voneinander entfernt in den Sand ein. Jetzt konnte er nur noch warten und hoffen, daß der Suchtrupp sich von den Kisten ablenken ließ.

Die Cigarette glitt aus der Dunkelheit hervor. Der Steuermann verstand sein Geschäft. Er rammte das Boot längsseits gegen die Bertram, so daß die Besatzung das Gleichgewicht verlor. Die drei anderen Kubaner sprangen an Bord. Einer von ihnen erschoß den Bootsmann im Ruderhaus, die beiden übrigen säuberten die Kajüte. Nur Jesus Antonio, der sich vorne im Schiff aufgehalten hatte, überlebte.

Er hatte das Säuberungsteam erwartet, sein Einsatz war logisch. Gern hätte er gewußt, ob Torres oder jemand von höherer Stelle aus den Befehl gegeben hatte. Im Grunde genommen war es gleichgültig, ob er jetzt einen schnellen Tod fand oder in einem halben Jahr in einem Krankenhaus an Schläuchen hängend zugrunde ging. Sein Geld hatte er in Sicherheit gebracht. Es reichte aus, um seiner Mutter die Eigentumswohnung, die er ihr in Naples, Florida, gekauft hatte, zu finanzieren und seinem Bruder und seinen beiden Schwestern eine Collegeausbildung zu ermöglichen. Ihnen wollte er zu einem besseren Start verhelfen, als er ihn selbst gehabt hatte, ihnen sollte es einmal besser gehen.

Der Kubaner empfand Loyalität mit ihm, die seine Kugel verzögerte. Er gönnte ihm sogar ein kurzes, anerkennendes Nicken, das Jesus Antonio mit einem flüchtigen Lächeln beantwortete: Ein Profi begegnete einem anderen.

»Es ist nicht nötig, den Jungen zu töten. Er weiß von nichts«, sagte Jesus Antonio. Zu diesem Zeitpunkt, war es das einzige, was er für seine unsterbliche Seele tun konnte. Der Finger des Kubaner spannte sich um den Abzug. Jesus Antonio mußte husten und hätte sich gern bekreuzigt, doch diese Zeit war ihm nicht mehr vergönnt.

Steve hatte nach Jacket suchen wollen, aber der große Bahamer hatte darauf bestanden, daß sie auf die übrigen Männer warteten.

»Das Skiff hat ein Leck, wo soll der Junge schon hin?«

Steve besaß nicht genügend Autorität, um sich durchzusetzen. Er warf Charity auf dem Bauch in eine Mulde oberhalb der Stelle am Strand, vor der die Bertram draußen ihre Anker geworfen hatte. Der Regen hüllte das Boot ein. Bahamer haßten Regen. Idioten, wenn sie sowieso an Land schwammen, war es doch egal, ob sie naß wurden. Sie waren so verdammt faul. Er haßte sie, ihre Farbe, ihre wulstigen Lippen und platten Nasen, die Arroganz, mit der sie von ihrer physischen Überlegenheit überzeugt waren. Großer Gott, wie er sie haßte. Verdammte, größenwahnsinnige Nigger, die ein paar Inseln von ihren Herren geerbt hatten. Ohne die weißen Amerikaner, denen alles von Bedeutung gehörte – Häuser, Hotels, Golfplätze, Banken und der ganze Kram –, wären die Eilande keinen Pfifferling wert.

Sie spürte, daß der Amerikaner immer wütender wurde. Alle paar Minuten trat er sie in die Rippen. Vor sich sah sie das Bild von Trent, wie er zwischen den Autos die Shirley Street hinauflief, als gelte es, einen Bus zu erwischen. Trent sollte kommen, sie brauchte ihn. Gleichzeitig haßte sie ihn dafür, daß sie sich falschen Hoffnungen hingab. Es gab keine Hoffnung.

Sie wollte nicht sterben. Eine fürchterliche Angst hielt sie in ihren Klauen, die Angst vor dem Schmerz, der dem Tod vorausgehen würde. Irgendwie mußte sie dafür sorgen, daß es schnell ging. Sie würde etwas tun, das Steve dazu brachte, sie zu töten. Aber dann mußte sie an Jacket denken, schließlich war sie seine Lehrerin. Trotz ihrer Angst fühlte sie eine sture Wut in sich. Sie war zu stolz, um aufzugeben. Sie würde den Jungen retten, deshalb war sie schließlich nach Bleak Cay gekommen. Mehr konnte sie nicht erreichen. Aber diesen Sieg würde sie sich von dem Amerikaner nicht nehmen lassen. Das Buch über Fische fiel ihr ein, das in ihrem Leben eine ähnliche Rolle spielte wie das Bett in Jackets Dasein. Sie dachte an die sauber geordneten Fotos in ihrem Zimmer hinter dem Schulhaus. Ob wohl jemand Verwendung dafür hatte? Trent würde sie durchsehen, ihre Akten studieren. Sie stellte sich vor, daß er sich dabei schuldig fühlte.

Die Sturmfront war inzwischen weit nach Süden gezogen. Die dichte Wasserwand riß auf und gab immer wieder den Blick auf South Andros frei. An der Küste funkelten ein paar vereinzelte Lichter. Dunkle Wolken jagten in geringer Höhe über das Meer, Bänder, die über den Inselrücken peitschten, der sich wie ein langer, niedriger Klumpen gegen den etwas helleren Himmel im Westen abhob.

Trent rief sich die Lücke im Riff, hinter der Congo Town lag, in Erinnerung. Bei der heftigen Brandung aus Norden würden die Wellen im Gegensatz zu sonst an der Passage quer gegen die Jacht schlagen, das Schiff käme dadurch in eine extrem instabile Lage.

Besser standen seine Chancen, wenn er direkt in die Wellen hineinfuhr, aber dazu mußte er die Sunseeker um einhundertachtzig Grad drehen. Er war noch nie mit der *Yellow Submarine* bei solchem Wetter draußen gewesen und wußte nicht, wie das Schiff reagieren würde. Vor allem bedurfte es für eine Wende leichten Seegangs, und in der hereinbrechenden Dämmerung waren die Wellen zusätzlich schwer zu beurteilen. Wenn er sich täuschte, könnte eine steile Woge die Motorjacht unter sich begraben.

Während er die Siedlung passierte, versuchte er, den Rhythmus der Brandung in sich aufzunehmen. Charity und den Jungen hatte er aus seinen Gedanken verbannt. Seine ganze Konzentration galt dem Ruder und dem sich hebenden Heck der *Yellow Submarine* . Dann nahm er Gas weg, um die Wogen unter dem Rumpf des Schiffs hindurchlaufen zu lassen. Zweimal ließ er eine geeignete Welle passieren, bis er glaubte, den Seegang einschätzen zu können. Wieder rollte das Wasser träge unter das Schiff. Als sich der Rumpf hob, riß er das Ruder herum und gab Gas, so daß die Schrauben das Heck herumdrehten.

Die Welle verlief sich, und die nächste Woge rollte heran. Sie war fünf Meter hoch. Der weiße Kamm zeigte an, daß sie sich gleich über das Deck ergießen würde. Unmöglich, auf der Welle zu reiten. Das Ruder fest umklammernd, gab er Vollgas und stemmte sich mit dem Rücken gegen die Kante des Sitzes. 1500 PS rammten die Sunseeker in die Wasserwand. Die Jacht bebte, als das riesige Gewicht in das offene Cockpit donnerte. Er steckte mitten in der Welle. Über seinem Kopf lasteten drei Meter Wasser, unter dem Kiel der Jacht lag die 2500 Meter tiefe See. Wenn er das Ruder losließ oder die Motoren aussetzten, bedeutete das sein Ende. Der Bug kam frei, dann hob sich das Cockpit aus dem Wasser, und er atmete wieder.

Die *Yellow Submarine* schüttelte tonnenweise Wasser von Deck und Cockpit, und die automatischen Bilgenpumpen liefen an. Schon lag die nächste Welle vor ihm, weniger steil und ohne weißen Kamm. Um nachzudenken, den Schaden einzuschätzen, blieb keine Zeit. Die Motoren liefen, alles andere war unwichtig. Seine Hand hielt die Gashebel fest umspannt. Als sich der Bug hob, reduzierte er die Kraftstoffzufuhr. Immer noch strömte Wasser von Deck und Heck ins Meer. Eine Sekunde lang hing die Motorjacht auf dem Kamm der riesigen Welle, und er sah die Lichter an der Küste. Den Bug zehn Grad nach Steuerbord ziehend, korrigierte er erneut, um die nächste Woge direkt von vorne anzusteuern.

Die Turbulenzen nahmen zu, während er langsam auf das Riff zufuhr. Die Wellen wurden unregelmäßiger, bedrohlicher. Noch zweimal schlug das Wasser über ihn, doch er hatte das Schiff im Griff und wußte, wie die Sunseeker reagierte. Auf diesem Kurs blies der Wind das Wasser von der Windschutzscheibe, so daß er sich wieder im Sitz des Steuermanns anschnallen konnte.

Als er die Brandung betrachtete, wurde ihm klar, daß er es alleine nicht schaffen würde. Es gab nur eine Chance. Er schob die wasserdichte Abdeckung über UKW-Gerät und Mikrofon zurück und rief die Küstenwache von Nassau Point. Ein Dutzendmal benötigte er beide Hände, um das Schiff unter Kontrolle zu halten, und mußte jedesmal das Mikrofon fallen lassen. Schließlich gelang es ihm, seine Nachricht zu übermitteln: Rufen Sie die Polizei in Congo Town an, und sorgen Sie dafür, daß jemand mit einem Scheinwerfer oder einem Auto zum Strand kommt.

»Ich laufe auf einem Kurs von zweihundertzwanzig Grad ein«, kündigte er an.

»Mann, bei dem Wetter ist die Einfahrt die Hölle. Das schaffen Sie nie«, protestierte der Funker.

»Danke für die Ermutigung«, entgegnete Trent. Er ließ das Mikrofon fallen, als die *Yellow Submarine* in das nächste Wellental hinunterglitt. Eine Wasserwand, so hoch wie die erste, stürzte auf ihn herunter. Er hielt geradewegs darauf zu, bis die See über seinem Kopf zusammenschlug. Das Wasser ausspuckend und halbblind kam er wieder an die Oberfläche. Die Jacht erhob sich aus dem Meer, aber als er nach dem Mikrofon greifen wollte, mußte er feststellen, daß die Welle es mit sich gerissen hatte. Fluchend sah er zur Küste hinüber, dann überprüfte er seinen Kompaß. Er hatte einen Umweg von zehn Grad gewählt, um der Polizei Zeit zu geben.

Eine Böe riß den Schaum von der nächsten Welle. Als er sich mit dem Arm über die Augen fuhr, schmerzte die Bewegung in seinen angespannten Schultern.

Noch zwei Grad, dann käme die Polizei zu spät. Die Langsamkeit der Bahamer war berüchtigt, aber niemand beherrschte kleine Schiffe so wie sie. Der diensthabende Constable würde wissen, was auf dem Spiel stand. Vorausgesetzt, die Küstenwache hatte ihn telefonisch erreicht und er spielte nicht gerade in der Bar Domino. Trent fluchte erneut. Es war Sonntag nacht, wie hatte er das vergessen können. Die Chancen, einen Polizisten aufzutreiben, standen gleich null.

Mit Sicherheit war der Junge nach Bleak Cay hinausgefahren, und Charity war ihm gefolgt. Also hatte sich auch der Mörder auf ihre Spur gesetzt. Ihm blieb keine andere Wahl. Schnelligkeit war seine einzige Chance, und auch die war nicht besonders vielversprechend. Er mußte die *Yellow Submarine* aus dem schweren Seegang bringen, anders ging es nicht. Ihm war bewußt, was ihn erwartete, wenn er die Einfahrt verpaßte, aber er verschwendete keinen Gedanken daran.

Er gab Gas und ritt über den ersten Wellenkamm. Schon hatte er eine Geschwindigkeit von dreißig Seemeilen pro Stunde erreicht, als die nächste Woge heranrollte. Er versuchte, an ihr hinaufzugleiten, aber sie erfaßte die Jacht seitwärts. Einen Augenblick lang fürchtete er zu kentern, dann richtete sich das Schiff wieder auf. Er hatte einhundert Meter gewonnen.

Die See rollte immer schwerer. Das Donnern der Brandung am Riff verschmolz mit dem Dröhnen der gewaltigen Motoren zu ohrenbetäubendem Lärm. Trent schrie aus Leibeskräften, wieder und wieder. Er mußte einen klaren Kopf bewahren. Dennoch wußte er, was passieren würde, eigentlich hatte er nie eine reele Chance gehabt. Eine sechs Meter hohe Wasserwand prallte seitlich gegen die *Yellow Subma-*

rine, hob sie empor und schleuderte sie herum, als wäre das Zehn-Tonnen-Schiff ein Korken. Trent sah nichts mehr, aber es war ihm gleichgültig geworden, er war erledigt. Einen Augenblick lang dachte er daran, seine Gurte zu lösen und sich dem Meer zu überantworten. Dann kämpfte sich die *Yellow Submarine* wieder frei, als hinge sie an einem gigantischen Korkenzieher. Bei der nächsten Welle krängte sie um sechzig Grad. Trent unterbrach die Kraftstoffzufuhr, so daß die Jacht antriebslos in das Wellental glitt. Bevor die Motoren ausgingen, warf er die Gashebel wieder nach vorn. Die nächste Welle nahm die *Yellow Submarine* wie eine Hebebühne auf ihren runden Rücken. An der Küste sah er Autoscheinwerfer aufblenden. Er war zu weit nördlich und drehte am Ruder, um das Schiff gegen die See auf Kurs zu bringen.

Eine Minute verging, zwei, dann war er bereit. Mit Vollgas raste er direkt in die Brandung hinein. Weiß schäumendes Wasser hüllte ihn ein, Kaskaden gingen zu allen Seiten nieder – der Polizeibeamte mußte sich getäuscht haben. Doch plötzlich fühlte er die *Yellow Submarine* ruhig werden. Es kamen keine hohen Wellen mehr, nur noch Gischt. Er war durch.

Er drehte den Bug auf Kurs und gab Gas, um die Korallen endgültig hinter sich zu lassen. Fünfzig Meilen, sechzig, fünfundsechzig. An Bord befand sich nichts mehr, womit er dem Polizisten ein Zeichen hätte geben können, aber das Dröhnen der Motoren würde dem Constable verraten, daß er in Sicherheit war.

Der Säuberungstrupp hatte die Bertram nach Waffen durchsucht und sie über Bord geworfen. Man erwog, die Ankertrossen zu kappen, zog es dann aber vor, sich zuerst um die Zielpersonen auf der Insel zu kümmern. Sobald alle erledigt wären, würden die Kubaner sie auf die Bertram bringen und das Schiff in Richtung Great Bahama Bank treiben lassen. Vielleicht würde die Jacht an der Küste Floridas an Land gespült, möglicherweise auch nach Kuba abgetrieben. In jedem Fall war die Wahrscheinlichkeit gering, daß jemand sie fand, bevor das Team wieder sicher in Miami war.

Nachdem die Motoren der Bertram zerstört worden waren, machten die Killer das kleine Zodiac-Schlauchboot der Cigarette startklar. Sie warfen ihre Waffen hinein, legten Taucherflossen an und schwammen, das Boot vor sich herschiebend, auf die Lagune zu, wobei sie einen Bogen schlugen, um den direkten Weg von der Bertram zu vermeiden. Als sie die Brandung erreichten, hievten sie sich auf das Schlauchboot, um sich nicht an den Korallen zu verletzen. Da Flut herrschte, und der Sturm das Wasser in die Lagune trieb, war die Tiefe mehr als ausreichend. Sie landeten an der Südspitze des Cay, zogen das Zodiac-Boot auf den Strand und schwärmten aus.

Über eine Stunde war vergangen, seit der Mann die beiden Skiffs mit dem Felsbrocken zertrümmert hatte. Zwar regnete es noch, aber die Dunkelheit war weniger auf den Sturm zurückzuführen als auf die hereinbrechende Nacht. Einen Kilometer von Jacket entfernt ritten weiße Kämme auf den riesigen Wellen, die von der Tongue of the Ocean hereinkamen, dann siebzig bis einhundert Meter lang die Felsen unter Wasser hinaufliefen, immer steiler wurden und schließlich gegen die letzte Barriere des Riffs donnerten. Der Wind hatte nachgelassen, aber immer noch trug er Schlachtenlärm über die Great Bahama Bank herüber. Unterdessen überwanden Patrouillen das äußere Riff, um die Verteidigungsanlagen der Lagune zu erproben und auf den Sand zuzustürzen.

Der Suchtrupp kam von Norden. Zuerst hörte Jacket einen Mann husten und ausspucken. Dann folgte ein Schrei, als einer der Jäger die erste Kiste fand. Jacket rannte zum Strand. Zwei Schritte auf den flachen Steinen, und er stand im Wasser, wo er sich fallen ließ und, nur mit den Händen paddelnd, einen Kreis um die Linie der Jäger herum beschrieb.

Die Flut hatte ihren Höhepunkt überschritten, und er spürte den Sog des Wassers, das aus der Lagune strömte. Er hielt sich vom Ufer fern, bis er etwa einhundert Meter zurückgelegt hatte, dann pirschte er sich wieder in die Nähe des Strandes, wobei er nach einer Stelle Ausschau hielt, an der er an Land gehen konnte, ohne Spuren zu hinterlassen.

Schließlich fand er den zerfetzten Stamm einer abgestorbenen Palme, den der Sturm über das Riff geblasen haben mußte.

Geduckt balancierte er auf dem Stamm, sprang und landete auf einem Bein auf einem Grasbüschel. Ein zweiter Schritt auf Gras folgte, dann kam eine flache Koralle. Jemand rief leise und eindringlich seinen Namen. Er ließ sich flach auf den Bauch fallen, lauschte und versuchte zu verstehen, wer ihm eine Falle stellte. Wieder hörte er seinen Namen. Es war eine Frauenstimme, soviel war sicher. Dann flüsterte ein Amerikaner eindringlich: »Jacket, wo, zum Teufel, steckst du?«

Einen Augenblick lang leuchtete eine Taschenlampe auf, die jemand mit beiden Händen bedeckte, um sie abzudunkeln. In ihrem Licht erkannte er zwei Gesichter: Miß Charity und Mister Steve.

Das Gefühl der Erleichterung kam so plötzlich und unerwartet, daß er überwältigt erschauerte. Einen Moment lang war er wie gelähmt. »Hier . . .« brachte er dann heraus.

Er hatte vergessen, daß sie ihn in der Dunkelheit nicht sehen konnten, und mußte kichern. Miß Charity hörte ihn.

»Lauf!« schrie sie.

Jemand mußte hinter ihm sein.

Stolpernd rannte er so schnell er konnte über den unebenen Boden. Nur noch zwanzig Schritte, dann wäre er in Sicherheit. Er wagte nicht, sich umzudrehen, aber er hörte sie hinter sich. »Mister Steve, Hilfe!« schrie er und warf sich dem Amerikaner in die Arme.

29

»Lauf!« schrie Charity.

Wenn Jacket floh, würde sie sich selbst dem Amerikaner vor die Waffe werfen. Dann wäre es endlich überstanden, die Angst fände ein Ende.

Gelähmt vor Entsetzen beobachtete sie, wie der Junge Steve geradewegs in die Arme lief. Der Amerikaner schleuderte sie zur Seite, und sie fiel, nach Atem ringend, zu Boden. Das Seil um ihren Hals hatte sich zugezogen.

»Willkommen«, sagte Steve zu Jacket. Mit einem irren Lächeln im Gesicht griff er dem Jungen ins Haar und zwang ihn auf die Knie.

»Friß Stahl.« Er lachte glucksend, als er dem Jungen die Pistole in den Mund steckte.

»Sie sind krank, Mister«, sagte der große Bahamer, doch Steve blickte nur kurz auf.

Der Bahamer schlenderte davon, um sich von den Vorgängen zu distanzieren. Auf einer Düne erschien ein Mann, dessen Gestalt im Nieselregen nur undeutlich zu erkennen war. Der Bahamer winkte und rief. Ein leises Zischen war zu vernehmen, dann folgte ein Blitz. Das Gesicht des Bahamers spaltete sich, und er taumelte.

Charity holte aus und trat mit den Füßen von hinten gegen Steves Beine. Er stolperte und riß die Pistole aus Jackets Mund. Als Jacket die Düne hinab floh, erschien ein zweiter Mann, der sich in noch kürzerer Entfernung in den Sand duckte. Steve warf sich zu Boden und rollte zur Seite. Sand spritzte auf, und das leise Zischen schallgedämpfter Maschinenpistolen war zu vernehmen. Ein dritter Mann tauchte aus dem Regen auf. Steve brachte mühsam den riesigen Revolver in Anschlag. Er feuerte einmal. Die Gewalt der Kugel aus der Magnum riß den Angreifer von den Füßen. Der Mann, der den großen Bahamer erschossen hatte, fluchte und ließ sich hinter die Düne fallen. Steve feuerte weiter ziellos in die Gegend, um die Angreifer in Deckung zu zwingen, während er zum Strand kroch.

Charity hielt sie für Polizisten. Da es sich um Weiße handelte, mußten sie zu O'Brien gehören. Die Männer waren durchtrainiert und in mittlerem Alter, das schwarze Haar war von Meerwasser und Regen geglättet. Vorsichtig kamen sie näher, wobei sie etwas in durchsichtiges Plastik Verpacktes hin und her schwenkten.

»Mist, eine Frau«, erklärte der Anführer. »Wer sind Sie? Warum liegen Sie hier im Regen herum?« wollte er von Charity wissen.

»Ich bin Zoologin. Der Sturm hat mich überrascht.«

»So?« Er war nicht überzeugt, vielleicht war es ihm auch gleichgültig.

Der dritte Mann beugte sich zu seinem von Steve getöteten Kumpan hinab. »Eine gottverdammte Magnum!«

Sie trugen Umhängetaschen und in Plastik gehüllte Maschinenpistolen bei sich. Das waren keine Polizisten, nicht einmal amerikanische. Dazu verhielten sie sich zu ruhig. Außerdem sprachen sie mit spanischem Akzent. Der Anführer nahm eine Rolle Klebeband aus einer Tasche und fesselte Charitys Füße. Plötzlich zerriß das Dröhnen eines Bootsmotors die Stille.

Schon weit vor Bleak Cay nahm Trent Gas weg. Er hielt mit der *Yellow Submarine* auf den Ankerplatz im Windschatten östlich von der kleinen Insel zu. Die großen Motoren waren kaum zu hören, als er aus der Dämmerung herausglitt und auf die beiden Boote stieß. Er legte den Rückwärtsgang ein und zog sich mit der *Yellow Submarine* in den Schutz des Regens zurück.

Eines der Boote mußte dem Mörder und seinen Leuten gehören, das andere dem Team, das das Chaos beseitigen sollte. Die zweite Gruppe war gefährlicher, weil sie aus professionellen Killern bestand. Einerseits durfte er keine Zeit verlieren, andererseits mußte er vorsichtig sein.

Falls Charity und der Junge noch am Leben waren, hatten sie nur eine Chance, wenn es ihm gelang, die Mörder abzulenken. Er drehte am Ruder und gab Gas. Die Motoren heulten auf. Einen Augenblick lang dachte er an Tanaka Kazuko und lächelte, als sich die *Yellow Submarine* aus dem Wasser hob.

Der Tachometer zeigte fünfzig Seemeilen pro Stunde an, während er aus dem Regen direkt auf die beiden Jachten zuschoß. Er erwartete Schüsse, die er bei dem Lärm der drei Mercruisermaschinen allerdings nicht gehört hätte. Auf keinem der Boote ließ sich jemand blicken. Im letzten Moment riß er das Steuer herum und nahm Gas weg.

Die *Yellow Submarine* sank ins Wasser. Unter ihrem Gewicht

verstärkte sich der Seegang so, daß eine Welle die Bertram breitseits erfaßte und gegen die Cigarette schleuderte. Trent hörte, wie das Ruderhaus splitterte. Er lief zum Bug, warf den Anker und ließ zweihundert Meter Tau durch die Klüse laufen. Mit wenig Gas glitt er längsseits neben die Bertram, sprang an Bord und ließ sich flach auf das Deck fallen.

Ein Mann lag tot im Ruderhaus, vier weitere in der Kajüte. Glasfibertrümmer flogen über seinen Kopf, als das Ruderhaus vom Ufer aus unter Beschuß genommen wurde. Die Motorabdeckungen hatte man entfernt, die Kraftstoffleitungen zerstört. Er rollte über das Deck und ließ sich auf die Cigarette fallen, wo er hoffte, eine Schußwaffe zu finden. Aber dafür war das Team zu professionell. Für eine gründliche Suche blieb keine Zeit. Er schnappte sich den Hammer aus der Werkzeugkiste.

Die Windschutzscheibe barst, und während ihm Kugeln um die Ohren pfiffen, zertrümmerte er, flach auf dem Boden liegend, die Instrumententafel, um an die Zünddrähte zu gelangen. Die warmen Motoren heulten auf. In der Hoffnung, der Anker würde sich lösen, setzte er zurück, aber die Fluken hatte sich in den Korallen verfangen. Er mußte auf das Vordeck hinaus. Mündungsfeuer von zwei schallgedämpften Maschinenpistolen blitzte über der Lagune auf. Es wäre reines Glück, wenn sie trafen – vielmehr Pech, korrigierte er sich mit dem Anflug eines Lächelns, während er die Ankertrosse mit seinem Wurfmesser kappte.

Über das Deck rollte er sich zum Cockpit zurück, legte das Ruder herum und gab Gas. Die Motoren drehten die Cigarette so, daß er außer Reichweite fahren konnte. Geduckt schlüpfte er in die niedrige Kajüte und öffnete die Butanhähne des Gasherdes in der Kochnische. Dann ließ er sich im Sitz nieder und schnallte sich an.

Die Cigarette schoß über die Wellen, als er sie aus dem Lee des Riffs um das Leuchtfeuer an der Südspitze herummanövrierte. Mit Sicherheit würden ihn die Killer verfolgen, vermutlich rannten sie jetzt über das Cay. Die Wellen spritzten über das niedrige Rennboot, als er erneut Kurs auf die Küste nahm. Etwa einhundert Meter vor dem Riff gab er Vollgas und raste auf die wogende weiße Linie zu, die den Rand der Lagune markierte. Er stellte die Füße auf die Instrumententafel und beugte die Knie, um den Aufprall abzufedern. Zweimal schlug die Cigarette auf den Korallen auf. Eine der Schrauben wurde abgerissen, der Motor heulte auf, doch die andere Maschine lief weiter. Erst fünfzig Meter vom Strand entfernt löste er die Sicherheitsgurte und sprang über Bord. Sofort drehte er sich in die Dunkelheit, um seine Augen zu schützen. Bei dem Aufprall sprang ein Funke auf das Butan in den Bilgen über. Zuerst explodierte das Gas, dann zerriß es die Kraftstofftanks. Riesige Flammen stiegen in den Himmel hinauf und erleuchteten den Strand.

Trent sah nicht hin. Für zwei oder drei Minuten würden die Männer auf dem Cay geblendet sein. Er war ein guter Schwimmer und erreichte das Ufer schnell. Dort warf er sich zu Boden und rollte sich in den Schutz einer Düne. Er benötigte eine Schußwaffe, egal welcher Art. Da hörte er Charity schreien.

Sie mußte in der Mitte zwischen ihm und dem anderen Ende des Cays sein. Auf dem Bauch kroch er über den Sand. Sie schrie erneut. Er rief, daß er sich ergebe. »Erschießen Sie mich, dann sitzen Sie auf dem Cay fest!«

Hinter ihm tanzten die Flammen. Mit erhobenen Händen bot er vor diesem Hintergrund ein großartiges Ziel.

»Beweg deinen Hintern hier rüber«, schrie ein Mann.

Er ging auf die Stimme zu. Obwohl er die Hände in der Luft hielt, achtete er auf seine Füße. Falls er stolperte, konnte es ihn das Leben kosten. Ein kleiner schwarzer Schatten kauerte zitternd im Sand. »An meiner Perlenkette hängt ein Messer. Du mußt kommen und mich losschneiden.«

Er wußte nicht, ob ihn der Junge gehört hatte. Selbst wenn, so war er möglicherweise zu verschreckt, um ihn zu verstehen. Die Worte zu wiederholen wäre zu riskant gewesen.

Ein Mann kniete im Sand und hielt Charity ein Messer an die Kehle. Zwei andere flankierten ihn in vierzig Meter Abstand voneinander – unmöglich sie zu überraschen. Wie er vermutet hatte: Profis. Lateinamerikaner.

»He, wer ist das Mädchen?« fragte er.

»Auf die Knie«, befahl der Mann, der Charity an sich preßte. »Da draußen treibt sich ein Clown mit einer Waffe rum.«

Sie hatten Klebeband mitgebracht, mit dem sie ihm die Hände auf den Rücken fesselten und die Füße zusammenbanden. »Sie sind der Detektiv?«

»Richtig. Ihr Boot ist im Eimer, genau wie die Bertram. Also bleibt nur noch meins, und die Schlüssel habe ich versteckt. Sobald der Wind dreht und die Hubschrauber starten können, wird die DEA kommen. Wenn Sie denken, daß ich bluffe, soll's mir auch recht sein. Sehen Sie sich das Feuer an, das wird sie herbringen. Wenn Sie hier wegwollen, müssen Sie verhandeln.«

Das sahen sie ein.

»Gutes Geld ist nicht viel wert, wenn man tot ist«, fuhr Trent fort.

Der Mann zu seiner Rechten wechselte ins Spanische, das er mit kubanischem Akzent sprach. »Er hat sich ergeben, weil die Frau geschrien hat.«

Der auf der Linken nickte zustimmend. »Schneiden wir ein bißchen an ihr rum.«

»Wir sollten sie beide mit auf das Boot des Kerls nehmen«, schlug der erste besorgt vor.

Der Anführer war gelassen wie ein Versicherungsvertreter. »Wenn wir den Amerikaner nicht erwischen, bevor er das Boot erreicht, hat er uns direkt vor seiner Mündung, wenn wir an Bord klettern.«

»Der Junge«, gab der Mann auf der linken Seite zu bedenken. »Wir brauchen den Jungen.«

Der erste Mann, der mit der besorgten Stimme, wollte Einwände erheben, aber der Anführer war bereits aufgesprungen. »Laßt uns die Sache erledigen.« Er griff nach seiner Stirling-Maschinenpistole, die lose in transparentes Plastik eingewickelt war, so daß er schießen konnte, ohne daß Sand in den Mechanismus geriet.

Die anderen beiden waren ähnlich bewaffnet. Höchst professionell, dachte Trent.

Sie schwärmten aus, drei Männer auf Patrouille, die mehr

300

Kämpfe hinter sich hatten, als die meisten Gangster auch nur im Fernsehen miterlebt hatten.

Sie hatten Charitys Füße gefesselt, und das Seil, das ihre Hände auf den Rücken band, lief in einer Schlinge um ihren Hals. Zusammengerollt lag sie auf der Seite, mit dem Gesicht zu ihm. Ihre Muskeln zuckten krampfartig. Regen und Angstschweiß bildeten kleine Bäche, die über ihr Gesicht in den Sand flossen.

»Es tut mir leid, daß ich so spät dran bin«, erklärte Trent. Der Junge stand wahrscheinlich ganz in der Nähe, um ihn zu ermutigen, mußte er ruhig wirken. »Ich bin mit dem Boot meines Arbeitgebers durch das Riff bei Congo Town gefahren. War 'ne ganz nette Fahrt. Die Jacht hat sich um volle dreihundertsechzig Grad gedreht.«

Da entdeckte er Jacket in zwanzig Meter Entfernung. Er war nackt und wirkte sehr klein.

»Geben Sie nicht auf, Charity. Noch ist es nicht vorbei.« Er lächelte sie an. »Als Lehrerin sind Sie doch einiges gewöhnt, nicht wahr?«

Der Junge kam einen Schritt näher.

Am liebsten hätte Trent geschrien, er solle sich beeilen.

Da erstarrte der Junge. Trent hörte eilige Schritte im Sand.

Jacket konnte sich vor Angst nicht rühren. Der Mann trat aus der Dunkelheit. Es war nicht Mister Steve, sondern einer der anderen. Einer, der seine Maschinenpistole in eine Plastikfolie gewickelt hatte von der Art, wie er sie vor kurzem für das Bett seiner Mutter gekauft hatte. Der Mann war anscheinend entschlossen, alles zu Ende zu bringen. Wenn er einen Ton von sich gab, wäre alles vorbei. Gleich würde ihn der Mann sehen. Aber der schien blind zu sein. Da fielen ihm die Worte seines Vaters ein: »Unsere Farbe ist unsere Tarnung.«

Aber sein Vater hatte das ja gar nicht wirklich gesagt. Sein Vater war in die Vereinigten Staaten durchgebrannt und würde nie mehr zurückkommen. Tränen liefen über seine Wangen. Er konnte nicht aufhören zu weinen, aber das war jetzt auch egal. »Unsere Farbe ist unsere Tarnung«, sagte er zu sich selbst. Es stimmte, er war unsichtbar.

301

Er erkannte den Mann mit dem Bart wieder, es war derjenige, der vor der Bank über das Auto gesprungen war, um ihn vor den Männern mit dem Lieferwagen zu retten.

Der andere hatte ein Messer gezogen und ging mit dem Rücken zu Jacket auf der Erde in die Hocke. »Sie haben fünf Sekunden, um mir zu sagen, wo die Schlüssel versteckt sind, sonst ist die Frau erledigt«, drohte er dem Bärtigen.

Er berührte mit der Messerspitze Miß Charitys Brust.

»Also?« Der Mann sprach leise, damit seine Gefährten ihn nicht hörten.

»Die Frau interessiert mich nicht«, erklärte der Bärtige.

Das stimmte nicht. Wäre sie ihm egal gewesen, hätte er sich nicht ergeben, damit sie Miß Charity nichts taten. Jacket schob einen Fuß vor. Hunderte von Malen war er Vic und seinen Freunden entkommen. Schwierig war nur, daß er diesmal allein war, sein Dad würde ihm nicht mehr helfen. Er mußte sich absolut ruhig verhalten, durfte nicht einmal schlucken.

Der Mann mit dem Bart wirkte sehr ruhig. Er beobachtete ihn, ohne ihn direkt anzusehen. Jacket spürte, daß der Mann ihm vertraute. Das Gefühl erfüllte ihn mit Wärme und verlieh ihm Kraft. Es war wie beim Fischen. Man mußte sich ganz langsam, aber beständig bewegen – als ließe man sich treiben, ohne die Kontrolle zu verlieren.

Es war der Ängstlichste der drei, der zurückgekehrt war. Trent roch geradezu die Verachtung des Lateinamerikaners für die feigen Gringos. Um dem Jungen Mut zu machen, ließ er ihn nicht aus den Augen, versuchte ihn anzuspornen.

»Ich habe achtzehn Jahre für die britische Regierung terroristische Vereinigungen infiltriert. Daneben wirken Ihre Jungs wie Kindermädchen. Ich weiß, wie der Hase läuft: Sobald Sie wissen, wo die Schlüssel sind, töten Sie uns.«

Der Junge war jetzt nur noch zehn Meter entfernt. Trent lächelte den Kubaner an und spie ihm beiläufig vor die Füße. »Aber zuerst stirbst du, *Gauchito*.«

Der Kubaner holte mit dem Gewehrkolben aus.

Trent lachte höhnisch. »Versuch's lieber mit der Frau, *Maricón*. Sie entspricht eher deinem Kaliber.«

Der Kubaner fluchte und wandte sich Charity zu. Trent sollte genau sehen, was er tat. Sie zitterte, als er ihre Bluse aufschlitzte, gab jedoch keinen Laut von sich.

Der Junge sah seine Chance. Noch fünf Schritte, dann kniete er neben Trents Kopf, fand das Messer. Die Klinge schnitt durch das Klebeband. Trent packte den Griff. Er mußte den Kubaner von vorne nehmen.

»He, Hurenbalg«, sagte er auf spanisch. »Eines Tages werde ich deine Mutter, deine Frau und deine Tochter in meinem Bett haben.«

Der Kubaner wirbelte herum, bot Trent die ungeschützte Kehle. Ein Krampf lähmte Trents rechten Daumen. Die Fesseln waren so eng gewesen, daß die Blutzirkulation unterbrochen gewesen war. Er rollte auf den Kubaner zu und trat mit den gefesselten Füßen nach ihm, während er den Daumen einzog. Das Messer fiel zu Boden.

Der Kubaner hieb ihm auf die Kniescheiben. Dann entdeckte er den Jungen und lachte leise. Charity hatte er vergessen, sie war nur eine Frau, die in seiner Gewalt war. Sie holte aus und trat ihn in den unteren Rücken. Für einen Augenblick verlor er die Balance. Trent kam auf die Beine, warf sich auf den Kubaner und griff nach seiner Kehle. Der Vorteil der Überraschung lag auf seiner Seite, und er war schwerer als sein Gegner – dafür war er unbewaffnet, und seine Beine waren gefesselt. Der Kubaner riß die Fäuste zwischen Trents Armen nach oben, so daß sich dessen Griff löste. Beide rollten über den Boden. Der Kubaner lag auf Trent und schlug ihn auf die Augen, während er ihm gleichzeitig die Knie in die Lenden drückte. Der kleine Mann war schnell, wenn es ihm gelang, sich zu befreien, hatte er gewonnen. Verzweifelt umklammerte Trent die Taille seines Gegners und versuchte, ihn zu Boden zu drücken, um seinen Gewichtsvorteil zu nutzen. Ihr Kampf folgte keinen Regeln, Brutalität stand gegen Brutalität. Die nasse Kleidung behinderte sie. Schließlich gelang es dem Kubaner, sich nach hinten zu werfen. Kaum war er frei, griff er nach der Pistole an seinem Gürtel.

»Es tut mir leid, Charity«, hörte Trent sich selbst sagen.

Da fiel der Kubaner zu Boden.

Beide Männer hatten Jacket vergessen.

Der Junge hielt einen Felsbrocken in den Händen, mit dem er jetzt noch einmal auf den Hinterkopf des Kubaners einschlug. Trent hörte, wie der Schädel brach, und rollte sich von dem toten Mann weg. Automatisch suchte er nach seinem Messer und schnitt die Fesseln um seine Füße durch, bevor er Charity befreite. Er nahm ihren Arm. »Können Sie gehen?«

Ihr Körper war von den Verletzungen gezeichnet, die ihr Steve und die Kubaner zugefügt hatten. Sie stieß seine Hand zurück.

Trent wandte sich Jacket zu. Wenn er nicht sehr behutsam mit ihm umging, würde der Junge einen Schock davontragen.

Er berührte das Kind nicht, lächelte ihm nur zu. »Wir bringen dich gleich nach Hause. Mein Boot liegt auf der anderen Seite des Riffs. Ich räume hier nur auf, dann können wir zusammen hinausschwimmen, alle drei. Der Sturm ist so gut wie vorbei.«

Der Junge nickte.

»Wie viele sind es noch?« erkundigte sich Trent beiläufig.

»Nur Mister Steve und die beiden anderen«, erklärte der Junge.

»Gut.« Trent lächelte erneut. »Ins Meer mit euch beiden. Zeigt euch erst, wenn ich pfeife.«

Er griff nach der Stirling des Kubaners, überprüfte das Magazin und nahm ein volles aus der Tasche des Toten. Die beiden anderen waren nach Norden gegangen. Er folgte ihnen. Höchst unwahrscheinlich, daß sie sich ergeben würden, aber er mußte ihnen die Chance geben. Ansonsten wäre es einfach gewesen, sie erwarteten ihn nicht, und schließlich war Mord lange Zeit sein Geschäft gewesen.

Ein Schuß knallte, eine 45er-Magnum. Ein zweiter Schuß, dazwischen lagen fünf Sekunden. Das mußte der Mann sein, den der Junge Mister Steve nannte. O'Briens Amateur, den die DEA hatte umdrehen wollen, der Mörder, den Skelley hängen sehen wollte, selbst wenn es ihn seine Karriere kostete. Trent erwog, ihn dem Säuberungsteam zu überlassen. Sie wurden schließlich fürs Morden bezahlt. Er konnte auch auf das Eintreffen der Polizei warten, dann würde ihn sich

O'Brien schnappen. Skelley hatte recht, dann käme es zu einem Handel, den Charity Verrat nennen würde und der sie mit großer Wahrscheinlichkeit in den Untergrund treiben würde.

Einer der Kubaner rief seinem Kameraden etwas zu. Dann schrien beide nach dem Mann, den Jacket getötet hatte. Als er nicht antwortete, fluchten sie, aber für eine Suche blieb keine Zeit. Sie standen in etwa einhundert Metern Entfernung am nördlichen Strand der Insel. Der Mörder mußte sich im Wasser versteckt haben. Er war verängstigt, verzweifelt und vermutlich extrem gefährlich.

Steve hatte eine Bewegung wahrgenommen und zweimal gefeuert, um die Verfolger aufzuhalten, während er in die Lagune zurückflüchtete. Nur sein Kopf ragte aus dem Wasser. Wenn sie nicht selbst hinauswateten, konnten sie ihn unmöglich finden. Vor dem hellen Sand würden sie hervorragende Zielscheiben abgeben. In der Ruger steckten noch fünf Kugeln, und in seiner Tasche befand sich eine Schachtel mit Munition. Das Wasser konnte den Patronen nichts anhaben. Er kannte seine Gegner nicht, und sie waren ihm egal, er würde sie ohne zu zögern umbringen.

Das Wasser plätscherte um seine Mundwinkel, während er an den Mann dachte, den er kurz zuvor erschossen hatte. Der Kerl war von der großen Kugel aus der Magnum regelrecht von den Füßen gerissen worden. Die Erinnerung hielt die Angst fern, die ihn umgab und nur darauf lauerte, ihn anzuspringen. Er umklammerte die Ruger und biß die Zähne zusammen. Die Vorgänge waren ihm ein Rätsel, er hatte keine Ahnung, von wem der Angriff kam, und verstand gar nichts mehr. Dabei war er felsenfest davon überzeugt gewesen, daß er gewonnen hatte. Jesus Antonio und Torres waren dem Tod geweiht. Er hatte sich selbst schon an Torres' Grab gesehen und sich vorgestellt, was er sagen und wie er dreinblicken würde.

Nie hatte man ihm eine Chance gegeben zu zeigen, was er konnte. Das war nicht fair. Seine Gedanken schweiften zu seinem Vater zurück, einem Finanzbeamten der Staatsregierung.

Loyalität war dessen Motto gewesen, Loyalität, Dienstbereit-
schaft und Einsatz für die Gemeinschaft. Dabei hätte er als
freiberuflicher Steuerberater dreimal soviel verdienen können. Dann hätte Steve eine elegante Privatschule besuchen
und in Yale, später vielleicht ein paar Jahre in Oxford studieren können wie dieser Dreckskerl Xavier de Fonterra. Mit einem solchen Hintergrund hätte ihn die Bank nicht fallenge-
lassen, er wäre zu wertvoll gewesen. Und jetzt hatte ihm eine
gottverdammte Niggergöre alles versaut.

Wut und Angst hielten sich die Waage, während er den
Strand nach Bewegungen absuchte. Er würde sie erwi-
schen. Danach würde er das Kind und diese schwarze
Schulschlampe erledigen. Schule, daß er nicht lachte! Eine
Blechhütte war das. Welches Recht hatte sie, ihre schwarze
Nase in seine Angelegenheiten zu stecken?

Er war clever, auch unter Druck hatte er in der Bank stets
funktioniert. Welche Möglichkeiten hatten sie schon? Irgend-
wann mußten sie vom Cay weg, also brauchte er ihnen nur
den Weg abzuschneiden, wenn sie zum Riff und zu ihren Booten wollten. Er stellte sich vor, wie sie ins Wasser wateten, und
fühlte bereits die Schüsse aus seiner Ruger.

30

Aus der Deckung einer niedrigen Mulde dicht hinter den
beiden Kubanern beobachtete Trent die Männer. Einhundert Meter voneinander entfernt, lagen sie auf der niedrigen
Düne direkt hinter dem Strand an der Nordspitze des Cay.
Der Wind hatte die meisten Wolken weggeblasen, und wo
die Flut zurückgewichen war, schimmerte der nasse Strand
schwach. Es war kein Spaß, auf der Suche nach einem mit
einer 45er-Magnum bewaffneten Mann in das Wasser hinaus zu waten, besonders wenn man ihn wegen der Brandung
nicht hören konnte. Trent fühlte keinerlei Sympathie für die
Männer, doch er akzeptierte eine gewisse Verwandtschaft.
Mit Sicherheit wurden die Kubaner besser bezahlt als er da-

mals beim Secret Service. Doch wenn sie versagten, bezahlten sie dafür mit ihrem Leben, während Trent nur seinen Job verloren hätte, einen Job, den er noch nicht einmal gewollt hatte, als er von seinem Vormund rekrutiert worden war.

Er war weniger als zwanzig Meter von dem nächsten Kubaner entfernt. »Der Gringo gehört mir. Lassen Sie die Stirling, wo sie ist, und kriechen Sie auf dem Bauch rückwärts«, sagte er leise auf spanisch.

Der Kubaner lag ganz ruhig und überlegte.

»Tun Sie, was ich sage«, erklärte Trent. »Ich habe für meine Regierung getötet, ich bin kein Amateur.«

»Ich war drei Jahre in Angola«, gab der Kubaner zurück. Erschossen zu werden war sein Risiko. Die Alternative war, gehängt zu werden. Er wirbelte herum, ohne große Hoffnung, eher, um es hinter sich zu bringen.

Das Geräusch der schallgedämpften Stirling warnte den letzten Kubaner und verriet ihm, wo er Trent zu vermuten hatte. Er beschoß die Düne.

Trent lag ganz ruhig in seiner Mulde und beobachtete das Meer, während die Kugeln an ihm vorüber nach Süden pfiffen. Er hatte erwartet, Steve werde auf das Mündungsfeuer zielen. Statt dessen blieb alles ruhig – er hatte den Amerikaner unterschätzt, als er ihn für die Beute gehalten hatte. Ihm blieb keine Zeit, dem Kubaner eine Chance zu geben. Er feuerte einmal und lief die Düne hinunter.

Der Sturm verstärkte die nördliche Strömung. Als er hinauswatete, fühlte Trent, wie die Brandung an seinen Beinen zerrte. Bei den Killern hatte er darauf gesetzt, daß sie entkommen wollten, aber Steve dachte nicht rational. Trent stellte sich vor, wie er in dem Waffengeschäft die riesige Magnum sah und beeindruckt war. Doch der Revolver verlangte viel Kraft und Können.

Das Gewicht der Stirling zog Trent hinunter. Er ließ sie fallen und überantwortete sich der Strömung.

Das Wetter in der Karibik schlägt schneller um als in nördlicheren Breiten. Vor einer Stunde noch hatte der Sturm getobt, jetzt fegten nur noch letzte kleine Böen über die Lagune. Steve hatte angenommen, er würde warten müssen, doch ihre Silhouetten zeichneten sich bereits vor dem blassen, silbernen Mondlicht ab, das von Osten her auf das Cay fiel. Sie standen vierzig Meter vom Strand entfernt vor den Booten und beobachteten den Strand. Nur die Köpfe waren zu sehen. Der Nigger war klein, also mußte die Schlampe auf dem Boden hocken.

Steve war dreißig Meter zu weit hinausgewatet, um sie abzufangen. Die saugenden Geräusche der ablaufenden Flut in der Lagune deckten ihn. Vorher war ihm kalt gewesen, jetzt strömte die Wärme in seine Glieder zurück. Glücklich lächelte er vor sich ihn. Er wollte die Angst in ihren Gesichter sehen. Zwanzig Meter waren genug. Die Ruger flach über dem Wasser haltend, schlich er näher, wobei er mit den Füßen nach Felsbrocken und Korallen tastete. Schlauheit gewann immer – selbst beim Tennis, wo er seine Gegner in der Schule über den Platz gejagt hatte. Steve hatte jeden Punkt vorausgeplant, so wie jetzt seinen Angriff aus dem Hinterhalt. Er hatte es seinem Vater erklären wollen, aber der hatte wütend behauptet, Steve spiele unfair.

Er nahm den Kopf der Lehrerin über den tropfenden Lauf der Magnum hinweg ins Visier. Erst wollte er sie erledigen, damit der Junge zusehen mußte, wie ihr Schädel zerplatzte.

Mit beiden Händen hielt er die Ruger und spannte mit den Daumen den Hahn. Aus dieser Entfernung konnte er sie nicht verfehlen. »Peng, Sie sind tot.«

Er will mich sterben sehen, dachte Charity. Katzen sind so, sie spielen gern mit ihren Opfern. Das Vergnügen gönnte sie ihm nicht. Dann dachte sie an Jacket. Vielleicht konnte er entkommen, während Steve sie erschoß. Völlig verängstigt, drehte sie sich ganz langsam um. Sie haßte es, dem weißen Schwein den Gefallen zu tun. Da hörte sie Trent.

»Sie sind krank, Steve«, rief er. »Wenn Sie Glück haben, hängt man Sie nicht.«

Die Strömung hatte ihn etwa vierzig Meter weiter hinausgetrieben als die anderen drei. Die fünf Sekunden zwischen den beiden Schüssen, die Steve auf die Kubaner abgegeben hatte, zeigten ihm an, mit welcher Geschwindigkeit der Amerikaner feuerte. Er durfte nicht zu nah herankommen, mußte aber in Bewegung bleiben. Wichtig war, daß er Steve ablenkte und provozierte.

»Ich wußte Bescheid, als ich den Jungen in der Leichenhalle sah.«

Der Mündung der Magnum drohte groß und schwarz. Er schloß die Augen, um sich nicht irritieren zu lassen, und marschierte weiter. Nur sein Kopf ragte über die Wasseroberfläche.

»Einfach krank. Man wird Sie für den Rest Ihres Lebens in die Irrenanstalt stecken.«

Eine Explosion rüttelte ihn durch. Der Rückstoß mußte den Lauf nach oben gerissen haben, so daß die Kugel einen Meter zu hoch über seinen Kopf zischte. Ob der Amerikaner nachgeladen hatte, seit er auf die Kubaner gefeuert hatte? Wenn nicht, blieben ihm noch drei Kugeln, sonst wären es fünf.

Steve riß die riesige Waffe nach unten und zielte. Der zweite Schuß war kaum genauer als der erste. Nur noch zwanzig Meter lagen zwischen ihnen. Trent spritzte mit der linken Hand Wasser in Richtung des Amerikaners. »Sie Wahnsinniger, ich will Sie lebend.«

Steve feuerte erneut. Drei Kugeln.

Charity war klar, was Trent vorhatte. Sie packte Jacket und hielt ihn ruhig. Eigentlich wollte sie nicht hinsehen, aber es war stärker als sie. Der Lauf des riesigen Revolvers bebte, als Steve feuerte. Vier Schuß, und Trent kam immer näher. Der Abstand betrug kaum noch zehn Meter. Nur Trents Kopf mit dem tropfenden Bart ragte aus dem Wasser: Johannes der Täufer auf dem Tablett. Am liebsten hätte sie ihm zugerufen, er solle sich ducken, doch er näherte sich langsam, aber unaufhaltsam Steve, ohne den Blick von ihm zu abwenden.

Vier Schuß, also hatte er vermutlich nachgeladen. Der Abstand war jetzt so gering, daß der Amerikaner ihn nicht mehr verfehlen konnte. Trent sah, wie er sich mit der Zunge über die Lippen fuhr, als er zielte. Dann klickte der Hahn auf der leeren Kammer.

Der Amerikaner brach zusammen, alle Energie, alle Hoffnung hatte ihn verlassen. Trent nahm die Ruger an sich und wies ihn an, sich zum Strand zu drehen.

Ein Magenkrampf schüttelte Trent, und er übergab sich. Die saure Galle brannte in seinem Hals, als er ausspie und sich den Mund spülte. Die Strömung trieb das Erbrochene auf Charity und den Jungen zu. »Es tut mir leid«, sagte er.

Sie fanden das Schlauchboot der Kubaner am Strand und ruderten zur *Yellow Submarine* hinaus. Der hintere Teil der Jacht war völlig verwüstet, die Radarantenne herausgerissen, das Cockpit ausgebrannt.

Steve kauerte in einer Ecke des Cockpits, und Charity hielt Jacket an sich gedrückt, während Trent vor Green Creek vor Anker ging. Trotz des Regens hatten sich einige der Dörfler, alarmiert durch den Brand auf dem Cay, am Strand versammelt. Mißtrauisch beobachteten sie in tiefem Schweigen, wie die kleine Gesellschaft an Land ging. In einiger Entfernung folgten sie ihnen die Straße hinauf. Die Männer in Mister Jacks Bar sahen ihnen nach, als sie vorüberzogen.

Im Schulhaus brannte Licht, ein Polizeijeep parkte vor der Tür. Trent führte Steve am Ellenbogen über die Blechveranda. Es gab nur ein Klassenzimmer mit Pultreihen, einem freien Raum, wo normalerweise Charity stand, und einer kleinen Bühne, die von Politikern auf Wahlreise für ihre Veranstaltungen genutzt wurde. Skelley hatte sich am Rand des Podiums niedergelassen. Er hatte aus Nassau seine Uniform kommen lassen und wirkte smart und offiziell. Der Schirm seiner Mütze beschattete sein Gesicht, so daß Trent seinen Ausdruck im Licht der einzigen Glühbirne nicht erkennen konnte.

Trent versetzte Steve einen leichten Stoß, worauf dieser den Mittelgang hinaufging.

Skelley betrachtete den Amerikaner eingehend, vielleicht rief er sich auch nur den genauen Wortlaut der Formel ins Gedächtnis. »Steven John Radford, ich verhafte Sie im Namen des Gesetzes wegen Mordes an Victor Horatio Nelson«, sagte er. »Sie haben das Recht zu schweigen. Alles, was Sie sagen, kann zu Protokoll genommen und gegen Sie verwendet werden.«

Dorfkomödiant, dachte Trent, und fragte sich, ob Skelley Steves Namen von O'Brien erfahren hatte oder ob er von Anfang an an der Aktion beteiligt gewesen war. Er legte Steves Ruger und die Munition auf der Bühne neben Skelley ab. »Auf Bleak Cay war die Hölle los. O'Brien hätte Leute schicken sollen.«

Skelley nickte kaum merklich. »Sie sind unterwegs, das Wetter hat sie aufgehalten.« Dann wandte er seine Aufmerksamkeit dem Jungen zu. »Du bist also Jacket Bride ...«

»Lassen Sie den Jungen in Ruhe«, mischte sich Charity ein. Seit sie Steve im Wasser gegenübergestanden hatten, hatte sie das Kind nicht eine Sekunde losgelassen. Den Arm um seine Schultern gelegt, drückte sie ihn gegen ihren warmen Körper, um ihn vor der kühlen Luft im Schulzimmer zu schützen. Ihre Muskeln waren angespannt, die Beine hielt sie ein wenig gespreizt, die nackten Füße standen fest auf dem Holzboden. Das war ihre Schule, ihr Terrain, der Junge war ihr Schüler. »Sie machen mich krank. Spielen Sie Ihr dreckiges Spiel ohne uns.« Ihr Angriff schloß Trent mit ein.

In der Ferne war das Dröhnen der Hubschrauber zu vernehmen, die nach Bleak Cay unterwegs waren. Ein dritter landete eben am Strand.

Skelley holte ein Taschentuch hervor und säuberte seine glänzenden Schuhspitzen vom Sand. Er hat etwas vor, dachte Trent, es wird etwas geschehen. Trent konnte es geradezu riechen. Wenn er nur Skelleys Gesicht sehen könnte. Er schob sich in den offenen Raum vor dem Podium vor, doch Skelley wandte das Gesicht dem Amerikaner zu.

»Stellen Sie sich hier hin, wo ich Sie sehen kann, Mister Radford.« Skelley deutete vor sich auf den Boden. Steve schlurfte zu ihm.

»Wußten Sie, daß Mörder bei uns gehängt werden, Mister Radford?« Skelley nahm seine Pistole aus dem Halfter und legte sie auf das Podium. Es wirkte gestellt, als hätte er die Szene sorgfältig geübt. »Wen von uns hassen Sie am meisten,

Mister Radford? Wen werden Sie verfluchen, in den wenigen Sekunden, bevor Sie ins Leere stürzen? Wußten Sie, daß es üblicherweise zu einer Entleerung des Darmes kommt? Das ist kein schönes Ende für einen Banker aus New York, Mister Radford.«

Trent wollte ihn unterbrechen.

»Wenn's dir nicht gefällt, warte draußen«, sagte Skelley schroff. »Nett müssen die Partys in New York gewesen sein, teure Getränke, Kokain, schöne Frauen, die sich Ihnen an den Hals warfen. War Ihnen das nicht genug, Mister Radford? Brauchten Sie einen neuen Kick? Haben Sie sich deshalb auf die Folterung und Ermordung von Kindern verlegt? So wie bei dem kleinen Victor auf Bleak Cay? Turnt das einen smarten Banker wie Sie an, Mister Radford?«

Steve war, seit er Trent seine Waffe übergeben hatte, nahezu apathisch gewesen. Jetzt strömte mit dem Haß das Leben in ihn zurück. Als er seine Lippen befeuchtete, schimmerte seine Zungenspitze im Licht der Glühbirne hellrosa. »So war es nicht, Sie verstehen das nicht . . .«

». . . wie man Spaß daran haben kann, Kinder zu foltern? Da haben Sie vollkommen recht, Mister Radford. Vielleicht könnten Sie uns aufklären?« Skelley hatte die Beine übereinandergeschlagen. Mit den Händen umklammerte er die Knie, während er abwartend ganz leicht vor- und zurückschaukelte. »Kommen Sie schon, Mister Radford.«

Seine Nachahmung eines sadistischen Lehrers trieb Charity zum Wahnsinn. »Hören Sie auf, Skelley . . .«

Der Chief Superintendent blickte auf. Sein Gesicht glich einem polierten schwarzen Totenschädel, selbst die Augen wirkten blicklos. Plötzlich war Trent klar, daß Skelley den Amerikaner töten würde. Dienstjahre und Ausbildung zählten nicht mehr, er war gerade dabei, den letzten Rest von Glauben an die Gerechtigkeit über Bord zu werfen.

Die Tür öffnete sich, und O'Brien betrat, von zwei bahamischen Polizeibeamten begleitet, den Raum. Eine Böe fegte durch das Klassenzimmer und wirbelte den Staub auf. Goldene Punkte tanzten im Licht. In der einen Hand hielt O'Brien ein Bündel Papiere, in der anderen seine alte Aktentasche.

Einen Augenblick lang blinzelte er ins grelle Licht der nackten Glühbirne.

»Guten Abend, Miß Johnston.« Den Jungen begrüßte er mit einem kurzen Nicken, während er Trent ignorierte. »Ich übernehme den Verbrecher, Chief Superintendent«, erklärte er, die Papiere schwenkend.

Dann wandte er sich Steve zu. »Mister Radford, die bahamischen Behörden übergeben Sie mir in meiner Eigenschaft als Vertreter der Vereinigten Staaten von Amerika. Dort werden Sie wegen Einfuhr einer illegalen Substanz, nämlich von Kokain, angeklagt. Es ist Ihr Recht, die Auslieferung zu verlangen. Wenn Sie mir folgen möchten, dann sagen Sie dies bitte. Weitere Formalitäten sind nicht erforderlich, Mister Radford. Es genügt, daß Sie den Wunsch äußern, daß Ihr Prozeß vor dem amerikanischen Bundesgericht abgehandelt wird, und sich damit einverstanden erklären, daß Anklage erhoben wird, sobald Sie amerikanischen Boden betreten. Ich bin sicher, der Chief Superintendent hat diese Alternative bereits erwähnt.«

»In amerikanischen Gefängnissen verrotten eine Menge Schwarzer«, erklärte Skelley. »Wir Schwarzen hätten zur Abwechslung gern mal einen weißen Schwanz, Mister Radford, das ist Ihnen sicherlich bekannt.« Grinsend wandte er sich O'Brien zu. Dabei stieß er mit dem Ellenbogen gegen seine Waffe, die vom Podium geschleudert wurde und auf dem Holzboden direkt vor Steves Füßen landete.

»Faß sie nicht an, du Drecksack«, warnte Skelley.

Vielleicht war es die Beleidigung, die Steve provozierte. Niemand außer ihm hatte sich gerührt. Einen Augenblick zögerte Steve, dann richtete er die Waffe langsam auf Jacket. »Du zuerst.«

Trent hatte die Arme erhoben, wie um sich zu ergeben. Seine Hände lagen im Nacken. Als Steve die Pistole hob, fuhr sein Arm vor. Das Messer traf Steve seitlich im Hals. Der Amerikaner ließ die Pistole fallen und griff überrascht nach dem Messer. Dann brach er zusammen.

Charity las in Trents Augen den Schmerz, die Verachtung für seine Tat, als er sich bückte und das Messer aus Steves Hals zog. Betont sorgfältig wischte er die Klinge am Hemd des Amerikaners ab, bevor er die Waffe in ihre Scheide gleiten ließ.

Er übernahm die Verantwortung. Vier Tage lang hatte er nichts anderes getan, seine Handlungen, seine Tapferkeit waren keineswegs automatisch gewesen.

Er griff nach Skelleys Waffe und zielte auf den Boden. Die ersten beiden Schüsse wirbelten nur den Staub auf – Platzpatronen. Der dritte durchschlug das Holz. Achselzuckend warf er Skelley die Waffe zu.

»Die *Golden Girl* liegt im Jachtclub von Coakley Town«, sagte dieser.

»Danke.«

Charity wußte nicht recht, was sie tun sollte. Der Amerikaner interessierte sie nicht, zu undurchsichtig war seine Rolle. Wer wußte schon, ob er Puppenspieler oder selbst Marionette war? Sie ging zu Skelley.

»Ich habe Ihnen schon gesagt, daß Sie nicht der Mann sind, mich herumzuschubsen.« Sie schlug ihm mit der flachen Hand ins Gesicht. »Das ist für Trent, weil er zu dumm ist, es selbst zu tun.«

Als sie sich abwandte, schoß Mrs. Bride durch die Tür. Sie zögerte, weil sie den auf dem Boden liegenden Steve entdeckt hatte. Dann packte sie ihren Sohn und schob ihn zur Tür, wobei sie ununterbrochen wüste Drohungen gegen die Männer ausstieß. Es war ihr egal, was geschehen war, sie würde jeden verantwortlich machen, wenn es ihr paßte.

Trent hatte das Kind schützen wollen. Das war nicht die Rolle, die Skelley für ihn vorgesehen hatte. Er nahm es Skelley nicht übel, daß er ihn benutzt hatte, schließlich stand in den Akten, wer und was er war. Benutzt zu werden war der Sinn seiner Existenz.

»Kommen Sie«, sagte Charity an seiner Seite.

»Haben Sie eine Vorliebe für Mörder?« wollte er wissen.

Charity hätte ihm gern gezeigt, wie verletzt sie war. Skelley, O'Brien, die glotzenden Polizeibeamten, die ganze Szene war ihr zutiefst zuwider.

»Tut mir leid.« Seine Beschämung entwaffnete sie.

»Mistkerl.« Das traf die Sache nicht. »Mein Gott, muß Sie jemand als Kind mit Schuldgefühlen vollgestopft haben.«

Sie nahm seinen Arm. Ihre Hände mit den breiten Nägeln waren stark und von Narben überzogen, die das Riff hinterlassen hatte. Er wehrte sich nicht, als sie ihn mit sich zog. »Ich habe Sie nicht gefragt, ob Sie mitkommen wollen.«

Mrs. Bride führte Jacket die Straße hinauf. Er war ein Held, auf den sie gut aufpassen mußte, also drückte sie ihn fest an sich, als sie Mister Jacks Bar passierten.

Er wollte sprechen, doch sie ließ es nicht zu. In der Öffentlichkeit wollte sie nichts hören, allein mit ihm in der Hütte würde sie herausfinden, was vorgefallen war. Dem wenigen, was sie den Rufen der Dorfbewohner entnommen hatte, bevor sie ins Schulhaus gestürzt war, konnte sie nicht trauen. Die Lehrerin war in die Sache verwickelt, soviel stand fest. Das war gefährlich, möglicherweise würde sie den ganzen Ruhm für sich beanspruchen.

Sie schob den Jungen über die Hintertreppe ins Haus und entzündete die Kerosinlampe. In dem weichen Licht schimmerte das Bett. Die spitzenbesetzte Decke war zurückgeschlagen, so daß die weichen Kissen sichtbar wurden. Das Bett war so groß, daß sie sich nur mühsam zum Tisch durchquetschen konnte.

»Setz dich«, befahl sie dem Jungen, ihrem Jungen. »Ich mache Tee.«

Jacket wartete. Die Angst ließ sich nicht vertreiben, immer wieder schüttelte sie ihn. Er versuchte zu verdrängen, was draußen auf dem Cay geschehen war, doch das Bild von Mister Steve mit dem riesigen Revolver ließ sich nicht vertreiben. Er berührte den Rand des weißen Lakens. Als der Wind ihm Seewasser und Regen ins Gesicht trieb, klammerten sich seine Finger um das weiche Leinen. Mister Steve rief, und er lief zu ihm. Es war stärker als er. Mister Steve packte ihn und hielt ihn fest. Das Blut aus Mister Steves Kehle spritzte warm und klebrig über Jackets Kopf. Der Junge stöhnte und ließ sich seitlich auf das Bett fallen. Dort lag er zusammengerollt, das Laken mit beiden Händen umklammernd. Er biß auf den Stoff, um nicht laut zu weinen.

In dem riesigen Bett wirkte der kleine Junge zerzaust wie ein krankes, durchnäßtes Vogeljunges. Beim Anblick seines Elends blieb Mrs. Bride in der Tür stehen. Am liebsten wäre sie zu ihm gegangen, um ihn in den Arm zu nehmen. Unglück war ihr nur allzu vertraut. Wut, Bitterkeit und ein rächender Gott waren ihr Schutz in den neun Jahren gewesen, in denen sie sich danach gesehnt hatte, daß sie jemanden im Arm hielt, danach, auf ihrem Gesicht den warmen Atem eines anderen Menschen zu spüren.

Sie zwängte sich in die Hütte und stellte das Blechtablett mit den dampfenden Teetassen auf den Tisch. Doch als sie sich neben den Jungen setzen wollte, waren ihre Beine wie gelähmt, sie brachte es nicht über sich. Sie berührte das zitternde Kind an der Schulter. Wie gern hätte sie seinen Namen gesagt, doch der erinnerte sie plötzlich zu sehr an den Mann, den sie verloren hatte.

Der Schmerz der ersten Jahre, nachdem ihr Ehemann sie verlassen hatte, bohrte sich wie ein Messer in ihren Körper – wie klein hatte der Junge in der Jacke seines Vaters ausgesehen. Die bedingungslose Liebe des Kindes zu seinem Vater hatte ihr ihr Versagen deutlich vor Augen geführt: Sie war nicht in der Lage gewesen, ihren Mann zu halten. Die Schande war ihr noch deutlich in Erinnerung. Die Frauen hatten sich über sie lustig gemacht, während sie von den Männern, die sie für eine leichte Beute gehalten hatten, heimlich betatscht worden war. Nie hatte sie nachgegeben. Liebe war zu gefährlich, zu leicht ging man in die Falle. Die ärmliche Hütte hatte sie in ihrem Entschluß bestätigt, hier war kein Platz für einen Mann. Das Bett war eine Bedrohung, soviel Bequemlichkeit und Pracht verlangten danach, benutzt zu werden.

Sie rüttelte den Jungen, bis er sich mit angezogenen Knien auf den Rücken rollte.

»Das ist ein gutes Bett«, sagte sie. »Du bist so naß und schmutzig, daß du das Laken versauen wirst.«

Jacket blickte zu ihr auf. Ihr Gesicht lag im Schatten, in dem weiten Kleid war ihre Gestalt nicht zu erkennen. Er spürte ihren Schmerz. Immer war da dieses Gefühl in ihrem Leben gewesen, hatte sie beherrscht. Nie war es ihm gelungen, zu ihr durchzudringen. Er hatte gedacht, mit dem Bett würde alles gut werden. Leise weinte er um sie, mehr konnte er nicht tun.

Stiefel stapften durch den Sand vor der Hütte. »Mir geht es gut, Mama«, brachte Jacket hervor, bevor der große Polizist in die Hütte blickte.

»Ihr Junge ist möglicherweise in Gefahr, Mrs. Bride«, erklärte der Beamte. »Wir möchten ihn gern an einen Ort bringen, wo wir ihn beschützen können. Nur für ein paar Tage.«

Epilog

Mister Brown verfügte über ein ganzes Netzwerk von Kontakten, die in seinem Beruf hilfreich waren. Eine dieser Personen versorgte ihn bei seiner Ankunft in Florida mit einer wasserdichten Aktentasche, in der das gesamte notwendige Arbeitsmaterial sorgfältig verpackt war. Eine andere hatte Mister Browns Flug von Fort Lauderdale zu einem kleinen Flugplatz auf den Bahamas arrangiert. Dort traf er sich mit einem Bootsmann, der im Verdacht stand, er habe eine Schmuggeloperation an die Polizei verraten.

Das Boot war zwar nur acht Meter lang, verfügte jedoch über eine kleine Kajüte mit einer Dusche und Warmwasser, das mit Butangas erhitzt wurde. Die Dusche war für Mister Brown sehr wichtig, nach getaner Arbeit wusch er sich gern gründlich. Er hatte das Boot für den Rest des Tages und die gesamte Nacht gemietet und vereinbart, daß er an einem Strand auf Paradise Island abgesetzt und wieder aufgenommen wurde. Den Preis akzeptierte er ohne weiteres, die Hälfte davon bezahlte er im voraus.

Nachmittag und Abend verbrachten sie an einem unbewohnten Cay. Der Bootsmann angelte, während Mister Brown las und von Zeit zu Zeit ein Nickerchen hielt. Seit er die Sechzig überschritten hatte, machten ihn Flugreisen müde.

Als sie in der Dunkelheit den Anker lichteten, legte er einen dünnen Overall aus dunkelblauer Baumwolle an. Dann schloß er sich dem Bootsmann im Cockpit an, dem er erst jetzt sein genaues Ziel mitteilte. Eine halbe Meile vor der Küste ließ er sich absetzen. Der Bootsmann half ihm in ein kleines Schlauchboot hinein.

Ein letztes Mal wiederholte er seine Instruktionen. »Vergessen Sie nicht, ich blinke erst dreimal, dann zweimal. Sie antworten mit zweimaligem, dann dreimaligem Blinken.«

Mister Brown warf den kleinen Stockanker einhundert Meter vor dem Strand über Bord und ließ sich ins Wasser gleiten. Die wasserdichte Aktentasche diente ihm als Schwimmhilfe. In einem kleinen blauen Nylonrucksack für Kinder transportierte er ein Druckluftgewehr mit Betäubungspfeilen, eine Wasserpistole und ein Chirurgenskalpell mit breiter Klinge. Ein wenig links von dem eleganten Privathafen ging er an Land. Die Gärten wurden von Halogenlampen angestrahlt, und Mister Brown nahm sich die Zeit, die sorgfältig gestutzten Büsche und die gepflegten Rasenflächen zu bewundern.

Einer von Mister Browns engsten Freunden hatte lange Jahre als Chemiker in der Parfümindustrie von Grasse gearbeitet, bevor er zu einem Heroinlabor in einem Marseiller Vorort wechselte. Auf Mister Browns Bitte hatte er zu Beginn ihrer Freundschaft den Geruch von läufigen Hündinnen künstlich hergestellt.

Nur Kopf und Hand ragten aus dem Wasser, als Mister Brown das Gras mit seiner Wasserpistole besprühte. Es dauerte nicht lange, bis zwei Rottweiler schnüffelnd am Strand erschienen. Mister Brown setzte sie mit seinem Betäubungsgewehr außer Gefecht. Die Pfeile waren nicht tödlich – Mister Brown war ein Tierfreund. Außerdem leisteten ihm Hunde gute Dienste. Menschliche Wachposten wiegten sich häufig in falscher Sicherheit und wurden unaufmerksam.

Die Pfeile setzten auch die zwei Wachmänner außer Gefecht, denen er mit dem Skalpell die Kehle durchschnitt, bevor er ins Haus schlüpfte. Torres saß auf der Terrasse und las. Nachdem er ihn getötet hatte, notierte er den Titel des Buches. Es mußte hochinteressant sein, daß der Kubaner sich so darin vertieft hatte. Er las selbst gern, vor allem im Winter, wenn er nicht im Garten arbeiten konnte.

In der Bibliothek entdeckte er eine Sekretärin, vier Bedienstete hielten sich in ihren Räumen im hinteren Teil des Hauses auf. Nachdem er sie erledigt hatte, stellte er seine Aktentasche offen auf den Tisch im Gang. Sie enthielt einen kleinen Magnetdetektor, eine dünne Scheibe Semtex und zehn kleine Kanister mit Phosphor, alle mit Zeitzündern ausgestattet.

Der Magnetdetektor wies ihm den Weg zu dem Boden-safe in Torres' Schlafzimmer, auf dem er einhundertfünfzig Gramm Semtex anbrachte. Der Safe in der Bibliothek war in die Wand eingelassen und erforderte eine größere Ladung Sprengstoff. Zuletzt verteilte er die Kanister und stellte die Zünder auf drei Uhr morgens.

Dann schwamm er gemächlich, wie es seinem Alter ent-sprach, zu seinem Boot zurück. Sorgfältig trocknete er sich Gesicht und Hände, bevor er zu dem mit dem Bootsmann ver-einbarten Treffpunkt ruderte. Schade, solch ein schönes Haus zu zerstören, dachte er, als er zurücksah. Doch Mister Dribbi war seit langen Jahren ein hervorragender Kunde, der immer wieder auf seine Dienste zurückgriff, und er stellte seine Auf-träge nicht in Frage.

Er entschuldigte sich bei dem Bootsmann für das Wasser, das von seinen nassen Kleidern auf den Kajütenboden tropfte. Nachdem er eine heiße Dusche genommen hatte, legte er eine bequeme Baumwollhose und ein Hemd an. Dann begab er sich ins Cockpit.

Der Bootsmann warf ihm von der Seite einen Blick unver-hüllter Neugier zu. »Alles gut gelaufen, Mister?«

»Hervorragend, ganz hervorragend.« Mister Brown rieb sich die Hände.

Bei ihrer Ankunft in Paradise Island zahlte Mister Brown dem Bootsmann die zweite Rate seines Lohnes aus. Un-ter den Bäumen, die den Strand von der Straße trennten, herrschte, so weit von der Stadt entfernt, tiefe Finsternis, die die unregelmäßige, schwache Beleuchtung nicht durch-dringen konnte. Mister Brown bat den Bootsmann, ihn zu begleiten. »Nur bis zur Straße. In meinem Alter ist man Räu-bern und ähnlichem Gesindel schutzlos ausgeliefert. Man kann nicht vorsichtig genug sein.«

Mister Browns Garten bestand hauptsächlich aus schwe-rem Lehmboden, und die Arbeit dort hatte seine Muskeln gestärkt, so daß er keine Schwierigkeiten hatte, dem kräf-tigen Bootsmann die Kehle durchzuschneiden. Er ließ die Leiche unter einer Palme liegen, überquerte die Hauptstraße und ging am Straßenrand entlang zum Parkplatz. Die Nacht war erfolgreich verlaufen, Mister Dribbi würde zufrieden sein.

Erst als O'Brien ihn darauf hinwies, daß Jackets Sicherheit möglicherweise bedroht war, hatte Trent sich bereit erklärt, das Haus zu besichtigen. Sie bahnten sich ihren Weg durch die schwelenden Ruinen. Papiere und Dokumente waren durch die intensive Hitzeentwicklung restlos zerstört worden. Phosphor, vermutete Trent. Zwei Safes waren aufgesprengt worden, der Inhalt hinter den verzogenen Stahltüren jedoch unversehrt. Eine Säuberungsaktion, sehr professionell. Die beiden Männer zogen sich auf den Rasen zurück. Schwarzer Schaum bedeckte den Pool. »Besorgen Sie mir einen Hund. Rasse egal, Hauptsache, es ist ein Rüde.«

Ein Constable brachte einen jungen Schäferhund.

Als das Tier am Ufer schnüffelte, geriet es völlig aus dem Häuschen.

»Die DEA hatte es auf Torres abgesehen?«

O'Brien nicke.

»Und wer ist der große Fisch hinter ihm?«

»Dribbi.«

Die letzten Jahre seiner Geheimdiensttätigkeit hatte Trent in Irland verbracht, dann hatte man ihn ein paar Monate in Mittelamerika eingesetzt. Dennoch klang der Name vertraut. Er hatte die Verbindung in den Mittleren Osten, nach Beirut, bereits selbst hergestellt. Ein Libanese hatte damals einen großen Teil des Drogenschmuggels in der Bekaa-Ebene kontrolliert. Als Gegenleistung für den Schutz durch islamische Fundamentalisten hatte er einige ihrer terroristischen Operationen gegen Ziele im Ausland finanziert.

»Ein kleiner Mann, Bankier?«

O'Brien nickte erneut.

»Mein Gott, er muß fast neunzig sein«, erklärte Trent.

»Er ist noch nie von der Polizei auch nur vernommen worden.« O'Brien schien diese Tatsache peinlich zu sein. »Er war Torres' Bankier. Als er sich hier ein Haus für seine alten Tage einrichtete, kaufte er das Mobiliar eines Luxusbordells auf. Von ihm hat der Junge das Bett. Reiner Zufall.«

»Er wurde in einem Bordell in Beirut geboren.« Trent erinnerte sich jetzt an Einzelheiten. »Die Dribbi-Bank für landwirtschaftliche Produktion und Finanzierung in Zürich. Wir versuchten, über einen anderen Bankier an ihn heranzukommen.« Er deutete mit dem Kopf auf das ausgebrannte Haus. »Mit demselben Ergebnis. Die Arbeit trug die gleiche Handschrift.«

Die Amerikaner hatten den Killer als einen auf eigene Rechnung arbeitenden ehemaligen Agenten des russischen KGB identifiziert. In den frühen sechziger Jahren war er für eine der merkwürdigen Abteilungen der CIA tätig gewesen, die unter Kennedy ihre Blütezeit erlebt hatten.

»Wir dachten damals, er stünde auf unserer Seite«, erklärte Trent. »Das mit dem Bett war ein Zufall, der den Jungen fast das Leben gekostet hätte.«

»Er könnte immer noch in Gefahr sein«, meinte O'Brien. »Der Junge blieb über Nacht, Torres tauchte am nächsten Morgen zum Frühstück auf.«

Trent sah auf das Meer hinaus. Er hatte die *Golden Girl* in Green Creek zurückgelassen und Charity gesagt, er werde vor Einbruch der Dunkelheit zurück sein. Falls Dribbi nicht mehr im Geschäft war, wäre die Angelegenheit einfacher, zumindest konnte er sie dann leichter ignorieren. »Wo hält er sich im Moment auf?«

»In Zürich. Skelley hat den Jungen in seine Obhut genommen.«

Trents Vertrauen in den Schutz, den die Polizei bieten konnte, war äußerst begrenzt. Die bahamische Polizei verfügte nicht über genügend Personal dafür. O'Brien wartete. Wut stieg in Trent auf, als er sich den Ruinen zuwandte. Zuerst hatte Skelley ihn benutzt, jetzt der DEA-Agent. »Die Mutter ist ein Ekel. Charity sagt, der Junge sei intelligent. Besorgen Sie ihm ein Stipendium an einer guten Schule.«

»Kein Problem.«

Trent hätte ihm fast ins Gesicht geschlagen. »Das Problem sind Sie.«

»Nicht ich, sondern Dribbi«, verbesserte O'Brien. Er griff nach einer Handvoll Kiesel und fing an, damit zu spielen.

»Wir werden dem alten Fischer ein neues Boot mit Außenbordmotor besorgen.«

Trent beobachtete, wie ein Kolibripärchen seine Schnäbel in die Hibiskusblüten links vom Pool tauchte. Der ölige schwarze Ruß auf dem Pool bildete im Wind Muster. Er stellte sich Charity in ihrem Klassenzimmer vor. Während der ersten Jahre beim Geheimdienst hatte er versucht, sein Privatleben weiterzuführen. Es war ihm nicht gelungen, zu viele Bereiche mußten anderen verschlossen bleiben, es gab zu viele Geheimnisse. Jetzt, wo sich ihm erneut die Chance bot, holte ihn die Vergangenheit ein. Am liebsten wäre er einfach weggegangen und hätte O'Brien gesagt, er solle selbst zusehen, wie er mit der Sache fertig wurde. Aber er mußte Rücksicht auf Jacket nehmen. Er erinnerte sich noch an seine ersten Jahre auf einer Privatschule. Seine Mitschüler hatten alle von dem Finanzskandal um seinen Vater gewußt und ihm das Leben schwergemacht.

Das Klicken der Steine in O'Briens Hand irritierte ihn. »Stellen Sie einen Ihrer eigenen Männer für den Jungen ab. Sobald er in Sicherheit ist, besorgen Sie ihm eine Schule, an der er kein Außenseiter bleibt.«

O'Brien nickte. »In Kalifornien – da gibt es keine Außenseiter.«

Charity nahm Trents Arm, als sie vom Schulhaus zum Strand gingen, weniger aus Zuneigung, als um den Leuten im Dorf zu zeigen, daß sie sich nicht um ihren Tratsch scherte. Sie tranken ein Bier im Cockpit der *Golden Girl*, während er ihr alles erzählte, was er über Dribbi wußte. »Jemand muß ihm das Handwerk legen«, sagte sie.

»Das versucht man schon seit siebzig Jahren«, erklärte Trent. Er nahm die Grillspieße aus dem Schrank, hängte sie in die Halterungen am Heck und zündete die Holzkohle an. Dann bereitete er in der Kombüse den Salat zu, den er in Nassau gekauft hatte.

Auf einem Tablett brachte er Salat und Besteck ins Cockpit.

Charity beobachtete ihn, während er zwei Red Snapper auf die Kohlen legte. Alle seine Handlungen waren organisiert und professionell. Er ist sich selbst genug, dachte sie, während er den Tisch deckte. Selbst im Bett ließ er sich nicht vollständig gehen, man hatte immer den Eindruck, er wollte sich schützen.

»Das war doch dein Beruf, Leute wie Dribbi auszuschalten«, sagte sie.

»So ähnlich.« Trent ließ den Fisch auf die Teller gleiten und öffnete eine halbe Flasche eisgekühlten argentinischen Chardonnay.

»Du bist ein merkwürdiger Mensch, Trent. Ich darf dir nicht in der Küche helfen, aber ich soll dir sagen, du sollst jemand umbringen.«

»Ich will, daß du weißt, wer ich bin.«

»Du willst, daß ich über dich urteile.« Ihr ganzes Leben hatte sie nichts anderes getan. »Trent, das kann dir niemand abnehmen.«

Er mischte den Salat und schob ihr das Holzbesteck zu, damit sie sich bedienen konnte.

»Warum hat ihm noch niemand das Handwerk gelegt?«

»Dribbi?« Er zuckte die Achseln. »Es gibt eine ungeschriebene Vereinbarung, die besagt, daß Leute ab einem gewissen Rang nicht beseitigt werden dürfen. Ansonsten könnten die Personen, die den Befehl erteilt haben, selbst in die Schußlinie geraten.«

»Du kannst Jacket nicht schützen?«

»Nicht für immer.« Er trug die Teller in die Kombüse und brachte Kaffee. Schweigend lauschten sie der Brandung.

»Ich denke, ich gehe besser an Land«, erklärte sie schließlich.

Sie sprang über Bord. Er blickte der Spur nach, die ihre Beine im Wasser hinterließen. Erst als sie den Strand erreicht hatte, räumte er die Tassen ab und spülte das Geschirr.

Sobald die Entscheidung gefallen war, war alles relativ einfach. Trent flog nach London, um sich mit einem Mann zu treffen, der beim Geheimdienst sein neuer Führungsoffizier geworden wäre. Er benötigte eine kleine Menge eines Virengiftes, das der bulgarische Geheimdienst zur Zeit des kalten

Krieges entwickelt hatte. Die Bulgaren verwendeten damals bevorzugt Nadeln, die an der Spitze eines Regenschirms befestigt waren.

Trent wartete vierundzwanzig Stunden, bevor er auf die Bahamas zurückflog. Er reiste mit einem australischen Paß, der auf den Namen Richard O'Neil ausgestellt war. Dieser war Anwalt in einer international tätigen Kanzlei mit Sitz in Liechtenstein. Sein Aussehen paßte dazu: Er war sauber rasiert, trug kurzes Haar und blaue Kontaktlinsen. Bei Vince Moloney's hatte er einen teuren blauen Konfektionsanzug aus leichtem Stoff erstanden, zu dem er die Krawatte des Kricketclubs von Melbourne angelegt hatte. O'Brien holte ihn am Flughafen von Nassau ab und setzte ihn fünfzig Meter vor Mister Dribbis Haus ab. Trent reichte dem Gärtner eine Karte, deren Rückseite in sauberen Großbuchstaben eine handschriftliche Nachricht trug. »Mister Patrick Mahoney hat mir empfohlen, mich an Sie zu wenden.«

Es dauerte zwanzig Minuten, bevor man ihn ins Haus bat. Ein Dienstmädchen führte ihn in Mister Dribbis Bibliothek, wo er den kleinen Mann hinter einem Schreibtisch aus Kirschholz vorfand. Eine Kaschmirdecke mit Schottenmuster bedeckte seine Knie, Hakim, sein Dobermann, lag neben ihm. Nach dem gestrigen Flug wirkte Dribbi sehr zerbrechlich. Er wies auf einen Stuhl.

»Es könnte nützlich sein, während unseres Gespräches das Radio laufen zu lassen, Mister Dribbi.«

Ein kaum wahrnehmbares Lächeln spielte um die Lippen des Bankiers, als er dem Wunsch nachkam. Die bizarre Kombination aus Clown und Verbrecher faszinierte Trent.

»Hiermit teile ich Ihnen mit, daß Ihre Person Gegenstand einer Besprechung unter Vorsitz meines Kunden war. Die Argumente für Ihre Beseitigung waren meines Wissens schlagend, Mister Dribbi, doch schließlich setzte sich eine tolerantere Einstellung durch. Dieses Haus wird Ihr Gefängnis sein, Mister Dribbi. Man könnte es für übertrieben komfortabel halten, Reichtum garantiert jedoch in jedem Strafsystem gewisse Annehmlichkeiten. Sollten Sie Ihr Haus verlassen, wird man Sie töten, Mister Dribbi. Dies wird auch der Fall

sein, sollte einem gewissen Mister Jacket Bride etwas zusto-
ßen, oder wenn auch nur der geringste Verdacht entsteht,
daß Ihre Bank weiterhin Drogengeschäfte finanziert.«

Trent nahm einen teuren Füllfederhalter aus seiner Brusttasche und schraubte die Kappe ab. Eine mit dem Virengift gefüllte Gelatinekapsel rollte auf das polierte Kirschholz. »Hiermit möchte mein Klient die Ernsthaftigkeit seiner Absichten
belegen. Die Vereinbarung gilt auch für Ihre Kinder und En-
kelkinder, Mister Dribbi. Der Inhalt dieser Kapsel sollte nur
mit größter Vorsicht untersucht werden.«

»Damit dürfte der Junge sicher sein«, erklärte er O'Brien,
als er wieder im Auto saß.

»Wir haben ihm ein Stipendium an einer Schule in Kalifornien besorgt. Dort gibt es etwa fünfhundert Kinder und
ein gutes Sportprogramm.« Unbehaglich klopfte er auf dem
Lenkrad herum. »Die Lehrerin hat gesagt, ich soll ihn auf Ihr
Boot bringen.«

»Charity?«

O'Brien nickte. Er vermied Trents Blick, während er sich an
einer Kreuzung einordnete. »Es ist eine Privatschule, so wie
Sie es wollten.«

Trent fand eine Nachricht auf dem Kissen in seiner Koje. »Bin
nach Wood Hole gezogen. Sieht so aus, als könnte ich dort ein
Forschungsstipendium bekommen. Paß gut auf dich auf.«

Der Zettel war nicht unterzeichnet, Charity war ein schwieriger Name.

Als Lois an Bord kam, saß Trent im Cockpit. Sie hatte ihm
von Tanaka Kazuko ein hochmodernes, in Geschenkpapier
eingewickeltes Satellitentelefon mitgebracht. Trent lächelte,
als er die beigelegte Nachricht las. »Selbst ein Brite kann lernen, den Kontakt nicht abreißen zu lassen.«

Als er Tankas Privatnummer eingab, meldete sich nur der
Anrufbeantworter. »Hier Trent, ich werde für ein paar Wochen abtauchen, bis mein Bart nachgewachsen ist.«

Er machte gerade in der Kombüse Kaffee, als er eine leichte
Erschütterung der Jacht fühlte.

Mit dem Heck zum Kai wirkte der Katamaran noch eindrucksvoller als damals, als er vor Green Creek vor Anker gelegen hatte. Das Cockpit allein war größer als die Hütte von Jackets Mama.

Plötzlich tauchte der Mann im Niedergang auf, in der Hand das Messer, das er nach Mister Steve geworfen hatte. Doch das vertraute Äußere war verschwunden. Bart und wirres Haar kannte Jacket von den Segelfreaks, die sich jedes Jahr auf den Bahamas herumtrieben. Sie lebten von den Fischen, die sie mit ihren Harpunen fingen, verkauften Langusten an die Besitzer der Luxusjachten, rauchten, betranken sich am Strand. Jetzt glich Trent den Weißen in Nassau, die mit Aktentaschen unter dem Arm herumliefen. Meistens waren sie kleiner als die, die er an Bord des Flugzeugs gefunden hatte.

»Ich bin es, Mister T. Der Mann am Tor hat gesagt, das ist Ihr Name. Stimmt das?«

»Stimmt«, erwiderte Trent. Hoffentlich machte der Anblick des Messers den Jungen nicht nervös. Er überlegte, ob er damit eine Orange schälen sollte, damit es weniger bedrohlich wirkte. Vermutlich würde der Junge die Frucht nicht essen. Oder er würde sie essen, um höflich zu sein, obwohl ihm bei der Erinnerung schlecht wurde.

»Miß Charity«, erklärte der Junge, »sie hat gesagt, Sie bringen mich in eine neue Schule in den Staaten. Hier ist mein Zeug.« Er hielt eine weiße Plastiktüte in die Höhe.

»Stimmt.« Trent wußte nicht, was er mit dem Jungen anfangen sollte, ihn berühren oder in Ruhe lassen.

»Es tut mir leid, Mister T.«, sagte das Kind.

»Nein . . .« Das Blubbern des Mokka erlöste Trent aus seiner Unschlüssigkeit. Während er frische Orangen für den Jungen auspreßte, fiel ihm seine eigene Kindheit ein. Trents Adoptivonkel hatte ihn immer mit dem Taxi zum Zug ins Internat gebracht. Jedesmal hatten sie wartend auf dem Bahnsteig herumgestanden, ohne etwas zu sagen. Die einzige Verbindung zwischen ihnen hatte in dem neuen Fünf-Pfund-Schein bestanden, den sein Onkel seiner schweinsledernen Brieftasche entnommen hatte. Irgendwie mußte er es besser machen.

Es war wichtig, daß er dem Jungen nicht zu früh zu nahe kam, also ließ er sich in der anderen Ecke des Cockpits nieder, während Jacket seinen Saft trank.

»Ich war früher einmal eine Art Spion«, begann er, ohne den Jungen direkt anzusprechen oder anzusehen. Seine Sätze waren kurz, damit das Kind Zeit hatte, die Informationen zu verdauen. »Ich war Undercover-Agent, das heißt, man gibt vor, etwas zu sein, was man nicht ist. Wie ein Schauspieler, außer daß man nie damit aufhört, noch nicht einmal, wenn man nachts allein im Bett liegt. Du tust jetzt etwas Ähnliches, wenn du in die Staaten gehst, um dort die Schule zu besuchen. Es ist wie eine Mission. Den Mann, der dich dafür vorbereitet und dir den Auftrag erteilt, nennt man Führungsoffizier.«

Er riskierte einen Blick auf den Jungen und lächelte flüchtig. »Das bin ich, Jacket. Bei kurzen Aufträgen muß man sich manchmal per Funk jede Stunde melden, bei längeren jede Woche. Das werden wir tun. Für diese Operation ist das Telefon sicher genug. Wenn du etwas brauchst, ruf an, egal, was es ist. Dein Führungsoffizier ist dazu da, dich zu unterstützen.«

Trents Adoptivonkel war sein Führungsoffizier gewesen und hatte ihn verraten, ihn im irischen South Armagh in einen Hinterhalt gelockt. Die erste Kugel hatte damals Trents linken Oberschenkel durchschlagen. Er fuhr mit der Hand über die wulstige Narbe.

Eine schnittige Motorjacht mit zwei Decks, die zu Camper & Nicholsons Charterflotte gehörte, kam den Kanal herauf. Ein Kreuzfahrtschiff ließ seine Sirene ertönen, als ein Schlepper längsseits gegen seinen Rumpf prallte.

Trent sah den Jungen an. »Ich gebe dir den Auftrag, weil ich weiß, daß du Mut hast und den Job erledigen wirst.«

Trent ging mit Jacket in Miami einkaufen. Er wollte nicht, daß er sich von den anderen Jungen an der Schule unterschied, daher ließ er die Kleidung im Hotel zehnmal waschen, genau wie die Schuhbänder der Turnschuhe, von denen er Jacket zwei Paar gekauft hatte. Diese Details hatte er bereits in seinen ersten Jahren beim Geheimdienst gelernt. Sie erstanden in einem Fotogeschäft eine gebrauchte 35mm-Canon, und Trent kaufte dem Jungen ein neues Schweizer-Armeemesser mit allen Schikanen, für ein Kind, das auf eine Privatschule ging, kein ungewöhnliches Geschenk. Das galt auch für die neuen Taucherflossen und die teure Taucherbrille. Im Hotelzimmer verbrachte er eine halbe Stunde damit, dem Jungen zu zeigen, wie man mit dem Fotoapparat umging.

Trent zahlte den Zuschlag für ein Erster-Klasse-Ticket für den Nachtflug von American Airlines nach San Francisco und reservierte bei Hertz einen Buick. Ein Cadillac war zu angeberisch, ein Chevrolet zu billig.

Sofort eine Aufgabe zu haben, erleichtert jede Mission. Für Jungen war Essen die dankbarste Beschäftigung, daher rief Trent vom Flughafen in San Francisco aus die Schule an, um herauszufinden, wann dort die Mahlzeiten eingenommen wurden. Er fuhr nicht schneller als siebzig Stundenkilometer, damit sie etwa eine halbe Stunde vor dem Mittagessen eintrafen.

Der Junge an seiner Seite sprach kein Wort.

Trent war es nicht anders ergangen, als man ihn ins Internat gesteckt hatte.

Immer wieder versuchte er, etwas zu sagen, egal, was, nur um das Schweigen zu brechen, den Jungen zum Reden zu bringen. Er würde ihn bitten, nach dem Schild am Tor der Schule Ausschau zu halten. Wieder und wieder ging er die Worte durch, beim nächsten Baum, bei der nächsten Scheune würde er sie aussprechen. Doch das Äußerste, was er hervorbrachte, war ein Husten.

Dann tauchte das Schild vor ihnen auf, und sie fuhren durch das Tor zwischen Fußballplätzen hindurch und an einem Schwimmbecken mit Betontribüne vorbei. In der Ferne waren Tennisplätze zu erkennen. O'Brien hatte ja gesagt, die Schule biete ein gutes Sportprogramm.

Die offensichtlich in den fünfziger Jahren errichteten Betongebäude, deren Wände von Fenstern in Metallrahmen unterbrochen waren, standen in einem konvexen Halbkreis am Fuß eines bewaldeten Hügels. Eine breite Treppe führte von der Einfahrt auf eine Terrasse vor dem Hauptgebäude. Als der

Wagen vorfuhr, beugte sich eine Gruppe von Kindern über das Geländer. Die meisten von ihnen waren weiß, einige vermutlich Latinos – Schwarze waren keine darunter.

Trent stieg aus, um Jackets Reisetaschen aus dem Kofferraum zu holen. Vom Kofferraumdeckel verborgen, fühlte er sich sicher. Ein Lehrer kam die Treppe herunter.

»Mister Trent?«

»Ja.« Trent stellte die beiden Reisetaschen ab, um dem Mann die Hand zu schütteln.

Jacket hatte sich nicht von der Stelle gerührt.

Der Lehrer rief einen weißen Jungen zu sich, der auf der Terrasse Fußball gespielt hatte. Er war größer als Jacket, aber ungefähr genauso alt. Um sein Publikum zu unterhalten, zog er eine große Show ab. Demonstrativ widerwillig schlurfte er die Treppe hinunter – kein guter Anfang. Am liebsten wäre Trent wieder zu Jacket ins Auto gestiegen und davongefahren, zumindest hätte er sich gern eine Weile neben den Jungen gesetzt. Doch damit hätte er ihn bloßgestellt. Also ging er zur Fahrertür, um ihm nicht zu nahe zu kommen.

»So, da wären wir«, sagte er.

Jacket war an Dummys Schweigen gewöhnt, er zog sich dann in seine eigene Welt zurück. Das hatte er im Flugzeug getan. Im Auto war ihm alles zu fremd gewesen, als daß er seine Träume hätte spinnen können. Außerdem hatte er Angst vor der Schule. In Green Creek hatte er Vic und seiner Gang aus dem Weg gehen können, schließlich waren sie nur zu viert, und er kannte jeden Baum und jeden Stein auf der Insel. Fünfhundert, das war für ihn unvorstellbar viel, das waren mehr als die Hunde, mit denen die Inselbewohner in den Wäldern Schweine jagten. Wenn er nichts sagte und dachte, würde die Reise vielleicht immer weitergehen, hatte er gehofft, und sie würden die Schule nie erreichen. Jetzt konnte er sich nur noch in sich selbst zurückziehen. Wenn er damit weitermachte, würde er schließlich ganz verschwinden. Hätte er die Arme um seinen Körper legen können, wäre es einfacher gewesen, doch das wäre aufgefallen, und er durfte keine Schwäche zeigen.

Schon war er halb in sich selbst verschwunden, als Mister T. seinen Kopf ins Auto steckte. »So, da wären wir«, sagte er.

Jacket konnte seine Befürchtungen riechen. Dummy fürchtete sich, wenn sie mit der *Jezebel* draußen waren und Wind aufkam. Dummy zu beruhigen war schwierig, weil er nicht hören konnte, bei Mister T. lag der Fall einfacher. Jacket brauchte ein wenig, um in die Außenwelt zurückzukehren. »Machen Sie sich keine Sorgen, Mister T.«, sagte er.

Er stieg aus und schüttelte dem Lehrer und dem weißen Jungen mit dem Fußball die Hand.

Mister T. nahm ihn an der Schulter. Jacket hatte ihm schon gesagt, er solle sich keine Sorgen machen, wenn er es jetzt vor aller Ohren wiederholte, würde er Mister T. lächerlich machen. »Wenn Sie Miß Charity sehen, sagen Sie ihr, daß es mir gutgeht«, erklärte er daher.

Der weiße Junge hatte eine von Jackets Reisetaschen an sich genommen, Jacket griff nach der anderen und folgte ihm die Treppe hinauf. Er drehte sich nicht um, weil er wußte, daß Mister T. das nicht ertragen hätte.

Hinter dem weißen Jungen ging er durch die Eingangshalle, die Treppe hinauf und einen Gang entlang, bis dieser eine Zimmertür öffnete und Jackets Reisetasche zu Boden fallen ließ. Eine blaue Decke lag über einem einzelnen Bett, ansonsten gab es nur einen kleinen Schrank, eine Kommode und einen Schreibtisch aus Holz.

Mit verächtlichem Gesicht lümmelte sich der weiße Junge neben der Tür an die Wand und warf seinen Fußball in die Luft. Der Aufprall des Leders auf seiner Hand klang bedrohlich. Jacket fiel ein Film über eine amerikanische Offiziersschule ein, in der die neuen Kadetten bis aufs Blut gequält wurden. Er ging zum Fenster und sah Mister T. nach, der zu seinem Mietwagen ging. Mister T. würde nicht wegfahren, auf halbem Weg zur Hauptstraße würde er umkehren, die Treppe hinauflaufen und Jacket holen.

Er ließ sich auf dem Bett nieder und wartete. Mister T. würde er auf dem Gang nicht hören. Ihm war aufgefallen, daß sich Mister T. lautlos wie ein Tier im Wald bewegte. Mister Steve fiel ihm ein, wie er im Meer seine riesige Waffe

331

hob. Jacket hatte gewußt, daß er ihn und Miß Charity töten würde, und nur gehofft, es ginge schnell, damit die Angst ein Ende hatte. Dann kam Mister T. durch das Meer auf Mister Steve zu, der immer wieder auf ihn schoß. Mit einem Mal war die Angst verschwunden gewesen, so wie nachts, wenn er erst einmal die Langusten unter sich im Sand sah.

»Ich bin Langustenfischer«, erklärte er.

Das war dem weißen Jungen egal. »Ja? Was soll denn das sein?« fragte er trotzdem.

Das Bild, das Jacket malte, entsprach der Realität, doch er arbeitete daran wie an seinen Tagträumen. Nacheinander beschrieb er, wie er die Lampe entzündete, wie die Langusten aussahen, er sprach von der *Jezebel*. Wie er sich aus dem Haus schlich und in die Lagune einfuhr, die für jeden anderen in Green Creek zu seicht war. Den weißen Jungen anzusehen hätte den Zauber gebrochen, also starrte er die Wand an.

Der weiße Junge hatte aufgehört, mit dem Ball zu spielen. »Wie weit ist es bis zum Cay?«

»Ungefähr sechs Meilen.«

»Wahnsinn! Hast du denn keine Angst mitten in der Nacht?«

Jacket sah ihn an. Die Augen des Jungen war von hellem Blau, er konnte nicht lesen, was darin geschrieben stand. Sein blondes Haar war zu einer Bürste geschnitten. Er war noch größer als Vic und muskulös. Seine Kleidung glich der, die Mister T. für Jacket gekauft hatte, Jeans, T-Shirt, Turnschuhe. Ganz still lehnte er an der Wand und wartete auf Jackets Antwort.

Ein Hautfetzen löste sich, als Jacket an einer Korallennarbe an seiner rechten Hand zupfte. »Die meiste Zeit spiele ich, ich bin im Krieg und ein Ranger oder ein Green Beret. Das hilft.«

Er blickte wieder auf.

»Ja.« Der weiße Junge drehte den Fußball in seiner Hand. »Ich mache das auch«, erklärte er, ohne Jacket anzusehen.

Der Ball wirbelte herum, als er ihn in die Luft warf, sauber fing, über seinen Rücken laufen ließ, wieder in die Luft warf und mit der rechten Hand auffing. Er legte den Kopf schief und grinste Jacket an.

»Wenn ich wieder ins Internat muß, stelle ich mir vor, es wäre ein Trainingslager, und ich bin ein großer Star bei den Cowboys.«

»Ich bin ein Spion«, erklärte Jacket. Er erinnerte sich an den Namen, den sie ihm gegeben hatten, als er mit dem Bett in Green Creek gelandet war. »Bed Jacket, so nennt man mich.«

»Ich bin Cliff.« Der weiße Junge warf Jacket den Ball zu. »Laß uns essen gehen.«

Robert Ludlum

»Ludlum packt in seine Romane mehr an Spannung als ein halbes Dutzend anderer Autoren zusammen.«
THE NEW YORK TIMES

Die Matlock-Affäre
01/5723

Das Osterman-Wochenende
01/5803

Das Kastler-Manuskript
01/5898

Das Jesus-Papier
01/6044

Der Gandolfo-Anschlag
01/6180

Der Matarese-Bund
01/6265

Der Borowski-Betrug
01/6417

Das Parsifal-Mosaik
01/6577

Die Aquitaine-Verschwörung
01/6941

Die Borowski-Herrschaft
01/7705

Das Genessee-Komplott
01/7876

Das Borowski-Ultimatum
01/8431

Das Omaha-Komplott
01/8792

Der Holcroft-Vertrag
01/9065

Das Scarlatti-Erbe
01/9407

Die Scorpio-Illusion
01/9608

Die Halidon-Verfolgung
01/9740

Der Rheinmann-Tausch
01/10048

Heyne-Taschenbücher